普通高等学校军事课教材

军事学教程

主　编　黄月胜　曹美龙

国防科技大学出版社

军事学教程

编 审 人 员

主　编 黄月胜　曹美龙

主　审 刘岳雄

编　写（按姓氏笔画为序）

于玲玲　马明辉　刘生文　刘岳雄

李成彬　秦　恒　曹美龙　黄月胜

蔺翠峰

内 容 简 介

　　本教材是以《中华人民共和国兵役法》、《中华人民共和国国防教育法》和教育部、总参谋部、总政治部颁发的《普通高等学校军事课教学大纲》为依据，围绕我国人才培养的长远战略目标和加强国防后备力量建设的要求，结合大学生国防教育的教学与实践特点而编写的教程。全书分军事思想、中国国防、世界军事、军事高技术、信息化战争、军事地形学、军事气象学、战术、轻武器射击和综合训练共10章，另有绪论。本书供普通高校军事课教学使用。

编写说明

　　本教材是以《中华人民共和国兵役法》、《中华人民共和国国防教育法》和教育部、总参谋部、总政治部颁发的《普通高等学校军事课教学大纲》为依据，围绕我国人才培养的长远战略目标和加强国防后备力量建设的要求，结合大学生国防教育的教学与实践特点而编写的教程。全书分军事思想、中国国防、世界军事、军事高技术、信息化战争、军事地形学、军事气象学、战术、轻武器射击和综合训练共10章，另有绪论，体系明确、内容丰富，融理论性、实践性、知识性为一体。

　　2013年12月21日，江西省普通高等学校军事课教学指导委员会对本教材进行了审定并予以通过。根据委员会专家的意见，本书编写委员会对教材进行了修订。

　　本教材在编修过程中，引用了有关专家、学者的研究成果，并得到了有关教育部门、军事专家、教育工作者的大力支持，在此表示衷心的感谢。

　　由于水平有限，本教材难免有疏漏和不当之处，恳请读者批评指正。

编　者

2017年7月

目 录

绪 论

21世纪,国际形势继续发生着深刻的变化,和平与发展仍是当今时代的主题。霸权主义和强权政治等不稳定因素依然威胁世界和平与发展,国际格局纷繁复杂,新的不稳定、不安全因素不断增加,局部冲突威胁着全球和地区的安全稳定。在这个时代,一个国家所面临的最主要的问题,一个是安全问题,一个是发展问题。发展是安全的基础,安全是发展的保障。为了保证国家的安全和发展,国家必须保持强大的国防实力、培养大批优秀的国防人才。当前,世界各国都非常重视国防人才的发展与培育,尤其是发达国家更是重视高等学校的学生国防教育。建国以来,党和国家历来十分重视普通高等学校的学生国防教育,并以法律的形式对学校学生国防教育作了明确的规定。作为普通高校军事教育基本教学内容的军事科学,已纳入学校教育体系,对于提高普通高校学生的国防意识,增强全民族的国防精神有着重要意义。军事科学是以战争和其它军事活动为研究对象的学科,分为军事理论科学和军事技术科学两大部分和若干分支。在学习研究过程中,首先要明确军事科学的概念及其科学体系,了解其性质、任务、地位和功能,从而深刻认识和理解学习军事科学的意义和方法。

一、军事科学的定义及其科学体系

军事科学,亦称军事学,是研究战争的本质和规律,并用于战争的准备与实施的科学。军事科学是随着战争和军事活动实践发展到一定历史阶段逐步形成发展起来的,它是人类对战争和军事活动实践认识不断深化的反映。纵观人类几千年的文明史,战争自出现以后,总是伴随着人类社会的发展而发展,成为阶级与阶级、民族与民族、国家与国家、政治集团与政治集团之间斗争的最高形式,成为政治斗争的继续。由于人们在战争实践中竭力探索战争规律,力求驾驭战争,使得军事科学不断发展,并逐步形成了范围广博、内容丰富的军事科学体系。

军事科学体系,包括军事科学的整体结构,学科的设置和分类,以及各学科之间的关系等。当今世界各国的军事科学发展情况不尽相同,对军事科学体系的认识以及分类也在发展变化。不同的时代、不同的阶级、不同的国家对军事科学的分类存在着不同的认识和分类。军事科学可划分为军事理论科学和军事技术科学两大类。

军事理论科学和军事技术科学是军事科学体系完整的两大组成部分。就两者关系而言,军事理论科学是先导,它对军事科学技术的发展和应用起着重要的指导作用。同时,军事技术科学是基础,它对军事理论的变革和发展会产生巨大的影响。因此,在一定的政治、经济基础上,军事理论和军事技术的发展是国防力量发展的先决条件,是实现国防现代化的关键。

军事理论科学大体分为军事思想和军事学术两大门类。军事思想是关于战争与军队问题高层次的系统的理性认识,它通常包括:战争观、战争与军事问题的方法论、战争指导思想、军队建设指导思想等基本内容。从军事思想的内涵来看,它又属于社会意识形态的范畴,是一定的物质基础和战争实践的反映和产物。

军事学术是关于战争指导和武装力量建设的理论及其应用的各学科的总称,是军事科学的重要组成部分。军事学术的活跃,对于军事理论形成与发展起着积极的推动作用。军事技术科学的研究对象是现代各种武器装备的研制、生产、使用和维修保养,以及军事工程和军事系统工程等。

总之,军事科学体系是一个庞大的科学体系,随着现代科学技术的发展,军事科学体系不断的发展变化,其内容更加广博,知识更加密集,众多学科的相互交叉、相互渗透性及综合性更强。

二、军事科学的性质和任务

军事科学以战争为研究对象,而战争又是一定时间和空间内关系到整个社会生活的特殊社会活动。因此,军事科学具有以下4个基本性质。一是阶级性。军事科学是一门涉及自然科学技术、社会科学等领域的综合性科学。从科学技术而言,军事科学本身并不具有阶级性,但从其社会属性和政治目的而言,它具有鲜明的阶级性和民族特征。战争是特殊的社会现象,不同阶级的人因其立场、观点和思想方法等的不同,对战争的认识和运用也不尽相同,这使得军事科学表现出鲜明的阶级性。二是时代性。军事科学是特定的历史阶段的产物,它的发展水平也总是受到当时的物质生产水平和军事实践活动总体水平的限制,不同的时代具有不同的特征。随着时代环境的改变,军事科学也必然会产生大的变化,表现出强烈的时代特征。三是继承性。任何科学都是在批判地继承前人优秀成果的基础上不断丰富发展起来的。人类对军事实践活动认识成果的理论积累,是一个由简到繁的渐进过程;军事科学的每一次发展,都离不开对以往军事科学的扬弃,它是人们对以往军事实践认识成果中正确理论的继承和发展。军事科学历史表明,只有在继承前人军事科学遗产的基础上结合本阶级所处的时代特点,才能在军事斗争实践中创造和发展新的军事科学。四是实践性。军事实践不仅是军事科学的来源和基础,而且是军事科学发展的动力。军事科学从军事实践中产生,接受军事实践的检验,并随着军事实践的发展而发展。军事实践是检验军事科学理论是否正确的惟一标准。军事理论和军事原则是否正确,也只有通过战争实践的检验,才能完全得到证实。

军事科学的根本任务是从客观实际出发,透过极其复杂的战争现象,探索战争的性质和规律,从而预测战争的发生、发展及其特点,提出准备与实施战争的原则和方法。所谓战争性质,主要指它的社会政治性质,如战争的正义性或非正义性,是革命战争还是反革命战争。所谓战争规律,是战争在发生和发展过程中,战争双方在政治、经济、军事、自然地理诸方面因素的本质联系及其发展趋势。军事科学的首要任务是探索战争的内在客观规律,提出战争的主观指导规律,努力使主观指导与客观规律相符合,从而有效地指导战争的准备与实施。随着现代科学技术的进步,武装力量建设、武器装备等的发展使军事科学的研究领域得到进一步拓展。由此,军事科学的任务就要不断地研究新情况、新问题,不断完善和发展军事科学理论体系。

三、军事科学的主要社会功能

军事科学既是军事实践经验的抽象概括,又反转过来指导军事实践,具有理论先导作用。战争历史经验表明,要赢得战争,就必须要有正确的军事科学理论作指导。古今中外的军事家,都非常重视军事理论对于战争实践的指导作用,他们都深知敌对双方要在战场较量中夺取胜利,必须有先进的、正确的军事理论作指导。在科学技术日新月异的今天,军事科学理论对于军事实践的先导地位与作用,愈来愈重要。现代军事科学已成为国际"寂静战场"上激烈抗争的主要内容和手段,各国军事家更加重视军事科学的理论研究和指导作用,如美国在总结越南战争的失败教训时,普遍认为美军之所以失败,关键是长期只注重武器装备的研制发展,忽视军事科学理论的研究。为此,战后美国把军事科学研究提高到一个重要的地位,军方普遍认识到要获得战争的胜利主要靠两方面:一是软件(军事科学理论的先导作用);二是硬件(高技术的武器装备)。透过近些年美国发动的几场高技术局部战争,我们不难看出美军军事科学理论的前沿先导作用。在我国,现代军事科学研究已成为国防现代化建设的重要组成部分,国防现代化包括军事理论的现代化,没有现代的、先进的军事理论作为先导,就不可能建立现代化的国防和现代化的军队,也不可能在未来信息化战争中夺取胜利。军事科学的基本社会功能具体表现为:

第一,为国防发展战略和军事战略提出建议和咨询。军事科学要依据国际形势发展趋势和特点,世界军事战略态势和军事战略格局,以及本国在国际军事战略格局中所处的地位和对外政策,科学地分析论证敌对双方的政治、经济、军事实力和可能面临的主要威胁,以及未来战争可能出现的新情况、新特点,做出正确的判断和预测,提出正确的建议和咨询报告。一旦国家制定了军事战略,军事科学就要围绕贯彻实行军事战略,进行科学论证,提出贯彻实行军事战略的措施和具体方法。军事科学还要研究和解答军事战略在实施过程中可能遇到的新情况和新问题,使之不断完善,以适应不断发展的国际形势和世界战略格局,适应国家安全的需要。

第二,为国家规划武装力量建设提供理论依据。武装力量的发展方向、建设规模和军兵种比例等,如何适应国内外形势发展的需要,进行合理的建设,也是军事科学研究的重要内容。军事科学要根据国家和武装力量确立的军事战略方针,针对世界各国武装力量、武器装备和军事思想发展的趋势,结合战争历史经验和本国的政治与经济、军事实力、国家潜力等实际情况,对武装力量建设的各个方面,诸如建军指导思想、建军方向、武装力量规模、编成,军事教育训练,诸兵种发展比重、战争动员与后备力量建设等,进行科学论证和预测,提出适合本国武装力量建设的理论和原则,用以指导武装力量建设,使武装力量建设沿着正确方向发展。

第三,为国家发展武器装备提出建议和咨询。军事科学要根据已制定的国防发展战略、经济实力和科学技术水平,以及敌对国家武器装备的现状和发展趋势,进行研究和预测,提出发展武器装备的建议,供国家在制定武器装备发展的规划时参考。

第四,为国家指导战争准备和战争实施提供理论指导。军事科学要不断研究总结以往战争和正在进行的各种战争的经验和教训,揭示战争规律和战争指导规律,正确预测未来战争可能出现的样式,提出相应的对策和建议。同时,还要根据科学技术现状和发展的趋势,预测未来战争的军事理论和作战方法可能发生的变化,并提出对策。此外,军事科学还要根据国际形势发展特点和军事战略动向进行科学分析,做出正确的战略判断,为国家适时做好诸如战争动员体制、战略物资储备、军事训练、兵员补充、武器装备生产、支援保障、勤务建设等方面的准备,提供一整套理论和原则,以保障国家能够正确指导战争的准备与实施。

总之,随着国际政治、经济、科学、军事的发展,军事科学的社会地位和作用日显突出。源于军事斗争的战略、战役、战术等理论和原则,也越来越被社会广泛借鉴和运用,成为人类社会的宝贵财富。

四、学习军事科学知识的意义和方法

首先,普通高校学生参加军事训练、学习军事科学是法定的神圣义务和责任。以《中华人民共和国宪法》为依据,我国相继颁布了国防法、兵役法、国防教育法等相关法律。这些法律的颁布实施,标志着国防建设和国防教育进入法制化的轨道。作为国家公民,普通高校学生必须履行法律赋予的义务,参加军事训练,学习军事理论知识,掌握基本军事技能。军事技能训练和军事理论知识的学习,对于提高全民族国防意识,增强国防观念,有着重要意义。同时,此举不仅是目前国际上公民履行国防义务的普遍做法,更是国家寓兵于民的战略措施。如美国平时采取各种手段向公民灌输"国家至上"的思想,政府广泛宣传动员公民投入国防事业,并要求每一个公民把保卫国家和民族利益作为"社会第一勤务"。美国政府认为,仅靠雄厚的经济、先进的技术和强大的国防实力来维护国家安全还是不够的,还必须使每个公民明确意识到其对国家安全应尽的义务和责任。我国是人民民主专政的社会主义国家,我国立国的战略核心思想是人民战争思想。因此,我国十分重视全民国防观念和国防意识的培养,注重民族精神的发扬、民族气节的传承和民族向心力的凝聚。我国宪法第55条规定:"保卫祖国、抵抗侵略是中华人民共和国每一个公民的神圣职责。依照法律服兵役和参加民兵组织是中华人民共和国公民的光荣义务。"《兵役法》第43条规定:"高等院校的学生在就学期间,必须接受基本军事训练。根据国防建设的需要,对适合担任军官职务的学生,再进行短期集中训练,考核合格的,经军事机关批准,服军官预备役。"《国防教育法》对普通高校学生参加军事训练作了更具体的规定,其目的是使学生在就学期间,接受国防教育,激发爱国热情,树立革命英雄主义精神,增强国防观念和组织纪律性,掌握基本的军事知识和技能,为中国人民解放军储备后备兵员和培养预备役军官打好基础。"国家兴亡,匹夫有责",普通高校学生自觉接受军事训练,努力学好军事科学知识,既是履行保卫祖国神圣义务的具体行动,也是遵守国家法律的基本要求。

其次,普通高校大学生参加军训、学习军事科学知识有利于国防后备力量的加强和综合国力的提高。普通高校是知识密集、人才云集的地方,在此环境中成长起来的学生文化层次高,知识更新快,富有开拓创新精神。因此,普通高校对国防建设来说是一个重要的人才培训基地,学生必然成为信息化战争条件下兵员的主要动员群体,对他们进行军事科学教育,对于加强国防后备力量建设甚至提升以知识经济为核心的综合国力有着重要意义。普通高校学生进行军事训练、学习军事科学知识也是应付未来突发事件，抵御外来侵略的需要。新世纪新阶段党和政府多次强调要做好军事斗争准备工作，这项工作首当其冲的是做好兵员的储备和动员工作。因为战争兵力动员补充，是决定战争胜负的重要因素之一。当今世界暂处于相对和平时期，各国都注重经济发展，从经济上谋取战略制高点，从军事上加强质量建军。为了解决平时少养兵、战时多出兵的矛盾，许多国家在保持一支精干的常备军的前提下，通过各种方式训练和储备预备兵员，以保证战时多出兵。历史的经验表明：只有在和平时期有计划、有步骤地组织好、储备好各类预备役兵员，才能充分保证战时兵员的需要。当前我国以经济建设为中心，需要一个安全的建设环境，这种安全环境的获取不是靠等待，而是要靠一支数量适中、质量高的常备军以及与众多的优秀后备力量相结合的国防威慑力量来取得。当今国与国之间的较量是综合国力的全面较量。综合国力的重要因素是高素质的人，全民的国防观念、国防精神的强弱直接影响到综合国力。在一定的经济物质条件下，高素质的群体、强大的国防精神，可以使综合国力成倍增长。也就是说，学生强烈的国防意识所焕发的向心力和凝聚力，在军事上可转化为战斗力，在经济建设上能转化为生产力。这在总体上有利于增强综合国力。

再次，普通高校大学生参加军事训练，学习军事科学知识是培养德、智、体全面发展高素质人才的需要。新的历史时期，我国进行社会主义现代化建设需要大批德才兼备的高素质人才。培养德、智、体全面发展的优秀人才，是我国教育体制改革的根本目的，是一项长期艰巨的任务。以学生军训为主要形式的国防教育，在促进人的素质全面发展方面，具有其他学科无法比拟的特殊优势。军事教育、国防教育的核心是爱国主义教育，而爱国主义是公民所必须具备的最基本、最重要的精神素养。军事教育、国防教育的内容是涉及国家的安全防卫问题，它与国家的安危和人民的根本利益密切相关。这样事关国家、民族的荣辱兴衰、生死存亡的大事，最能引起学生强烈的心理共鸣，极大地激发他们的爱国热情。普通高校学生正是处于长身体、长知识的时期，也是世界观、人生观形成和发展时期，通过军训和军事理论学习，一方面，锻炼了自己的体质和意志，学习了我军的光荣传统和优良作风，培养了讲文明、守纪律、讲团结的良好风气，为促进良好的校风和学风打下了基础；另一方面，增强了国防观念和爱国热情，使之在人生观与价值观上紧紧地把自己的命运与党和国家的命运联系起来，树立为民族昌盛而发奋学习的积极态度。

军事科学是一门古老的科学，但对普通高校大学生来说，却又是一门崭新的学科，它有着不同于社会科学和自然科学的特点。因此，要学好军事课这门课程，必须研究学习的基本方法。

一是要运用正确的思维方法。军事科学内容广泛，涉及社会科学、自然科学、技术科学以及其他相关科学，是一门综合性很强的学科。要学好这门科学，必须运用正确的思维方法。军事和其它客观事物一样，处在不断地运动变化和发展之中，必须运用辩证的思维方法，处理好战争中优与劣、攻与防、进与退、主观与客观、内线与外线、持久与速决等矛盾的对立、依存与转化关系，夺取战争的胜利。另外，学习军事科学知识要综合运用各种思维方式。比如，战争的决策、运筹离不开逻辑思维；战场上排兵布阵，利用地形地物，离不开形象思维。总之，战争瞬息万变，要求指挥员最大限度地发挥自己的聪明才智，正确运用各种思维方法，把握战争的主动权。

二是要借鉴历史,研究战例。从某种意义上说,人类的发展历史是一部战争史,战争这一为达到统治阶级政治目的特殊手段,它总是伴随历史的前进而发展。军事科学源于战争,从军事实践中来,是战争和军事活动实践经验的总结与理论概括。由此,我们在研究军事科学的过程中,要借鉴历史,研究战例。毛泽东同志指出的"古为今用,洋为中用,推陈出新",目的就是要求我们不断继承发扬人类优秀的文化遗产,吸取其精华,并且在实践中不断创造、发展。系统学习历史和著名战例,不仅能够帮助我们得到启示,使我们能够正确分析和解决现实问题,而且能帮助我们进一步认清事物的发展趋势,从而科学地预测未来。

三是要理论结合实际。学习军事科学要善于联想,善于把各学科所学知识联系起来,融会贯通,综合运用。军事科学涵盖了丰富的人生哲理、战争原则和方法论,它不仅对战争具有重要的指导意义,而且对其它学科领域有着相互启发、相互促进的作用。学习军事科学可以与学习专业知识相结合。把军事理论学习与专业知识学习紧密结合起来,可以相互启发,相互促进,触类旁通,丰富知识,拓宽视野,不断提高自己的分析问题解决问题的能力。

第一章 军事思想

军事思想是军事科学体系中的重要内容。本章主要介绍军事思想的概念、内容、特点及其历史发展过程和军事思想发展的基本规律,阐述毛泽东军事思想、邓小平新时期军队建设思想、江泽民国防和军队建设思想、胡锦涛国防和军队建设思想的主要内容以及习近平国防和军队建设重要论述。

第一节 军事思想概述

一、军事思想的基本概念

军事思想是关于战争、军队和国防基本问题的理性认识,是人们长期从事军事实践的经验总结和理论概括。

军事思想揭示战争的本质、战争的基本规律以及进行战争的指导规律,阐明军队建设的基本理论和原则,从总体上反映研究战争和军事问题的成果。军事思想来源于人类的军事实践,同时又给人类的军事实践以理论指导,并在军事实践中接受检验,它随着战争和军事实践的发展而发展。军事思想作为独立的意识形态是从奴隶社会开始的,它产生于一定的社会物质生产和战争实践基础之上,并且受到其他社会意识形态的制约和影响。

军事思想的内容大体可以分为两个层次:一是军事哲学,它是一门研究军事的共同本质、普遍规律与一般价值的学问,是关于战争观、军事问题的认识论和方法论;二是军事实践的基本方针和原则,主要内容有战争指导的基本方针和原则、军队建设的基本方针和原则、国防建设的基本方针和原则等。

军事思想具有鲜明的阶级性。军事思想来源于社会实践,在阶级社会中,人们为了各自阶级的利益,所奉行和推崇的军事思想,必然要反映各个阶级对战争和军队建设的认识和立场。因此,不同阶级、国家或政治集团必然有不同的军事思想。

军事思想还具有强烈的时代性。军事思想来源于战争实践,不同历史时期的战争有着不同的形态和战略战术,有着不同的军队组织原则和编制。这种不同时代的特征往往最能反映当时的物质生产水平,军事思想所反映的这些特征代表着这一时代的生产力水平。

军事思想同时还具有明显的继承性。战争的特征之一,就是强制人们的主观认识同客观实际的一致性。因此,在战争中,人们必须按事物的客观规律办事。古代大军事家孙武指出:"先知者,不可取于鬼神,不可像于事,不可验于度,必取于人,知敌之情者也。"因为,只有这样,才能做到"知彼知己,百战不殆,知天知地,胜乃无穷"。所以,历史上所形成的具有规律性的军事原则、概念被流传下来为后人所用,并不断地加以丰富和发展。

军事思想可按社会历史阶段、阶级、国家和不同历史时期主导性兵器的特征来进行分类。例如,按阶级来划分,军事思想可分为奴隶主阶级军事思想、封建地主阶级军事思想、资产阶级军事思想和无产阶级军事思想;按国家来划分,可分为外国军事思想和我国军事思想;按阶段来划分,可分为古代军事思想、近代军事思想和现代军事思想等。

二、军事思想的发展简史

人类对军事问题的认识,是随着社会生产力的发展、社会关系的变革、战争规模的扩大及其激烈程度的加剧,以及科学文化技术水平的不断提高,经历了一个又一个由浅入深的演进过程。军事思想也经历了一个由简单到逐步提高、发展的过程。

(一)古代军事思想

在人类古代,由于生产力水平较低,武装斗争的手段较简单,军事行动的规模较小,导致人类在这漫长历程中对军事活动的认识都处于初级的和直觉思维层次,但却有辉煌的理论成就。

中国古代军事思想(公元前21世纪-1840年),是中国军事思想发展的早期阶段,它反映了中国奴隶主阶级和封建地主阶级的军事思想。一般认为,中国古代军事思想萌芽于殷商,形成于西周,成熟于春秋战国,经过封建社会漫长的发展,到明清时期完成了它的历史终结。中国从奴隶制社会到封建社会前期,军事思想的发展水平一直居于世界领先地位。早在春秋以前,就出现了专门的军事文献《军政》、《军志》,在《尚书》、《周易》等古代典籍中也包含一些军事思想。从这些史籍中,可以看到当时人们对治军、作战等问题的一些规律性认识。春秋战国时期,社会剧烈变革,争霸、兼并、战争频繁,加之军事技术的进步和思想领域的百家争鸣,有力地促进了军事思想的发展,使中国古代军事思想出现了一个前所未有的兴盛时期,迎来了中国古代军事思想发展的第一个高峰。不仅涌现了以孙武、吴起、孙膑为代表的兵学人才群体,产生了《孙子》、《吴子》、《司马法》、《尉缭子》等一大批兵学巨著,而且儒、道、法、墨等诸子百家典籍中也有大量深邃的军事思想。

自公元前221年秦王朝建立到1840年鸦片战争的2000余年间,中国古代军事思想伴随着封建王朝的兴衰更替,时缓时疾地向前发展。秦至五代时期,兵儒合流互补倾向的出现,使儒家政治理论与兵家权谋之道有机结合,无疑为这一时期军事思想的发展注入了活力,使其在曲折发展中不断充实提高。然而,由于学术领域"谶纬之学"的流传,数术与迷信的结合,给军事思想的发展也带来一些负面影响,与春秋战国时期相比,军事思想的发展则处于相对缓慢的阶段,宋仁宗以后,鉴于"儒将缓带轻裘,兵众闲哺糜食",致使"朝乏将才,将昧兵法"的教训,广访兵家,遍搜武笈,钦定武经七书,内收《孙子》、《吴子》、《司马法》、《六韬》、《尉缭子》、《三略》、《李卫公问对》七部古代优秀军事著作,官兴武学,使中国古代军事思想进入了复兴发展的阶段。到明清时期,大兴研武之风,存世兵书多达1685部,出现了中国古代军事思想发展的第二个高峰。中国古代军事思想内容博大精深,历史源远流长,是人类军事思想宝库中一颗璀璨的明珠。

在古代,世界其他国家的军事思想,尤以古代希腊军事思想和古代罗马军事思想为典型代表。例如,古希腊军事统帅埃帕米农达、马其顿国王亚历山大三世、迦太基军事统帅汉尼拔等人的军事活动和这一时期的军事代表作,如希罗多德的《历史》、修昔底德的《伯罗奔尼撒战争史》、色诺芬的《远征》等,都反映出古代欧洲一些国家的军事思想。在他们的军事活动和军事著作中,对战争与政治、外交的关系,对作战谋略、指挥艺术、战略战术,对军队建设等,都有较明确的论述,对军事思想的发展做出了贡献。

(二)近代军事思想

近代军事思想发展的总体特征,一是资产阶级军事思想体系得到确立;二是以马克思主义军事理论为代表的无产阶级军事思想宣告诞生。

资产阶级军事思想产生于欧洲,并经过3个世纪的时间,随着资产阶级革命战争实践而逐步形成,并随着战争的发展而发展。15和16世纪之交的文艺复兴时期,欧洲军事思想领域出现了近代化的萌芽。主要代表作是意大利思想家马基雅弗利1521年发表的《论军事艺术》。该书是西方军事理论的经典,西方国家近代军事科学的先导。《论军事艺术》采用对话体裁,是马基雅弗利仔细研究历史上的著名战役,分析双方战略形势的一部理论著作。书中提出了为了巩固自己的统治,必须致力于战争,真正掌握军事实力,要普遍实行义务兵役制。17世纪,英国发生的资产阶级革命,具有世界影响。资产阶级革命打破了封建地主阶级的生产关系,极大地解放了生产力,使经济得到很大发展。资本主义制度建立后,大英帝国实力倍增,开始在北美、亚洲、非洲进行野蛮的掠夺殖民地的战争。欧洲的葡萄牙、西班牙、荷兰甚至法国都成了英国的殖民地。英国经济的发展,科学技术的进步,社会思想的前进,极大地推动了资产阶级军事思想的发展。

17到18世纪,欧美各国资本主义迅猛发展,发达的工场手工业生产出了大量新式火器,文艺复兴和资产阶级革命风暴促进了新的阶级关系和民族关系的形成,促使战争和军队建设从形式到内容发生了巨大变化,欧美军事思想的近代化过程随之达到高潮。18世纪末到19世纪前期,法国爆发了资产阶级革命和拿破仑战争;19世纪中叶,德国、奥地利等国也爆发了资产阶级革命;1861年,俄国废除农奴制。在资产阶级革命过程中,一批资产阶级的军事思想家和军事思想的变革成果涌现出来,集中体现在拿破仑的战争艺术上,以及克劳塞维茨的《战争论》和若米尼的《战争艺术概论》等著作中。克劳塞维茨在《战争论》中提出了"战争无非是政治通过另一种手段的继续"的著名论断,比较系统地探讨了战争的目的、战争的本质、战争与政治的关系、军队建设、战争艺术、消灭敌人和保存自己的关系、民众战争的作用与使用原则、精神和物质的关系、集中兵力和积极防御的思想等。若米尼在《战争艺术概论》中,论证了军事领域的许多基本原理和规则,提出了决定战争胜败的各种因素,指出全民参加的民族战争具有最可怕的力量。这两部著作均是在总结拿破仑战争经验的基础上产生的,标志着欧洲和世界近代资产阶级军事思想体系的基本确立。

无产阶级军事思想,作为一种崭新的军事思想体系,也是在近代确立的。1848—1849年,无产阶级以特殊身份参加了欧洲资产阶级革命。在这场大革命中,无产阶级一方面与资产阶级一道反对封建地主阶级的统治,推翻封建制度;另一方面,在革命中举行反对资产阶级的大规模起义。例如,巴黎六月起义、柏林三月起义、维也纳三月和十月起义、德国西南地区五月起义以及意大利和匈牙利等国的民族解放运动等。上述起义为无产阶级军事思想的产生奠定了基础。马克思和恩格斯及时总结了无产阶级斗争的经验,发表文章和评论。在这些文章和评论中,对人民战争、战争与政治的关系、战略战术和武装起义的思想进行了阐述,体现了马克思和恩格斯早期的军事思想。19世纪中后期,世界各地的战争和武装起义频繁发生。例如,东方战争(1853—1865年)、西班牙革命(1854—1856年)、中国太平天国革命运动和战争(1851—1856年)、美国内战(1861—1865年)、普法战争(1870—1871年)、巴黎公社革命(1871年)等。为适应当时工人运动发展的需要和迎接即将到来的无产阶级革命,马克思和恩格斯针对这些战争和起义撰写并发表了数百篇文章及评论,系统地阐述了关于战争、军队和作战指导方面的基本思想。如战争的产生与消灭、战争与经济的关系、无产阶级对待战争的态度、无产阶级在战争与革命问题上的理论和策略等基本理论,形成了马克思主义关于战争、军队和作战理论的军事思想体系。他们运用辩证唯物主义和历史唯物主义确立了军事问题的认识论和方法论的科学原则,创立了马克思主义军事理论。建立了城市工人武装起义、无产阶级军队和人民战争及其战略战术原则的学说,为无产阶级军事科学奠定了理论基础。

中国在1840年的鸦片战争之后,传统兵学受到了西方军事思想的严重冲击。林则徐、魏源是变革传统军事思想的先驱。随着中国近代军事工业的建立,国防建设思想、作战指导思想和作战方式向近代化迈进了一步。以孙中山为代表的资产阶级革命党人,在共产国际和中国共产党的帮助下,提出"以党治军"、"军队与国民相结合"、"在军队中建立党代表和政治工作制度",在建军思想上又迈出了一大步。从1927—1949年,蒋介石及国民党政府引进西方和日本的一些军事技术、体制、编制和资产阶级军事思想,按己所需承袭了一些中国古代军事思想,并与外来军事思想掺杂混用,从而形成其军事思想的政治特征。

(三)现代军事思想

1917年俄国十月革命的成功,标志着人类文明跨入现代历史时期。

19世纪中叶之后,世界列强竞相利用产业革命所提供的新型的技术、物质手段,在全球加剧争夺势力范围,相应的军事理论开始产生。德国首相俾斯麦提出,德国的一切重大问题只能通过"铁与血"的手段来解决;毛奇对德国军队的体制、编制、作战原则等现代化做了奠基性的工作。日本首相山县有明宣布,以朝鲜和中国等邻国国土为日本的"利益线"。此外,英国斯宾塞的"社会达尔文主义"、德国拉采尔的"强存弱汰"的国际生活"自然法则"论、美国马汉的"海权论"等,这些军事理论促进了资本主义的侵略扩张。发展到垄断资本主义(帝国主义)进行全球扩张,终于爆发了第一次世界大战。一战结束后,帝国主义纷纷抢先发展坦克、飞机、潜艇、航空母舰等机械化军事装备,各种新的战争理论也应运而生。例如,麦金德的"大陆心脏论"、鲁登道夫的"总体战"理论、富勒的"机械化战争"理论、古德里安的"闪击战"理论等。这些理论又在后来的第二次世界大战中得到一定程度的应用和发展。

从19世纪后期到20世纪40年代中期第二次世界大战结束,是资产阶级军事思想的丰富和发展时期。19世纪末和20世纪初,资本主义经济得到了迅速发展,许多新技术应用于军事。新技术的应用导致了作战理论和作战原则的重大变革。与此同时,战争的规模愈来愈大,战争对经济的依赖程度越来越强,卷入战争的人员也越来越多,国际政治、经济、外交斗争日益复杂激烈。这些重大变化推动了资产阶级的军事思想的发展,相继出现了"制空权"理论、"小型职业军队"理论、"机械化战争"、"坦克制胜"理论等。尤其是"总体战"理论为希特勒发动第二次世界大战奠定了军事理论基础。二次大战后,以美国为首的资产阶级军事思想得到了进一步的发展。主要体现在以下几个方面:

1."总体战争"和"联盟战争"的思想进一步确立

经过两次世界大战后,资产阶级军事理论家都认为,今后战争的胜利不但取决于整个国家和全体国民的参与程度,还取决于是否有许多国家结成的联盟的参加以及联盟国家的政治、经济和军事的综合力量。在这种理论指导下,资本主义国家相继成立了"北大西洋公约"、"东南亚条约"、"里约热内卢条约"、"美澳新条约"和"美日条约"等组织,使资本主义国家结成了空前规模的世界性军事同盟。

2.火箭核战略思想

二战时,德国研制了 V-1、V-2 火箭。二战后期,美国研制成核武器,1945 年 8 月,美国使用原子弹轰炸了日本的广岛、长崎,造成了世界战争史上的最大悲剧。核武器的出现使资产阶级军事思想发生了更为显著的变化,认为未来世界战争必然是核战争。因此,对战争的样式、作战行动和作战原则都提出了相应的理论。例如,他们认为未来的世界大战必然是核战争;核武器成为完成战略任务的基本手段;所有作战行动将围绕核突击而展开;应把核力量的建设放在军队建设的首位等。当他们单方拥有核武器时,奉行"核遏制战略";当他们的核垄断被打破时,奉行"灵活反应战略";当他们丧失核优势时,又奉行"现实威慑战略"、"相互确保摧毁战略"、"新灵活反应战略"等。

3."大战略"思想

"大战略"是指运用国家政治、经济、精神和军事等全部综合力量达到国家的最终目的。他们认为战争对经济和科学技术的依赖程度越来越大,经济和科学技术的现代化程度是战争取胜的最主要条件。因此,发展经济和科学技术是国家研究大战略必须考虑的重要问题。

4.重点准备"核威慑条件下的常规战争"

随着核武器库的储量趋于饱和,世界上拥有核武器国家的增多,资产阶级军事家认为,"核战争没有胜利者",核战争已经没有意义,它只不过是互相残杀,交换自杀而已,核武器已失去了推行政治的工具作用。因此出现了"核威慑条件下的常规战争"和"有限战争"理论。人类进入 20 世纪 80 年代以来,大批高新技术的出现和在军事上的应用,已经取得了替代核武器的作用。特别是海湾战争后,使资产阶级的军事思想提高到了一个崭新的阶段。资产阶级军事思想非常活跃,军事著作大量涌现,在对战争规律的认识,战争与政治、经济、科技、精神、文化等关系方面的认识,以及军队建设、战略战术理论等方面都取得了令人瞩目的成就。

在这一阶段,无产阶级军事思想在世界范围内蓬勃发展。列宁在领导俄国十月革命和反对帝国主义武装干涉及国内战争中,创立了关于战争与革命、武装起义和建设工农红军、实行全民战争等无产阶级的军事理论。斯大林在反对法西斯侵略,捍卫无产阶级政权和国家现代化建设中,继承和发展了马列主义的军事理论,全面建立了苏联军事思想体系。世界其他一些国家的无产阶级政党在领导本国人民的革命武装斗争中,创立了各具特色的军事思想。中国共产党人把马列主义军事理论与中国革命实践相结合,创立了毛泽东军事思想,成为指导中国革命战争、军队建设、国防建设不断走向胜利的理论武器和行动指南。毛泽东军事思想中的关于战争观、方法论的学说和人民战争思想、人民军队思想、人民战争的战略战术思想、国防建设思想,不但深刻揭示了中国革命的特殊规律,而且反映了军事领域的一般规律,是无产阶级军事思想史上的一个里程碑。

这一时期,中国国防战略思想也发生了阶段性变化。首先,中国在20世纪60年代核武器试验成功后就宣布,中国发展核武器完全是为了自卫,决不首先使用核武器,承诺不向无核国家使用核武器。70年代末,邓小平继承和发展了毛泽东军事思想,提出和平与发展是世界两大主流;霸权主义是现代战争的根源;并且把中国在指导思想上准备"早打、大打、打核战争"的临战状态,转到和平时期的经济建设轨道上来,明确提出建设一支强大的现代化、正规化革命军队的军队建设总目标。江泽民就军队建设作了一系列重要论述,提出"政治合格、军事过硬、作风优良、纪律严明、保障有力"这一军队建设的总要求。胡锦涛提出要建设一支"听党指挥、服务人民、英勇善战"的军队。习近平提出军队"听党指挥、能打仗、打胜仗"的强军目标。毛泽东军事思想、邓小平新时期军队建设思想以及江泽民、胡锦涛国防和军队建设思想和习近平国防和军队建设重要论述,是当今中国军队建设、国防建设和未来反侵略战争的理论基础与行动指南。

三、军事思想的地位、作用及其发展规律

(一)军事思想的地位和作用

军事思想是军事科学的理论基础,对军队建设、作战行动和国防建设起着根本性的指导作用。

1.军事思想为认识军事问题提供基本观点

每一个人都在一定的社会经济地位中生活,人们总是基于一定思想观点去评判战争、军事和军队,进而确定对其采取何种态度和行动。显然,采用不同阶级的军事思想去分析战争,所得的结果是完全不相同的。如果用形而上学的观点去看待战争,其结果是:要么为侵略战争而战;要么持否定一切战争暴力的和平主义;要么是"强存弱汰"的社会达尔文主义战争论者。只有运用马克思主义战争观分析战争,才能全面、正确地认识战争在人类社会生活中的作用,正确判断战争的性质,坚持以正义的、进步的、革命的战争去反对非正义的、反动的、反革命的战争。

2.军事思想为进行军事预测提供思想方法

科学的军事思想揭示了军事领域各种矛盾运动的规律,为人们正确地认识战争这个事物,进行军事预测提供了科学的认识论和方法论。恩格斯和列宁关于资本主义列强之间的争夺将导致世界大战的预见,毛泽东关于中国抗日战争进程与结局的论断,就是科学地进行宏观预测的范例。这种科学预测为无产阶级和被压迫民族与被压迫人民争取自由和解放,提供了科学的理论依据,指出了革命的道路,坚定了同反动阶级作斗争的信心。非科学的军事思想则不能揭示,甚至歪曲军事领域事物矛盾运动的规律,从而导致错误的预测结果。例如,古代战争中,各朝代的帝王将相在战前拜佛抽签,战后烧香纳贡,把

战争的胜利寄托在鬼神佛士之上，其结果是可想而知的。反动阶级都过高地夸大了自己的力量，过低地估计了人民的力量，最后只能是"搬起石头砸自己的脚"，以失败而告终。

3.军事思想为从事各项军事实践活动提供全局性指导

人们在从事军事实践活动时，都需要军事思想作指导。而军事实践的成败，将直接受到军事思想科学与否的影响。用科学的军事思想作指导，军事实践就能保持正确的方向，并能达到预期的效果。中国人民在中国共产党的领导下，在长期的革命战争和社会主义建设中，能以劣势装备战胜国内外强大的敌人，其根本原因就是有科学的毛泽东军事思想的正确指导。若用形而上学的军事思想作指导，军事实践的方向就会发生偏离，达不到预期的目的。在第二次世界大战初期，欧洲一些国家的防御失利，就是这些国家受到当时盛行的形而上学、保守主义等非科学的军事思想直接影响的结果。

(二)军事思想发展的基本规律

1.军事思想的发展以新的生产力和新的社会关系为前提

首先，军事思想的发展史证明社会生产力和科学技术水平的不断提高是军事思想发展的物质技术基础。社会生产力和科学技术的进步，尤其是新技术成果在军事上的广泛应用，使军事斗争和军队建设不断具有新的特点，从而导致军事思想日趋活跃。例如，人类冶炼技术的成熟和应用，使战争进入了冷兵器时代，从而促进了我国先秦时期和古希腊、古罗马时代军事思想的繁荣。人类现代大工业和核技术的发展，确立了机械化战争和核战争的理论。而20世纪的新技术革命风靡全球时，又使军事思想得到了新的发展和突破，进入了高能战争理论的时代。

其次，社会制度的变革促进新的军事思想代替旧的军事思想。在阶级社会中，人们的社会关系主要表现为阶级关系，而这种阶级关系的变化将对军事思想的发展起着巨大的推动作用。我国春秋战国时期，封建社会取代了奴隶社会，新兴地主阶级成为政治舞台上的主导力量，他们为争夺和扩大统治权进行了长期战争。以《孙子兵法》为代表的先秦军事思想就是这种社会条件的产物。欧洲无产阶级革命产生了马克思主义军事理论。列宁主义军事思想是俄国十月革命的产物。而毛泽东军事思想则是中国几十年新民主主义革命的结晶。因此研究军事思想必须特别注意研究社会关系，尤其是阶级关系的变化对军事思想发展的影响。

2.军事思想的发展依赖于军事实践特别是战争实践

军事思想随着战争的产生、战争实践的发展以及人们对战争实践在认识上的飞跃而产生和发展，是人们对战争这一特殊社会现象在认识上不断深化的结果。古今中外的军事家和军事理论家的军事思想，是自身军事实践经验的总结和概括，或者是从间接的军事实践经验中抽象提炼，或者兼而有之。孙武的《孙子兵法》就是其对前人的战争经验和对古战场的调查研究后的高度概括和总结。毛泽东军事思想，是毛泽东和中国共产党领导中国人民进行革命武装斗争经验的科学总结，同时也大量吸收了古今中外军事实践的有益经验。军事实践是不断发展的，新的军事实践又需要新的理论去指导，从而又推动了军事思想的不断发展。军事思想本身也需要经过军事实践来检验，而战争实践具有最高的权威性，通过战争实践对军事思想进行完善和补充。这种检验不能靠一二次军事行动，而是要实践、认识、再实践、再认识，不断循环往复，才能使军事思想不断向前发展。当然，军事思想的形成和发展还需要通过人们的提炼，特别是需要个别杰出人物的总结提炼。离开了这个条件，军事思想也是难以向前发展的。

3.军事思想在激烈尖锐的相互对抗竞争中发展

军事思想源于战争实践，而战争是对抗双方展示各自军事思想的舞台。在战争中为了取得胜利，敌对双方总是竞相抢占军事思想的制高点，以便在军事实践的主观指导上高于对手，从这个意义上说，军事思想就是在激烈的相互对抗中发展起来的。在我国革命战争时期，以毛泽东为代表的共产党人，同以蒋介石为代表的反动阶级进行了殊死的阶级大搏斗。在这场大搏斗中，毛泽东等老一辈革命家始终站在科学的马列主义军事思想的高度上指导中国的人民革命战争。而蒋介石等所代表的反动阶级自始至终都采用了落后的军事思想。决战的结果，人民革命的胜利取代了反动阶级的黑暗统治；先进和科学的军事思想取得了胜利并得到了新的发展。战争实践的历史说明，在敌对双方激烈的对抗中，谁的军事思想落后，谁就会在军事斗争中处于被动的地位，直至失败。因此，在和平时期应重视军事思想研究，善于从变化了的情况中及时提出新的军事思想，用于指导军队建设、国防建设，是保证在未来战争中实施正确领导，立于不败之地的重要手段。

4.军事思想在继承和借鉴优秀成果中发展

尽管各种军事思想都带有强烈的阶级性和明显的时代性，揭示了本阶级和当时军事领域的一些特征，但要取得军事活动中最高斗争形式——战争的胜利，其行动必须符合事物发展的客观规律，其主观指导必须与客观实际保持一致。即其军事思想除揭示本时代、本民族、本阶级军事活动的特殊规律外，还必须揭示军事领域中的一般规律和具有稳定性的普遍性矛盾。这些军事活动中一般事物的普遍规律是没有阶级性的，具有普遍的指导意义。例如，《孙子兵法》所揭示的"知彼知己"、"致人而不致于人"、"以正合、以奇胜"等，至今仍被军事家、商家、政治家、战略家等采用。因此，继承前人优秀的军事成果，借鉴和吸取军事思想中的合理成分，对促进军事思想的发展具有重要意义，军事思想也是在这种继承和借鉴中得到了创造和发展。

5.军事思想在与哲学思想的相互促进中发展

自从人类社会出现军事活动以来，军事就是按照其自身固有的辩证规律发展的。由于战争的胜负直接关系着阶级、国家、民族和政治集团的生死存亡，所以，人们远在军事辩证法这个概念之前就已经开始辩证地思考军事问题了。孙武在其兵法中就揭示了许多具有一般意义的哲理。军事家为了战争的胜利常常寻求哲学的指导。欧洲资产阶级革命后，战争理论获得了新的表现。克劳塞维茨的《战争论》的产生，就得益于黑格尔的古典哲学的辩证方法。无产阶级革命导师马克思、恩格斯创立的科学的辩证唯物主义哲学，指导了无产阶级的革命实践，创立了无产阶级的军事理论。列宁、斯大林、毛泽东在领导国内战争和粉碎帝国主义的武装干涉和侵略的斗争中，撰写了大量军事理论著作，又极大地丰富了马克思主义的军事理论，并把哲学的辩证思想推向了一个新的高潮。

四、经典军事著作简介

(一)《孙子兵法》

《孙子兵法》是中国古典军事文化遗产中的璀璨瑰宝，是中国优秀文化传统的重要组成部分，是中国古代最伟大的军事理论著作，也是中国古籍在世界影响最大、最为广泛的著作之一。《孙子兵法》曾被誉为"前孙子者,孙子不遗;后孙子者,不遗孙子"。三国时代著名军事家曹操说,"吾观兵书战策多矣,孙武所著深矣"。它所阐述的谋略思想和哲学思想,被广泛地运用于军事、政治、经济等各领域中。其内容博大精深,思想精邃富赡,逻辑缜密严谨。作者为春秋时期伟大军事家孙武,大约成书于2500年前的春秋末年,是世界上最早的一部军事理论著作,比欧洲克劳塞维茨的《战争论》早2300年。

《孙子兵法》,现存仅13篇,6000余字,分为计篇、作战篇、谋攻篇、军形篇、兵势篇、虚实篇、军争篇、九变篇、行军篇、地形篇、九地篇、火攻篇、用间篇。

《孙子兵法》有丰富的辩证法思想,书中探讨了与战争有关的一系列矛盾的对立和转化,如敌我、主客、众寡、强弱、攻守、胜败、利害等。《孙子兵法》正是在研究这种种矛盾及其转化条件的基础上,提出其战争的战略和战术的。这当中体现的辩证思想,在中国辩证思维发展史中占有重要地位。《孙子兵法》谈兵论战,集"韬略"、"诡道"之大成,被历代军事家广为援用,其缜密的军事、哲学思想体系,深远的哲理、变化无穷的战略战术,常读常新的探讨韵味,对中国古代军事学术的发展产生了巨大而深远的影响,被人们尊奉为"兵经""百世谈兵之祖",历代兵学家、军事家无不从中汲取养料,用于指导战争实践和发展军事理论,在世界军事思想领域也拥有广泛的影响,享有极高的声誉。

该书被翻译成英、俄、德、日等20种语言文字,全世界有数千种关于《孙子兵法》的刊印本。不少国家的军校把它列为教材。据报道,1991年海湾战争期间,交战双方都曾研究《孙子兵法》,借鉴其军事思想以指导战争。

(二)马汉的"海权论"

阿尔弗雷德·塞耶·马汉是美国杰出的军事理论家,曾两度担任美国海军学院院长,他在1890–1905年间相继完成了被后人称为马汉"海权三部曲"的《海权对历史的影响(1660–1783)》《海权对法国革命和法帝国的影响(1793–1812)》和《海权与1812年战争的关系》,其有关争夺海上主导权对于主宰国家乃至世界命运都会起到决定性作用的观点,更是盛行世界百余年而长久不衰。直至今天,《海权对历史的影响》仍被认为是历史上产生过巨大影响的军事名著之一。马汉的《海权对历史的影响》一书在美国再版了30多次,并在全世界广泛流传。马汉也被后人公认为是海权论的鼻祖。他的突出贡献尤其在于对海权这一概念的创建和廓清,经受了时间的考验,体现了巨大的理论价值。在海洋权益日益引起各国高度重视的今天,从维护国家利益、推进民族复兴与发展的角度,对于我们思考面向未来的国家与民族的崛起,有着十分重要的启迪。

1911年,《海军战略》一书出版。马汉在这本书中一方面汲取了拿破仑、克劳塞维茨、尤其是若米尼的理论和方法论,另一方面借鉴了英国海军理论家科洛姆、科贝特等人的研究成果,提出了包括"中央位置"、"交通线"、"舰队决战"、"集中兵力"等作战原则,丰富了海权论理论体系。

马汉认为,商船队是海上军事力量的基础;海上力量决定国家力量,谁能有效控制海洋,谁就能成为世界强国;要控制海洋,就要有强大的海军和足够的海军基地,以确保对世界重要战略海道的控制;对美国来说,最重要的是夏威夷群岛和巴拿马地峡;海军威力=力量+位置,海军必须以"集中"为战略法则,同时要重视"海上交通线"、"中央位置"和"内线";海军必须积极出击,不能消极防御。

海军战略的目标是保证国家获得平时和战时的海权。海上作战最重要的任务是掌握制海权,而掌握制海权有赖于强大的海军。他主张美国突破传统的近岸防御思想的束缚,建设一支具有进攻能力的强大海军,首先控制加勒比海和中美地峡,进而向太平洋扩张,在大西洋上则与海上强国英国相互协调,以左右欧洲形势。

海军战略的基本要素是集中、中央位置、内线、海上交通线。集中的法则是海军战略的基础;威力的方程式是力量加位置(即占据便于随时向主要战略战役方向机动的中央位置),以便于舰队实施内线机动;海上交通线在战争中居于"统制战争"的地位,凌驾于其他要素之上。

海军的存在是为了进攻,防御只是进攻的准备。即使全局处于防御态势,海军舰队也必须积极出击,通过海上交战达到一定的结局。马汉始终主张在一个方向上作战,反对同时在两个方向上作战,以保证在决定性的时间和海区集中优势兵力摧毁敌方舰队。海上作战的主要手段是舰队决战,必要时可通过海上封锁实现上述目的。

海军战略的关键是平时和战时建立并发展国家的海上力量。海军舰队是海上野战军,机动性和进攻性是其特征。海军基地、要塞是舰队的根据地,是海上进攻力量的依赖和组成部分。

马汉的军事思想适应19世纪末20世纪初美国垄断资本向海外发展的需要,是当时历届美国政府制定对外政策和海洋战略的重要依据,对美国军事思想和其他许多国家的海军理论都产生了重要影响。马汉在书中鼓吹走发展海权以求国家繁荣富强的道路,在很大程度上起到了唤起美国政府和一般民众重视海洋价值、增强海洋意识的作用,适应了帝国主义对外侵略扩张的需要,对美国放弃孤立主义政策,走上争夺海洋之路起到了积极的推动作用。马汉的军事思想具有时代和阶级的局限性,认为原理是"永恒不变"的,并过分夸大海上力量和舰队决战的作用。

马汉认为,不可能再有哪一个国家能像过去那样独霸海洋,美国应与有共同血缘关系的英国合作,确立同一种族对海洋的支配。马汉明确表示,他的海权论是要为美国的外交和军事战略提供基础,并公开称"强权即公理"。马汉曾任美国总统西奥多·罗斯福的海军顾问,他的理论成为美国海军发展和海上扩张的理论根据。1890年,美国国会通过了《海军法案》,美国开始大规模发展海军。19世纪最后10年,美国的海军实力由世界第12位跃升为第3位,仅次于英、法两国。第一次世界大战后,美国成为世界上最强的海权国家。第二次世界大战结束时,美国完全控制了太平洋,把太平洋当作自己的"内湖"。冷战结束后,美国在海外仍有700多个军事基地,4个作战舰队,13个航空母舰战斗群,各型舰艇468艘。

鉴于马汉对美国海军战略的重要影响,富兰克林·罗斯福总统说:马汉是"美国生活中最伟大、最有影响的人物之一"。直至今天,强大的海权仍是美国全球战略的基础,马汉的海权思想仍然深深影响着美国和世界许多政治家和军事家。20世纪90年代末,西方大国用于海军建设的开支占国防开支的比例很大,美国为30%,英国、日本23%,法国14%,意大利13%,德国12%。海军如此被重视,归根结底,不得不归功于马汉海权论的开山之功。

(三)杜黑的"制空权论"

制空权理论产生于20世纪20年代,它的创立人是意大利的杜黑将军,和他同时代的美国空军奠基人米切尔准将,被称作"美国的杜黑"也是创立人之一。

杜黑的主要著作有四部:全面阐述其理论观点的《制空权》、强调新兵器在未来战争中作用的《未来战争的可能面貌》、论战性著作《扼要的重述》、描述未来欧洲大战可能面貌的《19××年的战争》。1937年,这四部著作合编成《制空权》在罗马出版。该书奠定了制空权理论的基础。

他在莱特兄弟发明飞机后不久,预见到飞机在军事上的作用将比气球和飞艇更大,天空将成为重要性不次于陆地和海洋的另一个战场,制空权将变得和制海权同等重要;航空兵的重要性将日益提高,它不仅是一种辅助力量,而且是军事大家庭中的第三位兄弟。建设空军是国防建设的重点,夺得制空权就能赢得战争胜利。

1. 制空权是赢得一切战争胜利的前提。杜黑认为:"掌握制空权就是胜利。没有制空权就注定要失败,并接受战胜者愿意强加的任何条件,掌握制空权表示一种态势,能阻止敌人飞行,同时能保持自己飞行。"

对于夺取制空权的方法,杜黑认为就是采取空中进攻行动。积极的进攻行动不仅是夺取制空权的重要方法,也是掌握整个战争主动权的前提。进攻行动中最有效的方法就是摧毁敌机于地面,通过空战或采取其它防御性措施是不可能夺取制空权的。空战应先于地面战斗。对于夺取制空权的条件,杜黑认为:"制空权除了依靠一支强大的空军外是无法夺取的。"为保证有效地夺取制空权,空军应该由轰炸机、战斗机和少量侦察机组成,其中进攻性力量应该占主体,也就是说,空军是一支进攻性力量,不适用于防御,这是由其特性决定的。

2. 独立的空中作战是未来战争战略行动的主要样式,空中战场将是决定性战场。

3. 空军应当成为国家军事力量的主体。拥有一支在战争中能夺取制空权的空军,充分的国防才可能得到保证。

4.在空军建设方针上,杜黑用"独立空军"一词概括这个新军种的性质,其使命是在独立于传统陆上、海上战场的全新的空中战场执行夺取制空权的任务。杜黑认为,由于空中力量独特的能力,传统陆军、海军的作用在迅速下降。在未来战争中,陆、海军的价值是"虚构的",继续注重陆、海军的建设就是"在做损害国防准备的蠢事"。因此,在国防建设上,他要求保持一支能对付敌人有限进攻的小规模陆、海军部队即可,而应大力扩充空军部队;在战略运用上,陆、海军部队应该实施防御,而由独立空军实施进攻,夺取制空权,就能最终赢得战争的胜利。此外,他还提出,应发展民用航空事业,作为军用航空的后备。第二次世界大战中,逐步成熟的空军大显身手,并得到广泛运用。空中力量在二战中参战数量之多,活动范围之广,发挥作用之大,取得战果之显著,都超出了战前人们的预想。这场大规模战争,为制空权论提供了一次实践运用和接受检验的机会。经过二战,制空权论的基本思想得到进一步肯定,早期制空权论中的若干片面认识得到了纠正。

第二节 毛泽东军事思想

一、毛泽东军事思想的科学含义

毛泽东军事思想是毛泽东关于中国革命战争、人民军队和国防建设以及军事领域一般规律问题的科学理论体系。毛泽东军事思想是毛泽东思想的重要组成部分。它是马列主义普遍原理与中国革命战争和国防建设实践相结合的产物,是中国共产党领导中国人民及其军队对长期军事实践经验的科学总结和集体智慧的结晶,同时也多方面吸取了古今中外军事思想的精华,是中国共产党领导中国革命战争、军队建设、国防建设和反侵略战争的指导思想。

(一)毛泽东军事思想是马列主义的基本原理与中国革命战争具体实践相结合的产物

马克思指出,无产阶级要取得革命的胜利,只能走武装斗争的道路。列宁实践了马克思的理论,并发展为无产阶级革命,在一个资产阶级统治比较薄弱的国家中首先取得胜利。然而,中国的实际情况与俄国不一样,中国是一个以农民为主体的半封建半殖民地的国家,中国无产阶级如何组织军队,如何进行革命战争,在马列主义著作中找不到现成答案。毛泽东继承和发展了马列主义军事思想,创造性地应用马列主义原理,结合中国半封建半殖民地社会的特点,积极开展武装斗争,以农村包围城市,最后夺取政权,并获得成功。

(二)毛泽东军事思想是中国人民革命战争和国防建设实践经验的总结

军事理论产生于战争实践。中国长期革命战争的实践是毛泽东军事思想赖以产生和发展的源泉和基础。没有中国革命战争的具体实践,就没有毛泽东军事思想。正如毛泽东1962年1月《在扩大的中央工作会议上的讲话》中指出,在抗日战争前夜和抗日战争时期,我写了一些论文,例如《中国革命战争的战略问题》、《论持久战》、《新民主主义论》、《(共产党人)发刊词》,替中央起草过一些关于政策、策略的文件,都是革命经验的总结。那些论文和文件,只有在那个时候才能产生,在以前不可能,因为没有经过大风大浪,没有两次胜利和两次失败的比较,还没有充分的经验,还不能充分认识中国革命的规律。但仅有战争实践,还不能自然而然地产生军事理论。中国共产党在领导人民进行新民主主义革命时,经历了国共合作的北伐战争,独立领导了土地革命、抗日战争、解放战争。新中国成立后,又进行了抗美援朝战争、中印、中苏、中越边界自卫反击战。毛泽东军事思想就是中国革命战争和国防建设实践经验的科学总结。当然,毛泽东军事思想的产生和发展,是同毛泽东的主观因素分不开的。毛泽东一方面对马克思列宁主义有着深刻的理解;另一方面对中国的国情孜孜不倦地进行研究和探索,使其既具有丰富的历史知识,同时又集军事统帅和军事理论家于一身。这些条件的存在,使毛泽东能长期亲身参加和领导战争实践,并从中总结经验使之上升为理论,又用此理论指导实践,不断丰富和发展理论,如此循环往复逐步完善,成为科学体系。

(三)毛泽东军事思想是中国共产党集体智慧的结晶

在人类历史上起过进步作用的正确思想,从来不是某一个人的独创。毛泽东军事思想也是如此。它是中国共产党人领导亿万军民在长期革命实践中集体智慧的结晶,是毛泽东和他的战友们的共同创造。毛泽东曾经在党的七大时就说过:"毛泽东思想是全体智慧的结晶,我只不过是一个代表。"1964年3月,毛泽东又说:"《毛选》哪是我一个人的著作啊,《毛选》里的这些东西,是群众教给我的,是付出了流血牺牲的代价的。"中国革命战争是亿万人民群众参加的共同事业,毛泽东军事思想的形成和发展,包含着亿万人民群众和全体指挥员的斗争经验和首创精神,凝聚着老一辈无产阶级革命家和军事家的集体智慧。中国革命战争是由若干个互不相连的地区发展起来的。从土地革命时期的"红色割据"区域,发展到抗日战争的各抗日根据地,再发展到解放战争时期的各解放区,在很长时间都被分割成各自独立状态。在这种环境中,各根据地独立地进行斗争,并造就了一批独当一面的领袖人物。他们之中有的同毛泽东一起起草过军事文件;有的参加过重大决策的讨论;有的发表过自己的军事著作。他们对毛泽东军事思想都进行了深刻的阐述和必要的补充。遵义会议后,确定了以毛泽东为首的党中央领导集体。毛泽东提出的许多有关党的路线、方针、政策和其他重大决策,都经过了党中央的集体讨论,凝聚了党中央的集体智慧。在革命斗争和社会主义建设中,毛泽东一贯遵循"从群众中来,到群众中去"的原则,及时总结群众中产生的经验,并上升为理论,用于指导实践。毛泽东军事思想是集体智慧的结晶,并不否认毛泽东个人的独特贡献。毛泽东兼革命家、军事家、理论家、政治家、外交家、文学家和诗人于一身,是我党军事家的杰出代表,是中国革命军事理论的奠基人和集大成者。毛泽东具有惊人的才能、非凡的智慧和坚韧的毅力,具有丰富的经历、渊博的知识、深邃的思维能力和正确的思想方法,以及勤奋刻苦的钻研精神。在长达半个世纪的革命活动中,总结并撰写了大批的军事著作,对我党的军事理论作了最集中、最深刻的概括。以毛泽东的名字命名的我党的军事理论,称为毛泽东军事思想,是完全符合历史实际的,也是当之无愧的。

(四)毛泽东军事思想是毛泽东思想的重要组成部分

毛泽东思想是以毛泽东为代表的中国共产党人,根据马克思列宁主义的基本原理,把中国长期革命实践中的一系列独创性经验作了理论概括,形成了适合中国国情的科学的指导思想。毛泽东思想是马克思列宁主义普遍原理和中国革命具体实践相结合的产物。毛泽东军事思想同毛泽东思想的关系是局部和全局、部分和整体的关系,是毛泽东思想整个科学体系中重要的组成部分,极大地丰富和发展了马列主义的军事理论。

中国共产党取得政权前的22年,其工作重心是军事工作,是用武装的革命反对武装的反革命,我们的党史实际是一部武装斗争史。毛泽东和他的战友不得不以极大的精力关注战争,研究军事。毛泽东的军事实践活动,是他一生中最伟大、最光辉和最成功的部分,其军事著作占有大量的篇幅和重要地位。因此,研究毛泽东思想,必须理解和掌握毛泽东军事思想。

二、毛泽东军事思想的形成和发展

毛泽东军事思想的形成和发展是一个历史过程,它是在中国革命战争的发展过程中逐步形成为一个科学体系的。

(一)毛泽东军事思想在土地革命时期产生和形成

1921年,在中国共产党第一次全国代表大会所通过的第一个纲领中,原则申明用革命手段推翻旧政权的历史任务。表明我党从成立的第一天起,就接受了马列主义关于暴力革命和建立无产阶级军队的学说。

1924年国共第一次合作进行的大革命期间,我党掌握了一批工人武装和黄埔军校的国民革命军第4军、第1军。1924年11月,周恩来遵照党的决定出任黄埔军校政治部主任,负责指导党在黄埔军校和国民革命军中的政治工作。在周恩来积极努力的工作下,国民革命军的第1、2、3、4、6、8军的政治部主任和党代表都由我党党员担任。

1927年春、夏,蒋介石、汪精卫相继发动了反革命政变,使大革命遭到彻底失败。在中国革命的紧要关头,毛泽东于1927年7月4日在中共中央政治局常委扩大会议上,针对党的负责人的右倾主张,提出"不保存武力则将来一到事变,我们即无办法"的意见,主张"上山","上山可造成军事势力的基础"。同月,中共中央制定了在湘、鄂、赣、粤四省区发动武装起义的计划。1927年8月1日,我党在南昌发动了武装起义,打响了武装反对国民党反动派的第一枪。这标志着中国共产党独立领导武装斗争、创建革命军队的开始。1927年8月7日,中共中央在武汉召开紧急会议,正式确定实行土地革命和武装起义的总方针。毛泽东在发言中强调,全党"要非常注意军事,须知政权是由枪杆子中取得的"。毛泽东军事思想就是在这样的时代条件下,为适应指导中国革命战争的历史需要,而逐步形成发展起来的。

1927年9月9日,毛泽东领导发动了湘赣边界的秋收起义。在起义遭受挫折时,毛泽东毅然放弃了攻打长沙的计划,率领余部沿罗霄山脉南下,向反动统治力量薄弱的农村进军。1927年9月29日,毛泽东率领起义队伍来到江西永新县的三湾,进行了具有伟大历史意义的"三湾改编",提出了"支部建在连上"的党指挥枪的原则;成立了"士兵委员会"。从此,这支人民武装在政治上有了方向和保障,开创了建立一支新型的人民军队的新篇章。

1927年10月底,毛泽东率领这支队伍上了井冈山,在井冈山开展游击战争,发动农民进行土地革命,建立工农民主政权,成功地创建了我国第一个农村革命根据地。这一系列行动揭示了我国无产阶级革命的基本特征:经过长期的武装斗争,走农村包围城市、最后夺取全国政权的道路。1928年4月,朱德、陈毅率领南昌起义余部和湘南农军上了井冈山与毛泽东会师,开创了井冈山革命根据地的全盛时期。在这期间,朱德提出了红军的行动原则:分兵以发动群众,集中以应付敌人。到1928年5月,毛泽东总结出以"敌进我退、敌驻我扰、敌疲我打、敌退我追"为核心的游击战争的作战原则,规定了红军的任务是打仗消灭敌人、打土豪筹款子、做群众工作。

根据党中央的指示,1929年12月28日,毛泽东在福建上杭县古田镇主持召开了中共红四军第九次代表大会,并在会上作了重要的政治报告,强调要从政治上、思想上和组织上把红军建设成为新型的人民军队。毛泽东指出:我们要建立一支全心全意为人民服务的新型的无产阶级军队;要保证军队的无产阶级性质就一定要坚持党指挥枪的原则,在党的绝对领导下,开展军事斗争、土地革命和建立革命政权;必须从思想上克服各种非无产阶级思想,特别是要改造旧军队的军阀作风,要克服流氓无产者的习气,反对平均主义、主观主义、个人主义、宗派主义,坚持民主集中制和无产阶级的铁的纪律。古田会议的召开,从根本上划清了无产阶级的新型军队与其他各阶级的旧式军队的界限,形成了我军的建军原则。从此,红四军又走上了一条健康发展的道路。

1930—1931年,在中央革命根据地第一、二、三次反"围剿"作战中,毛泽东提出了"诱敌深入于根据地,在运动中各个歼灭敌人"的作战原则,接连粉碎了敌人的"围剿",巩固和发展了根据地。1934年1月,毛泽东提出"革命战争是群众的战争,只有动员群众才能进行战争,只有依靠群众才能进行战争"的关于人民战争的著名论断。这些建军、作战、进行人民战争、建设革命根据地的理论和原则,奠定了毛泽东军事思想的基础。在这期间,毛泽东还写下了《中国的红色政权为什么能够存在》《井冈山的斗争》《关于纠正党内的错误思想》《星星之火,可以燎原》等光辉著作,为中国革命指出了正确的方向。然而这些正确的思想,却遭到了当时在党内占统治地位的王明"左"倾冒险主义的否定,使红军丧失了大好的革命形势,红军被迫长征。1935年1月,"遵义会议"纠正了王明的"左"倾思想,确立了毛泽东在红军和中共中央的领导地位。

(二)毛泽东军事思想科学体系在抗日战争时期建立

1935年10月,在党中央和中央军委的领导下,各路红军克服长征中的艰难险阻,胜利到达陕北。此时,日本帝国主义加紧侵略中国。中国民族矛盾上升为主要矛盾,全国抗日民主运动出现新的高潮。12月,中共中央在陕北瓦窑堡召开政治局会议,提出:以坚决的民族革命战争反对日本帝国主义进攻的总任务。制定了抗日民族统一战线的政治策略和军事战略方针。在党中央和毛泽东的努力下,促成了抗日民族统一战线的建立,实现了全民族的抗日战争。为了指导抗日战争,为了从理论上系统地回答中国革命战争的战略问题,毛泽东进一步深入研究了哲学,阅读研究了大量的古今中外的军事理论著作,特别是马列主义的军事理论著作,运用辩证唯物主义和历史唯物主义的理论和方法,总结了红军创建以来正反两方面的经验和教训,写出了《中国革命战争的战略问题》。毛泽东精辟地分析了中国革命战争的特点和规律,系统地阐述了中国革命战争中战略问题的各个方面,如无产阶级的战争观和方法论;中国革命战争的特点、规律及其战略指导问题。特别是积极防御战略的基本原理;同时还论述了战争的起源和本质、战争的性质及应采取的态度;消灭战争的途径和方法;战争中认识发展的辩证过程;战争规律的客观性和辩证法及其科学的研究方法等,为指导中国革命战争走向胜利奠定了坚实的理论基础。

1937年7月7日,抗日战争全面爆发。为解决抗日战争中的战略战术问题,毛泽东于1938年相继发表了《抗日游击战争的战略问题》《论持久战》《战争和战略问题》等著作,全面分析了抗日战争的特点和规律,批判了"亡国论"和"速胜论",丰富和发展了研究战争和指导战争的理论。毛泽东指出"抗日战争是持久战,最后胜利是中国的",预见抗日战争要经过战略防御、战略相持和战略进攻三个阶段,阐述了人民战争思想,指出"战争的伟力之最深厚的根源,存在于民众之中"。通过对战争进程的分析,毛泽东指出人民是战争胜负的决定因素;武器是重要因素;战略战术和技术原则与行动的依据,是"保存自己的力量,消灭敌人的力量"。毛泽东要求八路军、新四军实行"基本的是游击战,但不放松有利条件下的运动战"的方针,强调作战指导上的主动性、灵活性和计划性;尽可能乘敌之隙,执行有利的决战;号召"全党都要注重战争,学习军事,准备打仗"。

抗日战争的实践证明,毛泽东在抗战初期为我军制定的战争指导路线、战略方针和作战原则是正确的。经过战争实践,毛泽东军事思想得到进一步丰富和发展。1942年开始的整风运动,是一场马列主义的思想教育运动,它使全党全军进一步懂得和掌握了马列主义和中国实践相结合的原则。1944年,毛泽东又发表了《关于军队的政治工作》,对我党、我军在北伐战争、土地革命战争和抗日战争三个时期的政治工作进行了历史性的总结,并以马列主义的观点,从理论上进一步阐明了我军政治工作的性质、方针、任务、地位和方法。1945年党的六届七中全会作出的《关于若干历史问题的决议》,总结了革命战争的历史经验,对人民军队的建设和军事战略的理论作了系统的阐述。

1945年在党的第七次代表大会上,毛泽东在《论联合政府》的报告中,全面阐述了人民战争、人民军队和人民战争的战略战术,指出全心全意为人民服务是我军唯一的宗旨,它包含自觉遵守纪律和一整套政治工作原则;我军实行主力兵团与地方兵团和游击队、民兵相结合,武装群众与非武装群众相结合,军事斗争与政治、经济、文化等各条战线的斗争相结合的真正的人民战争,从实际出发的灵活机动的战略战术。至此,毛泽东军事思想的科学体系已经建立起来了。

(三)毛泽东军事思想在解放战争时期达到了全面成熟

抗战胜利后,国内阶级矛盾上升为主要矛盾。毛泽东同朱德、周恩来等组织指挥了一系列大规模战役。这样,毛泽东军事思想不但有了战略防御的系统理论,而且有了关于战略进攻、战略决战和战略追击的系统理论,标志着毛泽东军事思想有了重大发展,进入了全面成熟时期。

解放战争是我军和全国人民在中国共产党的领导下,同帝国主义、封建主义和官僚资本主义三大敌人进行的一场大决战。在这场大决战中,我军经历了战略防御、战略进攻、战略决战和战略追击等阶段,采取了以运动战为主并配以攻坚战、阵地战等多种形式,进行了数以千计的战斗,其规模之大,情况之复杂多变是空前的。战争开始时,形势十分严峻,敌人在军事力量和经济力量上都占有绝对优势。面对敌强我弱的严峻形势,毛泽东及时指出,"决定战争胜败的是人民,而不是一两件新式武器",并提出了"一切反动派都是纸老虎"的著名论断。毛泽东断言,我们的"小米加步枪"必将战胜蒋介石的"飞机加大炮"。毛泽东号召全党对敌人要敢于斗争和善于斗争,"在战略上我们要藐视一切敌人,在战术上我们要重视一切敌人"。当蒋介石向我发动全面内战后,毛泽东指出"战胜蒋介石的作战方法,一般是运动战。因此,若干地方、若干城市的放弃,不但是不可免的,而且是必要的。暂时放弃若干地方、若干城市,是为了取得最后胜利,否则就不能取得最后胜利"。1946年9月16日,毛泽东又要求我军"应以集中兵力打运动战为主,以分散兵力打游击战为辅。而在蒋军武器加强的条件下,我军必须特别强调集中优势兵力、各个歼灭敌人的作战方法"。经过一年的解放战争,全国形势发生了重大变化,我军消灭敌军112万。国民党反动派在军事上遭到失败的同时,在政治上、经济上也陷入了严重危机。毛泽东针对敌人将战争继续引向解放区,企图破坏我解放区的人力、物力的阴谋,及时地审时度势,紧紧抓住战局发展的有利形势,于1947年6月30日,指挥中国人民解放军由战略防御转入战略进攻,实行以主力打到外线去,把战争引向国民党区域的方针,指示刘邓大军千里跃进大别山创建新的革命根据地,并取得了成功,将中国革命推向了新的高潮。1947年12月,在我军战略进攻后,毛泽东提出了著名的"十大军事原则",全面总结和概括了我军打歼灭战的特点和规律。1948年9月的辽沈战役,把战争推进到了决战阶段。辽沈战役歼敌 47 万，解放了东北全境。此战役的胜利使全国的军事形势发生了一个根本的变化，我军在数量和质量首次占了优势。接着毛泽东又指挥了淮海、平津战役，消灭了敌人的重兵集团。1949 年夏季的渡江战役后，对敌人实施战略追击时，为防止敌人逃往海上和国外，毛泽东又创造性地实行了远距离的大迂回、大包围的战略追击，迅速地将国民党军队消灭于大陆。

在建军方面，为适应战略进攻的需要，毛泽东提出了军队正规化建设的方向，进行了炮兵、工程兵、装甲兵等技术兵种的建设，强调了组织纪律性，规定了城市政策，加强了司令部工作和后勤工作等。为了适应进攻城市，夺取全国胜利的需要，毛泽东还开展了新式整军运动，在进一步发扬三大民主的同时，强调了政策和纪律的教育。毛泽东在解放战争中，以其雄才大略和高超的军事艺术，统率千军万马，运筹于帷幄之中，决胜于千里之外，创造了战争史上的奇观。

（四）毛泽东军事思想在社会主义革命时期有了新的发展

全国大陆地区解放后，新中国急需一个和平的国际环境和安定的国内环境进行大规模的经济建设，发展生产力，改善人民的物质生活条件。然而，摆在我党我军面前的却是另外两大任务：一是清剿盘踞在深山老林的国民党有计划潜留下来的大批武装特务、土匪；二是抗美援朝。在清匪作战中，我军遵照党中央和毛泽东的指示，各剿匪部队，在当地党委统一领导下，积极广泛地发动翻身后的人民群众。紧紧依靠人民群众，贯彻执行军事清剿与政治争取相结合、镇压与宽大相结合以及"首恶必办，胁从不问，立功受奖"的方针和政策，经过数年的剿匪作战，至 1953 年取得了歼灭匪特 200 余万人的重大胜利，在全国范围内基本肃清了股匪和散匪，平息了匪患，保卫了胜利果实，加强了人民民主专政。

1949 年，新中国的成立，沉重打击了美帝国主义企图称霸世界的野心。1950 年 10 月，美军披上了"联合国军"的外衣，悍然越过"三八线"大举进攻北朝鲜，企图以北朝鲜为跳板，进而侵略中国。为保卫世界和平和来之不易的胜利果实，应朝鲜党和政府的请求，中国在百业待兴的情况下，于 1950 年 10 月 19 日，派志愿军入朝作战。抗美援朝战争是一场反侵略的正义战争，也是同当时具有世界第一流武器装备的美国侵略军及其仆从国军队进行的一场现代化战争。在这场战争中，我军以劣势装备战胜了武装到牙齿的敌军，初步取得了现代条件下作战的新经验。毛泽东根据这场战争的新特点，提出和解决了现代条件下进行国际主义行动的局部战争的方针、政策和作战原则。如志愿军出国作战的政策纪律；军事打击与政治斗争紧密配合；利用初战的突然性，夺取先机之利；对战斗力较强的美军实行战术的小包围和打小歼灭战；讲究打坦克、反空袭、反空降、反登陆作战的战法；以"零敲牛皮糖"的原则，不断歼灭和消耗敌人有生力量；依托坑道工事进行坚守防御；以战术、战役的反击，大量歼灭敌人；重视兵力、火力对比和军队的伪装隐蔽；建立强大的后勤保障等等。

夺取全国政权后，毛泽东根据新的历史条件，及时提出了建设现代国防、抵御外国入侵的战略任务，并领导我军进行正规化、现代化建设，使我军进入了建军的高级阶段。1949 年 9 月 21 日，毛泽东指出："我们将不但有一个强大的陆军，而且有一个强大的空军和一个强大的海军。"在国防现代化建设的问题上，毛泽东强调指出，我们的陆军、空军和海军都必须有充分的机械化的装备和设备。要在大力发展国民经济、增强国家经济实力的基础上,建立完整的国防工业体系,发展现代化的技术装备,独立自主地建设强大的国防。在加强我军现代化、正规化建设的同时,毛泽东领导并制定了积极防御的战略方针;强调后备力量建设;强调现代条件下的人民战争;强调帝国主义是现代战争的主要根源;提出了三个世界划分的理论和建立反帝统一战线的策略;要求平战结合,加强三线建设,作好长期反侵略战争的准备等。

三、毛泽东军事思想科学体系的构成

毛泽东军事思想揭示了中国革命战争和国防现代化建设的客观规律,是具有中国特色的发展了的马克思主义军事理论,是一个完整的科学体系。它的主要内容包括无产阶级的战争观和方法论、人民战争、人民军队、人民战争的战略战术、国防建设理论等。

(一)战争观和方法论

1.无产阶级的战争观

以毛泽东为代表的中国共产党人,在指导中国革命的实践中,创造性地运用马克思主义的辩证唯物论和历史唯物论,观察和分析战争的基本问题,认识和运用军事领域的辩证规律,深刻阐明了战争起源、战争性质、战争目的、战争与政治、战争与经济、现代战争的根源,以及无产阶级对待战争的态度等问题。

(1)精辟地阐述了战争的起源、实质和形式

毛泽东继承和发展了马克思主义关于战争理论的学说,总结了古今中外一切战争和中国革命战争的经验,给战争下了一个科学的定义,即"从有私有财产和有阶级以来就开始了的,用以解决阶级和阶级、民族和民族、国家和国家、政治集团和政治集团之间、在一定发展阶段上的矛盾的一种最高的斗争形式"。这一定义,对战争的起源、实质、形式作了精辟的概括。首先,它指明了战争的起源是私有财产和阶级,说明战争是一个历史范畴,结论是只要人类存在私有制和阶级,就有发生战争的土壤。其次,揭示了战争的本质是解决阶级之间、民族之间、国家之间、政治集团之间矛盾的一种最高斗争形式。最后,它明确了战争的表现形式是一种暴力行为。

(2)科学完整地阐述了战争与政治的关系

毛泽东指出:"'战争是政治的继续',在这点上说,战争就是政治,战争本身就是政治性质的行动,从古以来没有不带政治性的战争。"同时指出:"战争有其特殊性,在这点上说,战争不即等于一般的政治。'战争是政治的特殊手段的继续'。政治发展到一定的阶段,再也不能照旧前进,于是爆发了战争,用于扫除政治道路上的障碍","政治是不流血的战争,战争是流血的政治。"由此得出结论,①战争是从属于政治,为政治服务,是为了达到政治目的的一种手段;②战争又不等于一般的政治。当使用经济的、外交的、文化的等手段达不到政治目的时,就采用了战争的方式,去扫除政治道路上的障碍,于是和平转化为战争;③当经过战争达到了政治目的之后,战争便告结束,战争又转化为和平;④战争是政治的继续,从战争的性质来分析就有正义与非正义之分。马列主义者认为:凡符合人民根本利益,推动社会向前发展的战争是正义的;一切违背人民的根本利益,阻碍社会向前发展的战争都是非正义的。我们的态度是"拥护正义战争反对非正义战争"。

(3)准确地说明了战争与经济的关系

马克思主义认为,战争与经济的关系有三方面的含义:一是战争作为一种暴力行为,

起源于一定的生产方式;二是战争的目的是为了一定的经济利益;三是以暴力为特征的战争依赖于社会的经济力量。

毛泽东认为革命战争的出发点和目的,最终原因都是经济原因,都是为解放生产力、发展生产力和为改变生产关系的。就革命战争自身而言,经济是革命战争的物质基础。在井冈山斗争时期,毛泽东就把"有足够给养的经济力"作为工农武装割据的存在和发展的最主要的条件之一,并规定:打仗除消灭敌人外,还有一个重要任务是筹款子。毛泽东指出:"现在我们的一切工作,都应当为着革命战争的胜利,首先是粉碎敌人第五次'围剿'的战争的彻底胜利;为着争取物质上的条件去保障红军的给养和供给;为着改善人民群众的生活,由此更加激发人民群众参加革命战争的积极性;为着在经济战线上把广大人民群众组织起来,并且教育他们,使战争得着新的群众力量;为着从经济建设去巩固工人和农民的联盟,去巩固工农民主专政,去加强无产阶级的领导。"接着,毛泽东强调:"只有开展经济战线方面的工作,发展红色区域的经济,才能使革命战争得到相当的物质基础,才能顺利地开展我们军事上的进攻,给敌人的'围剿'以有力的打击;才能使我们有力量去扩大红军,……也才能使我们的广大群众都得到生活上的相当的满足,而更加高兴地去当红军,去做各项革命工作。"

(4)指出了人与武器的关系

"武器是战争的重要的因素,但不是决定的因素,决定的因素是人不是物。力量对比不但是军力和经济力的对比,而且是人力和人心的对比。军力和经济力是要人去掌握的"。毛泽东的这一论述,科学地阐明了人和武器在战争中的不同地位及其辩证统一的关系。

"人是决定的因素"是指在战争全过程,对战争的胜负经常地、长远地、普遍地起作用的因素。它包括人力、人心和人的主观能动性。人力是物质力量,人心和能动性是精神力量;人既有物质的属性,又有精神的属性,是物质和精神的统一体。

"武器是重要的因素"是指武器是构成军队战斗力的要素之一。对战争的进程和胜负有着重大影响,是取得战争胜利的不可缺少的条件,没有武器不可能进行战争,当然也就没有战争的胜利。

(5)阐明了战争的目的

战争既不是从来就有的,也不是永远存在的。列宁曾经指出:"无产阶级无论现在和将来都要始终不懈地反对战争,但它一分钟也没有忘记:只有完全消灭社会划分为阶级的现象,才可能消灭战争。"毛泽东继承和发展了列宁的思想,明确指出:"战争——这个人类相互残杀的怪物,人类社会的发展终久要把它消灭的。"我们研究和进行战争的最终目的是为了消灭一切战争,实现人类永久和平。这是区别我们共产党人和一切剥削阶级的界限。消灭战争是同彻底消灭阶级、消灭剥削、消灭国家,最终实现共产主义的伟大目标紧密联系在一起的。在阶级社会,阶级之间的战争产生于阶级剥削和阶级压迫。民族之间、国家之间、政治集团之间的战争,也总是与阶级斗争紧密联系在一起的。因此,消灭战争的方法只有一个,"就是用战争反对战争,用革命战争反对反革命战争,用民族革命战争反对民族反革命战争,用阶级革命战争反对阶级反革命战争",以求得国家的和平,世界的和平,人类永久的和平。

2.研究和指导战争的认识论和方法论

战争问题的认识论和方法论,是要解决如何认识和运用战争规律,正确指导战争,使主观指导符合客观实际的问题。它同战争观是统一的,并受一定的战争观的指导。无产阶级关于战争问题的认识论和方法论,是以辩证唯物主义和历史唯物主义为理论基础的,是马克思主义的认识论和方法论在战争问题上的体现。毛泽东创造性地运用马克思主义辩证唯物论和历史唯物论的立场、观点和方法,系统地阐明了关于战争问题的认识论和方法论。

(1)研究和指导战争必须认识和把握战争规律

研究和指导战争的基本方法是认识和掌握战争规律。战争是一种特殊而复杂的社会现象,由于交战双方都是活生生的人,而且注意保密,因此,战争与别的社会现象相比具有较多的不确定性。但是,战争又同其他事物一样,又有其自身的规律。这就是战争双方互相矛盾着的政治、经济、军事、自然条件等基本因素的本质的、必然的联系及其一般的发展趋势。它具有客观性、重复性、必然性和普遍性的属性,是不以人们的主观意志为转移的,也是不可抗拒的。但是,人们可以认识它、掌握它和利用它。毛泽东指出,"战争的规律——这是任何指导战争的人不能不研究和不能不解决的问题",因为,"不知道战争的规律,就不知道如何指导战争,就不能打胜仗"。研究战争规律,既要研究战争的一般规律更要研究战争的特殊规律。毛泽东指出:"我们不但要研究一般战争的规律,还要研究特殊的革命战争的规律,还要研究更加特殊的中国革命战争的规律。"研究并认识战争规律的目的在于正确指导战争。战争规律是发展变化的,因此,一切战争指导规律,依照历史的发展而发展,依照战争的发展而发展。战争指导者为了正确地指导战争,不但要研究战争的客观规律,而且必须研究基于战争客观规律之上的战争指导规律。

(2)认识和掌握战争规律的基本方法

首先,应着眼于特点和发展。毛泽东指出:"我们研究在各个不同历史阶段、各个不同性质、不同地域和民族的战争的指导规律,应着眼于其特点和着眼其发展。"所谓着眼于其特点,就是研究和把握战争的一般和特殊的规律,尤其要把握战争的特殊规律。所谓着眼于其发展,就是对战争的认识,要随着时代的发展,科技的发展,战略战术和作战方式的发展,武器装备的发展,时间、地域、性质上的差异而发展,制定正确的战争指导策略。

其次,要立足全局,掌握重要环节。战争的全局与局部的关系是辩证的统一。在一定场合为全局性的东西,在另一场合则变为局部性的东西,反之亦然。战争全局是战争的整体和发展的全过程,战争的局部是战争全局的一个部分、一个阶段。全局由各个局部构成,没有局部就没有全局。任何局部都离不开全局而独立存在,全局统率局部,决定局部,局部隶属全局,服从全局。战争指导者必须把自己的主要精力放在战争全局上,全面考虑战场形势,客观分析敌我,关照好各局部情况,把战争全局中的各个局部和阶段周密地组织和衔接起来,以达成总的战略目的。掌握重要环节,就是抓主要矛盾和矛盾的主要方面的原理在战争指导上的运用,就可以带动全局的发展。

再次,要做到"知彼知己"。这是正确解决主观和客观之间的矛盾、认识战争规律和应用这些规律的必要前提。毛泽东指出:"指挥员的正确部署来源于正确的决心,正确的决心来源于正确的判断,正确的判断来源于周到的和必要的侦察,和对于各种侦察材料的联贯起来的思索。"战争指导者必须从战争的实际出发,对双方的政治、经济、军事、地理等各方面的情况,进行认真而周密的调查,从中找出规律,并确定自己的战略战术、军事行动。这种行动不但存在于战争之前,而且存在于战争开始以后,贯穿于整个战争的全过程。

最后,要善于学习,勇于实践。学习军事和战争,除了在书本上吸取古今中外的先进的军事理论和有益的经验外,更重要的是从战争中学习战争,在战争中总结经验,认识战争规律,提高军事理论水平。毛泽东指出:"读书是学习,使用也是学习,而且是更重要的学习。从战争学习战争——这是我们的主要方法。没有进学校机会的人,仍然可以学习战争,就是从战争中学习。革命战争是民众的事,常常不是先学好了再干,而是干起来再学习,干就是学习"。战争时期,主要的方法是从战争中学习战争。和平时期,主要靠教育、训练提高战争艺术。

(3)尊重战争的客观规律,充分发挥主观能动性

毛泽东指出:"军事家不能超过物质条件许可的范围外企图战争的胜利,然而军事家可以而且必须在物质条件许可的范围内争取战争的胜利。军事家活动的舞台建筑在客观物质条件的上面,然而军事家凭着这个舞台,却可以导演出许多有声有色威武雄壮的活剧来。"毛泽东明确指出了正确指导战争的两个基本条件:一是取胜的物质条件,二是取胜的主观条件。物质条件是指作战双方的政治、经济、军事、自然等条件,它是实施正确指挥的客观条件。离开一定的客观条件奢谈战争的胜利,那是战争的唯心论者。然而在客观条件具备时,战争指导者不发挥主观能动性去实施正确的指挥,就不可能把战争胜利的可能性变成现实性。但是,充分发挥主观能动性,必须建立在实事求是的基础上,这里的关键是发挥主动,力避被动,把科学态度与斗争胆略、智慧和勇敢紧密结合起来。

(二)人民战争思想

人民战争是指被压迫阶级或被压迫民族为谋求自身的解放,发动和依靠广大人民群众所进行的战争。人民战争具有三个明显的特点,即群众性、正义性、组织性。在指导中国革命战争的长期实践过程中,以毛泽东为代表的中国共产党人,以辩证唯物主义和历史唯物主义为基础,继承中国历史上的优秀军事遗产,总结中国近百年革命战争的经验和教训,发展了马克思主义关于人民战争的理论,形成了一整套具有中国特色的人民战争思想。毛泽东人民战争思想的基本含义是:从广大人民的利益出发,在中国共产党的领导下,以人民军队为骨干,充分依靠和动员人民群众,建立农村革命根据地,实行主力兵团与地方兵团相结合,正规军与游击队和民兵相结合,武装斗争与非武装斗争相结合,并使武装斗争与各种斗争形式紧密配合的全面彻底的人民战争。

1.中国革命斗争的主要形式是武装斗争

毛泽东指出,"革命的中心任务和最高形式是武装夺取政权,是战争解决问题。这个马克思列宁主义的革命原则是普遍地对的,不论在中国在外国,一概都是对的","在中国,离开了武装斗争,就没有无产阶级和共产党的地位,就不能完成任何的革命任务"。中国革命的中心任务和最高形式是发动人民群众武装夺取政权。由武装的革命反对武装的反革命,这是半封建半殖民地的中国取得革命胜利的唯一正确的道路。当然,坚持武装斗争是中国革命的主要形式,但是,并不排除其他形式的斗争,如政治的、经济的、文化的、

外交的等。只有把武装斗争同其他形式的斗争直接或间接地结合起来,形成全国的人民战争,才能最大限度地发挥人民战争的威力,孤立和打击敌人。

2.坚决依靠人民群众进行武装斗争

马克思主义的历史唯物论认为:历史是人民创造的,人民群众是历史的主人。毛泽东指出,战争的伟力之最深厚的根源,存在于民众之中;革命战争是群众的战争,只有动员群众才能进行战争,只有依靠群众才能进行战争。这是毛泽东人民战争思想的理论基础。毛泽东人民战争思想的实质就是在革命战争中实现彻底的群众路线,一切为了人民,坚决依靠人民,充分动员人民,把人民组织和武装起来,进行人民战争。同时,革命的正义性,是实行人民战争的政治基础。一切进步的正义战争,代表了人民群众的利益,能够得到人民群众的积极拥护和参加,一定能取得最后胜利。人民战争的坚实基础是人民,只有动员、组织、依靠和武装群众才能进行战争。

3.建立实施人民战争的武装力量体制

人民军队是实行人民战争的骨干力量。中国共产党人从中国社会和中国革命的特点出发,把创建新型人民军队作为中国革命的首要问题。1926年,毛泽东就提出了建立农民自己的武装的思想。经过三湾改编、古田会议,毛泽东从根本上解决了把一支以农民为主体的军队建设成一支新型人民军队的一系列理论、路线和原则问题。这支人民军队自创建开始就在中国共产党的绝对领导下,以全心全意为人民服务为宗旨,由小到大,由弱到强,在几十年的艰苦卓绝的斗争中,为全国人民夺取政权,巩固无产阶级专政做出了巨大贡献。以人民军队作为进行人民战争的骨干力量,实行主力兵团和地方兵团相结合,正规军和游击队、民兵相结合,武装群众和非武装群众相结合的武装力量体制,可以动员广大军民,发挥整体优势,陷敌于人民战争的汪洋大海之中。

4.建立巩固的革命根据地

革命根据地是实行人民战争的依托,是进行人民战争的战略基地。建立巩固的革命根据地,军队就有备战和训练的基地,就能提供必要的人力、物力、财力以利长期作战,同时也能广泛地组织人民群众开展多种形式的对敌斗争。有了革命根据地,才能形成人民战争,才能积蓄力量、发展力量并夺取革命的最后胜利。

在经济落后的中国,毛泽东根据半封建半殖民地中国的经济发展的不平衡性,创造性地提出了建立巩固的农村革命根据地,以农村包围城市,最后夺取全国胜利的伟大理论,并付诸于实践。当秋收起义失败后,毛泽东毅然决定率队上山,建立了井冈山革命根据地,并把在井冈山燃起的星星之火形成了燎原之势,波浪式地向全国推进,逐步夺取全国的胜利。

5.建立了最广泛的统一战线

实行人民战争必须团结一切可以团结的阶级、阶层和社会集团,利用一切可以利用的矛盾,结成最广泛的统一战线,最大限度地孤立和打击最主要的敌人。

(三)人民军队思想

人民军队是人民群众自发地或在先进阶级领导下建立的并为人民群众利益而战斗的军队。毛泽东在领导中国革命战争实践中,运用马克思主义的原理,系统地解决了把一支以农民为主要成分的队伍,建设成为无产阶级性质的,同人民群众保持密切联系的,具有严格组织纪律和高度军事素养的新型人民军队的理论、方针和原则问题。

1.确立了中国共产党对军队的绝对领导地位

中国人民军队从诞生之日起,就置于中国共产党的绝对领导之下。早在井冈山和中央苏区时,毛泽东就指出,我们感觉无产阶级思想领导的问题,是一个非常重要的问题。认为军队中存在的机会主义、盲动主义、地方主义、单纯军事观点、极端民主化、非组织观念、绝对平均主义,流寇思想等都是非无产阶级思想,是军队的腐蚀剂,并对其表现、根源和危害,以及纠正方法都作了系统说明。1927年9月底,毛泽东在"三湾改编"中,根据斗争的实际情况设立了党代表制度,规定了班有党员,排有党小组,连有党支部,营团有党委,使起义军从一开始就置于中国共产党的绝对领导之下。1928年12月,毛泽东在古田会议上又一次强调,一定要加强党对军队的绝对领导。1938年11月6日,毛泽东在延安指出:"我们的原则是党指挥枪,而决不容许枪指挥党。"因为,只有坚持和实施党对军队的绝对领导,才能保证人民军队的无产阶级性质,才能坚持全心全意为人民服务,才能完成党交给的各项艰巨任务,才能捍卫我们的国家。

2.规定了全心全意为人民服务是这支军队的唯一宗旨

毛泽东指出:"我们的共产党和共产党所领导的八路军、新四军,是革命的队伍。我们这个队伍完全是为着解放人民的,是彻底地为人民的利益工作的。"在井冈山斗争时期,毛泽东就指出,要教育我们军队的士兵明确为人民去打仗。在古田会议决议中,毛泽东又指出"红军的打仗,不是单纯地为了打仗而打仗,而是为了宣传群众、组织群众、武装群众,并帮助群众建设革命政权才去打仗的,离了对群众的宣传、组织、武装和建设革命政权等项目标,就是失去了打仗的意义,也就是失去了红军存在的意义"。在1945年4月的党的七大的报告中,毛泽东对我军的宗旨作了最完整的概括:"为着广大人民群众的利益,为着全民族的利益,而结合,而战斗的。紧紧地和中国人民站在一起,全心全意地为中国人民服务,就是这个军队的唯一的宗旨。"

3.制定了服从于人民根本利益的铁的革命纪律

中国共产党领导的人民军队,是为了维护人民群众的根本利益而建立、而战斗的,为了保证党的任务的完成,就必须要有铁的纪律作保证。毛泽东在红军初创时期,就要求部队对待群众说话和气、买卖公平、不拉夫、不打人、不骂人。1927年10月,毛泽东制定了三大纪律六项注意;1930年,在瑞金又把六项注意改为十项注意;1947年10月10日,重行颁布了三大纪律八项注意(一切行动听指挥、不拿群众一针一线、一切缴获要归公;说话和气、买卖公平、借东西要还、损坏东西要赔、不打人骂人、不损坏庄稼、不调戏妇女、不虐待俘虏)。这种纪律是从人民的根本利益出发的,它是人民军队完成各项任务,提高战斗力的重要保证。

4.实行了军队内的民主制度

毛泽东把群众路线系统地运用于军队建设的各个方面,成功地建立了有领导的民主制度,实行政治民主、军事民主、经济民主,保证了官兵一致、上下一致。毛泽东在《井冈山的斗争》中写道:"红军的物质生活如此菲薄,战斗如此频繁,仍能维持不敝,除党的作用外,就是靠实行军队内的民主主义。官长不打士兵,官兵待遇平等,士兵有开会说话的自由,废除烦琐的礼节,经济公开……同样一个兵,昨天在敌军不勇敢,今天在红军中很勇敢,就是民主主义的影响……。中国不但人民需要民主主义,军队也需要民主主义。军队内的民主主义制度,将是破坏封建雇佣军队的一个重要的武器。"

5.坚持"官兵一致、军民一致和瓦解敌军"的政治工作三大原则

毛泽东为这支军队建立了强有力的革命政治工作制度,推行进步的政治教育思想,造成生动活泼的政治局面,以保证中国共产党的路线、方针和政策的贯彻执行,保证军队各时期任务的顺利进行,保证军政首长命令、指示的付诸实施,保证全体官兵充分发挥为人民而战的积极性和创造性,保证军队各项任务的顺利完成。1937年10月25日,毛泽东在与英国记者贝特兰的谈话中指出:"八路军的政治工作的基本原则有三个,即:第一、官兵一致的原则,这就是在军队中肃清封建主义,废除打骂制度,建立自觉纪律,实行同甘共苦的生活,因此全军是团结一致的。第二、军民一致的原则,这就是秋毫无犯的民众纪律,宣传、组织和武装民众,减轻民众的经济负担,打击危害军民的汉奸卖国贼,因此军民团结一致,到处得到人民的欢迎。第三、瓦解敌军和宽待俘虏的原则。我们的胜利不但是依靠我军的作战,而且依靠敌军的瓦解。"

6.规定了人民军队的任务

毛泽东指出,"中国的红军是一个执行革命的政治任务的武装集团。……红军决不是单纯地打仗的,它除了打仗消灭敌人军事力量之外,还要负担宣传群众、组织群众、武装群众、帮助群众建立革命政权以至于建立共产党的组织等项重大的任务","我们有打仗的军队,又有劳动的军队。打仗的军队,我们有八路军新四军;这支军队也要当两支用,一方面打仗,一方面生产。我们有了这两支军队,我们的军队有了这两套本领,再加上做群众工作一项本领,那末,我们就可以克服困难,把日本帝国主义打垮"。在井冈山时期,毛泽东就规定了我军的三大任务:打仗消灭敌人、打土豪筹款子、做群众工作。抗日战争时期,毛泽东把我军的三大任务称为:打仗、做群众工作、生产。解放战争时期,三大任务发展为:战斗队、工作队、生产队。打仗以消灭敌人;工作以组织、宣传、武装群众,帮助人民群众建设政权;生产以改善部队生活、减轻人民负担。全国解放后,这支人民军队既是祖国的保卫者,又是精神文明和物质文明的建设者。

7.确定了人民军队的建设方向

毛泽东指出,我们的国防将获得巩固,不允许任何帝国主义者再来侵略我们的国土。在英勇的经过了考验的人民解放军的基础上,我们的人民武力量必须保存和发展起来。我们不但有一个强大的陆军,而且有一个强大的空军和一个强大的海军。他要求军队不断加强正规化、现代化建设,不断用现代化的武器和新的技术装备部队,提高战斗力。人民军队要不断加强教育训练,全面提高指战员的军政素质。人民军队要加强军事科学研究,注重把自己的战争经验上升为理论,批判地接受古今中外军事思想的有益成分,发展中国现代的军事科学。

(四)人民战争的战略战术思想

毛泽东在指导中国革命战争的长期实践中,创立了一整套具有中国特色的人民战争的战略战术,成为人民军队在战争力量敌强我弱、武器装备敌优我劣的条件下克敌制胜的法宝。其基本精神是:一切从敌我双方的实际情况出发,你打你的,我打我的,有什么枪打什么仗,对什么敌人打什么仗,在什么时间地点打什么时间地点的仗;灵活机动,不拘

一格,扬长避短,力争主动,利用矛盾,各个击破;进攻时反对冒险主义,防御时反对保守主义,退却时反对逃跑主义,有效地达到保存自己、消灭敌人的战争目的。

1."保存自己,消灭敌人"的战争目的

毛泽东指出,战争最直接的军事目的就是"保存自己,消灭敌人"。

"保存自己,消灭敌人"是同一战争目的的两个方面。首先,二者是对立统一的,它们紧密联系,相互制约。其次,二者的关系有主次之分。"战争目的中,消灭敌人是主要的,保存自己是第二位的,因为只有大量地消灭敌人,才能有效地保存自己。"第三,它们二者的主次关系并不是固定不变的。在一定条件下会发生转化。因此,作为战争指挥者,必须通观全局,适时、灵活地变换消灭敌人与保存自己的主次关系。这样,才能掌握战场的主动权。

"保存自己,消灭敌人"是战争的基本原则。毛泽东指出:"一切军事行动的指导原则,都根据于一个基本的原则,就是:尽可能地保存自己的力量,消灭敌人的力量。"一切技术的、战术的、战役的、战略的原理,都离不开"保存自己,消灭敌人"这个原则。它普及于战争的全体,贯彻于战争的始终。

2.积极防御的战略指导思想

毛泽东对待防御的根本主张是"承认积极防御,反对消极防御"。毛泽东指出,消极防御实际上是假防御,只有积极防御才是真防御,才是为了反攻和进攻的防御。毛泽东积极防御战略思想的基本精神主要包含以下几个基本观点:

一是充分准备。毛泽东指出:"'凡事预则立,不预则废',没有事先的计划和准备,就不能获得战争的胜利。"历史经验证明,战争准备的程度,直接影响着战争的主动与被动、胜利与失败。

二是后发制人。战略上的后发制人,是指不首先挑起战争,战略上不打第一枪。而一旦敌人挑起了战争,就应依据具体情况,采取相应的军事行动,去努力争取战争的胜利。这是积极防御战略的基本指导原则。战略上坚持后发制人,从根本上说,是由革命战争的政治性质所决定的。战略上实行后发制人,政治上有理。

三是攻防结合。毛泽东一再强调:要把战略上的防御与战役战斗上的进攻,战略上的内线作战与战役战斗上的外线作战有机地结合起来。要做到防中有攻;同时,要适时地将战略防御导向战略反攻和进攻。毛泽东指出,"全战略的决定关键,在于随之而来的反攻阶段之能不能取胜","所谓积极防御,主要地就是指的这种带决战性的战略的反攻"。

四是持久胜敌。指的是,在敌强我弱、举国迎敌的条件下,坚持持久战。通过持久战,不断消耗敌人的力量,转变敌我力量对比关系,扭转战争局势,最后战胜敌人。战略上的持久战与战役战斗上的速决战是辩证统一的。实行战略上的持久战,必须坚持战役战斗上的速决战。毛泽东指出,"外线的速决的进攻战",这对于我之战略方针"内线的持久的防御战"说来,是相反的;然而,又恰是实现这样的战略方针之必要的方针。

3.歼灭战的作战方针

毛泽东明确规定我军作战的基本方针是歼灭战。他指出:"击溃战,对于雄厚之敌不是基本上决定胜负的东西。歼灭战,则对任何敌人都立即起了重大的影响。对于人,伤其十指不如断其一指;对于敌,击溃其十个师不如歼灭其一个师。"

歼灭战是实现战争目的的最有效手段。首先,歼灭战能有效地达到保存自己、消灭敌人的战争目的;其次,歼灭战能极大地打击敌人的士气,鼓舞我军斗志;第三,歼灭战能大量利用敌之人力物力资源,补充、发展、壮大自己的力量。

实行歼灭战方针,并不排斥消耗战。毛泽东认为,歼灭战与消耗战是相辅相成、可以相互转化、辩证统一的。因此,注重歼灭战,并不意味着消耗战全无意义而可以忽视甚至排斥它。

4.运动战、阵地战、游击战的作战形式

运动战,是指正规兵团在长的战线和大的战区内进行战役和战斗的外线速决进攻战的作战形式。其特点是:"正规兵团,战役和战斗的优势兵力,进攻性和流动性"。运动战是大量歼灭敌人、决定战争命运的主要作战形式。

阵地战,是指军队依托阵地进行防御或对据守阵地之敌实施进攻的作战形式。其特点是:作战相对稳定,准备充分,各种保障比较严密。阵地战是消耗敌人和歼灭敌人的重要作战形式。

游击战,是指分散流动的作战形式。其特点是:具有更大的主动性、灵活性、进攻性、速决性和流动性。游击战是从战略、战役和战斗上配合正规战的不可缺少的作战形式。

运动战、阵地战、游击战尽管各有其不同的特点和作用,但在实现战争目的这一点上则是完全一致的。三者是相辅相成、互为作用的统一整体。毛泽东十分注重三种作战形式的巧妙结合,他指出:"我们从来就主张运动战、阵地战、游击战三者的配合。"

5.集中优势兵力,各个歼灭敌人的作战法则

毛泽东一贯重视集中优势兵力,他指出:"我们的战略是'以一当十',我们的战术是'以十当一',这是我们制胜敌人的根本法则之一。"解放战争时期,毛泽东代表中央军委专门发出"集中优势兵力,各个歼灭敌人"的作战指示。

集中优势兵力,反映了克敌制胜的普遍规律。首先,集中优势兵力,各个歼灭敌人是争取和掌握战场主动权的关键。毛泽东指出,主动地位不是空想的,而是具体的、物质的。这里最重要的,是保存并集结最大而有活力的军队。其次,集中优势兵力,各个歼灭敌人是实现战争目的最有效的方法。歼灭战是实现战争目的的主要手段,而集中优势兵力是达成歼灭战的物质前提。第三,集中优势兵力,各个歼灭敌人体现了战略上藐视敌人,战术上重视敌人的思想。

在战场上,集中优势兵力各个歼灭敌人,一是要集中兵力于主要作战方向,反对军事平均主义;二是要拣弱的打,先弱后强,再及其余;三是要采取围攻部署。毛泽东认为每战必须集中数倍于敌的兵力,形成四面包围态势,才能使敌人陷入完全孤立而无法逃脱的境地,以利于我聚而歼之。

除上述思想之外,毛泽东的战略战术思想还包括:对于初战持慎重态度,提出初战三原则,初战必胜,要求不打则已,打则必胜,初战必须照顾到下一阶段作战,初战必须照顾战争战役全局;在决战问题上,执行有利的决战,避免不利的决战;不打无准备之仗,不打无把握之仗,每战力求有准备,力求在敌我条件对比上有胜利的把握;作战指导上的主动性、灵活性和计划性;重视后勤保障和军队的适时休整等。

(五)国防建设思想

建国以后,毛泽东等老一辈无产阶级革命家,为了适应新的形式和任务的需要,总结了国防建设和军事斗争的实践经验,创立了国防建设的理论。它对国防现代化建设的重要性,对人民军队的革命化、正规化、现代化建设,对坚持独立自主的方针,对国防建设指导思想的战略转变,对军事改革的思想和原则,以及对战争准备等问题作了系统的阐述。这是毛泽东军事思想在建国以后的重大发展和重要组成部分。其主要内容包括:

1.根据国家安全利益的需要,以积极防御的战略方针为指导,从国际形势和我国的具体情况出发,确立国防建设的目标和方针。

2.国防建设必须与国家经济建设相适应,必须服从和服务于国家经济建设大局,军队要积极参加、支援国家经济建设,使国防建设和经济建设协调发展。

3.国防建设必须以现代化建设为中心,这是现代战争的必然要求,也是我军向高级阶段发展的必由之路。国防现代化的最主要标志是武器的现代化、高科技化。

4.国防建设必须坚持独立自主、自力更生的方针。我们希望并争取外援,但我们不依赖外援。国防建设的现代化必须放在自己力量的基点上,独立自主地解决军队现代化建设所需的武器装备,建设具有中国特色的国防。

5.国防建设必须坚持改革开放,坚持四项基本原则,坚持建设中国特色的社会主义。要实行精干的常备军与强大的后备力量相结合,搞好军队体制改革和精简整编,加强军队的法制建设,保持武装力量的高度统一和集中。

6.努力做好工作,避免或推迟世界大战的爆发,保持和平的国际环境和稳定的国内政治局面。国防建设要走军民兼容、平战结合、寓兵于民的道路。加强全民国防教育,提高全民的国防观念。发展军事科学,发挥先进的军事理论在国防建设中的先导作用。

7.坚持共产党对军队的绝对领导。不断加强和改进思想政治工作,保持无产阶级军队的性质,把教育训练摆到战略地位,努力提高部队的战斗力,建设一支具有中国特色的现代化、正规化、革命化的军队。

8.加强战略后方和战场建设;加强国防后备力量建设;坚持现代条件下的人民战争,立足现有装备战胜优势装备的入侵之敌。

第三节 邓小平新时期军队建设思想

邓小平新时期军队建设思想是邓小平关于新时期中国革命战争、军队建设和国防建设问题的科学理论体系,是发展了的毛泽东军事思想。

一、邓小平新时期军队建设思想的形成过程

任何一种理论都是随着实践需要而产生的,又随着实践的发展而发展。邓小平新时期军队建设思想的形成大体经过了以下几个阶段:

第一阶段:1975 年 1 月—1976 年 10 月

1975 年 1 月,邓小平任党中央副主席、国务院副总理、军委副主席兼总参谋长。1975 年 1 月 25 日,邓小平在总参团以上干部会上发表了题为《军队要整顿》的重要讲话。邓小

平说:"我们这个军队有好传统。从井冈山起,毛泽东同志就为我军建立了非常好的制度,树立了非常好的作风。我们这个军队是党指挥枪,不是枪指挥党。……可是从 1959 年林彪主管军队工作起,特别是在他主管的后期,军队被搞得相当乱。现在,好多优良传统丢掉了,军队臃肿不堪。"针对这种情况,邓小平强调,要按照毛泽东提出的"军队要整顿"对军队加以整顿,"要按照毛泽东同志制定的军事路线、建军原则,好好地清理一下。"上述的实质,就是邓小平要恢复我军优良传统,使军队的各项工作重新回到毛泽东军事思想的正确轨道上来。这次整顿在短时间内就收到明显效果。但由于受到"四人帮"的破坏与干扰,整顿被迫中止。

第二阶段:1976 年 10 月—1981 年 6 月

1976 年 10 月,党中央一举粉碎了"四人帮"。1977 年 7 月,党的十届三中全会决定恢复邓小平 1975 年初担任的全部职务。

邓小平恢复工作的第一件事就是抓具有决定意义的思想路线上的拨乱反正。邓小平指出,"两个凡是"不符合马列主义,一定要坚持实事求是的正确路线。1977 年 8 月 28 日,邓小平在军委座谈会上提出了解决林彪、"四人帮"对军队破坏问题的思路,首先调整各级领导班子,然后抓教育训练,接着学习现代战争知识,通过办院校,解决干部指挥现代化战争能力不够的问题。这本身就是在坚持恢复毛泽东军事思想的前提下,着眼于发展。1977 年 12 月 28 日,邓小平又向全军提出了十项任务,即揭批"四人帮";做好战争准备;加强干部队伍建设;加强党的建设;把教育训练提到战略地位的高度;大抓国防科技;继续精简整编;加强后勤建设;坚持三结合武装力量体制;恢复和发扬我军的优良传统。同时通过了《关于加强部队教育训练的决定》等 9 个决定和条例。

1978 年 9 月,邓小平提出:"理论要通过实践来检验。"同时,邓小平还说:"世界天天发生变化,新的事物不断出现,新的问题不断出现,我们关起门来不行,不动脑筋永远陷于落后不行。"1978 年 12 月,中央十一届三中全会召开,这是我党历史上的又一个伟大转折。在这次大会上,邓小平发表了《解放思想,实事求是,团结一致向前看》的重要讲话。其主要观点包括:全党工作的重心要转到四化建设上来,这是一场新的长征。实现四化是一场伟大的革命,革命的阻力就是干部中间不少人的思想处于僵化半僵化状态。因此,首要的任务是解放思想,坚持实践是检验真理的唯一标准。如果一切从本本出发,思想僵化,迷信盛行,那它就不能前进,事物的生机就停止了,这就要亡党亡国。所以,实事求是是无产阶级世界观的基础。

1979 年 7 月,邓小平又指出:"思想路线政治路线的实现要靠组织路线来保证。"要求中央党政机关要选好接班人,军队高级机关也要进一点比较年轻的干部。

1980 年 1 月,邓小平提出了 20 世纪 80 年代的三件事:反对霸权主义、台湾回归祖国、加紧经济建设,核心是现代化建设,再次要求军队"要消肿"。

第三阶段:1981 年 6 月—1985 年 6 月

1981 年 6 月,在十一届六中全会上,邓小平当选为中央军委主席。

1981 年 9 月 19 日,邓小平在华北某地阅兵时,发表了《建设强大的现代化正规化的革命军队》的讲话,提出了一系列重大决策和重要理论原则:实现我军装备现代化的途径和方法;军队调整的方针;第三世界是维护和平,反对霸权主义的主力;我国 80 年代的三大任务;台湾回归祖国,一国两制;我国的对外政策;加强国防建设等。邓小平在这一时期,对毛泽东军事思想的发展,作了提纲挈领的概括和归纳。

第四阶段:1985年6月军委扩大会议以后

这一时期,邓小平新时期建军思想得到了进一步深化和完善。主要表现在:进一步辩证地论述了战争与和平;重申了解决两种社会制度矛盾的"一国两制";谁搞霸权主义就反对谁;国际关系中,关心的是和平与发展;一要改革开放,二要坚持四项基本原则;为建设现代化、正规化、革命化的军队而奋斗;应该建立国际政治新秩序等。

二、邓小平新时期军队建设思想的主要内容

邓小平新时期军队建设思想是一个完整的科学体系。它以"实事求是"为总的指导原则,以马列主义军事理论和毛泽东军事思想为依据,明确提出了建设一支具有中国特色的强大的现代化、正规化、革命化的军队,阐明了新时期军队建设的一系列基本原则。邓小平新时期军队建设思想主要内容包括:无产阶级战争观的新拓展、现代条件下的人民战争、新时期人民军队建设、中国特色的国防。

(一)无产阶级战争观的新拓展

及时地回答历史和时代所提出的问题,是马克思主义军事理论丰富和发展的重要契机。邓小平从世界全局出发,科学地回答了当代战争提出的新问题。

1.霸权主义是当代战争的根源

早在20世纪80年代初期,邓小平就果断提出:当今世界不安宁来源于霸权主义的争夺,霸权主义是战争的根源。经过多年的冷静观察与审慎思考,邓小平又进一步完善为:无论是世界性霸权主义,还是地区性霸权主义,都是当代战争的根源。邓小平这一新的论断,丰富了马克思主义战争观。在马克思主义战争观中,战争起源和战争根源是两个既相互联系,又相互区别的概念。战争起源侧重于揭示战争是社会发展到一定阶段经济矛盾的产物;战争根源是揭示引发战争的主要矛盾。前者内部相对稳定,后者随着时代变化和矛盾特殊性的变化而有所变化。因此,在马克思主义军事思想史上,战争起源于私有财产和阶级的出现,这是就人类社会整体发展而言。而列宁的"帝国主义就是战争",季米特洛夫的"法西斯主义就是战争",则都是针对引起当时战争主要矛盾而言的。邓小平关于"霸权主义是当代战争根源"的论断全面深刻地揭示了当代局部战争频繁不断,而世界大战虽迟迟未爆发但其危险却依然存在的现实。

2.如果工作做得好,世界战争是可以避免的

在世界大战问题上,邓小平研究了军事活动的历史和现状,得出了一个新的结论:如果工作做得好,世界大战是可以避免的。这是邓小平对世界军事运动的新趋势的基本判断。近年来国际军事运动的新趋势在于:一是世界大战不再以少数几个大国的意志为转移,而是取决于战争力量与和平力量新的对比。目前的特点是和平力量的发展超过了战争力量的发展;二是无论局部战争还是武装冲突,越来越多地受到国际政治、经济、外交等多种因素的制约。

邓小平关于世界大战是可以避免的论断向我们指明:大战可以避免不是无条件的,而是有条件的,主要条件就是"如果我们搞得好",就是要"争取"。一句话,就是要使和平力量不断发展,阻止霸权主义全球战略部署的完成。大战可以避免,绝不是说小战也不会

发生。因此,不能笼统地说现在是战争转化为和平,从而放松对一切战争的警惕性。大战可以避免,也不是说战争根源已不复存在,不要把战争根源与战争现实等同,但也不要忽视"世界战争的危险依然存在"。

3.战争不是解决国家、民族、阶级间利益矛盾的唯一手段

在阶级社会中,战争尽管被亿万人所痛恨,但它绝不会自动退出历史舞台。战争总是以流血的方式去贯彻政治的意志。但是,人类社会的前进,使科学技术迅猛发展,国家间的利益冲突,不一定必然导致战争。因为只有当争端一方诉诸武力,战争才可能爆发,而双方如果都选择政治解决方式,战争就可避免。也就是说,在解决国际争端问题上,军事手段与政治手段都是可能的选择。但问题在于,过去的时代,各国在选择解决问题的方式上,更偏重于军事手段,而仅仅把政治手段作为军事手段的补充。因此,政治解决争端没能构成主要的手段。

邓小平针对新的现实指出:维护世界和平,应当放弃用暴力解决国家间冲突和争端的方式,而代之以政治解决。冲突双方应互相克制,求同存异,灵活地通过协商、对话等一系列政治方式,加以和平解决。邓小平认为,国家间的利益冲突、领土争端和历史遗留的许多问题,都应当本着双方受益、合情合理的原则化解"热点",同时还主张加强联合国调解和仲裁国际争端的功能。邓小平还成功地运用了"一国两制"的和平方式,解决了香港、澳门回归祖国的问题,为国际争端的和平解决做出了典范。

(二)现代条件下的人民战争

邓小平强调,在现代条件下,毛泽东的"坚持人民战争"、"用劣势装备打败优势的敌人",仍然是我们重要的战略思想。

1.现代条件下仍然要坚持人民战争

在新的历史条件下,在国内外环境与战争年代相比发生了很大变化的情况下,毛泽东的人民战争思想是否因客观情况的某些变化而失去生机与活力呢?邓小平指出,我们的战略是毛泽东主席制定的。毛泽东主席的战略思想就是人民战争,现在我们还是要坚持人民战争,毛泽东人民战争的基本精神和主要原则并没有过时,仍然是我们克敌制胜的锐利武器。邓小平说:"只要我们坚持人民战争,敌人就是现在来,我们以现有武器也可以打,最后也可以打胜。我们有这样多人口,军民团结一致,敌人要消灭我们的人民是不可能的。"

2.现代条件下人民战争思想的新发展

邓小平强调指出,现在的人民战争与过去不同,装备不同,手段也不同;条件不同,人民战争的表现形式也不同。邓小平对毛泽东人民战争思想的发挥与发展,主要体现在以下几个方面:

一是强调人民战争要与时代发展的脚步相适应。邓小平非常注重高科技在军事领域的应用给人民战争带来的与以往不相同的地方。邓小平多次指出,霸权主义是现代战争的根源,今后我们进行的人民战争,将是反对大小霸权主义的侵犯;在战争规模上,不排除大规模的反侵略战争,但可能性更大的是边境局部战争和武装冲突;在战争样式上,将是高技术、高性能兵器的对抗。

二是强调人民战争的内容要与现代军事斗争和国防建设的任务相一致。当今世界

上,爆发战争的可能性依然存在,尤其在我国周边地区,还存在一触即发的战争热点。因此,做好直接的战争准备,保卫祖国,反抗一切侵犯我国主权的斗争是我们的首要任务。但是,现代条件下的人民战争,不仅仅是武装力量的对抗,战争中人民作用的发挥,更普通、更重要的体现是在平时的、持久的、全面的国防建设上,是国家、国家综合国力的对抗。

三是强调人民战争的形式要与现代战争的特点相吻合。邓小平指出,在现代条件下如果敌人打来,我们仍然要发挥野战军、地方军和民兵三结合的威力,陷敌人于人民战争的汪洋大海之中。同时,邓小平又指出,未来战争将是建立在高技术基础上的现代化战争,人民战争只有同现代军事技术紧密结合起来,同先进的武器装备结合起来,才能形成足以使敌人畏惧的战斗力,达到克敌制胜的目的。

四是强调从事现代战争条件下人民战争的人必须具有很高的素质。未来战争将是现代科学技术激烈竞争的领域。人把高技术战争推上历史舞台,反过来高技术战争又要求与之相适应的人来驾驭。在勇敢精神、牺牲精神和严格的纪律等政治思想因素不失其意义的同时,知识、智能及现代科学技术和现代军事技能武装起来的现代军事人才,将比以往发挥更巨大的威力。因此,邓小平再三强调:"在军队中,科研和教育也要一起抓,进行现代战争没有现代战争知识怎么行?"

(三)新时期人民军队建设

建设一支强大的现代化、正规化、革命化的军队,是邓小平通过对国际形势、我国现代化建设以及我军实际,进行科学分析后提出的,是新时期我军建设的纲领和实际工作的指南。

1.建设一支现代化、正规化的革命军队

1981年9月,邓小平明确提出"必须把我军建设成为一支强大的现代化、正规化的革命军队"的伟大目标。现代化、正规化、革命化是互相联系、互相促进,缺一不可的。革命化体现人民军队的本质、军队的政治素质和传统作风;正规化体现军队组织、管理和编制水平;现代化体现军队的武器装备、指挥、作战和协同等方面适应现代高技术战争的能力。"三化"不是并列的,而是以现代化为中心。邓小平深刻指出:"要承认我们军队打现代化战争的能力不够。要承认我们军队的人数虽然多,但是素质比较差。"以现代化为中心,就是要建设一支现代化的合成军队。这支合成军队不仅需要按照正规的编制、体制将各类人员和武器装备加以科学组合和配备,而且需要在正规的教育训练中提高协调行动的能力,建立有序、高效的组织指挥系统。显然,正规化保证着现代化,现代化离不开正规化。革命化是现代化、正规化建设的灵魂和方向,是人民军队的革命性质和正确方向的根本保证。

2.要有合理的编制体制

1975年邓小平指出:"搞好军队的编制整顿、体制整顿,可以适当解决军队的其他问题。"1977年他又指出,军制建设"都是整顿军队、准备打仗所必需的。有了这些章程,我们就有章可循,就能够统一认识、统一行动"。

邓小平不仅反复强调编制体制改革的必要性、重要性,而且从提高战斗力的目的出发,提出了军队编制体制改革的基本原则。

一是精兵原则。减少军队数量,提高质量。邓小平指出:"我们存在的一个最大问题,就是军队很臃肿。真正打起仗来,不要说指挥作战,就是疏散也不容易。现在提出'消肿',主要是要解决军队机构重叠、臃肿,以及由此带来的各级指挥不灵等问题。"从这一原则出发,1984年中央军委决定减少军队员额100万,并努力在建军质量上下功夫。

二是提高效能的原则。合并机构,精简机关。邓小平指出:"过去打仗的时候,负领导责任的,一个野战军几个人,一个兵团几个人,……现在是一大堆人。"精简机构,使军队指挥系统日益精干、日益小型化,是战争日益现代化的必然要求。

三是合成原则。调整军队编组,组建陆军集团军。现代战争已由过去单一兵种作战或小规模、小范围的协同作战,发展到了诸军兵种大规模范围的合成作战,是高技术的、立体的、综合性的对抗;合成,是编组现代化军队的重要原则。在邓小平合成思想的指导下,通过1985年的精简整编,组编了兵种基本齐全的陆军合成集团军,并从战略上提高了陆、海、空三军与战略导弹部队之间的协同作战能力,使我军在建设现代化的合成军队的道路上迈出了具有历史意义的一步。

四是平战结合的原则。区别情况,组建不同类型的常备军。军队是为了应付可能发生的战争,军队的编制体制首要的是要适应战争的需要。但必须看到。一个国家不可能长期处于战争状态。因此,军队的编制体制就不可能只顾战时而不顾平时,否则,会加重国家的经济负担。所以,制定军队的编制体制时必须坚持平战结合的原则。要坚持经济建设与战时作战相结合、常备军与后备力量相结合、正规部队与预备役部队相结合,以形成精干的常备军,对敌产生威慑作用,应付随时可能发生的局部战争。

五是有利于人才成长的原则。编制体制改革的目的在于增强军队的活力。为了使这一改革获得成功,邓小平把人才问题与编制体制问题紧密结合起来,强调建立健全军队干部退休制度、大胆提拔新生力量。邓小平指出:"现在的庙很多,每个庙里的菩萨也很多,老同志盖住了,年轻人上不来。所以,我们要改革现行的干部工作制度,建立有利于提拔年轻干部的制度。"军人职业与其他职业不同。作为军队干部是要带兵打仗的,不仅要求具有良好的军政素质,而且要有强健的体魄。至于年轻干部的经验问题,邓小平强调经验靠积累,若年轻干部上不来,就永远没有经验。而对于指挥现代战争,可以说谁都没有经验,都是全新课题。正是邓小平的倡导、支持、关心,我军各级干部顺利地实现了新老交替,从而使我军各级领导班子的年龄结构、知识结构日趋合理,更加符合现代战争的要求。

3.把教育训练提高到战略地位

邓小平指出:"战略要研究的问题,不仅是作战问题,还包括训练。要把训练放在战略问题的一个重要位置上。"军队的战斗力是人和武器的结合力。随着人对科学技术的创造和运用,使得人的作用在更广阔的领域和更高的层次上得到发展。战争年代是靠"从战争中学习战争"来提高人的能力的,和平时期则主要通过教育训练来实现。邓小平指出:"现在不打仗,你根据什么来考验干部,用什么来提高干部,提高军队的素质,提高军队的战斗力?还不是要从教育训练着手?"通过教育训练可提高干部、考验干部;继承和培养我军的优良传统和作风;提高军队的作战本领;强化部队的战备意识;发现并改进部队工作的薄弱环节;考核军队的编制、体制等。总之,要通过教育训练全面提高军队的素质。邓小平把教育训练视为军队在和平时期的基本军事实践活动,视为军队所有活动中最基本、最基础的活动,视为起根本的、决定作用的、具有战略意义的活动。

4.加强和改进新时期政治工作

邓小平指出,"对军队来说,由长期的战争环境转入和平环境,这是个最大的不同。我们政治工作的根本的任务、根本的内容没有变,我们的优良传统也还是那一些。但是,时间不同了,条件不同了,对象不同了,因此解决问题的方法也不同","要研究和解决在新的历史条件下,怎样恢复和发扬政治工作的优良传统,提高我军战斗力的问题"。1987年,《中央军委关于新时期军队政治工作的决定》指出,新时期我军的政治工作,必须服务于国家的社会主义现代化建设,服务于军队的现代化建设,从政治上、思想上、组织上保证党对军队的绝对领导和人民军队的性质,保证军队的社会主义精神文明建设,保证军队内部的团结和军政军民团结,保证军队战斗力的提高和各项任务的完成,动员和团结全体官兵把我军建设成为具有中国特色的现代化、正规化的革命军队。新时期,邓小平关于加强和改进我军政治工作的理论,主要表现在以下几个方面:一是为适应军队建设的新形势、新情况,必须保证人民军队的性质,忠于党、忠于国家、忠于人民,保证我军政治上永远合格,这是军队政治工作的根本任务;二是坚持用马列主义毛泽东思想和新时期"一个中心和两个基本点"教育和统一全军的思想,把忠实维护国家建设和改革开放,反对资产阶级自由化和"和平演变"作为政治工作的重点;三是把培养有理想、有道德、有文化、有纪律的"四有"军人,列为政治工作的目标;四是坚持党对军队的绝对领导,发挥军队内党组织的战斗堡垒作用和党员的先锋模范作用,作为政治工作的核心内容;五是树立永远是战斗队的观念,加强精神文明建设,把发扬"五种革命精神"作为政治工作的着眼点;六是在实践中继承和创新,充分发挥政治工作的优势,作为政治工作的动力。要使我军政治合格,还必须在军队中坚决贯彻全心全意为人民服务的宗旨。紧紧地抓住了这个核心,一切问题也就迎刃而解了。

三、邓小平新时期军队建设思想的地位和意义

邓小平新时期军队建设思想在无产阶级军事理论中占有十分重要的地位,对指导新时期我军建设和军事斗争,更具有重大的现实意义。

(一)邓小平新时期军队建设思想是毛泽东军事思想的继承和发展,是最富有时代精神的马克思主义军事理论

在新的历史时期,邓小平作为我们党第二代领导集体的核心,以马克思主义实事求是的科学态度、无产阶级革命家的创新精神和战略家的远见卓识,对国内外大势和新的历史条件进行了深谋远虑的思考,在实践中探索和规划了我国新时期国防建设和军队建设发展的总体战略。他把个人创造与集体智慧融为一体,把毛泽东军事思想与新时期的客观实际结合起来,提出了新时期国防与军队建设的一系列新论断,极大地丰富和发展了毛泽东军事思想。

邓小平对丰富和发展毛泽东军事思想的理论贡献主要体现在以下几个方面:一是对战争与和平问题提出了新的论断;二是与社会主义现代化建设的要求相适应,确定了国防建设的总目标是实现现代化;三是提出并实行国防与军队建设指导思想的战略性转变,使国防与军队建设真正走上和平时期建设的轨道;四是贯彻党在社会主义初级阶段的基本路线,确定了国防建设、军队建设要服从国家建设大局的基本原则;五是根据新的历史条件,提出了军队建设的一系列新观点、新原则;六是提出军事改革是国防现代化的

根本出路,是社会主义国家自我完善的重要方面;七是根据现代科学技术的发展和国际战略形势的变化,重新明确了我军在新的历史时期要继续坚持积极防御的战略方针。

邓小平的上述理论是一个有机的整体,它进一步揭示了相对和平时期国防与军队建设的规律,创造性地解决了新时期我国国防与军队建设的基本理论问题,是毛泽东军事思想在新的历史条件下的重大发展。

(二)邓小平新时期军队建设思想是邓小平理论的重要组成部分

邓小平新时期军队建设思想是作为邓小平建设有中国特色社会主义理论的重要组成部分,其历史地位是与邓小平理论的整个科学体系历史地联系在一起的。邓小平理论是当代中国的马克思主义,具有普遍的指导意义。"一个中心,两个基本点"的基本路线是邓小平理论的核心内容,也是新时期军队建设思想的灵魂,按照基本路线来建设军队,全军指战员执行和捍卫党的基本路线,就成了我军历史性的任务;以经济建设为中心,解放和发展社会生产力是邓小平理论所规定的根本任务,正是这一点规定了军队建设要服从服务于国家建设这个大局,而在这个大局下行动,就能为建设现代化、正规化的革命军队提供充分的保障。

邓小平新时期军队建设思想是邓小平理论所坚持的科学世界观和方法论在军事领域的贯彻和运用。解放思想、实事求是是邓小平理论的精髓,也是新时期军队建设思想的精髓。正是在这一思想的指导下,我们恢复和发展了党的建军传统,提出了和平与发展的时代主题。实现了军队建设指导思想的战略性转变,突破了各种旧的传统观念的束缚,认识到高技术对军队建设的影响,在战略方针上提出了立足于打赢现代技术特别是高技术条件下的局部战争问题,开辟了建设中国特色的精兵之路。

(三)邓小平新时期军队建设思想是新时期军事斗争和军队建设的科学指南

邓小平新时期军队建设思想揭示了相对和平时期国防和军队建设的基本规律,具有鲜明的中国特色和强大的生命力。邓小平坚持把当今世界各国国防和军队建设的一般规律和原则,同我国我军特殊情况有机结合,把我军传统的经验和原则同新时期的新情况有机结合,紧紧抓住我军建设的主要矛盾,创造性地回答和解决了新时期我军建设亟待解决的一系列重大理论和实际问题,为我军建设指明了方向。

邓小平新时期军队建设思想符合当代和未来战争的客观要求,具有普遍的指导意义。邓小平在确定把建设中国特色的现代化、正规化革命军队作为我军建设的总任务、总目标,并强调要以现代化为中心时,实际上就把按照现代和未来战争的客观要求,全面加强军队建设作为我军建设的基本着眼点和落脚点。同时,他在指导我国国防和军队建设的过程中,自始至终贯穿着要全面提高我军实行现代条件下人民战争能力的重要思想,这也就从根本上进一步奠定了邓小平新时期军事理论对我国新时期军事斗争和军队建设的指导地位。

第四节 江泽民国防和军队建设思想

江泽民国防和军队建设思想,是指江泽民根据新形势新情况,对新时期我军建设、国防建设和军事战略等基本问题的科学理论体系,是新形势下对毛泽东军事思想、邓小平新时期军队建设思想运用的科学结晶。

一、江泽民国防和军队建设思想的形成过程

1989年11月19日,在党的十三届五中全会上,江泽民当选为中央军委主席。江泽民主持中央军委工作后明确指出,经济建设、国防建设两头都要兼顾。军队应该由国家养起来,人民军队靠自己发展是不行的,全党和各级政府都要积极关心和支持军队建设,军队应该吃"皇粮"。江泽民指出,我们的社会主义建设是在国际、国内仍然存在敌对势力妄图颠覆破坏的情况下进行的,全党和全国人民在集中力量进行社会主义建设的同时,要十分重视和加强国防建设。

1989年东欧剧变,1990年苏联解体,标志着两极格局结束。根据这种情况,江泽民及时指出,我们的战略要随着国际形势的变化而变化,要跟国家的政治、外交、经济密切协调。提出了新时期军队建设的一系列方针原则,为军队现代化指明了方向。江泽民强调指出,要加强党对军队的绝对领导,无论任何情况下,这个根本原则是不能动摇的。1990年12月,江泽民向全军发出号召:要按照"政治合格、军事过硬、作风优良、纪律严明、保障有力"的总要求加快军队建设。

1994年,江泽民指出,世界正处在历史性变动之中,中国正处在历史性变革之中,要正确认识国际国内形势,增强搞好我军建设的责任感。他特别强调,全军要重视学习现代科学技术知识,研究高技术条件下人民战争的战略战术,掌握驾驭现代战争的本领。

1995年,江泽民在十四届五中全会上指出,要正确处理国防建设与经济建设的关系。在江泽民主持下,军委制定了军队建设计划纲要,明确提出了要科技强军,实现我军建设由数量规模型向质量效能型、由人力密集型向科技密集型的转变。

1996年,江泽民指出,军事领域正在发生一系列革命性变革,形成了以高技术质量建设为主要标志的竞争态势,对我军质量建设和军事斗争准备提出了严峻的挑战。迎接这一挑战,是我们无法回避的历史责任。要求军队要用新时期军事战略方针指导和统揽全局,大力推进我军的质量建设。

1997年,江泽民指出,面对新的形势和历史条件,全军要积极探索新形势下治军的特点和规律、军事斗争准备的特点和规律、国防建设的特点和规律。在党的十五次代表大会上,江泽民向全世界宣布,在今后三年内再裁减军队员额50万。与此同时,江泽民明确提出了国防和军队现代化建设"三步走"的战略,即第一步打好基础,第二步加快发展,第三步实现目标。

1998年,江泽民进一步加强了对军队工作的指导,先后对军队的编制体制进行了调整和改革,坚持党对军队的绝对领导,军队政治教育和传统教育,军队反走私、反腐败以及全军和武警部队吃"皇粮"等一系列方向性、根本性的重大问题做出了重要批示,采取了一系列重大措施。

2001年"9·11"事件后,江泽民及时指出,全世界要联合起来打击恐怖主义,但是,打击恐怖主义不能使用双重标准。

以江泽民为核心的党的第三代领导集体,全面推进我国国防和军队现代化建设的发展进程,与时俱进地制定了我国军事战略、军队建设和国防建设的方针原则,丰富了无产阶级军事思想的宝库。

二、江泽民国防和军队建设思想的主要内容

江泽民作为我国国防和军队现代化建设的第三代领导核心,对新时期军事实践活动的各个方面,都有着高屋建瓴、深刻精辟的论述,形成了一个指导性强、内容丰富的科学理论体系。这一理论体系,主要由三方面组成,即军事战略学说、军队建设学说和国防建设学说。

（一）军事战略学说

在新时期,以江泽民为首的党的第三代领导集体根据国际形势的发展变化,制定了我国新时期军事战略方针。这一战略方针的本质仍然是积极防御,同时又根据新时期军事斗争的实践,对军事领域的一系列重大问题作了新的科学阐述和明确规定,科学地回答了新时期战争与和平一系列重大的理论与现实问题,揭示了现代军事运动的新的趋势和基本规律,从而丰富了无产阶级战争观的内容。

1.和平仍是主流,战争危险依然存在

冷战结束后,世界总的形势趋于缓和,大战在较长时间内可以避免,但天下并不太平,各种矛盾和斗争错综复杂,地区性动荡加剧,局部战争和军事冲突明显增多。在新的历史时期,江泽民以敏锐的目光,辩证的思维,对国际环境进行了冷静的观察和科学的分析。就战争与和平问题做出了准确的判断。江泽民指出,世界并不太平,导致武装冲突和引发战争的不合理的政治、经济旧秩序还没有得到根本改变,作为现代战争根源"霸权主义和强权政治依然存在,领土、民族、宗教矛盾错综复杂,世界一些地区发生局部战争和武装冲突不可避免"。因此,我国的国防和军队建设既要着眼于和平时期的长远发展,又要防止和平麻痹、"建和平军"、"当和平兵"的思想。

2.立足打赢一场高技术局部战争

把未来军事斗争准备的基点,放在打赢可能发生的现代技术特别是高技术条件下的局部战争上,是以江泽民为核心的党的第三代领导集体在邓小平新时期军队建设思想的正确指导下,把积极防御战略同当代军事斗争的最新发展趋势结合起来,提出的新时期军事战略方针的基本精神。它反映了当今世界形势和战略格局所发生的重大变化,反映了高技术条件下的局部战争成为主要作战形式的发展趋势,符合我国国情及面临的主要威胁和周边安全的实际情况。

3.坚持高技术条件下的人民战争

人民战争是我们以劣胜优、克敌制胜的法宝,是我们的传统优势。在新的形势下,江泽民特别强调,应付现代技术特别是高技术条件下的局部战争,现阶段我们确有困难,但我们也有自己的优势,我们真正的优势还是人民战争。

江泽民要求全军树立立足现有装备作战的思想,发扬人民战争的优良传统,研究和演练以劣胜优的战法,增强战胜敌人的信心。从目前的情况看,我们以劣对优的状况在短期内还不能改变。但我们必须看到,我国地域广阔,人口众多,特别是我们进行的是保卫国家主权和人民利益的反侵略战争,符合国家和人民的根本利益,这就在政治上为赢得战争胜利获得了巨大优势的深厚根源;我国国民经济的发展和民众科学技术素质的提高,又为我们赢得高技术条件下的局部战争奠定了必要的物质和科技的基础;全民国防意识的增强,党政军民大团结的巩固,为克敌制胜赋予了坚实的力量源泉。这样,在现有物质基础上,加速改进我军的武器装备;大力提高人的素质,科学解决人与武器的结合;注重高技术条件下局部战争的战略战术和战法研究,努力探讨以劣胜优的新特点、新方法,结合发挥这些优势,就一定能赢得未来反侵略战争的胜利。

(二)军队建设学说

在新的历史条件下,军队建设的总目标和总方针是什么,这是关系到军队建设的方向性问题。江泽民明确提出,军队要按照"政治合格、军事过硬、作风优良、纪律严明、保障有力"的总要求进行建设。这"五句话"的总要求思想深刻,内容丰富,意义深远。它体现了毛泽东的建军思想,特别体现了邓小平新时期军队建设思想的要求,是对毛泽东建军思想和邓小平新时期军队建设思想的继承与发展。

1."五句话"总要求的基本含义

政治合格,其核心就是要解决我军永不变质的问题。政治合格的根本含义就是要坚持和接受中国共产党的绝对领导,保证我军人民军队的性质和宗旨,确实履行党和人民所赋予的神圣使命。要做到政治合格,一是要始终不渝地坚持和接受党对军队的绝对领导,保证枪杆子永远听从党的指挥;二是要努力贯彻和实践全心全意为人民服务的宗旨;三是要坚定不移地用科学的思想武装全军官兵,引导官兵树立正确的人生观、价值观,与党中央和中央军委保持一致;四是坚持党管干部的原则,努力建设一支高素质的干部队伍。

军事过硬,其关键就是要解决我军打得赢的问题。军队是国家的武装力量,是执行国家专政的暴力工具。军队的根本任务就是保卫人民的生命安全、国家的经济利益和主权与领土完整。为此,针对新形势的要求,江泽民对军队再三强调,一是必须坚持毛泽东军事思想和邓小平新时期军队建设思想的科学指导地位。深入研究高技术战争的指导规律,务求军事理论建设的优势地位;二是贯彻积极防御的新时期军事战略方针;三是以科技为先导,不断改善我军的武器装备,确保我军掌握具有世界先进水平的"撒手锏";四是用科学知识武装全军官兵,不断提高我军官兵的军事素质;五是实行科学的编制体制,走科技质量效能型之路;六是以训代战,努力提高高技术条件下的防卫作战能力;七是牢固树立战斗队的思想。

作风优良,其重点就是要解决我军永葆本色的问题。优良的光荣传统和特有的政治优势,是我军性质宗旨的集中体现,也是构成我军战斗力的重要因素和克敌制胜的法宝。其主要内容是实事求是、言行一致、公道正派、廉洁奉公、艰苦奋斗、勤俭节约、尊干爱兵、拥政爱民、雷厉风行、英勇顽强等。江泽民反复强调,在新的历史条件下,更要大力加强我军的作风建设,发扬我党我军的光荣传统,发扬老红军的优良传统,特别要发扬邓小平倡导的"五种革命精神",永葆人民军队的本色。

纪律严明,其重心就是要解决新时期军队指挥到位的问题。江泽民根据新的历史条件强调指出,必须"以加强纪律建设为核心内容,依法从严治军",因为,"在长期的和平环境中,部队容易松懈,坚持从严治军很不容易,但正因为如此,治军就更要严格,丝毫懈怠不得"。为此,一要严格政治纪律,坚决维护政令军令的权威性、严肃性,确保党中央、中央军委决策的贯彻落实;二要树立高度自觉的组织观念,无论客观环境如何变化,都必须按组织原则行事;三要严格遵守各项条令、条例和规章制度;四要严格执行群众纪律,自觉接受群众的监督,维护人民的利益。

保障有力,主要就是要解决我军在高技术战争条件下供得上的问题。现代技术条件下的作战,消耗大,技术保障复杂,时效性要求高,对后勤和技术保障的依赖性大。实现保障有力,就是要根据高技术条件下的作战需要,加强后勤和技术保障建设。主要抓好应急综合保障能力的提高,后勤建设的改革:建立平战结合、军民兼容的后勤保障体系;加强后勤保障技术的训练等,以适应高技术战争的需要。

2.坚持和加强党对军队的绝对领导

坚持中国共产党对军队的绝对领导,是毛泽东等老一辈无产阶级革命家创立的根本建军原则。

新的历史时期,江泽民用极大的精力坚定不移地贯彻了这一原则。江泽民主持军委工作以来,结合新的建军实践,把这一问题的重要性提到新的理论高度。江泽民指出,坚持党对军队的绝对领导,这是我们建军的根本原则,是我们党的优良传统,是我军队特有的政治优势,必须继续保持和发扬。江泽民特别强调,一个军队要有军魂,我们军队的军魂就是党的绝对领导。这一点在新的历史时期尤为重要。近几年来,军委狠抓了军队党的建设,军队中各级党组织较好地发挥了核心领导作用和战斗堡垒作用,部队的思想政治建设得到了加强。我军在政治上是合格的,党中央是信赖的。同时必须看到,西方敌对势力为实现其"西化"、"分化"中国的图谋,正在伺机对我军进行渗透和破坏,他们鼓吹的"军队非党化"和"军队非政治化"那一套,就是妄图改变我军的性质,使我军脱离党的领导。军队同志特别是高中级干部,对此必须高度警惕,始终保持政治上的清醒和坚定。为了把党对军队的绝对领导落到实处,江泽民特别强调,一要严守政治纪律;二要加强思想政治教育;三要搞好军政军民关系和官兵关系,加强军政军民团结和军队内部的团结;四要加强各级领导班子建设。

3.走科技强军和精兵之路

大力加强军队质量建设,坚定不移地走中国特色的精兵之路,是以江泽民为核心的中央军委在新时期做出的一个最重要的战略决策。江泽民主持军委工作后,反复强调军队必须加强质量建设,走精兵之路。1990—1992年间,江泽民多次指出,加强国防不能在增加军队数量上打主意,不但不能在数量上打主意,我们还应该使军队更精干,政治质量更高,军事素质更高;要从严治军,走精兵之路,进一步收缩摊子,优化结构,加强管理,通过提高部队质量来提高部队战斗力;部队要严格训练,严格管理,加强教育,把质量建设的方针落实到各项工作中去,不断提高部队的战斗力和作战指挥能力。为此,1995年底,在中共中央、国务院提出科教兴国战略的同时,中央军委明确提出在军队建设上要逐步实现由数量规模型向质量效能型、由人力密集型向科技密集型的转变。它的提出,标志着我军科技强军战略的正式形成。

4.加强和改进新时期思想政治工作

加强人民军队的思想政治建设,是人民军队的一个极其显著的特点。江泽民指出:"搞好军队的思想政治建设,是搞好军事训练、后勤保障以至整个军队现代化建设的重要基础。思想政治建设是革命化建设的核心,是引导全军干部战士拒腐蚀、永不沾,永葆人民军队革命本色的可靠保证。所以,我们必须高度重视军队的思想政治建设,必须把它摆在全军各项建设的首位。"加强和改进新时期的思想政治工作,必须抓好共产主义的理想信念教育、优良传统的教育,要用先进文化教育官兵,要使思想政治教育与时俱进。江泽民指出:"军队的思想政治教育一定要适应改革开放和军队革命化、现代化、正规化建设的新形势,紧密联系干部战士的思想实际,加强针对性、系统性和创造性。"政治教育对症下药,要有针对性,只有找准了问题的核心、本质、主要矛盾,才能揭示事物的内在规律。

5.以训代战,把教育训练提高到战略高度

建设现代化国防,打赢高技术战争,关键是要有现代化人才。未来的军事竞争,说到底是人才的竞争。在武器装备处于敌优我劣的情况下,更需要抓好官兵素质的提高。和平时期军事人才的培养,主要是通过部队和院校的教育训练。把人和武器结合起来,要靠训练;培养部队英勇顽强的战斗作风,也要靠训练;提高指挥员组织指挥现代战争的能力,同样靠训练。军事理论的研究成果,武器装备的发展和新型武器的性能状况,部队编制、体制的改革成果等,均需要通过训练才能形成现实的战斗力。

(三)国防建设学说

1.正确处理国防建设与经济建设的关系

以江泽民为首的第三代领导集体,结合新的形势,对正确处理和平时期国防建设与经济建设的关系,继承和发展了毛泽东、邓小平关于国防建设的思想和理论,为我国国防现代化建设进一步指明了方向。

我国还是一个发展中国家,仍处在社会主义初级阶段。尽管经过了半个多世纪的发展,生产力水平有了很大的提高,但总的来说生产力水平不发达的状况没有根本改变,经济落后。科学技术不发达仍制约着我国综合国力。基于这样的分析,江泽民反复强调,经济建设是国防建设的基础,国防建设的发展最终取决于经济的发展;强调军队要服从国家经济建设的大局,这是我们在处理经济建设与国防建设关系上必须始终遵循的一个重要指导思想;强调军队必须积极支持和参与改革开放和现代化建设,为国家的发展和繁荣贡献力量。

江泽民指出,国防现代化是我国社会主义现代化的重要组成部分,加强国防建设是国家安全与经济发展的基本保证。国家要根据需要和可能,支持和加强国防建设。江泽民特别强调,对经济建设和国防建设,要实行两头都要兼顾的方针,国防和军队建设只能加强,不能削弱。

2.建设中国社会主义特色的现代化国防

国防现代化是国家战略目标之一,四化建设其中一个重要的内容就是国防现代化,这既是三代领导集体共同的心愿,也是全国人民的心声。建设中国社会主义特色的现代化国防,首先,必须建立现代化的军事理论。要建立现代化的军事理论,就必须正确处理继承与创新的关系。江泽民指出,马克思主义的发展史告诉我们一个深刻的道理:社会实践是不断发展的,我们的思想认识也必须不断前进,不断根据实践的要求进行创新。思想解放、理论创新,是引导社会前进的强大力量。我们始终要坚持以马列主义、毛泽东思想,特别是邓小平理论为指导,这一点丝毫不能动摇。其次,国防现代化的重要内容是实现武器装备的现代化。江泽民强调指出,我们不是唯武器论者,相信最终决定战争胜负的是人而不是物,但是先进的武器毕竟是重要的,科学技术是不能忽视的;必须把国防科学技术发展和部队装备建设放在突出地位,我们有信心有能力战胜任何敌人,但武器装备落后,特别是高技术条件下的对抗能力不强,夺取战场主动权就比较困难,赢得胜利就要付出较大代价。次之,建立中国社会主义特色的现代化国防工业体系。我国的国防工业体系是在以毛泽东为首的老一辈无产阶级革命家关心、支持,并亲自过问和指挥下建立起来的。国防工业在保卫国家主权,反对外国入侵,维护世界和平,反对霸权主义和强权政治的斗争中,做出了巨大的贡献,捍卫了国家的尊严。江泽民指出,在发展社会主义市场经济的新形势下,我们不断探索和完善国防建设与经济建设相互促进、协调发展的机制。坚持寓军于民,推动国防科技工业走"军民结合、平战结合、军品优先、以民养军"的发展道路。

3.加强全民国防教育,增强全民国防观念

国防现代化包括着十分丰富的内容,国防精神和国防观念是其中不可忽视的重要方面。在加强国防建设的诸项工作中,国防精神和国防观念建设是重要的一项。但在长期的和平环境和发展社会主义市场经济的条件下,一方面人们容易淡化国防意识,产生和平麻痹思想;另一方面,市场经济的利益主体多元化,容易使局部利益或个人主义倾向得到强化。因此,我们必须紧紧抓住发展市场经济给人们的思想观念、利益关系、价值取向、精神状态带来的负面影响,切实加强国防教育,大力增强全民的国防观念。江泽民指出,越是在和平时期,越要宣传国防建设的意义,克服和平麻痹思想,增强人们的国防观念。

三、江泽民国防和军队建设思想的历史地位和指导作用

江泽民国防和军队建设思想,继承、坚持、丰富和发展了毛泽东军事思想、邓小平新时期军队建设思想,是新时期我军建设、国防建设的理论和行动指南,具有深远的历史意义和现实指导作用。

一是高举邓小平理论的伟大旗帜,坚持用毛泽东军事思想和邓小平新时期军队建设思想指导军队的全面建设。江泽民反复强调,邓小平新时期军队建设思想继承和发展了毛泽东军事思想,是新的历史条件下搞好军队建设的根本依据和科学指南。坚持以毛泽东军事思想和邓小平新时期军队建设思想为指导,是我军革命化、现代化、正规化建设不断发展的根本保证。

二是始终坚持党对军队的绝对领导,永远保持我军不变质。江泽民再三强调,党对军队的绝对领导是我军根本的建军原则,是人民军队永远不变的"军魂",党的旗帜就是军队的旗帜,党的方向就是军队的方向。全军各级干部特别是高级干部,要旗帜鲜明地抵制"军队非党化"、"军队非政治化"、"军队国家化"的论调,保证军队在任何时候都坚决听从党中央、中央军委的指挥,保证枪杆子永远掌握在忠于党的人的手中。

三是强调把思想政治建设摆在全军各项建设的首位,保证我军政治上永远合格。江泽民指出,坚持党对军队的绝对领导,必须首先从思想上政治上掌握军队。在对外开放和发展社会主义市场经济的社会环境中,确保官兵政治上的坚定性和思想道德上的纯洁性,是新时期军队建设必须解决好的一个重大现实课题。要把思想政治建设摆到党、国家和军队工作战略全局的高度来对待,要把思想政治建设摆在军队各项建设的首位。江泽民反复指出,对我们军队而言,讲政治是最重要的一条,是我军优良传统的精髓和军队建设的灵魂,领导干部一定要讲政治,在政治方向、政治立场、政治观点、政治纪律、政治鉴别力、政治敏锐性等方面具有良好的素质,要努力实践"三个代表"。

四是提出"五句话"的总要求,全面加强我军革命化、现代化、正规化建设。"政治合格、军事过硬、作风优良、纪律严明、保障有力"五句话总要求的提出,使我军建设总目标与全军上下经常性的实践活动有机结合起来,使总目标具体化为全军官兵的行动准则。按照"五句话"的总要求,使我军革命化、现代化、正规化建设的目标贯彻到军队各项工作中去,把我军建设成为一支能够经得起任何风浪考验的、无论在什么情况下都能完成自身使命与任务的人民军队。

五是科学论述现代战争形态,适时制定新时期军事战略方针。海湾战争结束后,江泽民和中央军委及时地对现代科学技术、高技术局部战争和可能的对手进行了深入的研究,认为现代技术特别是高技术条件下局部战争将成为今后战争的主要形态,我军的建设、战略战术的研究、军事斗争的准备,其基点都应放在打赢现代技术特别是高技术条件下的局部战争上。根据这一判断和我国国情、军情,江泽民和中央军委制定了新时期积极防御的军事战略方针,并要求全军建设所有工作都必须在新时期军事战略方针的统揽下进行,所有的工作都必须紧紧围绕打赢现代技术特别是高技术条件下的局部战争进行。

六是实施科技强军战略,加强军队质量建设,实行"两个根本性转变"。江泽民强调,军队要实现现代化,走精兵之路,必须依靠科学技术的进步,提高军队的科学技术水平,适时提出了新时期军队建设必须贯彻"科技强军"的战略思想。与此同时,江泽民和中央军委做出了"军队建设逐步由数量规模型向质量效能型、人力密集型向科技密集型转变"的重大决定,使我军建设从此走上了一条健康发展的道路。

七是坚持国防建设与经济建设协调发展。江泽民主持中央军委工作后不久,就主持确定了国防建设与经济建设两头兼顾的方针,强调指出,经济建设与国防建设是我国社会主义现代化建设的两大战略任务,处理好两者关系,事关国家发展和安全大局。提出国防建设与经济建设要相互促进、协调发展;军队要吃"皇粮",不能经商,不能走自己养自己的道路,不能搞什么自我发展。必须坚持以经济建设为中心,国防建设必须服从国家经济建设大局;必须在集中力量进行经济建设的同时,加强国防建设,使国防建设在国家财力增长的基础上不断有所发展;必须充分利用国家改革开放和现代化建设创造的有利条件,逐步形成国防建设与经济建设相互促进、协调发展的机制。

第五节　胡锦涛国防和军队建设思想

胡锦涛以政治家和战略家的远见卓识与战略智慧,着眼时代特点,立足维护国家安全和发展利益的大局,依据国际国内环境的发展变化和新世纪新阶段国防与军队建设的客观实际,形成了关于加强国防和军队建设思想。

胡锦涛关于新世纪新阶段中国军事战略、军队建设和国防建设的思想理论体系,是根据新世纪新阶段的国际战略格局、国家安全形势和经济全球化趋势,而制定的中国国防建设和军队建设的纲领、路线、方针、政策的集中体现,是继承、发展毛泽东军事思想、邓小平新时期军队建设思想和江泽民国防与军队建设思想的成果,是新世纪新阶段党中央领导集体智慧的结晶。其主要内容有新世纪新阶段军事战略思想、军队建设思想和国防建设思想。

一、胡锦涛关于国防和军队建设思想的科学含义

胡锦涛关于国防和军队建设思想,是新世纪新阶段用科学发展观统筹国防和军队现代化建设,打赢信息化战争的军事指导理论,是毛泽东、邓小平和江泽民国防与军队建设思想的丰富和发展,是科学发展观在国防和军事领域的展开和延伸,是当代中国马克思主义的创新军事理论。

二、胡锦涛国防和军队建设思想的主要内容

(一)新世纪新阶段军事战略思想

坚持以人为本、全面协调可持续发展和科学发展观指导国家现代化建设,是胡锦涛从新世纪新阶段党和国家事业发展全局出发提出的重大战略思想。

1.用科学发展观统领国防和军队建设

科学发展观既是国家发展的指导思想,也是国防和军队建设的指导思想。主要表现在四个方面:

一是用科学发展观指导国防和军队建设。党的十六大以来,提出以人为本、全面协调可持续发展的科学发展观,极大地丰富了马克思主义理论。在科学发展观的指导下,中国经济社会进入了一个健康发展的新阶段。国防和军队建设是社会主义现代化建设的重要组成部分。

二是用科学发展观认识国防和军队建设规律。胡锦涛指出,我们要坚持以科学发展观为指导,全面、系统、深入地研究军队建设的阶段性特点,把军队建设的基础和现状搞清楚,把影响和制约军队建设的重难点问题搞清楚,把军队建设的发展方向和主要任务搞清楚,不断深化对军队建设规律的认识,正确解决军队建设发展中的深层次矛盾和问题,把军队建设切实转入科学发展轨道,使我军建设发展始终充满生机和活力。

三是用科学发展观凝聚官兵的智慧和力量。用科学发展观武装广大官兵的头脑,就能够帮助官兵树立正确的世界观、人生观和价值观,培养科学的思维模式、工作思路和解决现实问题的科学方法。胡锦涛指出,科学发展观的本质是坚持以人为本。军队要把以人为本作为重要的建军理念。

四是用科学发展观指导我军履行历史使命。胡锦涛提出的"三个提供、一个发挥"的历史使命,深刻揭示了军队的职能任务必须与党的历史任务相一致,军事战略必须与国家发展战略相协调,军队建设和改革必须与世界军事发展趋势相符合的客观规律。新世纪新阶段我军的历史使命的确立,是科学发展观在军事领域的具体运用。

2.和平是主流,安全形势严峻

胡锦涛指出,我们分析判断安全形势,不仅要看到有利的一面,还要看到不利的一面。随着国际形势的深刻变化和中国社会的深刻变革,中国对世界的影响力在增长,但中国发展面临的外部制约因素也在增加。传统安全威胁和非传统安全威胁因素相互交织,影响中国安全的不稳定因素增多,国家安全问题的综合性、复杂性、多变性进一步增强。

中国依然面临着军事安全威胁,同时政治安全、经济安全、信息安全、能源安全、海上通道安全等方面面临的威胁也不容忽视。西方敌对势力加紧对中国实行西化、分化的政治战略,千方百计从各个方面对中国加以牵制和遏制。美日加强军事同盟关系,联合协调台湾问题,与台湾加紧构建联合军事机制,企图联手军事干预台海冲突。目前,世界主要大国在中国周边的地缘战略竞争不断加剧,中国周边安全环境存在着许多隐患。有关邻国与中国之间的岛屿归属和海洋权益之争越来越突出。"台独"分裂势力及其活动也越来越嚣张,仍是中国面临的主要威胁。"藏独"、"东突"等分裂势力加紧勾结,不断渗透和破坏。

国家安全问题的综合性、复杂性、多变性进一步增强的态势,对国防和军队建设提出了新的更高的要求。胡锦涛指出,我们根据时代发展和国家安全形势的变化,提出了新世纪新阶段我军历史使命,进一步明确了我军在新的历史条件下的地位、作用,进一步拓展了我军职能,赋予了我军更加光荣而艰巨的任务。我们要从国际国内大局出发,用更加宽广的战略眼光来审视国防和军队建设问题、确立国防和军队建设的目标和任务,以增强打赢信息化条件下局部战争的能力为核心,不断提高应对多种安全威胁、完成多样化军事任务能力,确保我军能够在各种复杂形势下有效应对危机、维护和平,遏制战争、打赢战争。

3.反对"台独",做好打赢信息化战争的准备

"台独"就是分裂,"台独"就意味着战争,制止"台独"势力分裂国家,是国家武装力量的神圣职责。"台独"分裂势力及其活动已经成为国家安全面临的最大威胁,成为某些国家遏制中国发展的主要着力点之一。围绕台湾问题进行的斗争,既是为保证国家安全统一进行的反分裂斗争,也是为保障国家发展进行的反遏制斗争。维护国家主权独立、领土完整的军事斗争任务准备是我军长期的主要战略任务,只要祖国统一问题没有解决,这一战略任务就一天也不能放松。

在反对"台独"、反对分裂、实现祖国统一大业的斗争中,要把做好打赢信息化战争准备结合起来。当前,我军最重要、最现实、最紧迫的战略任务是做好军事斗争的各项准备。必须充分认清中国安全问题的综合性、复杂性、多变性进一步增强的态势,充分认清军事斗争准备在中国安全和发展战略中的重要地位,从而树立强烈的忧患意识、责任意识和使命意识;引导官兵克服和平麻痹思想,只争朝夕,聚精会神,全力以赴投入谋"打赢"、干"打赢"之中;引导官兵积极投身中国特色军事变革的伟大实践,高标准地做好以军事斗争准备为龙头的各项工作,坚决履行好捍卫国家主权、安全统一和领土完整的神圣职责。

(二)新世纪新阶段军队建设思想

1.我军在新世纪新阶段的历史使命

2004年底,胡锦涛从维护国家的发展利益和安全利益出发,以战略家的远见卓识,确立了新世纪新阶段军队的历史使命。

胡锦涛指出:第一,为党巩固执政地位提供重要的力量保证。我们党成为执政党,是历史的选择、人民的选择。进入新世纪新阶段,我们既面临难得的发展机遇,也面临严峻挑战。国际国内敌对势力相互勾结、相互呼应,他们的最终目的,就是颠覆我们党的执政地位,颠覆人民民主专政的国家政权,推翻我国的社会主义制度。因此,必须把坚持党对军队绝对领导的根本原则和制度,加强军队的革命化、现代化、正规化建设作为党执政的一项重要战略任务抓好,确保我军能够经受住各种斗争任务和各种考验,始终成为党巩固执政地位的中坚力量。第二,为维护国家发展的重要战略机遇期提供坚强的安全保障。

本世纪头 20 年,对于我们国家来说,是一个必须紧紧抓住并且可以大有作为的重要战略机遇期。所谓战略机遇期,是指某个时间段出现了有利于国家发展的契机、条件和环境,能够对一个国家或地区的历史命运产生全局性、长远性、决定性的影响。冷战结束以来,两极格局解体,大规模、大范围的军事对抗大为减少,而代之以综合国力的激烈竞争。抓住机遇期促进发展,对全面建设小康社会、加快推进社会主义现代化至关重要。维护和用好战略机遇期,就要维护国家安全、捍卫国家主权和领土完整,为国家发展创造和平的国际环境。当前,影响战略机遇期的因素仍然不少。陆地边界问题尚未完全解决、海洋权益存在争端,"台独"、"藏独"等分裂主义和恐怖主义活动,给国家的安全带来了严重的威胁,给国家社会稳定造成的不利因素明显增多。国家主权面临的威胁、祖国统一面临的挑战和社会稳定面临的问题,哪一方面防范不好、斗争不力、处置不当,都有可能影响和冲击国家发展的重要战略期。军队要把国家主权和安全放在第一位,履行好维护国家主权的神圣职责,为创造一个有利于全面建设小康社会、加快推进社会主义现代化的长期安全环境作出应有贡献。第三,为维护国家利益提供有力的战略支撑。我们知道,国家利益包括生存利益、安全利益和发展利益,是一个国家和民族的最高利益。维护国家利益,是军队的神圣职责,是军人行为的最高准则。时代的进步和我国的发展,使我们的国家安全利益逐渐超出传统的领土、领海、领空,不断向海洋、太空、电磁空间扩展和延伸。我们必须拓展安全战略和军事战略视野,不仅要关注和维护领土安全、领海安全、领空安全,还要关注和维护海洋安全、太空安全、电磁空间安全以及其他方面的国家安全。第四,为维护世界和平和促进共同发展发挥重要作用。经济全球化趋势不断发展,使世界各国的经济联系空前紧密,任何国家都难以脱离世界经济而孤立地发展。中国正阔步走在迈向强国的路上,中国的发展强大是不可阻挡的。但必须看到,我国要实现和平发展,要维护国家安全和利益,要维护世界和平与促进共同发展,必须要有实在的军事实力作后盾,以便更好地履行维护国家安全、捍卫国家主权和领土完整的职责,发挥维护和平的积极作用。

新世纪新阶段的历史使命对我军现代化建设、军事斗争和军事力量应用提出了新的要求。只有努力实践科学发展观,用科学发展观统领国防和军队建设,建设一支革命化、现代化、正规化的军队,才能完成党中央所赋予的新的历史使命。

2.推进我军"三化"建设

胡锦涛指出,加强我军全面建设,是贯彻落实科学发展观的基本要求。总结长期来的历史经验,军队全面建设的基本内容是革命化、现代化、正规化。革命化是军队建设的政治方向,现代化是军队建设的中心任务,正规化是军队建设的重要基础。

革命化是军队建设的政治方向,是我军建设中长期的重大任务。我军作为执行党的政治任务的武装集团,必须始终把革命化建设放在第一位。胡锦涛强调指出:接受党的绝对领导,是我军的立军之本,是我军永远不变的军魂,关系我军的性质,关系党的兴衰成败,关系社会主义的前途命运,关系国家的长治久安。胡锦涛还特别强调指出:"坚持党对军队的绝对领导,是我军建设和发展的首要问题。我们对这个问题要始终关注、抓住不放,任何时候任何情况下都不能有丝毫含糊和动摇。"

现代化是军队建设的中心任务,是建设信息化军队的本质要求。要从我国的国情和军情出发,坚持以机械化为基础,以信息化为主导,推进机械化和信息化的复合发展,增强我军信息化条件下的威慑和实战能力,实现军队现代化建设的跨越式发展。实现军队现代化建设跨越式发展的途径主要有四种:一是"舍弃"式跨越,即舍弃机械化建设的"夕阳技术",避免重复无前途技术的开发和投资,将有限的资源用在"朝阳技术"上。二是"非零点"式跨越,即直接引进利用先进的信息化技术,不必从零开始,从头研制,在较高的起点上起步,加快发展速度。三是"改造"式跨越,即对有价值的机械化平台进行信息化改造,在改旧为新中实现跨越式发展。四是"重点"式跨越,即对带有战略影响的核心技术,要自力更生,合力攻关,力争实现突破,以免受制于人,以局部跃升带动整体发展。推进国防和军队现代化建设,以建设信息化军队,打赢信息化战争为战略目标,坚持以机械化为基础,以信息化为主导,推进机械化和信息化的复合发展,实现部队火力、突击力、机动能力、防护能力和信息能力整体提高,增强我军信息化条件下的威慑和实战能力。

正规化是军队建设的重要基础,是军队信息化建设的重要保证。要加强我军正规化建设,必须要加深对新形势下治军特点和规律的认识,推动正规化建设向更高水平发展。要把从严治军作为全局性、基础性、长期性工作紧抓不放,把依法治军作为正规化建设的基本要求,加强军事法制建设,完善军事法规体系,依照条令条例和规章制度规范军队各项建设和工作,使军队建设进一步走上法制化轨道。胡锦涛强调,要适应军队现代化发展的要求,加强依法治军、从严治军,严格按国家的法律法规和军队的条令条例治理军队、管理部队,确保部队的高度稳定和集中统一,建立正规的战备、训练、工作和生活秩序。

3.坚持以人为本,加快转变战斗力生成模式

战斗力是军队履行根本职能的能力。它由物质因素和精神因素构成。按科学方法编组的、有一定数量和质量的人,能反映时代特定科技水平的、具有一定战术技术性能和数量的武器装备,是战斗力的物质因素。指战员的政治素质、军事素质、文化素质是主要的精神因素。坚持把科学发展观作为加强国防和军队建设的重要指导方针,必须依靠科技进步和自主创新,必须高度重视武器装备和国防科技的发展,加快战斗力生成模式的转变。这是贯彻落实科学发展观与推进中国特色军事变革有机结合的关键所在,也是建设信息化军队、打赢信息化战争的必然要求。

在战斗力生成模式的诸要素中,人是最活跃、最具决定性的因素。随着现代科学技术大量应用于军事领域,人的因素在战斗力生成中的作用不但没有降低,反而更加突出。在未来信息化战场上,具备信息素质的新型军事人才将发挥越来越重要的决定性作用。为此,一方面应增加军队院校信息化教育内容的比重,增大信息化专业建设人才和信息战专业人才的培训员额;另一方面应增加信息对抗训练的课题和内容,以信息知识的学习和信息技能的掌握作为主课,下大力提高官兵的信息化素质,推动部队信息化建设的整体发展。同时,要从战略高度系统规划信息人才队伍建设,谋求其与部队建设的协调发展,以超前发展的观念开启工作思路,提前培养未来所需的各类信息化军事人才。胡锦涛指出,坚持以人为本,对军队自身建设来说,就是要尊重官兵的主体地位,发挥他们在军队建设中的主体作用。马克思主义战争观认为,人是战争中的决定性因素,最终决定战争胜负的是人而不是物。只有坚持以人为本,充分尊重广大官兵的主体地位和创新精神,军队才能充满活力,不断增强战斗力。

胡锦涛要求各部队,要坚定地相信和依靠广大官兵,不断提高官兵的思想政治素质、

科学文化素质、军事专业素质和身体心理素质,大力培育战斗精神,充分调动官兵练兵积极性,充分发挥官兵在军队建设中的主人翁作用。军队贯彻以人为本,要符合军队作为武装集团的特殊性,要适应遂行作战任务的要求,要有利于提高战斗力。

4.加强科学管理,落实从严治军,不断提高军队建设质量

在军队建设中要全面落实科学发展观,必须加强科学管理,不断提高国防和军队现代化建设的质量和效益。胡锦涛提出,中国正处于并将长期处于社会主义初级阶段,国家尚不富裕,要解决好军队建设需求和国防投资不足的矛盾,把有限的资源最大化地转换为国防实力和战斗力,必须加强科学管理,走一条投入少、效益高的国防和军队现代化建设路子。全军各级要强化质量效益观念,切实转变传统的人力密集型、数量规模型的管理模式,向科学管理要效益、向科学管理要战斗力。

(三)新世纪新阶段国防建设思想

1.国防与经济建设一定要协调发展

胡锦涛指出,要在经济发展的基础上,努力建设一支同中国地位相称、同中国安全和发展利益相适应的军事力量,有效维护国家安全统一,确保全面建设小康社会的顺利推进。这是落实科学发展观的必然要求,也是在新世纪新阶段抓住战略机遇期,全面推进社会主义经济建设、政治建设、文化建设和社会主义和谐社会建设,实现全面建设小康社会宏伟目标的需要。

要正确贯彻执行国防建设与经济建设协调发展的方针,就必须正确认识和把握国防和军队建设服从服务于经济建设这个大局的辨证关系。从国家讲,要在经济发展的基础上,逐步增加国防投入,保障和促进国防和军队现代化建设的顺利进行。从军队讲,要坚决服从服务于国家经济社会发展的大局,为经济建设保驾护航。

胡锦涛指出,经过改革开放20多年的发展,中国的经济实力上了一个大台阶,国防和军队现代化建设的物质技术基础明显加强。新世纪新阶段中国经济社会的不断发展,必将为国防和军队现代化建设创造更加有利的条件。本世纪前20年,既是国家经济社会加快发展的重要时机,也是国防和军队现代化建设加快发展的重要时机。全军要牢固树立社会主义经济建设的大局意识,坚决维护社会主义经济建设这个大局,有力保障社会主义经济建设这个大局,自觉在社会主义经济建设这个大局下行动。要依托国家经济社会发展,把国防建设融入现代化建设全局之中,统筹国防资源和经济资源,注重国防经济和社会经济、军用技术和民用技术、军队人才和地方人才的兼容发展,进一步形成国防建设和经济建设相互促进、协调发展的良好局面。

2.军民结合、寓军于民

实现国防和军队现代化建设又快又好地发展,必须坚持军民结合、寓军于民的方针,把国防和军队现代化建设深深融入经济社会发展体系之中。

军民结合、寓军于民,需要党和国家从经济社会发展全局通盘考虑,制定相应的法规政策和军民通用技术标准,要强化军民结合、寓军于民意识,建立军民结合、寓军于民的经济社会体系。胡锦涛指出,能利用民用资源的就不自己铺摊子,能纳入国家经济科技发展体系的就不另起炉灶,能依托社会保障资源办的事都要实行社会保障。要尽可能把国防科学技术研究纳入国家科学技术中长期发展规划,广泛吸纳成熟的民用技术,提高武器装备创新发展能力。

胡锦涛特别强调，要加大依托国民教育培养军事人才和从社会引进专业技术人才工作力度，更好地满足军队建设日益增长的高素质人才需求。

国防动员是实现军民结合、寓军于民的重要组织形式和桥梁。要通过国防动员推进军队后勤保障和其他社会保障的社会化，大力加强民兵和预备役部队建设，突出抓好高新技术武器装备动员和综合保障动员建设，巩固军政军民团结，切实增强打赢信息化条件下的人民战争的整体实力。

（四）要建设一支"听党指挥、服务人民、英勇善战"的军队

"建设一支听党指挥、服务人民、英勇善战的革命军队，是革命的依托、民族的希望。"胡锦涛在纪念红军长征胜利70周年大会上强调的这句话，已成为广大官兵的行动指南和奋斗目标。听党指挥、服务人民、英勇善战，是相互联系、有机统一的整体，三者统一于新世纪新阶段军队的历史使命。这不仅是胡锦涛关于加强思想政治建设的核心思想，而且是胡锦涛关于国防和军队建设重要论述的灵魂。

听党指挥，是党和人民对军队的最高政治要求，是我军的特色和优势，也是新世纪新阶段军队为党巩固执政地位提供重要力量的保证。听党指挥是履行历史使命的基础和根本保证，军队只有听党指挥，才能保持人民军队的性质，成为人民利益的忠实捍卫者；才能积极投身创建社会主义和谐社会的伟大实践，为其提供坚强的安全保障；才能巩固和提高部队战斗力，有效履行神圣使命。

服务人民，保证了我军在极其艰难困苦条件下得到广大人民群众的全力支持，他们把全部希望寄托于革命战争的胜利，不惜做出任何牺牲；服务人民，保证了我军在和平与发展时期，始终成为维护国家利益和社会稳定的忠诚卫士，成为经济建设和抢险救灾的突击力量，成为社会生活和共建和谐的模范群体。

英勇善战，是由我军在战争年代就确立的革命英雄主义传统、灵活机动的战略战术和我军的根本职能所决定的，是履行历史使命的要求。英勇善战，保证了我军以弱胜强，从小到大，赢得了抗日战争的伟大胜利和中国革命战争的最后胜利；英勇善战，保证了我军在保卫国家主权和领土安全的斗争中，不畏强敌，敢打必胜，不断增强战斗力。

胡锦涛在2004年12月的一次重要会议上强调：要在全军深入进行强化战斗精神、提高打赢能力的教育，真正搞清楚为什么要准备打仗、准备打什么样的仗、怎样准备打仗这个重大问题，引导广大官兵牢固树立敢打必胜的坚定信心。胡锦涛提出要发扬我军英勇善战的优良传统，大力强化战斗精神培养。在战略上要敢于藐视和战胜对手，牢固树立敢打必胜的信心；在战术上要重视对手，深入研究和探讨克敌制胜的有效战法。

2008年，胡锦涛站在时代发展和军队建设全局的高度指出，要围绕强化官兵精神支柱，大力培育"忠诚于党、热爱人民、报效国家、献身使命、崇尚荣誉"的当代革命军人核心价值观。忠诚于党，就是要自觉坚持党对军队的绝对领导，高举中国特色社会主义伟大旗帜，坚定中国特色社会主义理想信念，任何时候任何情况下都坚决听党指挥。热爱人民，就是要忠实践行全心全意为人民服务的根本宗旨，视人民利益高于一切、重于一切，永葆人民子弟兵政治本色，与人民群众心连心、同呼吸、共命运，为人民无私奉献。报效国家，就是要大力弘扬爱国主义精神，把个人的前途命运与国家的前途命运紧密联系在一起，

坚决捍卫国家主权、安全、领土完整和人民民主专政的国家政权,为建设富强民主文明和谐的社会主义现代化国家贡献力量。献身使命,就是要履行革命军人神圣职责,爱军精武,爱岗敬业,不怕牺牲,英勇善战,坚决履行好党和人民赋予的新世纪新阶段军队历史使命。崇尚荣誉,就是要自觉珍惜和维护国家、军队、军人的荣誉,视荣誉重于生命,自觉践行社会主义荣辱观。

2012年11月,胡锦涛在中央军委扩大会议上发表了重要讲话,提出了五点希望。一是希望军队坚决听党指挥、绝对忠诚可靠。确保军队永远忠于党、忠于社会主义、忠于祖国、忠于人民,确保党从思想上政治上组织上牢牢掌握部队,确保军队在任何时候任何情况下坚决听从党中央、中央军委指挥。二是希望军队有效履行新世纪新阶段历史使命,为维护国家主权、安全、发展利益和全面建成小康社会提供重要力量支撑和坚强安全保障。三是希望军队在贯彻国防和军队建设主题主线上取得显著成效。坚持以推动国防和军队建设科学发展为主题,以加快转变战斗力生成模式为主线,努力实现建设信息化军队、打赢信息化战争的目标,推动中国特色军事变革深入发展,努力构建中国特色现代军事力量体系。四是希望军队始终保持高度集中统一和团结稳定,从容应对各种风险和挑战,集中精力抓建设、促发展。五是希望军队永远坚持我军光荣传统和优良作风。要毫不放松地抓好全军部队的光荣传统和优良作风教育,使我军始终保持老红军的政治本色,确保我军的光荣传统和优良作风一代一代传下去。

三、胡锦涛国防和军队建设思想的地位和意义

(一)胡锦涛国防和军队建设思想的地位

1.拓展了三代领导人军事思想的内容

胡锦涛用科学发展观指导国防和军队建设思想,指明了新世纪新阶段国防和军队现代化建设的方向,确定了坚持以人为本的战斗力生成模式的有效途径,明确了我军的历史使命,规范了国防和军队建设的基本要素,是实施新军事变革提高信息化作战能力,维护国家安全环境,加强国防和军队现代化建设的纲领,丰富了三代领导人军事思想的内容。

2.为国防和军队建设提供了理论遵循

进入新世纪新阶段,中国国防和军队建设所处环境和形势任务发生了重大变化,既面临难得的发展机遇,也面临严峻的挑战。胡锦涛国防和军队建设思想提出了要充分把握在中国的经济实力、科技实力、国防实力和民族凝聚力不断增强的基础上,大力推进国防和军队建设,不断增强应对危机、维护和平、遏制战争、打赢战争的能力,切实把国防和军队建设转入全面协调可持续发展的轨道,做到国防建设和经济建设全面协调发展。

3.为解决国防和军队建设与发展的现实问题和矛盾开辟了途径

新世纪新阶段是中国国防和军队现代化建设的关键时期,中国特色军事变革和军事斗争准备面临的任务非常繁重和艰巨,国防和军队建设存在的规模、结构、效益等方面的问题迫切需要解决。胡锦涛国防和军队建设思想,为国防和军队建设转变发展观念、创新发展模式、提高发展质量提供了新思路和新方略。

4.履行新世纪新阶段历史使命的重要保证

胡锦涛在深刻洞察国际战略形势与中国安全环境、科学判断国家发展和军队建设所处方位的基础上,提出了我军新世纪新阶段的历史使命。胡锦涛国防和军队建设思想进一步指明了国防和军队建设的发展方向,为我军履行历史使命提供了重要保证。

5.为加快我军战斗力生成模式转变提供了强大的思想武器

新世纪新阶段我军要加速推进中国特色军事变革,完成机械化和信息化双重任务,实现军队现代化的跨越式发展,不断探索国防和军队建设与发展的特点与规律,更加科学地把国防和军队建设推向前进。胡锦涛国防和军队建设思想深刻揭示了军队建设的主体和动力源泉,提出了一定要充分调动广大官兵的积极性、创造性,坚持以人为本,尊重官兵的主体地位,创新培养人才,增强官兵的科技素质、战略素质和思想政治素质,维护官兵的合法权益,不断改善官兵的物质文化生活,促进战斗力生成模式的转变,凝聚巨大的战斗力,为打赢信息化局部战争做准备。

(二)胡锦涛国防和军队建设思想的意义

胡锦涛国防和军队建设思想,对开创国防和军队建设的新局面,实现国防和军队现代化建设的全面协调可持续发展,全面落实科学发展观指导国防和军队现代化建设具有重大的现实意义和历史意义。

一是打赢信息化战争的军事指导理论。一般来说,毛泽东军事思想、邓小平新时期军队建设思想和江泽民国防和军队建设思想,是侧重机械化战争的军事指导理论,随着信息化时代的到来,建设信息化军队和打赢信息化战争成为我军现代化建设的根本目标,这种特殊的时代背景决定了胡锦涛关于国防和军队建设思想的指导地位。

二是对毛泽东、邓小平、江泽民军事理论的丰富和发展。胡锦涛关于国防和军队建设思想,不仅继承了毛泽东军事思想、邓小平新时期军队建设思想与江泽民国防和军队建设思想,而且是当代中国马克思军事理论的创新与发展,是新的历史条件下国防和军队建设的思想武器与科学指南。

第六节　习近平国防和军队建设重要论述

习近平国防和军队建设重要论述,是习近平站在党和国家事业全局的高度,着眼国际战略形势和国家安全环境的发展变化,对毛泽东、邓小平、江泽民和胡锦涛军事理论的继承和丰富,是当代中国马克思军事理论的创新与发展,是当今中国军队建设、国防建设和未来反侵略战争的理论基础与行动指南。

一、习近平关于新形势下国防和军队建设重要论述

习近平明确提出,军队要"听党指挥、能打仗、打胜仗",强调要牢记能打仗、打胜仗是强军之要,必须按照打仗的标准搞建设抓准备,确保我军始终能够召之即来、来之能战、战之必胜。要牢牢把握党在新形势下的强军目标,全面加强军队革命化现代化正规化建设,为建设一支听党指挥、能打胜仗、作风优良的人民军队而奋斗。

围绕建设一支听党指挥、能打胜仗、作风优良的人民军队,按照全面建设的思想加强革命化现代化正规化建设,努力开创军队建设和军事斗争准备新局面,揭示了我军的根本职能和战略任务,反映了对走中国特色强军之路的深邃思考,为在新的历史起点上加快推进国防和军队现代化指明了方向。

二、习近平关于新形势下国防和军队建设重要论述的主要内容

习近平制定了"听党指挥、能打仗、打胜仗"的强军三大目标。听党指挥是灵魂,决定军队建设的政治方向;能打胜仗是核心,反映军队的根本职能和军队建设的根本指向;作风优良是保证,关系军队的性质、宗旨、本色。全军要准确把握这一强军目标,用以统领军队建设、改革和军事斗争准备,努力把国防和军队建设提高到一个新水平。

(一)必须毫不动摇坚持党对军队的绝对领导

要确保部队绝对忠诚、绝对纯洁、绝对可靠,永葆人民军队的性质和本色。保证党对军队的绝对领导,关系我军性质和宗旨、关系社会主义前途命运、关系党和国家长治久安,是我军的立军之本和建军之魂。要始终把思想政治建设摆在军队各项建设首位,使坚持党对军队的绝对领导在官兵思想中深深扎根,确保全军在任何时候任何情况下都坚决听从党中央、中央军委指挥。要加强军队党的建设,确保党从思想上、政治上、组织上牢牢掌握部队。要坚持从政治上考察和使用干部,使枪杆子始终掌握在忠于党的可靠的人手中。要坚持把思想政治建设摆在部队各项建设的首位,始终保持部队建设坚定正确的政治方向。坚持不懈用中国特色社会主义理论体系武装官兵,持续培育当代革命军人核心价值观,大力弘扬我军光荣传统和优良作风,进一步打牢官兵高举旗帜、听党指挥、履行使命的思想政治基础。要严肃政治纪律和组织纪律,坚决维护党中央、中央军委权威,确保政令军令畅通。

(二)必须坚决完成各项军事斗争任务

军队的生命系于战斗力,战场上的较量直接关系党和国家的前途命运。我们必须正视存在的差距,强化历史责任感和现实紧迫感,加紧把军事斗争各项准备工作抓紧抓实,加快提高核心军事能力,确保能够有效履行职能使命,圆满完成各项任务。全军要深刻认识军队在国家安全和发展战略全局中的重要地位和作用,坚持把国家主权和安全放在第一位,坚持军事斗争准备的龙头地位不动摇,提高我军以打赢信息化条件下局部战争能力为核心的完成多样化军事任务的能力,坚决捍卫国家主权、安全、发展利益。全军要坚持把教育训练提高到战略高度,不断提高部队实战化水平,做好各项军事斗争准备,坚决完成各项军事斗争任务。

(三)必须按照全面建设的思想努力推进军队的革命化现代化正规化建设

要坚持用全面的观点抓建设,推动军事、政治、后勤、装备等各领域工作全面发展,不断提高军队建设整体水平。必须认真贯彻新时期积极防御军事战略方针,积极推动军事战略创新发展,充分发挥军事战略对军队各项建设和工作的统揽作用。要深入贯彻国防和军队建设主题主线,在推动国防和军队建设科学发展上取得显著进步,在加快转变战斗力生成模式上取得实质性进展。要深入推进中国特色军事变革,努力构建中国特色现代军事力量体系。

(四)必须始终保持我军光荣传统和优良作风

作风优良,是人民军队的鲜明特征,是部队打得赢、不变质、圆满完成各项任务的重要保证。要继承和发扬毛泽东、邓小平、江泽民、胡锦涛培育的光荣传统和优良作风,奋力推进国防和军队现代化。要引导官兵强化忧患意识、危机意识、使命意识,做到信念不动摇、思想不松懈、斗志不衰退、作风不涣散,始终保持坚定的革命意志和旺盛的战斗精神。要切实加强军队反腐倡廉建设。军队高级干部要旗帜鲜明反对腐败,带头遵守廉洁自律各项规定。

(五)坚持用打仗的标准推进军事斗争准备

能打仗、打胜仗是有效履行我军职能使命的根本目标。能打胜仗,是军队存在的价值所在,是党和人民对我军履行职能使命的根本要求,是部队一切工作的出发点和落脚点。军队是为打仗而存在的。我军是在战火中诞生、从战争中走来的英雄军队,虽然不同历史时期担负的具体任务不同,但作为战斗队的根本职能始终没有改变。党在建设人民军队的长期实践中,坚持把提高战斗力作为永恒课题。要坚持用打仗的标准推进军事斗争准备,不断强化官兵当兵打仗、带兵打仗、练兵打仗思想,坚持从实战需要出发从难从严训练部队,坚持以军事斗争准备为龙头带动现代化建设,全面提高部队以打赢信息化条件下局部战争能力为核心的完成多样化军事任务能力。要深刻认识军队能打仗、打胜仗根本目标的重大政治意义,强化战斗队思想,把英勇善战、敢打必胜的优良传统发扬光大,确保能够决战决胜、不辱使命。

(六)军队要做到"三个牢记"

实现中华民族伟大复兴,是中华民族近代以来最伟大的梦想。这个梦想是强国梦,对军队来说,是强军梦。我们要实现中华民族伟大复兴,必须坚持富国和强军相统一,努力建设巩固国防和强大军队。一是要牢记,坚决听党指挥是强军之魂,必须毫不动摇坚持党对军队的绝对领导,任何时候任何情况下都坚决听党的话、跟党走。二是要牢记,能打仗、打胜仗是强军之要,必须按照打仗的标准搞建设抓准备,确保我军始终能够召之即来、来之能战、战之必胜。三是要牢记,依法治军、从严治军是强军之基,必须保持严明的作风和铁的纪律,确保部队高度集中统一和安全稳定。在实现中华民族伟大复兴的征程中,英雄的人民军队一定能够发扬传统、继往开来,有效履行肩负的历史使命。

(七)必须按打仗标准建设军队

要注重联系实际,坚持学以致用,切实把党的十八大精神贯彻落实到推进部队建设、遂行军事任务的实践中。要坚持用打仗的标准推进军事斗争准备,不断强化官兵当兵打仗、带兵打仗、练兵打仗思想,坚持从实战需要出发从难从严训练部队,坚持仗怎么打兵就怎么练、打仗需要什么就苦练什么,突出使命课题训练,加强诸军兵种联合训练,抓好检验性对抗性训练,在近似实战的环境下摔打锻炼部队。坚持以军事斗争准备为龙头带动现代化建设,全面提高部队以打赢信息化条件下局部战争能力为核心的完成多样化军事任务能力。强化官兵当兵打仗、带兵打仗、练兵打仗思想,牢固树立战斗力这个唯一的根本的标准,按照打仗的要求搞建设、抓准备,确保部队召之即来、来之能战、战之必胜。

(八)不折不扣落实依法治军、从严治军方针

从严治军是建设强大军队的铁律。必须夯实依法治军、从严治军这个强军之基,切实加大依法治军、从严治军力度,坚持政治要求严、管理教育严、军事训练严、执行纪律严、

落实制度严,坚决杜绝有法不依、执法不严、违法不究的现象,提高部队正规化建设水平。要强化纪律观念和号令意识,坚持按条令条例和规章制度办事,严格培育过硬战斗作风,培养一不怕苦、二不怕死的战斗精神,把部队建设成为听党指挥、能打胜仗、作风优良的战斗队。必须不折不扣落实依法治军、从严治军方针,培养部队严守纪律、令行禁止、步调一致的良好作风。要始终把工作重心放在基层,把部队建设和战斗力的基础打得更加牢固。

三、习近平关于新形势下国防和军队建设重要论述的意义

(一)习近平关于新形势下国防和军队建设重要论述是马克思主义军事理论的继承与发展

习近平提出建设一支听党指挥、能打胜仗、作风优良的人民军队,与毛泽东领导制定的建设优良的现代化革命军队的总方针,邓小平提出的建设一支强大的现代化正规化革命军队的总目标,江泽民提出的政治合格、军事过硬、作风优良、纪律严明、保障有力"五句话"总要求,胡锦涛集中概括的听党指挥、服务人民、英勇善战的优良传统,一脉相承,是马克思主义军事理论的继承与发展,是对我军建设目标任务的新概括新发展,集中体现了我军的性质、宗旨、根本职能和作风,体现了新形势新任务对军队建设的新要求,意义重大而深远。

(二)习近平关于新形势下国防和军队建设重要论述从根本上确立了军队建设的目标

习近平关于军队能打仗、打胜仗的重要思想,为国防和军队现代化赋予了新的时代内涵,确立了新的建设标准,明确了新的实践要求,高瞻远瞩、蕴意深刻,要求军队建设必须坚持围绕国家核心安全需求,加快推进国防和军队现代化,确保有效维护国家主权、安全和发展利益,是推进军事工作全面发展的根本依据和遵循。

第二章 中国国防

国无防不泰,民无兵不安,强大国防是国泰民安的根本保证,这是被古今中外历史反复证明的一条真理。作为一个主权国家最重要的是生存与发展。国防是国家生存与发展的安全保障,它直接关系到国家和民族的兴亡。当今世界,霸权主义和单边主义仍然威胁世界和平与稳定,国际形势纷繁复杂,传统和非传统安全问题交织。我国安全环境总体得到改善,但也面临新的挑战。在新形势下,我们仍须居安思危,增强忧患意识,树立国防观念。

第一节 国防概述

国防,是指国家为防备和抵抗侵略,制止武装颠覆,保卫国家主权、统一、领土完整和安全所进行的军事活动,以及与军事有关的政治、经济、外交、科技、教育等方面的活动。国无防不立。任何国家,如果没有强大的国防,就不可能成为强大的国家;没有强大的国防,国家的安全和发展就没有保障。

一、国防的基本要素

国防是国家的重要职能之一。其基本要素主要包括国防的主体、国防的对象、国防的目的和国防的手段。

(一)国防的主体

国防的主体,即国防活动的实行者,通常为国家。国防,是国家的防务,是全民族的防务,只有国家,才能领导和组织国家各个方面的综合力量,来加强国防建设,进行国防斗争。国防是历史发展的产物,随着国家的产生而产生,随着国家的发展而发展,最终也随着国家的消亡而消亡。古往今来,国防虽依国家的性质、制度、国力及其推行的政策不同而具有不同的特征,但一切国防的共同本质都是以捍卫和扩大国家利益为核心来组织的。国家的兴衰和国防密切相关,国防强弱直接关系到国家的安全、民族的尊严和社会的发展。

(二)国防的对象

国防的对象,是指国防所要防备、抵抗和制止的行为。这是一个涉及到国家在什么情况下可以使用国防力量的重大问题。根据《中华人民共和国国防法》的界定,国防的对象,一是"侵略",二是"武装颠覆"。

1.国防要防备和抵抗的是"侵略"

《中华人民共和国国防法》对这一国防对象的界定,不仅合理恰当,而且意义深远。

一是与国际约章相衔接。联合国1974年专门通过了《关于侵略定义的决议》,该决议对"侵略"作了非常详尽的阐释。凡属于决议所指的侵略,均属于运用国防力量防备和抵抗的对象。

二是与国家的根本大法——《宪法》的提法相一致。我国宪法第二十九条规定武装力量的任务、第五十五条规定公民的国防义务,都采用了"抵抗侵略"的提法。

三是与国防活动的客观实际相适应。立法应为现实服务,制定国防法律也应为国防建设和国防斗争服务。如果以法律的形式规定国防只是防备和抵抗"武装侵略",在今后的国防建设和斗争中,则很有可能束缚自己的手脚。

2.国防应把"武装颠覆"作为制止的对象

所谓颠覆,是指推翻现政府。它有两种形式,即武装暴力颠覆与非武装暴力颠覆。只有属于武装性质的暴力活动,如武装暴乱、武装叛乱等,才运用国防力量。把"武装颠覆"作为国防的对象和把"制止武装颠覆"作为国防的一项重要职能写入《国防法》具有特殊的重要意义。

第一,各种武装颠覆活动,包括分裂国家的"独立"、武装叛乱及企图推翻社会主义制度的武装暴乱,已成为对我国安全构成威胁的重要因素之一。

第二,从我国当前面临的国际国内环境看,武装颠覆并非纯粹来自内部,甚至主要不是来自内部,各种形式的"独立"、武装叛乱和暴乱,一般都有外国势力插手,具有内外勾结危害国家的特点。对付这一类"武装颠覆",应该是国防的职能,也就是说,国防实际上还具有对内的职能。

第三,从前苏联分裂成独联体各国及南斯拉夫分裂后民族间战争不断、国家陷入灾难境地的情况看,安全问题造成的破坏甚至大过战争造成的破坏,所以,应将防止和制止这种现象作为国防的重要职能。

(三)国防的目的

国防的目的,是保卫国家的主权、统一、领土完整和安全。

主权是指一个国家独立自主地处理自己对内、对外事务的最高权力。国家为保卫自己的生存和独立有权进行国防建设,发展国防力量,防备可能来自国外的侵犯;同时,当国家实际上已经受到外来侵略时,有权单独或联合其他国家进行自卫。主权是国家存在的根本标志,如果一个国家主权实体被剥夺了,那么其他的一切包括国家的独立、领土完整、传统的生活方式、基本的政治制度、社会准则和国家荣誉等就无从谈起。

国家的统一是指国家由一个中央政府对领土内一切居民和事务行使完整的管辖权,不允许另立政府或分割国家的管辖权。从国际法的角度来说,保卫国家统一、反对分裂,历来是一个国家的内部事务,绝不允许外国干涉,因此,保卫国家的统一历来是国防的重要任务。

领土是指位于国家主权支配下的地球表面的特定部分,包括领土疆界以内的陆地、水域、及其上空和底土,即由领陆、领水和领空所组成。领土是国家存在的自然的物质前提,是构成国家的基本要素之一。主权与领土关系紧密,领土既是国家行使主权的空间,也是国家主权行使的对象,没有领土,主权就失去了存在空间和行使对象。领陆是指国家疆域以内的陆地。领水包括内水和领海,内水,是指长江、黄河这样一些内河,还有像渤海湾这样的内海;领海,是指沿海国主权管辖下的与海岸或内水相连接的一定宽度的海域。我国领海宽度为12海里,内水、内海和领海都是国家享有完全主权范围,是神圣不可侵犯的。1999年我国人大通过了关于专属经济区和大陆架的法案,确认我国享有从领海基线算起向海洋方向自然延伸的200海里专属经济区和最多为350海里的大陆架。关于领空的规定,是指一国的陆地、河流、湖泊、内海、领海等的上空,是一国领土的组成部分,受该国的主权管辖。目前,国际上初步界定为110公里以下为领空范畴。超过这个高度,国家主权丧失,被界定为公空。关于外层空间,1961年联大1721号决议确定了"外层空间自由"的原则。

国防的一个重要职能是抵御和挫败外来的侵略,防止和平息内外勾结的动乱、暴乱、分裂和颠覆活动,维护国家安全和稳定。国家的安全利益是最重要的利益。如果一个国家没有强大的足以自卫的国防力量,安全就得不到保障,主权就得不到维护。在政治上、经济上受制于其他国家,那么,这个国家就失去了自己的独立和尊严。我国正是有强大的国防力量,才得以有效地捍卫自己的独立和尊严。同时,强大的国防也是国内长治久安的坚强柱石。要实现我国现代化建设的宏伟目标,构建社会主义和谐社会,不仅需要和平安全的外部环境,而且需要安定团结的内部环境。在我国社会主义制度下,已经从根本上消除了人民内部产生对抗的根源。但是,一定范围内的阶级斗争仍然存在,仍然有各种破坏社会秩序的犯罪分子和敌对分子,加上外部敌对势力的煽动,我国社会仍然存在不安定因素,有时甚至酿成社会动乱,造成严重后果。而要保持社会稳定,就必须消除社会动乱。消除社会动乱,除了运用教育和法律的手段外,必要时还要运用更加严厉的专政手段。有了强大的国防,就有了国内长治久安的坚强柱石。

（四）国防的手段

国防的手段,是指为达到国防目的而采取的方法和措施。根据《中华人民共和国国防法》规定,我国国防的手段包括军事活动以及与军事有关的政治、经济、科技、教育、外交等方面的活动。

1.军事手段

国防的主要手段是军事手段,现代国防的根本职能是捍卫国家利益,防备和抵御外来的各种形式和不同程度的侵犯,防备和平息内外部敌对势力相互勾结所发动的武装暴乱。在对国家利益的各种形式的侵犯中,威胁和危害最大的是武装侵犯,包括军事威胁、恫吓、军事干预、占据部分领土、武装掠夺经济资源、发动侵略战争等。上述行为不仅使国家主权和人民生命财产遭受损失,而且直接危及国家民族的生存和发展。对付武装入侵和武装暴乱最根本和最有效的手段莫过于采取军事手段。这是因为:一是军事手段是最具有威慑作用的手段,可以对各种可能的外来侵犯进行有效的阻止或遏制;二是军事手段是唯一能够有效对付武装侵略的手段,它可以用军事力量所拥有的巨大的、即时的打击能力,给侵略者造成物质和精神的严重损害,从而迫使其中止侵略行动,以至放弃侵略企图;三是军事手段是解决国家之间矛盾冲突的最后手段,当国家之间主权、利益的矛盾积累达到极限时,就只有通过最高的斗争形式即武装冲突或战争予以彻底解决。同时,军事手段还能够作为各种非军事手段的强有力后盾,可以强化各种非军事手段的国防功能。因此,军事手段理所当然地成为国防活动中的主要手段。

2.政治手段

政治手段作为国防手段之一,指的是"与军事有关的"政治活动,而不是政治本身的全部涵义。构成国防手段的政治活动主要是政治制度、政治思想工作、政治宣传等。政治与国防关系密切。一方面,国防直接保卫的国家主权是政治的第一需要;国防直接保卫的国家领土是政治的物质前提;国防直接保卫的国家安全利益与发展利益是政治的根本追求。另一方面,政治对国防起着决定性的支配作用,国家的政治需要决定国防的根本性质和基本类型;国家的政治指导思想和路线决定国防的方向、方针和原则;国家的政治制度决定国防的根本体制;国家的政治素质制约国防的客观效应。

3.经济手段

经济是国防的基础,社会经济制度决定国防活动的性质,社会经济状况决定国防建设的水平。现代条件下,无论是国防建设还是国防斗争,都要广泛采用经济手段,这些手段主要有国防经济活动、经济动员、经济战、经济制裁等。

国防经济活动是指为国防而进行的生产、分配、交换、消费及其管理的实践活动。其目的是保持一定的军事实力与潜力,从而有效地保障国家的安全。

国民经济动员是指国家将经济部门及其相应的体制有组织、有计划地从平时状态转入战时状态所采取的措施。目的是充分调动国家经济能力,提高生产水平,扩大军品生产,保障战争需要。

经济战是指敌对双方为夺取战略优势和战争胜利而进行的经济斗争,主要指战争期间各种形式的经济斗争,也包括和平时期的经济封锁和经济扰乱。其根本目的是给敌人造成经济恐慌,动摇其进行战争的物质基础,使敌方经济陷于崩溃,以便战而胜之。

经济制裁是指国家为一定的政治、军事目的,一方对另一方强行实行的惩罚行为。在国防斗争中使用这一手段,可削弱被制裁国的政治、经济和军事实务,促使其国内不满情绪的发生和增长。

4.外交手段

国防外交活动主要是指国家与国家之间为了国防目的而开展的外交活动。由于这种外交主要涉及军事领域,所以又称军事外交。它既有通常意义上外交的一般特征,又具有区别于其他外交工作的特殊规律,是集外交与军事于一体的活动。它的范围很广,领域很多,活动的内容也十分丰富。从总体上讲,国防外交主要是国家与国家之间、军事集团与军事集团之间的军事政治关系、军队关系、军事战略关系、军事科技关系和军事经济关系等。具体可划分为:①军事双边往来;②多边军事交往;③非官方军事交往;④军事科技交流和军工合作;⑤军事结盟;⑥军事援助;⑦军事经济合作;⑧边防管理,等等。国防外交涉及的各个方面的活动不是孤立的,而是有机联系的。从事国防外交活动的主体也不单纯是武装力量,还包括国家机关与民间的一些部门。

除上述因素外,与军事有关的科技、教育等,也是国防的重要手段。

二、现代国防的基本类型和特征

(一)现代国防的基本类型

按照不同的国防概念和标准,当代世界各国的国防归纳起来有以下4种类型。

1.扩张型国防

扩张型国防,是指某些经济发达大国,为了维护本国在世界许多地区的利益,奉行霸权主义侵略扩张政策,打着防御的幌子,对别国进行侵略、颠覆和渗透的国防。其特点是把本国的"安全"建立在别国屈服的基础上。把"国防"作为侵犯别国主权和领土,干涉他国内政的代名词。如美国推行霸权主义政策,在世界各地建立了诸多军事基地,在海外部署了占其总兵力近1/4的军事力量,把本国的国防延伸到其他国家和地区,为其全球战略服务。

2.自卫型国防

自卫型国防,在国防建设上以防止外敌入侵为目的,主要依靠本国的力量,广泛争取国际上的同情和支持,以达到维护本国安全、周边地区和世界的和平与稳定的国防。如我国坚持积极防御的战略方针,坚持自立原则,在外交上一贯奉行"互相尊重主权和领土完整、互不侵犯、互不干涉内政、平等互利、和平共处"的五项原则,不做超级大国,反对霸权,不同别国结盟。这充分体现了我国的国防属于自卫型。

3.联盟型国防

联盟型国防,是指以结盟形式,联合一部分国家来弥补自身力量不足的国防。联盟型国防中,有扩张和自卫两种。从联盟国之间关系来看,可分为一元体系联盟和多元体系联盟,前者有一个大国处于盟主地位,其余国家则从属于它。后者基本处于伙伴关系,共同协商防卫大计。

4.中立型国防

中立型国防,是指中小发达国家为保障本国的繁荣和安全,严守和平中立的国防政策,实施总体防御战略和寓兵于民的防御体系的国防。如瑞士,寓兵于民,实行全民皆兵的国防。

我国在对外关系方面一贯奉行"和平共处"五项原则,公开向世界承诺:永远不称霸,不做超级大国,不首先使用核武器或以核武器相威胁,不对无核国家和地区使用核武器,不侵略别国。在战略上,我国采取防御态势。我国国防建设的宗旨是反对侵略战争,维护世界和平,保卫国家的安全与发展。在国防力量的运用上,我国坚持自卫立场,实行积极防御战略方针。

(二)现代国防的基本特征

随着社会的发展,国防的涵义不断更新。现代国防是对传统国防的继承和发展,是一种全新的国防观念和国防实践活动。现代国防又叫社会国防,大国防,全民国防。它是一个巨大的系统工程,包括武装力量建设,国防体制建设,国防科学技术研究,国防工业建设,国防工程建设,战场建设,军事交通,人力动员准备,对人民群众进行国防教育,建立国防法规等。

现代国防的特点表现为,整体性、全民性、持久性和综合性的国防。整体性,是指现代国防是全社会的防务,涉及到社会的各个领域。国防建设要求政治、军事、经济、外交互相配合,人的因素、精神因素、物质因素互相补充,只有各个子系统协调一致,才能形成整体力量。国防威力实际上是国家整体威力。全民性,是指现代国防是全民的事业。国防是国家的防务,国防也是全民族的共同防务。国防关系社会全体民众的利益,也是全民的义务和职责。持久性,是指国防建设是一项持久、长期的事业。国家可能千日无战争,百年无战争,但不可一日无防备。综合性,是指国防与政治、经济、军事、文化等方面密切相关。加强国防建设,进行国防斗争,必须依靠国家各个方面的综合力量。

三、国防政策

国防政策，是国家进行国防建设和国防斗争的基本行动准则。国家的一切国防活动，以及与国防有关的其他活动，都必须以国防政策为依据。

中国奉行防御性的国防政策。依照宪法和法律，中国武装力量肩负对外抵抗侵略、保卫祖国，对内维护社会大局稳定、保卫人民和平劳动的神圣职责。建设与国家安全和发展利益相适应的巩固国防和强大军队，是中国现代化建设的战略任务，是中国各族人民的共同事业。

两岸统一是中华民族走向伟大复兴的历史必然。海峡两岸中国人有责任共同终结两岸敌对的历史，竭力避免再出现骨肉同胞兵戎相见。两岸应积极面向未来，努力创造条件，通过平等协商，逐步解决历史遗留问题和两岸关系发展进程中的新问题。两岸可以就在国家尚未统一的特殊情况下的政治关系展开务实探讨。可以适时就军事问题进行接触交流，探讨建立军事安全互信机制问题，以利于共同采取进一步稳定台海局势、减轻军事安全顾虑的措施。两岸应在一个中国原则的基础上协商正式结束敌对状态，达成和平协议。

新时期中国国防的目标和任务，主要有以下内容：

第一，维护国家主权、安全、发展利益。防备和抵抗侵略，保卫领陆、内水、领海、领空的安全，维护国家海洋权益，维护国家在太空、电磁、网络空间的安全利益。反对和遏制"台独"，打击"东突"、"藏独"等分裂势力，捍卫国家主权和领土完整。服从服务于国家发展战略和安全战略，维护国家发展的重要战略机遇期。贯彻新时期积极防御的军事战略方针，坚持独立自主和全民自卫原则，加强武装力量建设和边防、海防、空防建设，加强国家战略能力建设。中国始终奉行不首先使用核武器的政策，坚持自卫防御的核战略，不与任何国家进行核军备竞赛。

第二，维护社会和谐稳定。中国武装力量忠实践行全心全意为人民服务的宗旨，积极参加和支援国家经济社会建设，依法维护国家安全和社会稳定。发挥人才、装备、技术、基础设施等方面的有利条件，为地方基础设施和重点工程建设、扶贫帮困和改善民生、生态环境建设贡献力量。科学组织非战争军事行动准备，针对面临的非传统安全威胁搞好战略预置，加强应急专业力量建设，提高遂行反恐维稳、应急救援、安全警戒任务的能力。坚决完成抢险救灾等急难险重任务，保护人民群众生命财产安全。把维护社会大局稳定作为重要任务，坚决打击敌对势力颠覆破坏活动，打击各种暴力恐怖活动。发扬拥政爱民光荣传统，严格遵守国家政策法规，巩固军政军民团结。

第三，推进国防和军队现代化。着眼2020年基本实现机械化并使信息化建设取得重大进展的目标，坚持以机械化为基础，以信息化为主导，广泛运用信息技术成果，推进机械化信息化复合发展和有机融合。拓展和深化军事斗争准备，牵引和带动现代化建设整体发展。深化信息化条件下联合作战理论研究，推进高新技术武器装备建设，发展新型作战力量，着力构建信息化条件下联合作战体系。深入推进机械化条件下军事训练向信息化条件下军事训练转变，加紧实施人才战略工程，加大全面建设现代后勤力度，提高以打赢信息化条件下局部战争能力为核心的完成多样化军事任务能力，全面履行新世纪新阶段军队历史使命。统筹经济建设和国防建设，实行军民融合式发展，建立完善军民结合、寓军于民的武器装备科研生产体系、军队人才培养体系和军队保障体系。积极稳妥地深化国防和军队改革，加强战略筹划和管理，努力推进国防和军队建设科学发展。

第四，维护世界和平稳定。坚持互信、互利、平等、协作的新安全观，主张用和平方式解决地区热点问题和国际争端，反对任意使用武力或以武力相威胁，反对侵略扩张，反对霸权主义和强权政治。按照和平共处五项原则开展对外军事交往，发展不结盟、不对抗、不针对第三方的军事合作关系，推动建立公平有效的集体安全机制和军事互信机制。坚持开放、务实、合作的理念，深化国际安全合作，加强与主要国家和周边国家的战略协作和磋商，加强与发展中国家的军事交流与合作，参加联合国维和行动、海上护航、国际反恐合作和救灾行动。支持按照公正、合理、全面、均衡的原则，实现有效裁军和军备控制，维护全球战略稳定。

四、国防精神

国防精神，是指一个国家的民众关心祖国的前途和命运，支持国防的巩固与强大，维护国家的尊严和安全的民族意识和心理素质。国防精神在不同的国家和不同的历史时期，有着不同的内容。国防精神是国家保持强大国防能力的思想基础；国防精神是国防教育的核心内容。国防精神作为一种相对独立的意识形态，不可能自生自长，必然通过一定的教育手段进行灌输和培养。当代中国的国防精神主要包括爱国主义精神、革命英雄主义精神、爱军尚武精神、国际主义精神。

爱国主义精神，是人们在长期历史发展过程中形成的对自己祖国的一种最深厚的感情，是一个国家民族意识和觉悟的集中反映，是为自己祖国独立，繁荣富强贡献力量的强烈责任感和不惜牺牲一切的忘我精神。它主要体现在热爱祖国，热爱人民，热爱本民族优秀文化传统，坚持保卫祖国的独立，主权和民族尊严等方面。

革命英雄主义，是无产阶级和劳动人民在长期革命斗争实践中产生的，为人类生存发展和正义事业而奋斗的思想意识。它是国防精神的重要内容。其主要表现为：勇于献身的高尚品质，战胜困苦的坚强意志，宁死不屈的革命气节，勇敢顽强的革命气概，争先创优的进取精神，朝气蓬勃的革命乐观主义等。

爱军尚武精神，是指人们为了国家和民族利益，关心国防，崇尚武事，热爱武装，尊重、拥护和支持军队，学习军事知识，努力掌握一至几门军事技术，为随时投入保卫祖国的战斗做好准备的意识品质。

第二节　中国历史上的国防

我国国防具有悠久的历史。早在公元前 21 世纪，就建立了奴隶制国家，开始了国防建设。纵观五千年的国防历史，它有过声威远播，天下归附的武功；有过引而不发，强虏驻足的宁静；有过遍体创伤，不堪回首的屈辱；也有过长期的迷醉，不安的困惑。它给我们留下了丰富多彩的国防遗产，积累了极其宝贵的历史经验。

一、我国古代的国防

我国古代的国防从大约公元前 21 世纪夏王朝的建立，到公元 1840 年鸦片战争结束，前后经历了 4000 多年的历史。

(一)我国古代的兵制建设

兵制，就是军事制度，又称为军制。它包括武装力量体制、军事领导体制和兵役制度等方面的内容。兵制建设是我国古代国防建设的一个重要方面。我国古代国防建设在武装力量体制上，一般分为中央军、地方军和边防军。秦朝以前，武装力量比较单一，在军事力量构成上实行兵民合一的民军制，平时生产劳动，战时集合成军，以临时征集的方式组成军队。秦朝以后，随着政治制度的完善和经济生产的发展，各朝代根据国家的状况和国防的需要，都对军队的编制体制、兵力构成、武器装备发展等进行了具体的规划和部署。在军事领导体制上，夏、商、西周时期还没有专门军事机构，国王一般亲自主持军政，领兵作战。春秋末期，国家机构出现将相制，以将为主组成军队指挥机构。战国时期，将军独立统兵作战已很普遍。秦统一后，设立了专门管理军事的部门——兵部。宋朝以后基本上都开设了军事领导的最高机构，但军队的调拨使用大权始终掌握在皇帝手中。在兵役制度上，奴隶社会时期，生产力低下，人口稀少，战争规模小，主要实行兵民合一的民军制度。封建社会时期，民军制度逐渐演变为与当时历史条件相适应的兵役制度。如，隋唐时期的府兵制，宋朝的募兵制，明朝的王所兵役制等。

(二)我国古代的边、海防建设

边防、海防是我国古代国防建设的重要内容。我国古代的边防建设，主要是修筑防御工程和实行实边固边政策。城池是我国古代国防建设中时间最早、数量最多的工程。万里长城是中国古代构筑的以长城城墙为主体，与其他工程设施相结合的连续线式防御工程体系。京杭大运河是我国古代伟大的水利工程，对军事交通运输和"南粮北运"起到了积极作用。

我国古代的海防建设是从明代开始的，为防止倭寇的袭扰，明王朝下令禁海，在沿海重要地段，陆续修建了以卫城、所城为骨干，堡、寨、墩、烽堠和障碍物相结合的防御工程体系，有效地抗击了倭寇的侵扰。

西汉文、景时，为防御匈奴的一再侵犯，积极推行实边固边政策。一是在边关要地配制边防军，包括边境上的郡国兵和屯田兵，依靠边郡太守和都尉率兵防堵匈奴的进攻。二是输粟实边。文帝时，晁错提出奖励百姓输粟实边政策，有效地巩固了边防，为武帝时大规模反击匈奴奠定了物质基础。三是徙民治边。晁错在《筹边策》中提出，在边境要害之处，联络城邑、高城新堑，以防袭扰。

(三)我国古代国防思想建设

我国古代国防政策提倡"以民为本"、"居安思危"的国防指导思想，把保卫国家的根基牢牢扎根于民众之中，越是在和平安定的时期越应该加强国防，防患于未然。在国防建设方面，倡导"富国强兵"，"寓兵于农"。国家富裕了，不忘增强国防实力，而且要寓军于民，富兵于农，贯穿经济与国防协调发展和军民结合的思想。在国防教育方面，坚持"爱国教战"、"崇尚武德"的良好传统。爱国主义是中华民族的优秀传统，在这个旗帜下，倡导练兵习武，提倡民族尚武精神。在国防斗争策略方面，强调"不战而胜"，"安国全军"，在军事上不求百战百胜，着重于"不战而屈人之兵"，着重于国家的总体安全。

二、我国近代国防

我国近代国防是中国国防史上最为屈辱的一个历史时期。从1840年第一次鸦片战争至抗日战争结束，先后有20个国家的侵略者践踏过我国的国土，抢掠过我国的财物，屠杀过我国的同胞，参与过损害我国主权的罪恶活动，使庞大的中国有国无防，被沦为半殖民地半封建社会。

在军事领导体制方面,1840年鸦片战争后,开始实施"洋务新政",成立了总理衙门。八国联军入侵中国后,成立了陆军部。在武装力量体制方面,清军入关前,军队是八旗兵;入关后将投降的明军和新招募的汉人单独编组,成立绿军;1851年以后,为镇压太平天国运动,湘军和淮军成为清军主力;中日甲午战争中,新军采用招募的形式。

清朝从顺治开始,经康熙、雍正、乾隆和嘉庆5代,经历了177年。在清朝初期,建立了一个庞大的封建帝国,经"康乾盛世"之后,到晚清时期呈现政治腐败,武器装备日渐低劣,国防虚弱的问题逐渐暴露出来。鸦片战争以后,面对西方殖民主义者的侵略扩张,统治者不是顽强抵抗,而是置整个中华民族的生死存亡于不顾,偏安于一隅,卖国求荣,不战而败,甚至首开割地赔款的先河。从1840年鸦片战争到1911年辛亥革命这70多年间,清政府与外国列强被迫签订了几百个不平等条约,割让领土近160万平方公里,共赔款2700万元,白银7亿余两。当时中国1.8万多公里的海岸线上,竟找不到一个中国享有主权的港口。外国人在中国犯罪,中国人无权审理。外国人在租界地实行殖民统治,形成了"国中之国";国家有海无防,有边不固。

1911年的辛亥革命推翻清王朝的统治,建立了"中华民国",但没有改变中国任人宰割的历史,帝国主义继续在中国扶植军阀作为自己的代理人,从而造成军阀混战,中国有边不固,有海无防的状况不仅没能改善,反而更是雪上加霜。先是袁世凯称帝,后有张勋复辟,后来发展到直、皖、奉三大派系军阀先后窃取中央政权,使中国面临被帝国主义进一步瓜分的命运。在这种情况下,爆发了"五四"运动,中国反帝反封建的资产阶级民主革命发展到新阶段。1921年7月中国共产党成立,1927年8月建立了人民军队,共产党开始独立领导武装斗争,从而把中国人民救亡图存斗争推向新的阶段。

1931年9月18日,日本发动"九一八事变",开始大举侵略东北,面对国家危亡时刻,蒋介石不是积极抵抗,而是奉行"攘外必先安内"的政策,致使中国大片国土沦陷。中国共产党高举团结抗日的旗帜,领导全国人民一致抗战驱逐日寇,终于取得我国近代史上第一次抗击外敌侵略的完全胜利。

抗战胜利后,蒋介石背信弃义,挑起内战,中国又陷入战争的苦海。1949年10月1日,中国共产党带领全国人民经过20多年的武装斗争,终于结束了100多年来中华民族有国无防的屈辱历史,建立了中华人民共和国,使我国国防进入了社会主义新的历史阶段。

回顾我国4000多年的国防历史,给我们的启示是:我国整个封建社会国防事业由盛到衰,由强到弱的发展过程说明,国防不是孤立的防务,它与国家的政治、外交、经济和军事联系密切,当统治阶级处于上升时期,政治清明,经济发展,军事力量强,各民族之间和睦相处,国家实现统一的时候,国防就强盛;当统治阶级政治腐败,经济萧条,民族分裂,国内动乱不止的时候,国防就受到削弱,就面临崩溃。

三、新中国的国防建设

国防建设是国家为提高国防能力而进行的各方面的建设。主要包括:武装力量建设,边防、海防、空防、人防及战场建设,国防科技与国防工业建设,国防法规与动员体制建设,国防教育,以及与国防相关的交通运输、邮电、能源、水利、气象、航天等方面的建设等。

四、新中国国防建设回顾

中华人民共和国的成立,结束了中国封建地主阶级和帝国主义统治的历史,标志着中国从此开始了由人民当家做主的新纪元,同时,也使我国国防的性质发生了根本变化。70多年来,党和国家十分重视国防建设,国防建设取得了举世瞩目的巨大成就,新中国国防建设大体经历了5个阶段:

第一阶段是从 1949 年到 1953 年

国家处于外御帝国主义侵略,内治战争创伤和恢复经济时期。中国人民解放军在中国共产党领导下,在广大民兵和人民群众的积极配合、支援下,解放了西藏,完成了统一祖国大陆的伟大事业;在新解放区进行了大规模的剿匪斗争,平息了匪患,保卫了革命胜利果实,巩固了人民民主专政;进行了抗美援朝保家卫国的斗争,迫使美帝国主义不得不在停战协议上签字。为适应新的形势和现代战争的要求,国家成立了统一的军事领导机构,加强了全国武装力量的领导,我军开始着手组建新的军种和兵种,逐步开始从单一军种向诸军兵种全面建设过渡。同时,还先后建立了不少军事院校,为国防建设培养了大批现代化军事人才。

第二阶段是从 1953 年到 1965 年

这一阶段是我国国防现代化建设突飞猛进的重大时期。1953 年 12 月召开了全国军事系统高级干部会议,是军队建设和国防建设的一个里程碑。这次会议确定我国国防建设的主要任务是:防御帝国主义侵略,保卫社会主义建设,保卫亚洲与世界和平。为加速军队现代化的步伐,人民解放军进行了整编,压缩人数,减少国家开支。从 1950 年到 1958 年,连续进行 4 次大规模精简整编,全军总员额从 626 万减少到 237 万,组建了各军兵种和军队院校,开始建立完整的国防工业体系,武器装备由引进、仿造阶段开始转入自行研制、生产的新阶段。在这期间,我军于 1953 年 3 月,平息了西藏叛乱,并先后粉碎了国民党窜犯大陆和武装袭扰活动,并于 1962 年 10 月对印进行自卫反击战,有效维护了祖国的统一和安全。

第三阶段从 1965 年 5 月到 1976 年 10 月的"文化大革命"

这一时期,我国国防建设受到了林彪、"四人帮"的干扰和破坏,国际和我国周边安全形势进一步恶化,美国发动侵越战争,中苏论战导致国家关系恶化,并于 1969 年发生了中苏武装冲突。在这种国内国外形势下,我军保持了稳定,顶住了霸权主义的压力。我国国防尖端技术取得可喜成绩,氢弹试验和人造卫星发射成功。

第四阶段是从 1978 年党的十一届三中全会到 1989 年

十一届三中全会上,邓小平根据国际形势的不断缓和,特别是世界和平力量的增长,提出了"和平与发展"是当今世界两大主题的观点,从而确定了全党工作的着重点和国防建设指导思想实行战略性转变。党和国家确立了以经济建设为中心的指导思想。1985 年 5 月 23 日召开的中央军委扩大会议,作出了军队建设和国防建设实行战略性转变的重大决策。国防建设和军队工作从立足于"早打、大打、打核战争"的"临战状态"转到和平时期建设轨道上。国防建设必须服从国家经济建设大局。战争准备的基点由应付全面战争调整为重点应付局部战争和军事冲突。军队体制向精兵、合成、高效迈进。军队员额裁减 100万,进行了编制体制改革,按照军民结合、平战结合、军品优先、以民养军的方针对国防科技工业进行了改造;加强了军事法制建设。

第五阶段是从 1989 年至今

1989 年 11 月,江泽民出任中共中央军事委员会主席,我国国防建设进入了一个历史性飞跃发展的时期。在这个时期,世界格局发生了根本性的变化:前苏联解体、东欧剧变、两大阵营的冷战宣告结束。世界由两极变为一超多强。特别是 1991 年爆发的海湾战争,一场以信息技术为基础的新军事革命浪潮蓬勃兴起,世界各主要国家为抢占 21 世纪的军事制高点,纷纷调整自己的军事战略和建军思想,力求赶上时代发展的步伐。

以江泽民为核心的党中央第三代领导集体,在继续坚持毛泽东军事思想和邓小平新时期军队建设思想的基础上,根据国际形势的新变化,着眼于把我国国防建设全面推向 21 世纪,与时俱进,及时进行国防建设指导思想战略性转变。概括起来,有以下几个方面:

(1)确立了新时期军事斗争准备的立足点放在打赢现代技术特别是高技术条件下的局部战争上。

(2)提出了"政治合格、军事过硬、作风优良、纪律严明、保障有力"的五句话军队建设的总要求。

(3)确立了"科技强军"的军队建设道路,提出了军队建设要实现"两个根本性转变"的思想。即:在军事斗争准备上,由打赢一般条件下的局部战争向打赢现代技术特别是高技术条件下的局部战争转变;在军队建设上,由数量规模型向质量效能型、人力密集型向科技密集型转变。其核心是走中国特色的精兵之路,加强质量建军和科技强军。

(4)提出了"精兵、利器、合成、高效"的军队建设方针。一是精兵,我国在 1985 年裁减军队员额 100 万的基础上,1997 年至 2000 年,我国又裁减军队员额 50 万。2003 年 9 月,中国政府决定,2005 年前再裁减军队员额 20 万,军队总规模将保持 230 万人。二是利器,就是要抓住难得的机遇,加速国防科技和武器装备的发展,尤其是重点发展打赢高技术战争必须的武器。1998 年,组建了中国人民解放军总装备部。解放军由三总部变成了四总部。三是合成,就是在各军种内部兵种合成的基础上,再根据联合作战的需要,加强各军种间的"联合",以形成更加强大的攻防一体的综合作战能力。四是高效,就是在搞好军事训练的同时,更加注重以高新技术推动国防建设的发展,将高新技术变成战斗力的"倍增器"。

胡锦涛深谋远虑,从维护国家的发展利益和安全利益出发,以战略家的远见卓识,根据新世纪新阶段的国际战略格局,国家安全形势和经济全球化趋势,制定了中国国防建设和军队建设的纲领、路线、方针、政策。用科学发展观统领国防和军队建设,确立了新世纪新阶段军队的历史使命;要建设一支"听党指挥、服务人民、英勇善战"的军队;要围绕强化官兵精神支柱,大力培育"忠诚于党、热爱人民、报效国家、献身使命、崇尚荣誉"的当代革命军人核心价值观。

习近平高瞻远瞩,站在党和国家事业全局的高度,着眼国际战略形势和国家安全环境的发展变化,为国防和军队现代化赋予了新的时代内涵,确立了新的建设标准,明确了新的实践要求,为在新的历史起点上加快推进国防和军队现代化指明了方向。制定了"听党指挥、能打仗、打胜仗"的强军三大目标;要求军队建设必须坚持围绕国家核心安全需求,加快推进国防和军队现代化,确保有效维护国家主权、安全和发展利益。

第三节　国防法规

国防法规是指国家为了加强防务,尤其是加强武装力量建设,用法律形式确定并以国家强制手段保证其实施的行为规则的总称。国防法规是由特定的国家机关,根据法定权限和程序制定的。它是国家法律的重要组成部分。其任务是调整和规范国家和国防领域中的各种社会关系,维护国家的军事利益,把国防建设纳入法制化轨道,保证国防和武装力量建设总目标的实现。

一、国防法规的性质

国防法规是一个国家统治阶级的意志在国防建设领域中的法律体现,它与其他法律一样,都具有鲜明的阶级性。尤其是国防法规调整的对象主要是国家国防建设领域内的军事关系,它所维护的客体是国家的军事利益,而军事斗争的胜败,国防力量的强弱,直接关系到一国统治阶级政治统治的存亡,所以,国防法规的阶级性表现得更为突出。

我国的国防法规,除了具有无产阶级的根本性质外,还具有以下特点:

第一,国防法规具有很高的权威性。权威性本是所有法律的共性,但是,由于国防活动和军事斗争的特殊性,国防法规的权威性就显得尤为明显。一方面,国防是一个复杂的系统工程,它涉及到国家的经济建设、武装力量建设、科技生产和国防教育的体制等各个方面的问题,调整这些复杂关系的国防法规对各级政府、各种社会组织,以及每个公民都有不同程度的制约作用。另一方面,在世界上日益强调综合国力竞争、整体国防实力竞争的今天,必须有严密、系统、具有高度权威性的国防法规来统一国防诸方面的力量,调节纷繁复杂的军事关系,从而保障未来军事斗争的胜利和国防安全。

第二,国防法规具有较强的从属性。国防法规的从属性主要是指国防法规的制定,必须依据国家宪法和其他法律的规定进行;国防法规的内容不能同国家宪法和其他法律相抵触;国防法规的实施,必须体现我党的政治领导的原则,以保证党对国防建设的正确领导。

第三,国防法规具有一定程度的保密性。公开性原则是法的基本特征之一,国防法规无疑也应公开,但是,由于国防法规中的部分内容不适宜向社会公开,例如国家作战的指挥体制,国防专利发明的申请等,在内容上或多或少地涉及到国家的某些军事机密。为了保守国家军事机密,这部分国防法规的公开性就受到了限制。但这决不是说国防法规就是"秘密法",立法机关在立法过程中应尽量避开涉及国家军事机密的内容,辅以军事命令的形式来加以弥补,从而保证国防法规在全国范围内的有效实施。

二、我国国防法规制定的等级权限

国防法规的内容十分广泛,主要包括:国防领导体制,武装力量的体制编制;国家兵役制度;国家兵员动员制度;训练,管理作战,保密制度,国防科研和教育制度,军官和士兵服役,军衔等国防人事法规,军人犯罪惩治教育;以及军事设施保护等法规。

根据我国宪法规定及立法原则,我国现行的国防法规从纵向结构上大致可划分为如下几个等级:

1.全国人民代表大会制定宪法中的国防法律条款和基本国防法律

宪法是国家的根本大法，具有最高的法律效力，所以，宪法中的国防法律条款，是国防法律规范的最高层次，是制定其他国防法律规范的根本性依据。基本国防法律(主要是《中华人民共和国国防法》)的效力仅低于宪法，主要规定国防领导体制，武装力量的构成、任务、建设目标和原则，国防建设与斗争的基本制度，社会组织和公民的基本国防权利与义务，对外军事关系等。在国防法律体系中，基本国防法律起着诠释、衔接宪法，统领其他国防法律法规的作用。

2.全国人民代表大会常务委员会制定国防法律

国防法律以宪法和基本国防法律为依据，其内容主要是国防和军队建设某一方面重要的原则、制度和行为规范，它们是宪法中的国防法律条款和基本国防法律的具体化，如已经制定的《兵役法》、《军官服役条例》、《军官军衔条例》、《预备役军官法》、《军事设施保护法》、《人民防空法》、《香港驻军法》、《惩治军人违反职责罪暂行条例》等，国防法律调整的社会关系主体广泛，立法程序严格，具有较强的稳定性。

3.中央军委制定军事法规，国务院单独或与中央军委联合制定国防行政法规

军事法规和国防行政法规以国防法律为依据，其内容主要是国防和军队建设某一方面中某一重要事项的原则、制度和行为规范。包括：一是国防法律规定需要由国务院、中央军委联合或分别制定实施办法的事项，如《军事设施保护法》规定其实施办法由国务院和中央军委制定。二是国务院、中央军委依职权需要制定军事法规和国防行政法规的重要事项。属于调整国防建设领域内的社会军事关系，但不直接涉及军队和现役军人规范，由国务院单独制定，如《军人优恤优抚条例》、《退伍义务兵安置条例》等。属于调整军队内部基本活动、军人基本行为及相互关系的规范，由中央军委制定，如《司令部条例》、《后勤条例》、《战斗条令》等。凡属于调整国防建设领域，涉及军队、军人与地方各级人民政府、社会组织和公民相互关系到的规范，则由国务院和中央军委联合制定，如《士兵服役条例》、《国防交通条例》等。一般说来，由国务院单独或与中央军委联合制定的国防行政法规在全国范围内具有一体遵行的法律效力，由中央军委制定的军事法规在全军具有一体遵行的法律效力。

4.军委各总部、各军兵种、各军区制定军事规章，国务院有关部委单独或与军委各总部联合制定国防行政规章

军事规章和国防行政规章以军事法规和国防行政法规为依据，结合本系统或本区域的实际情况做出具体规定，以保证实施军事法规或国防行政法规的贯彻实施。由军委各总部和国务院各部、委制定的军事规章或国防行政规章在全军或全国一定范围内具有法律效力，如《单兵训练规定》、《兵员管理规定》、《牺牲、病故人员遗属抚恤的规定》等；由各军兵种、各军区制定的军事规章通常只在本系统、本区域具有法律效力。

5.地方各级权力机关和行政机关制定地方性国防法规和规章

地方性国防法规和规章以国防法律和国防行政法规为依据，其内容是本地区国防建设的制度和行为规范，主要限于兵员征集、军人优抚及退伍安置、国防教育、军事设施保护等方面，如北京市人民政府制定的《退伍义务兵安置办法》、江西省人大常委会制定的《江西省征兵工作规定》等。

三、我国有关国防法规简介

目前，我国已基本形成系统的国防法规体系，涉及到国防、军事的各个方面，内容庞

大。主要包括,全国人大及其常委会制定国防和武装力量建设方面的法律及有关法律问题的决定,国务院、中央军委联合制定的军事行政法规,中央军委制定的军事法规,各总部、军兵种、军区和武警部队制定的军事规章(含规范性文件),等等。下面重点介绍几部与公民密切相关的国防法规。

(一)《中华人民共和国国防法》

《国防法》是国家的一个基本法和国防建设的母法,该法于1997年3月14日经中华人民共和国第八届全国人民代表大会第五次会议通过,同时中华人民共和国主席第84号令公布,自公布之日起施行。共12章70条。其中第一章为总则,第十二章为附则。总则主要是规定了国家国防活动的范围,国防活动的基本原则,国防建设与经济建设的关系,国防领导体制以及公民的国防权利和义务。附则主要是规定了特别行政区的防务和《国防法》施行的时间。其他10章分别对国家机构的国防职权,武装力量,边防,海防和空防;国防科研生产和军事订货;国防经费和国防资产;国防教育;国防动员和战争状态;公民,组织的国防义务和权利;军人的义务和权益;对外军事关系等作了规定。

《国防法》是根据宪法制定的一部综合性的调整和规范国防与武装力量建设的基本法律。它是用来调整和指导国防领域中各种社会关系的基本法律规范,在国防法规体系中占有统帅地位并起着核心作用,是其他军事立法的基本法律依据。它既是一部充分体现国家意志,凝聚着全国各族人民根本利益的国防建设的总章程,又是一部全面继承中国革命和建设优良传统,凝结改革开放硕果,吸引国外先进经验,反映现代化国防建设规律,适应社会主义市场经济需要,并具有时代性和中国特色的国防法典。它的颁布实施是我国国防史上一件具有划时代意义的大事,也是国防和军事法制建设的一个重要里程碑。

(二)《中华人民共和国兵役法》

《兵役法》是国家关于公民参加军队和其他武装组织或在军队外接受军事训练的法律,是国家兵役制度的根本大法。

新中国成立后,国家非常重视兵役法的制定工作。1955年7月30日,经第一届全国人民代表大会第二次会议审议通过、并公布了第一部《兵役法》。改革开放后,鉴于原兵役法已不能完全适应新形势,1984年5月31日,经第六届全国人民代表大会第二次会议通过,公布了新的《中华人民共和国兵役法》。

1998年12月29日,第九届全国人民代表大会常务委员会第六次会议审议通过了新的《中华人民共和国兵役法》,对我国兵役法制度作了重大修正。这次修改的核心内容是"中华人民共和国实行义务兵与志愿兵相结合、民兵与预备役相结合"的"两个结合"的兵役制度的确立,"两个结合"既是对新形势新情况的适应,也极大地提高了军队的战斗力。

现行的《兵役法》共12章68条,它对我国现行的兵役制度;兵员的平时征集与战时动员,士兵与军官的现役和预备役,民兵,预备役人员的军事训练;高等院校和高级中学学生的军事训练;现役军人的待遇和退出现役的安置,以及对违反《兵役法》的惩处等,都作了明确规定。

《兵役法》是加强我国现代化国防建设的重要法规。它对进一步完善我国的社会主义法制,对加强国防建设,对我国公民自觉地履行兵役义务以及进一步加强民兵预备役建设和加强全民国防教育,增加全国各族人民的国防观念与国防意识,都有着十分重要的现实意义。

(三)《中华人民共和国国防教育法》

《国防教育法》是规范全民国防教育的基本法律。

该法于 2001 年 4 月 28 日经中华人民共和国第九届全国人民代表大会常务委员会第二十一次会议通过,由中华人民共和国主席第 52 号令公布,自公布之日起施行。它是我国第一部全面调整和规范国防教育的重要法律。

《国防教育法》共计 6 章 38 条,包括总则、高校国防教育、社会国防教育、国防教育的保障、法律责任和附则。

《国防教育法》的公布实施,标志着我国国防教育事业迈入了法制化轨道。这对于保证全民国防教育的开展,推动新时期的国防建设,增强全民国防观念和民族凝聚力,提高全民素质,促进社会主义精神文明建设,必将产生重大而深远的影响。

(四)《征兵工作条例》

该条例于 1985 年 10 月 24 日由中华人民共和国国务院、中央军委公布实施。它是我国第一部征兵工作行政法规。

条例实行以来,对于促进征兵工作的制度化、规范化,保证征兵工作顺利进行,起了重要作用。但随着形势的发展变化和我国兵役制度的改革,《征兵工作条例》的部分规定已不适应当前征兵工作的要求,需要进行完善,补充和修改。

2001 年 9 月 5 日,国务院、中央军委签署命令,公布修改后的《征兵工作条例》。《条例》共 10 章 55 条。主要内容:总则;兵役登记;体格检查;政治审查;审定新兵;交接新兵;运输新兵;检查、复查和退兵;经费开支;附则。

修改后的《条例》的发布施行,是提高兵员质量,加强军队建设的重要举措,是国家兵役法规的重要组成部分,是征兵工作的基本依据。

(五)《中国人民解放军军官军衔条例》

该条例于 1988 年 7 月 1 日经中华人民共和国第七届全国人民代表大会常务委员会第二次通过,同日中华人民共和国主席第 5 号令公布,自公布之日起施行。它是中华人民共和国管理中国人民解放军军官军衔的基本法律。

《条例》内容分:总则;现役军官军衔等级的设置;现役军官职务等级编制军衔;现役军官军衔的首次授予;现役军官军衔的晋级;现役军官军衔的降级、取消和剥夺;现役军官军衔的标志和佩戴及附则,共 8 章 34 条。

1993 年 4 月 27 日,中华人民共和国第八届全国人民代表大会常务委员会对《条例》重新修订。重新修订后的军官军衔设三等十级:将官(上将、中将、少将);校官(大校、上校、中校、少校);尉官(上尉、中尉、少尉)。

《中国人民解放军军官军衔条例》的公布施行,有利于军队的指挥和管理,对增强军官的责任心和荣誉感,加强军队的革命化、现代化、正规化建设具有重要作用。

(六)《中国人民解放军现役士兵服役条例》

该条例于 1988 年 9 月经国务院和中央军事委员会通过,并曾多次修订,现行《条例》是 2010 年修订而成,它是中国人民解放军现役士兵服役及实施兵员管理的军事行政法规。

《条例》内容包括:总则;士兵的服现役管理;士兵的军衔;士兵的奖惩;士兵的待遇;士兵退出现役;附则等,共 7 章 51 条。1994 年 5 月 12 日国务院,中央军事委员会对《条例》重新修订。

根据 2010 年修订的《条例》,中国人民解放军士兵军衔设四等九级:高级士官(一级军士长、二级军士长、三级军士长);中级士官(四级军士长、上士);初级士官(中士、下士);兵(上等兵、列兵)。

该《条例》的发布施行,对于完善士兵服役制度,加强兵员正规化管理,增强士兵依法服兵役的观念,促进士兵自觉履行士兵的权利和义务,提高士兵军政素质,加强军队革命化、现代化、正规化建设,巩固国防,都具有重要意义。

第四节 中国武装力量

武装力量是国家或政治集团的各种武装组织的总称,是国家或政治集团执行对内对外政策的暴力工具,是国家机器的重要组成部分。中华人民共和国的武装力量是中国共产党缔造的,用马列主义、毛泽东思想武装起来的,全心全意为人民服务的无产阶级性质的人民武装力量。我国宪法规定:"中华人民共和国的武装力量属于人民。它的任务是巩固国防,抵抗侵略,保卫祖国,保卫人民的和平劳动,参加国家建设事业,全心全意为人民服务"。

一、我国的国防体制

(一)国防体制

《中华人民共和国宪法》和《中华人民共和国国防法》分别规定了中共中央、全国人民代表大会及其常务委员会、中华人民共和国主席、中华人民共和国国务院、中华人民共和国中央军事委员会在国防方面的职权。

1.中共中央的国防领导职权

《中华人民共和国国防法》规定:"中华人民共和国的武装力量受中国共产党领导。"中国共产党作为执政党,在国家生活包括国家事务中发挥着决定性的领导作用。有关国防、战争和军队建设的重大问题,都是由中共中央、中央政治局及其常务委员会、中央军委做出决策并通过必要的法定程序,作为党和国家的统一决策贯彻执行。党的中央军事委员会和国家的中央军事委员会的组成人员和对军队的领导职能完全一致。

2.全国人民代表大会及其常务委员会的国防职权

全国人民代表大会在国防方面的职权主要有:决定战争与和平的问题;制定有关国防方面的基本法律;选举中央军事委员会主席,根据中央军事委员会主席的提名,决定中央军事委员会其他组成人员,并有权罢免以上人员;审查和批准包括国防建设计划在内的国民经济和社会发展计划和计划执行情况的报告;审查和批准包括国防经费预算在内的国家预算和预算执行情况的报告;改变或者撤销全国人民代表大会常务委员会在国防方面的不适当的决定;应当由全国人民代表大会行使的国防方面的其他职权。

全国人民代表大会常务委员会在国防方面的职权主要有:在全国人民代表大会闭会期间,如果遇到国家遭受武装侵犯或者必须履行国际间共同防止侵略的条约的情况,决定战争状态的宣布;决定全国总动员或者局部动员;制定有关国防方面的法律;全国人民代表大会闭会期间，审查和批准包括国防建设计划在内的国民经济和社会发展计划，包括国防经费预算在内的国家预算在执行过程中所必须作的部分调整方案；监督中央军事委员会的工作；在全国人民代表大会闭会期间，根据中央军事委员会主席的提名，决定中央军事委员会其他组成人员的人选；根据最高人民法院院长和最高人民检察院检察长的提请，任免军事法院院长和军事检察院检察长；决定同外国缔结的有关国防方面的条约和重要协定的批准和废除；规定军人的衔级制度；规定和决定授予在国防方面国家的勋章和荣誉称号；全国人民代表大会授予的国防方面的其他职权。

3.国家主席在国防方面的职权

中华人民共和国主席在国防方面的职权主要有：根据全国人民代表大会的决定和全国人民代表大会常务委员会的决定，宣布战争状态，发布动员令；公布全国人民代表大会及其常务委员会制定的有关国防方面的法律；根据全国人民代表大会常务委员会的决定，授予在国防方面国家的勋章和荣誉称号；根据全国人民代表大会常务委员会的决定，批准和废除同外国缔结的有关国防方面的条约和重要协定等。

4.国务院在国防方面的职权

中华人民共和国国务院是最高国家权力机关的执行机关，也是最高国家行政机关。它在国防方面的职权是领导和管理国防建设事业，包括：编制国防建设发展规划和计划；制定国防建设方面的方针、政策和行政法规；领导和管理国防科研生产；管理国防经费和国防资产；领导和管理国民经济动员工作和人民武装动员、人民防空、国防等方面的的有关工作；领导和管理拥军优属工作和退出现役军人的安置工作；领导国防教育工作；与中央军事委员会共同领导中国人民武装警察部队、民兵的建设和征兵、预备役工作以及边防、海防、空防的管理工作；法律规定的与国防建设事业有关的其他职权。

5.中央军事委员会在国防方面的职权

中华人民共和国中央军事委员会是最高国家军事机关，负责领导全国武装力量。其职权主要包括：指挥全国武装力量；决定军事战略和武装力量的作战方针；领导和管理中国人民解放军的建设，制定规划、计划并组织实施；向全国人民代表大会或者全国人民代表大会常务委员会提出方案；根据宪法和法律，制定军事法规，发布决定和命令；决定中国人民解放军的体制和编制，规定总部以及军区、军兵种和其他军区级单位的任务和职责；依照法律、军事法规的规定，任免、培训、考核和奖惩武装力量成员；批准武装力量的武器装备体制和武器装备发展规划、计划，协同国务院领导和管理国防科研生产，会同国务院管理国防经费和国防资产；法律规定的其他职权。

中央军事委员会实行主席负责制，中央军事委员会主席实际即为全国武装力量的统帅。中央军事委员会组成人员为：中央军事委员会主席，副主席若干人，委员若干人。中央军事委员会之下，设有人民解放军总部机关，即中国人民解放军总参谋部、总政治部、总后勤部、总装备部。总部既是中央军事委员会的工作机关，又是全军军事、政治、后勤、装备工作的领导机关。总参谋部负责组织领导全国武装力量的军事建设，组织指挥全国武装力量的军事行动。总政治部负责管理全军党的工作，组织进行政治工作。总后勤部负责全军后勤工作。总装备部负责组织领导全军装备工作。

为了加强国防领导的协调，国务院和中央军事委员会还建立了协调会议的制度。国防法规定，国务院和中央军事委员会可以根据情况召开协调会议，解决国防事务的有关问题。会议议定的事项,由国务院和中央军事委员会在各自的权限范围内组织实施。

二、我国武装力量的领导体制

中华人民共和国武装力量的领导体制是中央军委领导下的总部对各军区、各军兵种、武装警察部队和民兵实施领导指挥的领导体制。

(一)总部体制

总部体制指在中央军委直接领导下,由负责全军军事工作、政治工作、后勤工作、装备工作的领导机关所构成的组织体系及相应制度。中国人民解放军总参谋部、总政治部、总后勤部、总装备部是中央军委的日常办事机构,同时又是中国人民解放军的领导机关。其基本职能是:保障中央军委的战略决策和各项方针、政策的实现。

总参谋部是全国武装力量军事工作的领导机关。其职能是负责组织领导全国武装力量的军事建设,组织指挥全国武装力量的军事行动。总参谋部设有作战、情报、训练、军务、通信和动员等业务部门。

总政治部是全军政治工作的领导机关。其职能是负责管理全军党的工作,组织进行政治工作。总政治部设有组织、干部、宣传、保卫等部门。

总后勤部是全军后勤工作的领导机关。其职能是负责领导全军后勤建设和后勤保障工作。总后勤部设有财务、军需、卫生、军交运输、物资油料和基建营房等部门。

总装备部是全军武器装备的领导机关。其职能是负责组织领导全军武器装备的建设和管理工作。总装备部设有综合计划、军兵种装备、陆军装备科研订购、通用装备保障和电子信息基础等部门。

(二)军兵种体制

军兵种体制指军队按军种、兵种构成的组织体系。中国人民解放军由陆军、海军、空军和第二炮兵四大军兵种构成。每个军兵种都是一个多系统和多层次有机结合的整体,不仅有战斗兵种、战斗保障兵种及专业部队,而且设有各级领导机构、后勤保障系统和院校培训体系。各军兵种还建有相当规模的预备役部队。

(三)军区(战区)体制

军区(战区)体制,是根据国家的行政区划、地理位置和战略战役方向、作战任务等设置的军队一级组织。军区机关是战略区域内合成军队的军事领导指挥机关。其主要职能是:在中央军委、总部的领导指挥下,根据总的战略意图,负责组织辖区内的陆、海、空三军部队的联合作战行动和演习,直接领导所属陆军部队的组织建设、军事训练、行政管理、政治工作和后勤保障等;领导辖区内的民兵、兵役、动员、人民防空和战场建设等工作。军区设有司令部、政治部、联勤部、装备部等领导指挥机关,下辖若干个陆军集团军和省军区(卫戍区、警备区)。中国人民解放军军区的设置进行过多次调整,目前,全国共设七个大军区,即:北京、沈阳、兰州、济南、南京、广州、成都军区。

省军区(卫戍区、警备区)是我国行政区划的省(自治区、直辖市)的军队一级组织。它是中国共产党省(自治区、直辖市)委员会的军事工作部门和政府的兵役工作机构,受军区和省(自治区、直辖市)党委、政府的双重领导。设有司令部、政治部、后勤部、装备部等领导机关。其主要任务是:负责所在省市的警备工作。有的还担负边防、海防守备任务。省军区下辖若干个军分区和一定数量的部队。军分区是在行政区划的地区(省辖市、自治州)的军事工作以及民兵、兵役和动员工作。军分区下辖若干人民武装部。人民武装部既是中国共产党同级地方委员会的军事工作部门,又是军队的民兵、兵役和动员工作部门。

(四)军委直属的其他部门

军事科学院。军事科学院是中央军委领导下的全军高级军事研究机关,是全军军事科学研究的中心,是中央军委和总部机关从军事理论高度指导军队建设的助手。其任务是:进行军事基础理论和国防建设、军队建设重大问题的研究;为军委和总部决策提供战略性建议和咨询;组织协调全军的军事学术研究工作等。

国防大学。国防大学是中央军委领导下的最高军事学府,是一所具有综合性、研究性、开放性特点的合成指挥大学。主要负责培养高级指挥人员、高级参谋人员和高级理论研究人员。

国防科学技术大学。国防科学技术大学是直属中央军委领导的综合性院校。主要负责培养高级科学和工程技术人才与专业指挥人才,培训军队高级领导干部,从事先进武器装备和国防关键技术研究。

三、武装力量的编成

中华人民共和国的武装力量由中国人民解放军现役部队和预备役部队、中国人民武装警察部队和民兵组成。

(一)中国人民解放军

中国人民解放军是中华人民共和国的武装力量的主要组成部分,由陆军、海军、空军三个军种和第二炮兵一个独立兵种等四个军兵种组成。

1.陆军

中国人民解放军陆军,是一支多兵种的合成军队,是在陆地执行主要作战任务的军种。它既能独立作战,又能与海军、空军合同作战。目前,陆军机动作战部队包括18个集团军和部分独立合成作战师(旅)。集团军由师、旅编成,分别隶属于沈阳、北京、兰州、济南、南京、广州、成都7个军区。

陆军未设立独立的领导机关,七大军区直接领导所属部队。陆军部队包括机动作战部队、警卫警备部队、边海防部队和预备役部队等,实行集团军、师(旅)、团、营、连、排、班体制。

陆军由步兵、炮兵、装甲兵、防空兵、陆军航空兵、电子对抗兵、工程兵、通信兵、防化兵、侦察兵和汽车兵等兵种和专业兵组成。

(1)步兵,是陆军进行地面作战的主要兵种,担负着直接歼灭敌人、坚守和夺取重要目标和地区的作战任务。步兵由摩托化步兵、机械化步兵和山地步兵组成,按师(旅)、团、营、连编成。

步兵的任务:夺取或扼守阵地,歼灭敌有生力量。还可搭乘直升机或登陆舰船,遂行机降或登陆作战任务。

步兵的特点:武器装备简单、轻便,具有夜战、近战和独立战斗的能力。受地形的限制、气象的影响较小,能在各种艰险困难的条件下独立持久地作战,具有很强的灵活性和顽强性;又能在其他军兵种的协同下联合作战,善于扼守阵地。现在,我军步兵的机动能力有了很大提高,火力也大大的加强了,并由过去只能徒步冲击,发展到能乘车直接冲击,甚至还能从空中垂直加入战斗。在火力方面,既有能打摩托化步兵的能力,又有较强的打装甲目标的能力,还有一定的对敌空中目标攻击的能力。

(2)炮兵,是以各种压制火炮、反坦克导弹和战役战术导弹为基本装备的战斗兵种,是陆军的重要组成部分和主要火力突击力量。它通常与其他军兵种协同作战,也可单独地遂行火力突击任务。炮兵通常按师(旅)、团、营、连编成。

炮兵的任务:一是压制、摧毁敌炮兵、导弹阵地以及C4I系统和核、生化武器;二是击毁敌坦克和装甲目标;三是歼灭敌空降兵和有生力量;四是破坏、封锁敌交通枢纽、机场港口、桥梁、渡口和空降场,破坏敌工程设施及其他目标;五是必要时,可在障碍物中为我军开辟通道,还可执行照明战场、纵火、散发传单等特种射击任务。

炮兵的特点:具有强大的火力、较远的射程、良好的射击精度和较高的机动能力。火炮射程远、射界广,能及时广泛地实施火力机动,杀伤敌人,摧毁敌武器装备和工程设施,适时机动,且能在一段时间内集中火力对敌实施猛烈突击。炮兵的弱点是机动易受气象、地形、道路等条件的限制和影响;装备复杂,补给困难;射击准备时间较长。

(3)装甲兵,是以坦克及其他装甲战车、保障车辆为基本装备的陆军的一个兵种,是陆军中的一支重要突击力量。在合成作战中,它可以配属步兵作战,也可在其他军兵种的协同下单独地遂行战斗任务。按师(旅)、团、营、连编成。在坦克师(旅)、团中,还编有装甲步兵、炮兵等部(分)队及其他勤务保障分队。

装甲兵的任务:主要用于对敌坦克和其他装甲车辆作战,也可以用于压制、消灭敌反坦克武器,摧毁野战工事,歼敌有生力量和武器装备,夺占重要目标和地区,阻敌增援、突围和退却;对突入我防御阵地之敌实施反冲击(反突击),快速封闭该突破口,抢占和扼守要点,阻敌扩张,掩护我军主力转移和调整部署;配合我空降兵作战和歼敌空降兵。

装甲兵的特点:具有较强的火力,较好的通行能力,快速的机动能力和一定的夜战能力及良好的装甲防护能力。但其战斗行动受天候和地形的一定影响;车辆多,目标大,难以隐蔽和伪装;物资供应和技术保障较为繁重和复杂。

(4)防空兵,是以地空导弹、高射炮和高射机枪为基本装备的一个兵种,是陆军对空作战的主要力量,主要遂行野战防空任务。由高射炮、高射机枪、地空导弹、雷达和电子对抗等部(分)队组成,以队属高射炮为主的体制,按旅(团)、营、连编成。

防空兵的任务:实施对空侦察、警戒和空情报知;制止敌航空侦察;拦截和消灭敌飞机、巡航导弹和其他航空器及空降兵载机,掩护我军主要部署和后方重要目标免遭敌空袭;必要时,消灭敌地(水)面目标。

防空兵的特点:具有较强的火力,较远的射程,良好的射击精度,较高的机动能力和快速的反应能力,能在昼夜和复杂气象条件下,持续地打击来自高、中、低空的敌飞行器。

(5)陆军航空兵,是装备攻击直升机、运输直升机和其他专用直升机及轻型固定翼飞机,进行空中机动和支援地面战斗的兵种。1986年10月正式成立。陆军航空兵通常由飞行、场站和航空维护等部分队组成,飞行部队一般按团、大队、中队编成。

陆军航空兵的任务:对地面战斗时进行直接的火力支援,重点摧毁敌装甲目标和坚固工事;保障兵力实施机动,快速布雷及与敌直升机作斗争;执行侦察校射、通信联络、指挥、救护、战术运输、电子对抗和对宽阔地域、暴露的我军侧翼进行警戒。

陆军航空兵的特点:具有较强的攻击火力,广泛的机动能力和快速的反应能力,且隐蔽性好,不受地形的影响,具有超低空、"贴地"飞行的本领,能在地形复杂的条件下,远离机场遂行多种作战任务,能快速地从各个方位将兵力集中于主要作战方向,令敌人防不胜防。它在侦察、运输空降作战、反坦克、布雷、电子战等方面,将发挥愈来愈大的作用,真正成为"空中铁骑",成为坦克、装甲目标的"天敌"、步兵的"克星"。

(6)电子对抗兵,是对敌实施电子战的主要力量。通常协同其他兵种作战,有时也可单独地遂行电子侦察、电子干扰和电子摧毁任务。按团(大队)、营、连编成。

电子对抗兵的任务:搜索、截获敌电子设备的电磁辐射信号,查明其类型、技术参数和部署;干扰敌无线电通信,阻止或延误其指挥和协同;干扰敌武器控制与制导的电子装置,使其失控;发现并测定敌电子干扰兵力,协同其他军兵种组织电子战;实施电子伪装;为其他军兵种摧毁敌指挥、控制、通信和情报(C4I)系统的电子设备提供情报。

电子对抗兵的特点:是以电子设备或器材为武器,以电子斗争为主要作战形式,作战双方通过电磁波在空间的传播进行斗争,因而通常双方并不接触,斗争具有很强的技术性、谋略性和欺骗性。

(7)防化兵,是担负防化学保障任务的兵种,是对核、生、化武器防护的技术骨干力量,并同时担负喷火和发烟任务。它既是军队对核、生、化武器防护的一支专业技术力量,又是一支可以直接杀伤敌人的战斗力量。由防化(观测、防化侦察、洗消)、喷火和发烟等部(分)队组成,按团、营、连编成。

防化兵的任务:实施不间断的核观察、化学观察;组织实施化学侦察、辐射侦察(并兼负非专业性生物侦察)、沾染检查和剂量监督;对人员、服装、武器装备、食物、用水等进行沾染检查和洗消;对染毒道路和重要地域进行消毒;使用喷火,纵火武器直接消灭敌人;施放烟幕,掩护部队的作战行动和遮蔽后方目标;组织指挥部队和人民群众对核、生、化武器和燃烧武器的防护。

防化兵的特点:专业性、技术性和完成任务的时效性强;执行任务分散,保障目标多,因而具有较强的独立性、机动性和灵活性。现在,防化兵增强了野战条件下的群防能力和快速侦毒能力,成为我军一支技术程度较高的专业力量。

(8)通信兵是担负军事通信联络任务,保障军队指挥的专业技术兵种。具有在各种战斗情况下遂行通信保障任务和提高指挥效率的能力。由通信、通信工程、无线电通信对抗、航空兵导航和军邮勤务等专业部(分)队组成,按团(站)、营、连编成。

通信兵的任务:组织与实施作战指挥,诸军兵种的作战协同和后勤保障的通信联络;实施警报和情报的报知的通信联络;组织与实施航空兵的导航和野战军邮;根据上级指示,统一管理、调度和使用战区内的通信设施。

通信兵的特点:装备复杂,通信联络手段多,技术性、专业性、保密性和时效时强。

(9)工程兵,是担负工程保障任务的专业兵种,是陆军遂行工程保障任务和以工程手段遂行战斗任务的技术骨干力量。它有工兵、舟桥、建筑、工程维护、伪装、野战给水工程等专业部(分)队组成。隶属于大军区以上的工程兵,通常按旅(团)、营、连编成;隶属于集团军以下的队属工程兵,通常按团、营、连编成。

工程兵的任务:实施工程侦察、构筑工事、设置和排除障碍物;实施破坏作业;构筑和修筑道路、架设桥梁、开放渡场;对重要目标实施伪装;构筑给水站;对其他军兵种、民兵和人民群众的工程作业进行技术指导。

工程兵的特点:工程兵具有专业种类多,技术性和完成任务的时限性强,机械化程度高,技术装备复杂和工程保障任务艰巨等特点。

目前,中国人民解放军陆军已发展成为一支现代化的合成军队,除上述诸兵种外,在其编成内还有侦察兵和汽车兵等若干专业兵种。

2.海军

中国人民解放军海军,是以舰艇部队为主体,在海洋上遂行作战任务的军种。具有在水面、水下、空中和岸上实施攻防作战和战略袭击能力,既能独立在海上作战,又能协同陆军、空军作战,是海上作战的主力。我国海军诞生于1949年4月23日。目前,它已成为一支装备复杂、技术密集、由多兵种合成,具有现代化作战能力的近海防御力量。

海军平时实行作战指挥与建设管理合一的领导体制,由海军机关、舰队、试验基地、院校、装备研究院等构成。海军下辖北海、东海、南海三个舰队。北海舰队机关位于山东青岛,东海舰队机关位于浙江宁波,南海舰队机关位于广东湛江。舰队下辖舰队航空兵、保障基地、舰艇支队、水警区、航空兵师和陆战旅等部队。

海军是一支由多兵种组成的技术装备比较复杂的合成军种,主要由水面舰艇部队、潜艇部队、海军航空兵、海军岸防兵、海军陆战队以及其他一些专业勤务保障部队组成。各兵种有其明显的特点,担负着不同的任务。

(1)水面舰艇部队,是以水面舰艇为基本装备,在水面遂行作战任务的海军兵种。它是海军兵力中类型最多的基本突击力量,主要分为战斗舰艇部队和辅助舰船部队,具有在广阔海域进行反舰、反潜、防空、水雷作战和对岸攻击作战能力。水面舰艇部队包括驱逐舰、护卫舰(艇)、导弹艇、鱼雷艇、猎潜艇、扫(布)雷舰(艇)等战斗舰艇组成;辅助舰船由登陆舰(艇)以及担负各种保障任务的勤务舰船部队组成。

水面舰艇部队的任务:袭击敌水面舰艇编队和潜艇,夺取制海权,封锁敌重要港口、航道,破坏敌海上交通线;排除水雷,保护我舰船安全通过敌封锁区;破坏和压制敌岸上目标和火力,输送和保障我登陆部队在敌岸登陆;突击敌登陆输送队和舰艇编队,消耗敌登陆兵力,迟滞敌登陆行动;执行海上侦察、巡逻、警戒、护航、救生和运输任务。

水面舰艇部队的特点:舰艇种类多,武器和技术装备复杂,装载力较大,执行作战任务范围广,可遂行多项作战和保障任务,可以担任攻击、保障、防御任务,也可执行海上运输任务,可以对沿海目标、水面目标和水下目标实施攻击,还可以反击空中目标,既可单独编成舰队独立遂行作战任务,又可与其他军兵种协同遂行作战任务;航速高,续航力大,航海性能好;既可长期在远洋活动,又可在近岸,浅水,岛礁区活动。

(2)潜艇部队,是海军在水下遂行作战任务的兵力,是海战场的重要突击力量。携带战略导弹的核潜艇是国家战略核反击力量的重要组成部分。潜艇部队按潜艇动力可分为常规动力潜艇部队和核动力潜艇部队,按武器装备可分为鱼雷潜艇部队,导弹潜艇部队和战略弹道导弹潜艇部队。基本编制为支队,辖有若干艘潜艇(团级),担负战略核反击任务的核动力潜艇部队,直接受中央军委指挥。

潜艇部队的任务:担负战略核打击;消灭敌运输舰船和大、中型战斗舰艇;袭击敌基地、港口和岸上重要目标;担任反潜作战;海上侦察巡逻,布雷和遂行输送人员、物资,遣送侦察爆破组上岸,救护落水飞行人员,提供水文、气象和航海勤务保障等特种任务。

潜艇部队的特点:潜艇可长时间隐蔽于水下,以逸待劳,伺机突然出击,对敌造成极大的威胁。潜艇部队具有重要的突击作用,广泛的牵制作用,有效的威慑作用。

(3)海军航空兵,是海洋上空遂行作战的一个重要兵种,是海军重要的突击力量和保障力量。可以单独地、也可以协同海军其他兵种完成海上多种作战任务。海军航空兵成立于 1952 年 4 月,采用航防合一的体制,由航空兵部队和防空部队组成,最高领导机关是海军总部,下辖各舰队航空兵和海军航空兵的其他部队。航空兵部队按师、团、大队、中队编成。防空部队按团、营、连编成。

海军航空兵的任务:消灭敌水面舰船;袭击敌海军基地、港口等沿岸目标;掩护和支援水面舰艇和潜艇的战斗行动;参加沿海要地和岛礁的防空;保障海军基地及沿海重要目标;协同空军航空兵夺取沿海和海战区的制空权;进行海上侦察、巡逻、反潜、布雷、扫雷、空中预警、通信等。

海军航空兵的特点:海军航空兵装备的飞机有岸基飞机、舰载和水上飞机。舰载飞机主要依靠舰船起降,水上飞机可在江、河、湖、海水域或大型水库起飞、降落,能到达岸基飞机不能到达的远海(洋)战区活动;主要使用空舰导弹、鱼雷、水雷和深水炸弹,在海洋上空协同水面舰艇和潜艇作战,打击和歼灭敌水面舰艇和潜艇。

(4)海军岸防兵,是部署在沿海重要地段,以火力参加沿海防御作战的一个兵种,是海岸防御的火力骨干。能充分利用岛、岸的有利条件,预先构筑多种阵地,储备大量物资,进行持久作战,是近岸坚守防御战中的主要兵力之一。海军岸防兵于 1959 年 5 月正式成立,由海岸导弹部队和海岸炮兵部队组成,分属于海军基地或水警区。按团、营、连编成。

海军岸防兵的任务:保卫海军基地、港口和沿海重要目标;参加抗登陆和封锁海峡、水道作战;参加近岸保卫或破坏海上交通线作战,掩护我军舰船的活动;支援岛屿、要塞的守备部队作战和近岸岛屿的登陆作战。

(5)海军陆战队,是海军担负登陆作战任务的重要兵种,是实施两栖作战的快速突击力量,于 1979 年 12 月正式成立。它是由陆战步兵、炮兵、装甲兵、工程兵及侦察兵、通信兵、防化兵等部(分)队组成,它是一支诸兵力合成的,能实现快速登陆或担任海岸、岛屿防御任务的两栖作战部队,是海军对岸作战的重要力量,是国家海上威力的组成部分,是实现国家海洋战略的重要兵力。

海军陆战队的任务:独立地或配合陆军部队实施登陆作战;协同其他军兵种部队保卫海军基地、港口和沿海重要地段;支援和参与岛屿、要塞和海军基地的防御,以及抗登陆作战。

海军除上述 5 个主要兵种外,还有侦察,观察,通信,工程,航海保障,水文气象,防险救生,后勤供应和修理等专业勤务保障兵种。

2012 年 9 月,第一艘航空母舰"辽宁舰"交接入列。中国发展航空母舰,对于建设强大海军和维护海上安全具有深远意义。

3.空军

中国人民解放军空军,是以航空兵为主体、空防合一的,以航空空间为主战场的军种。它是空中进攻和对空防御的主要力量,是现代战争中首先使用和大规模使用的重要力量。具有高速机动、远程作战和猛烈突击的能力。它既能协同陆军、海军作战,又能单独作战。其作战行动对战争的进程和结局产生重大影响。

我国空军成立于 1949 年 11 月 11 日。目前,空军平时实行作战指挥与建设管理合一的领导体制,空军下辖沈阳、北京、兰州、济南、南京、广州、成都 7 个军区空军和 1 个空降兵军。军区空军下辖航空兵师、地空导弹师(旅、团)、高炮旅(团)、雷达旅(团)、电子对抗团

(营)等,航空兵师下辖航空兵团和驻地场站。

(1)航空兵,是装备军用飞机在空中遂行作战任务的兵种,是空军的主要作战力量。按照装备飞机机种的不同,可分为歼击、轰炸、强击、侦察和运输等航空兵。

歼击航空兵是歼灭敌空中飞机和飞航式空袭兵器的兵种。具有高速机动和猛烈攻击的能力,能在各种天候条件下歼灭敌空袭兵器。在争夺制空权、对空防御和对地攻击方面具有重要作用。

轰炸航空兵是对地面、水面目标实施轰炸的突击力量,具有猛烈突击、远程作战和全天候出动的能力,能摧毁敌战役、战略纵深目标,在争夺制空权、削弱敌作战能力和战争潜力方面具有重要作用。

强击航空兵是攻击敌地面部队或其他目标的兵种,具有高速机动和猛烈突击的能力,能从中、低、超低空攻击地面、水面目标,直接协同陆、海军作战。

侦察航空兵是空中侦察的主要力量。它能及时获取敌各种情报,为作战决策和作战指挥提供依据,对保障指挥和战斗行动具有重要作用。

运输航空兵是空运、空投和保障空降作战的主要力量,具有远程、快速的运输能力和广泛的机动能力,对保障军队机动和补给具有重要作用,甚至对战争的进程和结局将会产生重要影响。

此外,我军航空兵还有电子干扰机、空中加油机、空中指挥预警机等各种专业飞机。

(2)高射炮兵是以高射炮为基本装备,遂行防空作战任务的兵种,是国土防空的重要力量。具有迅猛的火力和较强的机动能力,能在昼夜间各种天候条件下持续地进行战斗,特别对中低空目标,更能发挥其战斗威力。

高射炮兵的任务:歼灭敌空中目标、协助歼击航空兵夺取制空权,必要时掩护陆、海军的主要部署和歼灭敌地(水)面目标。

(3)地空导弹兵是装备地空导弹(也称防空导弹)武器系统,遂行防空作战任务的兵种。它是国土防空的重要力量。具有较强的战斗力、较高的射击精度和一定的机动能力,能在昼夜各种天候的条件下遂行作战任务。地空导弹兵和高射炮兵是空军两个地面防空作战的兵种,两者既有分工,又密切协同,通常在要地周围,按远、中、近(程)和高、中、低(空)构成严密的防空火力网。

地空导弹兵的任务:歼灭来袭的敌空袭兵器,掩护国家要地;保卫领空主权,参加夺取制空权作战,掩护己方主要部署和作战行动的安全。

(4)雷达兵是以雷达获取空中情报的兵种,是国土防空预警系统的主体和指挥、引导的主要保障力量。具有全天候搜索、探测和监视空中目标的能力。随着装备的不断更新,探测范围不断扩大,现在已构成了覆盖全国的雷达预警网,在保障国土防空、飞行管制,航空兵的作战和训练等方面,都发挥了巨大的作用。按旅(团)、营、连编成。

雷达兵的任务:实施对空警戒侦察,及时提供防空作战和协同陆、海军作战以及人民防空所需的空中情报;提供空中敌、我机的活动情况,保障空军各级指挥所指挥引导我机的战斗活动,保障航行管制部门实施飞行管制,并将有关违反飞行规划、偏航、迷航、遇险等情况及时通知有关部门,对经批准在我国领空飞行的一切飞行器进行监察。

(5)空降兵是以伞降或机降方式投入地面作战的兵种。具有作战空间范围大,大范围超越地理障碍,全方位机动能力强,行动隐蔽速度快,应急作战能力强和可遂行的作战任务及作战式样多等特点,是一支具有空中快速机动、能实施远程奔袭、全纵深作战的突击力量。我军的空降兵是以陆军为基础,于1950年9月27日正式成立。

空降兵的任务:夺取、扼杀敌纵深内的重要目标,断敌后路,阻敌增援,配合正面进攻部队歼敌或夺取登陆场,配合登陆部队登陆;摧毁或破坏敌指挥机构、导弹、核武器、电子设备、机场、交通枢纽和后方供应设施等重要目标;应急部署,掩护正面部队的机动和展开;支援敌后作战的部队和游击队;参加反空降作战和担负其他特殊作战任务。

空军除上述主要兵种外,还有通信兵、电子对抗兵、工程兵、防化兵等专业部(分)队组成。

4.第二炮兵

中国人民解放军第二炮兵,是装备地地战略导弹武器系统,遂行积极防御战略任务的重要核反击力量,组建于1966年7月1日,受中央军委直接领导和指挥。它与海军潜射战略导弹部队和空军战略轰炸机部队构成我国三位一体的战略核力量。

第二炮兵作战指挥权高度集中,实行中央军委、第二炮兵、导弹基地、导弹旅的指挥体制,部队行动必须极端严格、极端准确地按照中央军委的命令执行。

第二炮兵由核导弹部队、常规导弹部队以及保障部队、院校、科研机构和机关等组成。导弹部队编有导弹基地、导弹旅和发射营。

我国的核战略是有限报复核战略,其基本点是"威慑"和"报复"。核威慑对维护我国的独立和安全是必要的;报复是被迫的,我们的最终目的是消灭核武器和核战争。

我国的核战略的特点:一是防御性,它是遏制和反对核战争的战略,是我国积极防御战略重要组成部分;二是威慑性,体现"不战而屈人之兵"思想,迫使敌对我使用核武器有所顾忌,不敢轻易对我发动核袭击;三是报复性,即后发制人,我们不首先使用核武器,也不谋求第一次打击,但保留对敌坚决还击的权利;四是有限性,我国一贯反对超级大国的核军备竞赛,因此,拥有核武器的数量是有限的,只是保持一定规模的报复力量;五是有效性,我国核力量虽然有限,但实施威慑和报复是有效和可信的,一旦对敌实施核反击,可危及敌国重大战略利益,使其遭到难以承受的损失和破坏。

第二炮兵按照精干有效的原则,适应军事科技发展趋势,提高武器装备信息化水平,确保安全性和可靠性,增强防护、快反、突防、毁伤和精确打击能力。经过几十年的建设,现已形成核常兼备、固液并存、射程衔接、战斗部种类配套的武器装备体系,装备各种型号的核导弹和常规导弹。

5.预备役部队

预备役部队是以现役军人为骨干、预备役官兵为基础,按照军队统一的体制编制组成的武装力量,实行军队与地方党委、政府双重领导制度。预备役部队是人民解放军的重要组成部分,是国防后备力量建设的重点,是战时实施成建制快速动员的主要组织形式。

预备役部队组建于1983年。1986年8月,预备役部队正式列入人民解放军建制序列。1995年5月,全国人大常委会审议通过《中华人民共和国预备役军官法》。1996年4月,中央军委为预备役军官评授军衔。

目前,预备役部队已成为由陆军、海军、空军和第二炮兵预备役部(分)队组成的重要后备力量。陆军预备役部队,主要由步兵、炮兵、高射炮兵、反坦克炮兵、坦克兵、工程兵、防化兵、通信兵、海防兵等兵种、专业兵组成。海军预备役部队,主要由侦察、扫雷布雷、雷达观通等专业兵组成。空军预备役部队,主要由地空导弹兵、雷达兵等专业兵组成。第二炮兵预备役部队,主要由导弹专用保障和特种装备维修专业兵组成。

预备役部队根据军队建制实行统一的编制,编有预备役师、旅、团,并建有相应的领导机关。主要按地域进行编组,以省建师、以地(州、市)建旅(团)或跨地(州、市)建师(旅)、跨县(市、区)建团。

预备役部队的任务:一是努力提高部队的军政素质,不断增强现代化条件下快速动员和整体作战能力;二是切实做好战时动员的各项准备工作,随时准备转为现役部队,执行作战任务;三是积极参加社会主义现代化建设,在物质文明和精神文明建设中,发挥骨干作用。

(二)中国人民武装警察部队

中国人民武装警察部队是中华人民共和国武装力量的组成部分,组建于1982年6月19日,属于国务院编制序列,由国务院、中央军委双重领导。

中国人民武装警察部队实行统一领导管理与分级指挥相结合的体制。国家设立武警总部,各省(自治区、直辖市)设立总队,地区(市、州、盟)设立支队(团)领导机关,支队下设若干个大队、中队。此外,还编有若干个机动作战部队。

武警部队由内卫部队和警种部队组成,公安边防、消防、警卫部队列入武警序列。

国家赋予武警部队的根本职能是:维护国家安全和社会稳定,保障人民群众安居乐业。武装警察部队的主要职能是:第一,维护国家主权和尊严,武装警察部队主要是通过执行边境武装警卫勤务、边防检查勤务、安全检查勤务、海上巡逻勤务来履行这一职能的;第二,维护社会治安,作为公安机关的一部分,武装警察部队担负着用公开武装的形式预防和镇压敌对势力的破坏,应付各种紧急意外情况,维护社会治安的任务;第三,保卫党政领导机关、重要目标和人民生命财产的安全,主要通过执行警卫勤务、守卫勤务、消防工作,反恐怖活动来实现。战时,协同人民解放军抵抗侵略,保卫祖国,进行防卫作战。

武装警察部队的特点:一、军事性,中国人民武装警察部队同中国人民解放军一样,根据中国人民解放军的建军思想、宗旨、原则,按照中国人民解放军的条令、条例和有关规章制度,结合武警部队特点进行建设,执行《中华人民共和国兵役法》,享受人民解放军同等待遇,以军事手段履行自己的职能;二、公安性,中国人民武装警察部队是公安机关的组成部分,在完成任务上,要坚持以执勤为中心,有效的保卫国家安全,这种任务有着很强的执法和护法性,在隶属关系上,武警部队接受公安机关的分级管理,分级指挥,以武装形式配属公安机关,与公安队伍在同一战线上一起以不同方式履行同一职责;三、地方性,中国人民武装警察部队按照国家区域分级设置,遍布全国各地,多数情况下都是在本地区执行任务,接受地方各级党委、政府的领导,对稳定和发展本地区政治、经济、文化具有重要作用。

(三)民兵

民兵是不脱离生产的群众武装组织,是中华人民共和国武装力量的组成部分,是中国人民解放军的助手和后备力量。

在国务院、中央军委统一领导下,民兵工作实行地方党委、政府和军事系统的双重领导。全国的民兵工作,由总参谋部主管,军区按照上级赋予的任务,负责本区域民兵工作。

目前,国家已构建了省军区为骨干、军分区为主体、人武部为基础、基层武装部为补充的四级组训体制;省军区、军分区和县(市、区)人民武装部是本地区的军事领导指挥机关,负责本区域的民兵工作;乡(镇)、街道和企事业单位设立的基层人民武装部,负责民兵工作的具体组织与实施;地方各级党委和人民政府,对民兵工作实行统一计划和部署。

民兵组织分为普通民兵组织和基干民兵组织。基干民兵组织中建有民兵应急分队、步兵分队、专业技术分队和对口专业分队。

民兵分为基干民兵和普通民兵。根据我国《兵役法》关于民兵年龄的规定,28岁以下退出现役的士兵,经过军事训练的人员以及选定参加军事训练的人员编为基干民兵;其余18~35岁符合服兵役条件的男性公民,编为普通民兵。女民兵只编基干民兵,人数控制在适当的比例内。陆海边疆,少数民族地区和城市有特殊情况的单位,基干民兵的年龄可适当放宽。对于没有编入民兵组织,但符合民兵条件的人员,进行预备役登记。

民兵的编组,农村一般以行政村为单位编民兵连或营。基干民兵以行政村编排或班,乡镇编连或营。城市一般以厂矿企业为单位,根据民兵人数多少,分别编为民兵排、连、营等。基干民兵单独编组,视人数多少,分别编班、排、连、营。专业技术分队,按照战备需要和装备情况决定,原则上有什么装备,编什么分队。

民兵训练,民兵的训练任务,经中央军委批准后,由总参谋部下达。民兵训练原则上由县(市、区)人民武装部组织实施。根据训练大纲的要求,基干民兵参加30到40天的军事训练,其中专业技术兵的训练时间按照实际需要适当延长。

国家赋予民兵的根本任务是:在军事机关的指挥下,担负战备勤务,防卫作战任务,协助维护社会治安。

民兵的基本任务是:积极参加社会主义现代化建设,带头完成生产和各项任务;担负战备值勤,保卫边境,维护社会治安;随时准备参军参战,抵抗侵略,保卫祖国。

第五节　国防教育

国防教育,是和平时期做好动员准备的一个重要方面,在国家发布动员令后,则进一步转化为战时政治动员,为加强国防建设和做好国防斗争提供坚实的社会思想基础。

一、国防教育的含义

国防教育,是人类社会发展到一定的历史阶段,为适应社会的一定需要而产生的,是从捍卫国家主权、安全和领土的完整,防御外来侵略和颠覆,维护世界和平的目的出发,以一定的战争观、国家安全观为指导,对全体公民的品德、智慧和体质等施加影响的一种系统的有计划的活动过程,是为巩固和加强国防而对公民进行的教育,是国防建设和国民教育的重要组成部分。我国国防本质上是人民的国防,依靠人民建设国防,是我们必须遵循的一个根本原则。建设现代国防必须深入持久地开展全民国防教育,它不仅对提高受教育者的国防观念和增强国防实力有重要作用,而且是提高全民族素质,增强民族向心力和凝聚力的重要途径。

国防教育作为一项全局性、长期性的全民教育活动,有其很强的组织性、计划性。依据国防教育法的有关规定,国务院领导全国的国防教育工作,中央军事委员会协同国务院开展全民国防教育,地方各级人民政府领导本行政区域内的国防教育工作,驻地军事机关协助和支持地方人民政府开展国防教育。

按照兵役法和国防教育法,高等学校、高级中学和相当于高级中学的学校的国防教育,应当将课堂教学与军事训练相结合。高等学校学生在校期间,必须接受基本军事训练。

二、国防教育的主要内容

我国国防教育贯彻"全民参与、长期坚持、讲求实效"的方针,实行经常教育与集中教育相结合、普及教育与重点教育相结合、理论教育与行为教育相结合的原则,针对不同对象确定相应的教育内容,并分类组织实施。目前,我国的国防教育主要分为学校国防教育和社会国防教育,其主要内容有:

1.国防理论教育

国防理论是关于国防建设的科学体系。国防理论教育主要内容有国防地位和作用,国防的构成及相互关系;国防建设的指导思想、方针和原则;国防建设与经济建设的关系;中外军事思想;党和国家的防卫方针、政策以及战时动员等。

2.国防知识教育

国防知识教育,是指对公民进行普通国防常识与本领的教育活动。国防知识内容很多,主要有武装力量构成、常规武器技术性能、现代军事科技和高技术战争等。

3.国防形势教育

国防形势教育,主要包括国际军事、各国的国防政策和国防战略模式、国家周边局势,以及当今世界政治、经济形势等。

4.国防法制教育

国防法制教育,是指以国防法规为内容的教育。主要有《国防法》、《兵役法》、《国防教育法》、《征兵工作条例》、《中国人民解放军军官军衔条例》、《中国人民解放军现役士兵服役条例》等。

5.国防精神教育

国防精神教育,是国防教育的中心内容。主要内容有爱国主义精神、爱军习武精神、革命英雄主义精神、艰苦奋斗精神和国际主义精神等。

6.国防体育教育

国防体育也称军事体育,是体育运动的一个组成部分。国防体育教育的主要内容包括越野、爬山、军体拳、射击、航模、军事五项等。

此外,还有国防经济、国防历史、国防外交、国防战略等方面的教育内容。

三、国防教育的特点

国防教育也和其他的教育现象一样,具有教育的共同特点。同时,国防教育又有它自身的特点:

一是教育的终身性。国防教育伴随着每个人成长的全过程,是一辈子的事情,每个公民,一生中都必须不断接受国防教育。

二是教育的全民性。国防教育是全民性教育的社会工程,其教育对象涵盖了各行各业各个领域的不同职业、不同性别、不同年龄的社会成员。

三是教育内容的广泛性。国防教育涉及的内容相当广泛和全面,凡是与国防建设和国防斗争有关的内容都是国防教育的内容。

四是教育效益的滞后性。国防教育的总体效益是随着形势的变化而显现出来的,它的直接效益与其他教育相比是滞后的。

国防教育的上述特点决定了开展国防教育的迫切性、长期性和艰巨性。

四、国防教育的形式

国防教育的内容是互相联系、互相渗透、互相促进的。国防教育内容的丰富和国防教育对象的广泛性,要求国防教育应具有多样性和灵活性。综合我国各地的做法,主要有以下做法:

组织军训,这是较为普遍的做法,主要适合于青壮年及学生。在军训中,既可学习军事理论,又可学习军事知识和军事技能,并能亲身体验。

组织理论研讨班。结合办党校、党课教育,训练中心培训,刊授、函授教育等进行。

普及国防教育读物,组织专家学者,编写适合广大青少年和大众的科普读物,宣传国防教育知识,增强全民国防观念。

开展军事体育运动比赛,例如举行登山比赛、测向比赛、障碍比赛、武装泅渡、射击比赛等。

在报刊、电台开辟国防教育专栏,利用广播、电视、电影进行宣传。

组织党政领导干部参加军事日活动和军事学术交流活动。

开展国防知识比赛、歌咏比赛、演讲比赛,开展国防月、国防周、国防日教育活动,开展军事夏令营,组办少年军校等。

开展拥军优属活动,每年在"八一"、"春节"期间,广泛进行国防教育,走访烈军属,走访慰问部队,大力开展"双拥"工作。

开设国防教育课,主要在高校组织学生系统地学习国防理论、国防知识和国防科技,培养一批国防教育的骨干和组织领导者。

第六节　国防动员

国防动员,也称战争动员,是指国家或政治集团由平时状态转为战时状态,统一调动人力、物力、财力为战争服务所采取的措施。国防动员建设关系国家社会稳定和经济发展。动员准备的完善程度是国防强弱的标志之一。做好国防动员工作,是任何深谋远虑的国家未雨绸缪,以求先胜之算的必然选择。

一、国防动员的领导体制和分类

加强国防动员建设,首先必须完善国防动员体制,根据我国《国防法》规定:国务院和中央军事委员会共同领导动员准备和动员实施工作。

国家和地方县级以上人民政府设有国防动员委员会。各级国防动员委员会下设有人民武装动员、国民经济动员、人民防空动员、交通战备动员、国防教育等办公室和综合协调机构,负责承办相关工作。国家国防动员委员会主任由国务院总理担任,副主任由国务院、中央军委的副职领导担任,委员由国家有关部委和解放军各总部的领导及所属办公室的领导担任。地方各级国防动员委员会主任由本级政府的主要领导担任,副主任由本级政府的副职领导和同级军事机关的主要领导担任。

国防动员,按规模可区分为总体动员和局部动员,按方式可分为公开动员和秘密动员;按时机可分为战争初期动员和持续动员。动员的主要内容通常包括:武装力量动员、国民经济动员、人民防空动员、国防交通动员、政治动员和科技动员。

二、国防动员的意义

(一)动员是增强国防实力的重要措施

国防实力,是国家防御和抵抗内外部威胁和侵犯的力量,是国家军事、政治、经济、科技教育等力量的总和。在和平时期,国家把动员准备纳入经济建设和社会发展的总体规划,贯彻军民结合平战结合的方针,以增强战争潜力。同时通过动员准备激发人民的爱国主义和国防观念,使国家政局稳定、经济发展、科技进步,迅速增强综合国力。由于平时奠定了良好的基础,一旦战争爆发,通过战时动员,就能迅速地把战争潜力转化为战争实力。

(二)动员是增强国防威慑力的有效手段

一个国家的国防威慑力,不仅取决于常备军的数量和质量而且还取决于军队后备力量和其他动员潜力,取决于常备军与后备力量动员准备的有机结合,以及动员机制健全完善的程度和运行效率。平时充分做好战时动员的准备工作,建立强大的后备力量和健全的动员体制,可以使敌人望而生畏,不敢轻举妄动和贸然发动进攻。目前,一些国家主张采取"不战而屈人之兵"的军事战略,就是这个道理。特别是处于防御地位和反对侵略的国家,应该采取积极的对策,以充分有效的动员显示应付战争的能力和拼死抵抗的决心,迫使敌人延缓或放弃侵略战争。

(三)动员是夺取战争主动权的可靠保障

决定战争胜负的因素是多方面的,其中后备力量的强弱,兵员质量的优劣,以及战时动员的准备和实施的好坏,是一个重要的因素。现代科学技术的飞速发展及其在军事领域的广泛应用,使现代战争的突发性和速决性显著增大,发动战争动员的一方往往先发制人,迫使对方在无戒备或准备不充分的情况下仓促应战,力求取得速战速决的效果。第二次世界大战以来,突然袭击、不宣而战已成为首先发动战争的一方的惯用手法。

三、国防动员的内容

(一)武装力量动员

武装力量动员,是指国家将军队及其他武装组织由平时体制转为战时体制的措施和活动。武装力量动员在国防动员中居于核心地位,对战争的进程和结局,特别是对战争初期军队的迅速扩编和战略展开、掩护国家转入战时体制、争取战略主动具有重要意义。它也是遏制战争爆发、维护和平与国家安全的重要因素。武装力量动员通常包括兵员动员、武器装备动员和后勤物资动员。

武装力量动员的主要做法是:

1.扩编现役部队。临战前使军队迅速转入战时状态,现役军人一律停止转业和退伍,外出人员立即归队;迅速组建扩建新的作战部队和保障部队,实施战略展开。

2.征召预备役人员。重点是征召预备役军官和专业技术兵,按战时编制补充现役部队,使之达到齐装满员,随时处于临战状态。

3.预备役部队调服现役。预备役部队是区别于现役部队的一种武装组织,是以少数现役军人为骨干,以预备役军官和士兵为基础进行编组。预备役部队平时存在于民众之中,根据动员需要,可整师、整团地转为现役部队。

4.将地方部队升级为野战部队。地方部队是执行地区性军事任务的部队,包括武装警察、生产部队等在内。平时主要担负内卫、守护、维护社会治安、生产建设等任务。在需要时,地方部队可迅速升级为野战部队,开赴战区,投入战斗。在我国,地方部队升级为野战部队,民兵升级为地方部队,源源不断,已成为一个独特的、完整的兵员动员体系。

5.动员和组织民兵参军参战。

6.征用急需物资。主要是运输工具和工程机械、医疗器械、修理设备等,以满足军队扩编的需要。

7.健全动员机构,加强组织领导。随着战争的发展,进行持续动员,以保证军队不断补充和扩大,直到战争结束。

(二)国民经济动员

国民经济动员,是指国家将经济部门及其相应的机构有组织、有计划地从平时体制转入战时体制的措施和活动。国民经济动员包括工业动员、农业动员、科技动员、物资动员、商业贸易动员、财政金融动员等,主要任务是平时结合经济建设有组织、有计划地进行动员准备,战时根据需要调整经济资源配置,集中控制和调动国家的财力、物力,增加武器装备和其他军用物资的生产,保障战争需要。

国民经济动员的主要做法是:

1.改组国民经济各部门,实行集中管理和使用战争潜力。

2.调整国民经济比例,重新分配人力、物力、财力,统筹安排军需和民用。

3.调整经济建设布局,搬迁、疏散重要工厂和战略物资。

4.改组工业结构和产品结构,实施工业转产,扩大军工生产。

5.调整科研和军工试验部门和任务,加速研制新式武器装备。

6.调动交通运输、邮电通信、医疗卫生以及财贸、商业等各行业的力量,为战争服务。

7.加强能源生产和资源管理。

8.改组农业,提高农业产量,加强粮食生产和储备,保障粮食供应。

9.加强经济资源的开发利用,扩大生产,保障战争的需要。

(三)人民防空动员

人民防空动员,是指国家动员和组织人民群众防备敌人空袭和重大灾害事故,消除空袭后果和灾害事故危害所采取的措施和行动。人民防空动员包括群众防护动员、人防专业队伍动员、人防工程物资技术保障动员、人防预警保障动员等。

人民防空与要地防空、野战防空共同构成中国三位一体的国土防空体系。新时期的人民防空,战时担负保护人民生命财产安全和国家经济建设成果任务,平时担负防灾救灾和处置突发公共事件任务。人民防空经费由国家和社会共同负担。国家颁布了人民防空法,各级人民政府制定完善了相配套的人民防空法规及规章。县级以上人民政府将人民防空建设纳入国民经济和社会发展规划。

近年来,人民防空战备水平、城市整体防护能力和应付突发公共事件能力明显提升。初步建立起省、市、县三级互联互通的指挥通信和警报通信专用网,健全了城市防空预警报知网络,重点城市的警报音响覆盖率达到85%以上,多数人民防空重点城市建成人民防空指挥所。各大中城市组建了抢险抢修、医疗救护、消防、治安、防化防疫、通信、运输等防护救援队伍,组织短期脱产集训及重大灾害事故应急救援演练,对人民群众进行人民防空知识教育和技能培训,将人民防空教育列入学校教学计划和教学大纲,一些厂矿、企业和社区还组建了民防志愿者队伍。

(四)国防交通动员

国防交通动员,是指在全国或部分地区调集交通力量,全力保障战争需要的紧急行动。国防交通动员,通常在国家动员领导机构的统一领导下,由国防交通主管机构组织,协同政府、军队有关部门共同实施。国防交通动员准备包括在平时制定完备的国防交通动员的法规和计划,健全国防交通机构和机制,建立国防交通保障队伍,储备必要的国防交通物资和器材等。

国防交通动员的主要任务是:

1.根据战争规模和作战需要,有计划地将平时国防交通领导机构迅速按方案扩编为战时交通指挥机构,政府交通运输部门随即转入战时体制。

2.根据作战保障需要,动员、征用社会运输力量,必要时对交通运输系统实行不同范围和不同形式的军事化管理。

3.动员、组织各交通保障队伍和交通保障物资器材迅速到位,遂行运输、抢修、防护任务。

4.根据统帅部的规定,做好对弃守地区的交通遮断准备,保障及时遮断。

(五)科学技术动员

科学技术动员,是指为保障战争对科学技术的需要,国家统一组织和调整科技力量所采取的措施和行动。随着战争科技含量的不断提高,国家科技动员的能力和水平,对赢得高技术战争的作用越来越大,科技动员已经成为战争动员的重心。科学技术动员,主要是把有关科研部门和这些部门的专家、学者和工程技术人员等组织起来,大力进行战争所需要的科学技术的开发研究,提供技术保障;有计划地为武装力量输送技术骨干,保证战时扩编需要。

科技动员主要包括四个方面的内容:一是科研机构动员;二是科技人员和装备动员;三是科技产品动员;四是科研成果动员。

第三章 世界军事

世界军事是国际上一切直接有关军事斗争内容的总称,它随着国际政治和经济的变化而变化。世界军事主要研究的是国际战略格局和国际军事战略等内容。冷战结束后,国际战略格局发生了根本的变化,国际战略力量正在进行新的分化组合,各国纷纷对其军事战略进行调整。随着国际形势的变化,世界上不少国家和地区的民族矛盾、领土争端和宗教纠纷突起,使得世界并不安定。因此,认真研究军事战略、把握军事形势、预测未来发展趋势,对于准确判断我国安全环境、理解我国军事战略方针、战略决策等都具有重要的意义。

第一节 军事战略基本理论

一、军事战略的含义

军事战略,主要是指筹划和指导战争全局的方略,是军事科学和军事学术的重要组成部分,包括国家和武装力量准备、计划并进行战略性战役和整个战争的理论与实践。军事战略是国家战略的重要组成部分,是通过使用或威胁使用国家武装力量,确保国家政策目标得以实现的艺术与科学。主要表现为:第一,军事战略指导和运用的特定对象是国家武装力量,主要是陆、海、空军部队等;第二,军事战略是为达成国家政治目的服务的,通过发挥军事能力与其他要素的作用实现国家政策目标;第三,军事战略既是反映军事活动客观规律的知识体系,又是运用武装力量达成政策目标的富有创造性的方式与方法。

在美国,军事战略是其国家安全战略的重要组成部分,是参谋长联席会议制定,并由国防部长批准的关于如何使用军事力量实现国家政策目标的指导方针。美国国防部每两年更新发布一次《国家军事战略报告》予以明确。军事战略规定在战争中遂行作战行动或遏制战争的基本条件,并确立战区和战区要达到的目的。它分配部队,提供作战手段,以及规定使用武力的条件。美国最新版的《国家军事战略报告》发布于2011年2月,集中反映了奥巴马政府的安全战略思想和军事战略谋划,继续强调保持美军领先优势、对抗暴力极端主义等内容,还在战略环境的认知、军事理念、关注重点等进行了调整,其问世,即是落实美国的军事战略思想、指导美军建设和战略部署的指针性文件。因此,军事战略的地位极为重要,它不仅反映了国家安全战略的主要企图,而且还在推行国家安全战略方面起着关键性的作用。

二、军事战略的制定依据

制定军事战略涉及的因素很多,受政治、经济、军事、科技和地理等多种因素的制约,必须全面考虑,长远打算,趋利避害,方可做出抉择。当代世界各国都根据自己不同的政治、经济和所处的国际地位及全球环境选择自己不同的军事战略。

首先,国家安全战略的要求是制定军事战略的首要依据,反映了军事与政治的关系。美军认为,战争涉及政治、经济、外交、心理和军事等诸多因素,而政治是这些因素中的决定性因素。例如,2010年5月,奥巴马政府提出新的国家安全战略,对使用武力的态度更谨慎,强调在使用武力前,会穷尽其他选择,并对动武的风险与成本进行谨慎的评估。2011年2月,美军即调整了其军事战略,认为军事力量作为"举国"外交政策手段的一个组成部分,只有与其他力量相互支持、协调使用时,才是最有效的;而辅以经济、外交手段的军事威慑才是"最有效的威慑"。

其次,依据对安全环境的分析制定军事战略,包括美国的国民意志、地理条件、社会制度、民族特点、军事传统、利益集团等,特别是根据国际形势的发展变化和主要作战对象所构成的威胁来制定军事战略。美军认为,当威胁来自多个方面时,必须分清主次,认清谁是最主要的敌人,然后集中力量对付最大的威胁。在确定主要威胁之后,还要进一步找出威胁的性质和地点,得出正确的战争预测,论证未来战争的特点,并由此做出各项决策。例如,奥巴马政府基于对当前安全环境的判断和分析,提出美国军事战略的四大目标。一是对抗暴力极端主义,击败、瓦解盘踞在南亚地区的"基地"组织及其分支。二是保持威慑和击败侵略,继续倚重核威慑,保持常规力量威慑,发展在太空、网络空间等领域的威慑手段以适应"21世纪的安全挑战"。三是强化国际和地区安全,以北约作为同盟体系基础,强化与日、韩、澳同盟关系,发展与中东、非洲、东南亚、南亚地区新伙伴的安全合作。四是塑造未来的军队,加强各军种"全频谱"作战能力建设。

其三,依据国家的物质基础,制定军事战略。美军历来强调经济因素的重要性,认为经济是战争的物质基础,经济因素是取得战争胜利的基本因素之一。因此,军事战略的制定要适应本国的经济实力和科技发展水平。美军还特别重视高技术兵器的作用,认为高技术兵器可以在战略和战区范围内进一步改变力量对比。所以要求各军种充分利用高技术的潜力,尽快为部队所用,以便在与对手的长期较量中占据绝对优势。

而俄军则更多地从政治、经济、军事、科技和地理等因素考虑制定军事战略。俄军认为,军事战略与政治有着密切的联系,军事战略来自于政治,服从并服务于政治。政治对于军事战略的主导作用主要表现在:政治规定战争的目的;政治确定进行战争的方法;政治提出军事战略的基本任务和发展方向;政治动员必要的人力和物力资源保证战争的需要,为军事战略完成任务创造条件等。

三、军事战略的主要内容

随着国际形势的不断演变、科学技术的迅猛发展、特别是导弹核武器的出现,世界各国的军事战略做出了相应调整。以美国军事战略为例,军事战略通常包括威胁判断、战略目标、战略指导、军队建设、军事部署、作战思想、联盟战略等基本内容。

（一）威胁判断

威胁判断，是美国对其所处的国际战略环境中对本国国家利益构成威胁的因素做出的综合性评估，是美国国家军事战略的重要组成部分和制定战略目标及战略指导等内容的基本依据之一。美国认为，1997—2015年这段时间是充满机遇和挑战的"战略机遇期"。在此期间，全面核战争的威胁日趋减小，美国所倡导的民主价值观和市场经济正逐步为世界更多国家所接受，世界更加和平、更加稳定。美国与传统盟国的关系已顺利调整并更加适应冷战后的挑战，过去的对手现在成为安全合作的伙伴。总之，美国目前没有全球性对手，面临冷战以来最为有利的国际安全环境。但是，美国也认为，当前的世界仍是"危险的"和"高度不确定的"。在"战略机遇期"这段时间里，美国安全仍然面临一系列的挑战。美国认为，它所面临的困难是，美国无法确知：下一次冲突将于何时何地爆发；谁是对手，对手将如何作战；谁是盟友，对美军的具体要求是什么？许多"意外情况"都可能把美国的利益推进危险的境地。当前所面临的战略环境既充满机遇又复杂多变，如果美国放弃其"国际义务"、"领导世界的职责"和军事优势，世界只会更加危险，对美国利益的威胁将有增无减。

（二）战略目标

战略目标，是军事战略的重要组成部分，是运用武装力量所要达成的最终目的，直接反映了美国维护其国家利益的基本意图。美国把国家利益区分为三类，第一类是"生死攸关的利益"，即关系美国生存、安全和活力的具有压倒一切的重要性的利益，包括：维护主权和领土完整，保卫公民安全，防止和遏制对美国本土实施的包括核、生、化袭击和恐怖活动在内的一切威胁；防止出现一个敌对的地区联盟或霸权国家；确保航行自由及海上、空中、太空的国际通信安全；确保市场准入和顺利获取能源及战略物资；慑止和击败针对美国盟友的入侵行动等。第二类是"重要利益"，即这些利益一旦受到威胁，虽不会直接影响美国的国家生存，但会间接影响到美国的安全和强盛以及美国所处的国际环境。第三类是"人道主义利益"，这些利益与美国所倡导的民主、自由和人权等价值观密切相关，它们容易受到种族冲突、自然灾害等"人道主义危机"的威胁，其结果可能导致美国在国际社会的地位和形象受到影响。美国将针对不同类型的威胁"有选择地使用"军事力量。当第一类利益受到威胁时，美国将不惜一切代价，甚至单独行动，坚决动用武力。当第二类利益受到威胁时，只有当使用武力可以促进美国利益并能达成预定目标，而且其它手段已无法实现这些目标时，才"有选择地和有限地"使用武力。而当第三类利益受到威胁时，一般不把使用武力作为优先考虑的手段，但美军可参与部分行动。此时，须明确限定美军的任务范围，确保部队尽可能小的伤亡风险。总之，一旦决定动用军队，必须考虑所付出的代价和所承担的风险与受到威胁的美国利益是否相称，同时还须明确任务、目的和撤出的方案。有鉴于此，为维护和促进美国国家利益，美国"营造——反应——准备"战略提出的目标是："促进和平与稳定"、"击败对手"。美国所谓的"促进和平与稳定"，是指谋求在全球及关键地区营造并维持有利于美国利益的安全环境，确保美国以非军事手段追求其利益，并通过政治途径解决国际问题。这就意味着，美军必须确保全球任何关键地区不被与美国为敌的强国所控制，对美国极其重要的地区保持稳定与和平。这种稳定的状态将会减少冲突的发生和扩散，并使美国的其它部门可以通过非军事手段追求国家利益。

一旦潜在的地区性霸权国家或国家集团通过建设强大的武装力量或使用武力威胁美国及其盟国的利益时,美军将做出反应,确保盟友的安全,处理地区力量的不平衡,慑止或击败"侵略"。如果出现其它影响政治交往的威胁时,美军也可能采取行动,以防止冲突和减少威胁。美国所谓的"击败对手",即在武装冲突中,美军将以决定性的行动摧毁对手的作战能力或挫败其作战意图,迫使对手放弃武装抵抗。在实施作战行动时,美国将使用一切手段,并将投入决定性力量,在最短的时间内结束作战行动,取得对美国有利的结果。

(三)战略指导

战略指导,是在对国际环境做出判断的基础上、在国家安全战略的指导下,根据战略目标而确定的美军各种活动的指导方针。它是对战略任务的高度概括,可以细化为具体的行动方案和实施计划。"营造——反应——准备"军事战略的战略指导是:和平参与、营造环境;危机反应、慑止冲突;着手准备、应付未来。高度概括起来就是六个字:营造、反应、准备。"营造——反应——准备"的战略指导规定了美军的三项战略任务,即营造有利的国际环境、对各种危机做出反应、立即着手准备应付未来的不确定因素。第一、营造有利的国际环境。美军提出运用军事力量的威慑能力及和平时期的军事参与活动,通过"促进稳定"、"预防冲突和减少威胁"及"和平时期的威慑"等行动,建立一定的安全机制,从而营造一个对美国有利的战略环境。第二,对各种危机做出反应。美国预计,在当前的战略环境中,美军将可能参与各种军事行动,包括对付"同时爆发的各种小规模突发事件"和打赢"两场几乎同时爆发的大规模战区战争"。在做出反应之前,美军在全球的参与状态很关键,迅速从参与状态调整到危机反应状态的能力是取胜的重要前提。第三,立即着手准备应付未来的不确定因素。为了维持美国的军事优势,确保美国在21世纪的主导地位,美军将在保持全球参与和维持打赢两场几乎同时爆发的战区战争的能力的前提下,充分利用其新军事革命的成果,通过调整武装力量结构和革新军工管理体系,改革军队,发展装备,以适应未来需要。美军根据所拥有的"信息优势"和"技术革新",已重新确定其21世纪初的作战理论。

(四)军队建设

美国武装力量主要由现役部队、后备役部队及文职人员组成。平时保持一支精干的常备军并建立一套有效的动员体制、追求"技术优势"是美国一贯的建军思想。美国强调以强大的国民经济和先进的科学技术为基础,不断研制新型武器装备,改进部队编制,修订条令与作战理论,以夺取并保持军事上的优势地位。由于美军今后将面临各种突发性的事件,须经常转换任务,所以,只有保持经常性的、高水平的战备,才能在实施"营造——反应——准备"军事战略中具备高度的灵活性。此外,由于美军要在和平时期、危机时期以及战争中执行各种任务,所以,美军提出要具备以下八种能力:第一,实施战略威慑的能力;第二,实施决定性行动的能力;第三,进行特种作战的能力;第四,实施"强行进入"的能力;第五,对部队进行全维防护的能力;第六,反大规模毁灭性武器的能力;第七,确保有效后勤保障的能力;第八,进行信息战的能力。根据这些要求,美军将在目前的基础上继续裁减兵员,调整结构,理顺指挥关系,确定新的部队规模和结构。

(五)军事部署

美国的军事部署是根据各军种在平时和战时可能遂行的任务确定的, 冷战结束后,美国根据新的国际安全环境,奉行"海外存在与危机反应"相结合的军事部署方针,减少了海外驻军,裁撤了大量海外军事基地。其目的是既保持美国在全球的有利态势,又在战略上保持用兵的灵活性。今后,美军部队将主要集结于本土,但随时可展开部署并投入作战。同时,在欧洲和亚太地区各保持约 10 万驻军,并在海湾地区保持适当的兵力,以便慑止对美国利益的威胁。美军海外军事存在的基本特征是:欧亚并重、稳定中东、兼顾非洲和拉美。欧洲地区:冷战期间,欧洲是美国及其北约盟国与苏联及其华约盟国对抗的主战场,是美国全球部署的战略重点,美驻欧部队曾高达 35 万人左右。冷战结束后,美国开始大幅度削减驻欧部队数量。驻欧美军为 11.25 万人,主要包括 2 个陆军师、5 个空军联队和海军第 6 舰队。亚太地区:冷战期间,亚太地区被美国视为牵制苏联的重要方向,是其全球战略部署的次重点。美军太平洋总部所辖部队为 15.07 万人,其中主要有 2 个陆军师、8 个空军联队、1 个海军陆战师和第 7 舰队。美在亚太地区的驻军主要部署在东北亚,其中驻韩美军 3.65 万、驻日美军 4.69 万人。西南亚和中东地区:该地区具有重要的战略地位,并拥有丰富的石油资源,成为美国全球战略的一个重要方向。海湾战争之后,美国加强了在该地区的军事存在,并于 1995 年重新组建第 5 舰队。美国在西南亚和中东地区共保持 2.75 万人的兵力。非洲地区:美国将继续与有关国家保持使用其重要设施和港口的正式和非正式协议,以保证美国部队在非洲大陆的换乘和驻泊权。美驻该地区的兵力约为 2200 人。拉美地区:尽管美军南方总部已撤回本土,但美国将继续保持在巴拿马的军事存在,协同有关国家的军队共同打击毒品走私、对付各种突发事件。美在该地区驻军 9200 人。为支援海外军事力量,美军非常强调全球快速反应能力和兵力投送能力。美军共有陆军 4 个师、空军 20 个中队、海军 3 个航母编队及 1 个陆战远征部队,构成美军的应急反应力量。这些部队可在危机突发时对海外进行快速兵力投送,遂行应急作战。美陆军具备在 4 天内将 1 个轻型旅、12 天内将 1 个师、30 天内将 2 个师投送到海外战区的能力;海军具备在 7 天内将第 2 个航母编队投送到海外战区的能力。为了减轻战略运输的压力,提高反应速度;增强战略灵活性,美军已在全球建立了陆上预储和海上预置装备物资网络。美军海上预置船共 13 艘,满载吨位 61.55 万吨,编为 3 个中队,分别部署在关岛、迪戈加西亚岛和大西洋海域,每个中队载有 1 个海军陆战队远征旅所需的装备和物资。这些预置船接到命令后,1~7 天内便可到位。此外,美军还在陆上预储了 6 个陆军旅的装备(欧洲 3 个、韩国 1 个、西亚 2 个)和 1 个陆战旅的装备(在挪威)。

(六)作战思想

作战思想,是美军军事理论的核心所在。随着军事技术的发展和军事战略的变化,通过对历次战争经验和教训的总结,美军不断地修订其作战思想。自上世纪 90 年代后,世界形势发生了重大变化,高技术武器装备的大量使用,使战场出现许多新特点。1991 年 11 月,美军参联会颁布实施第一号联合出版物《美国武装部队的联合作战》,标志着美军联合作战理论的正式出台。该理论要求充分利用各军种的特长和联合部队的综合打击能力,发挥高技术武器系统的威力,将联合作战的范围从"空、地"扩大为"空、地、海、天",在全时空对敌军实施打击。1996 年 3 月,美参联会正式颁发了《2010 年联合作战构想》,在此基础上,又于 2000 年 5 月 30 日推出了《2020 年联合构想》,作为指导美军建设和未来作战的纲领性文件,集中反映了美军作战理论的基本走向;针对各种作战对象遂行多样化应急作战;力求全面控制作战空间;以远距离精确打击作为决胜手段;为执行各种任务的、不同层次的部队提供灵活、迅速、准确的后勤保障。总之,以"全维优势"为目标,联合作战在战略、战役和战术三个层次、在"空、地、海、天、电"全维实现高度一体化。这两份文件明确指出,信息优势和技术革命促使美军将目前的作战思想——"机动、打击、防护、后勤"转变为"主导机动、精确打击、全维防护、聚集后勤、信息行动"。"主导机动":通过在空、地、海、天、电多维上综合运用武装力量的信息能力、作战能力和机动能力,从而达成对战场的全维控制。在此基础上,对分散配置的联合部队实施部署并投入使用。"主导机动"要求对敌形成绝对性的和非对称性的优势,其关键是对战场的全面控制。只有这样,美军才能在信息顺畅、机动不受干扰的情况下,迅速集中正在分散的地区执行不同任务的联合部队去执行新的共同任务;"主导机动"的思想要求美军部队更加轻型化、作战能力多能化、机动更快、火力更猛、海、空运输更加灵活。"精确打击":发挥 C4ISR 系统(即指挥、控制、通信、计算机、情报、监视和侦察系统)优势,确保各级指挥官与战斗人员能够获得几乎实时的信息,运用联合部队和精确打击武器对敌目标实施进攻和打击,并及时评估打击效果,必要时实施后续打击。"精确打击"对 C4ISR 系统以及各种打击武器和装备的效能提出了更高的要求。除了情报的准确性、武器的精确性外,部队和武器的一体化也很重要。"全维防护":通过实施主动性和被动性的防护措施,在和平时期、危机时和战争中为美军部队与设施提供全方位的防护,最大限度地减少伤亡,保持美军部署、机动和作战的行动自由。为此,美军将着重发展战区防空、反导和对生、化武器防护的能力。"聚焦后勤":实现信息与后勤供应、运输技术的紧密结合,对行动部队实施按需勤务支援,保障兵力投送和持续作战,适应未来战争高度流动和作战单位高度分散的特点,使部队获得强有力的直接勤务支援。按需保障要求采用模块化的网络结构,对战略、战役和战术各个层次的作战行动进行准确和持续的后勤保障。"聚焦后勤"要求后勤部队更加精干、灵活,自身防护能力强,能够对包括和平参与活动、危机反应和大规模作战行动在内的所有行动进行有效的保障。"信息行动":为影响敌方信息和信息系统同时保护己方信息和信息系统而采取的行动。信息行动也包括在非战斗或模糊局势下采取的上述行动。美军认为,信息行动对夺取全面主导权具有重要意义。联合部队必须具备遂行信息行动的能力,其目的是支持和保护美国决策过程、在冲突中削弱敌方的决策过程。

(七)联盟战略

联盟战略是美军事战略的基础和重要组成部分。冷战时期,联盟战略一直是美国保持其在盟国中的主导地位并与苏联相抗衡的重要手段。冷战结束后,世界战略格局向多极化方向发展,美国面临多元化的威胁。西方联盟的凝聚力减弱,盟国之间的矛盾增多。美国尽管强调要保持单独行动的能力,但在很多方面必须借助盟国的力量。科索沃战争就是一个明显的例证。在这种情况下,美国对其联盟战略进行了调整。维持原有联盟,充分发挥盟国的作用;调整传统联盟关系,适应冷战后的需要;加强与友好国家的关系,为必要时组建同盟对付共同的敌人做好准备;加强与"非敌非友"国家的接触,力保双边和多边安全机制的建立。美国的联盟战略在冷战后发生了一些引人瞩目的变化,其重点已由冷战时期的缔结军事联盟与苏联对抗,逐步转为维持并调整原有联盟,发挥盟国作用并对其加强控制,加强多边接触,谋求地区安全事务的主导权,并为必要时缔结新的同盟做好准备。

第二节　国际军事战略格局

国际军事战略格局,是指国际社会的若干主要大国根据自身利益需求,在实施各自军事战略过程中,所表现出的力量对比态势。它是国际战略格局的重要组成部分,它与国际政治格局、经济格局密切相关。当前军事战略格局的主要特点表现为:世界军事力量对比的严重失衡,冷战结束后,美国获得了前所未有的安全环境和实力地位,成为当前惟一能够在全球范围内大规模使用军事力量的超级大国,而欧盟、俄罗斯、日本、中国、印度等则是具有相当影响力的军事强国。一超多强,多级并存、多国制衡将成为今后维持世界军事格局相对稳定的基本形式。

一、美国是目前唯一军事超级大国

21世纪初国际军事战略格局正在向新格局转移的过渡时期,美国成为世界上在政治、军事、经济等方面都具有全球性影响的惟一超级大国。前苏联的解体标志着以美苏对抗为特征的两极国际军事战略格局的终结,并导致了世界军事力量对比的严重失衡。前苏联超级大国的地位也随着其解体而消失,美国和前苏联这两支大体相当的军事力量相抗衡的关系已不复存在。美国军事力量的全球部署和投送能力,由于前苏联的解体而"一枝独秀",而且它正在重点加强对地区冲突的军事干预能力。另外,俄罗斯虽然还拥有一支数量庞大的常规部队和战略核力量,但是从根本上讲它已经不再有昔日苏联与美国抗衡的实力。在战争威胁的估计和战略企图的选择上,俄已不把美国作为直接的敌手,而把可能与邻国的交战视为战争准备的基点,强调在本土实施机动御衡。美军认为,冷战已经结束暂时没有类似前苏联那样的全球性战略对手,也不可能出现能够打败美军的地区大国和国家联盟。

国际战略格局的转换将使美国"一超称霸"的局面会保持相当一段时间。首先,从军事实力上看,尽管美军现役兵力只居世界第二,但它不仅拥有庞大的三位一体的核进攻能力,而且其陆、海、空三军能在全球任何范围内实施联合作战,武器装备在总体上遥遥领先其他任何对手,其实战能力高居世界第一。其次,从战争的物质技术基础上看,美国的经济实力也远高于其他国家,上世纪90年代以来,尤其是"克林顿时代"美国经济出现持续的增长,其综合国力进一步增强;另外科学技术(包括军事科技)的快速发展,使美国率先进入了知识经济时代。再次,从战略企图上看,美国声称在全球范围内拥有利益,并在各个地区承担防务义务,"领导世界"一直是美国国家战略的核心内容,这使得美国的安全战略目标主要放在防止世界上重新出现对美国构成威胁的新对手上。

由于苏联的解体和美国内政外交的需要,美国正在进行有限的战略收缩和军事战略的调整,其战略意图已十分明确。美国在本世纪的首要目标,是要防止在欧亚大陆重新出现对美构成威胁的新对手,从而确保"美在世界的领导地位"和巩固"既定的世界政治和经济秩序"。美国将其强大的军事力量作为维持其在世界的领导地位和对付地区冲突的重要支柱。自上世纪90年代以来,尤其是"9·11"事件以后,美国以各种名义在世界各地使用军事力量的行动明显增多。美国的战略意图和行动,将成为影响世界形势稳定的因素。因为：第一，美国试图维持其"一超称霸"的地位，本质上是与多极化进程背道而驰的，是世界缓和大趋势中的一股逆流。第二，美国以其实力为后盾来推行其"民主"、"人权"等价值观，这种干涉别国内部事务的霸权主义和强权政治行径已经遭到广大发展中国家和人民的抵制和反抗。美国的军事干预不但无助于地区形势的稳定，相反会使形势更加复杂和动乱不止。美国近年来推行的"反恐"战略方针，不仅未能制止恐怖活动的蔓延，反而使国际反恐斗争更加复杂。第三，美国把防范的重点放在对盟国的控制，特别表现在对日本和德国崛起的担心，这势必加剧美国与其盟国间的摩擦。

世界政治经济发展的不平衡所导致的均衡化趋势，是世界战略格局中两极体制解体，并最终走上多极化的根本原因。当前世界战略力量均衡化的发展趋势最突出地表现在经济上。二战后几十年激烈的军事对抗和军备竞赛，使美苏两个超级大国一个元气大伤，一个最终解体。美国的国民生产总值在世界上所占的比重，已由二战结束初期的46%下降到近年来的24%左右。另一方面，日本和欧共体国家这几十年经济迅速发展，已成为对国际事务有重要影响的经济大国或经济集团。经济力量均衡化的发展必将引起政治、军事力量对比的变化。

二、军事战略格局向多极化发展

美国"一超称霸"的局面既是两极体制被打破后的必然现象，又是一个终将被多极体制所取代的暂时的历史过程。当前，以美国总体实力继续衰落、某些国家战略力量迅速增长为主要特征的多极化趋势正在发展。

欧盟是当今世界上规模最大、一体化程度最高的地区经济集团，兼有政治集团和军事集团的性质，具有雄厚的经济、科技和军事实力，其整体的经济实力已经超过美国。在联合国安理会5个常任理事国中占有两个席位，在处理全球以及地区事务中有很大的发言权。冷战结束后，随着欧盟自身实力的增强，尽管仍未完全摆脱对美国的依赖，但欧盟对美国的离心力越来越大，美国的盟主地位受到冲击。近年来，为了逐步建立多层次的欧洲安全防务体系，欧盟一方面力图"欧化"北约，加强西欧联盟，组建欧洲军团以及独立于北约之外的欧洲快速反应部队；另一方面，积极介入世界热点地区事务，扩大在地区和国际事务中的发言权。在某些方面，欧盟开始与美国分庭抗礼。比如在伊拉克问题上，欧盟大多数国家对美国的"先发制人打击"持否定态度；在推动中东和平进程以及解决伊朗核问题上，欧洲"三驾马车"，努力通过谈判来解决问题，这与美国奉行的持续高压甚至动武政策背道而驰；在对华"军售"解禁问题上，欧盟不顾美国的威胁，与美国叫板，法德等国率先宣布将解除"禁售"。因此，毫无疑问，欧盟是军事多极体系中实力和影响力都较强的"一极"。

俄罗斯作为前苏联的主要继承者，继承了前苏联在联合国安理会的常任理事国席位，以及前苏联76%的领土和70%的国民经济总产值，幅员横跨欧亚两大洲，国土总面积1700多万平方公里，自然资源极其丰富，科技力量相当先进，军事力量非常强大，实力仅次于美国。虽然俄罗斯综合国力受到削弱，但其军事力量尚能有效支撑其大国的地位。为弥补综合国力的不足，应对北约东扩、战略空间日益被压缩的严峻现实，俄罗斯越来越把"核遏止"作为恢复国家地位的支柱，坚持其战略核力量的发展计划，放弃不首先使用核武器的承诺，试图以此来维持国家利益和自身安全。从长远来看，俄罗斯不可能无限制地削减其军事力量,而放弃其世界大国的地位,它的军事力量仍然是一个可以并可能对世界形势产生重大影响的因素。

日本是世界上的经济大国。随着经济和科技实力的增强,日本已经不满足于经济大国的地位,提出以经济为后盾,以强大的军事量为保证,以自主外交为手段,逐步发展成为世界性政治大国的战略目标。目前,日本已不甘心在国际事务中扮演"小伙计"的角色,在亚太地区与美国争夺主导权的斗争日趋明显。凭借其强大的经济实力,日本一直在朝着成为联合国安理会常任理事国而努力。在军事上,日本借题发挥,利用美国近年来发动的4场战争,屡屡突破战后和平法案对其的限制。为此,日本每年投入高额军费大量采购高精尖武器装备,重点加强海上和航空自卫队的建设,使其武器装备朝着大型化、远程化的方向发展。通过短短几年的努力,日本将自卫队打造成了世界一流的军队,日本军事力量实现了"跨越式"的发展。因此,日本也已成为亚太地区乃至世界军事强国,成为军事多极体系中的"一极"。

中国是世界上最大的发展中国家,也是联合国的常任理事国。新中国成立以来,特别是改革开放后,中国经济飞速发展,国民生产总值在世界上的排位不断上升,综合国力显著增强。中国奉行独立自主的和平外交政策,不干涉别国内政,坚决维护自己的独立与主权,同时也尊重别国的独立与主权,并一贯坚持正义的立场,反对以大欺小,以强凌弱和以富压贫的强权政治,致力于建设公正合理的国际新秩序,是反对霸权主义和强权政治的重要力量,在国际事务尤其是在亚太地区有着广泛的影响力。中国拥有一支任何人都不能轻视的军事力量,国防实力日益增强,是维护世界和平与稳定的积极力量,在推动国际裁军进程,解决国际争端和地区冲突等方面发挥着越来越突出的作用,赢得了崇高的国际威望。因此,中国无疑是世界军事多极化体系中的"一极"。

此外,世界上有些国家与地区集团正在国际舞台上发挥着重要作用,如印度、巴西、南非、东盟等,在全球和地区事务中的地位和作用正日益提高。南亚地区性大国印度,人口居世界第二,经济发展较快,科技力量较强,现有兵力规模世界第四,军事实力与日俱增。1998年5月印度不顾国际社会的舆论谴责,连续进行了5次地下核试验,成为有核国家,并正在努力朝建设"三位一体"战略核力量方向发展。印度积极争当世界军事强国,力图做核大国,保持和发展一支地区性进攻军事力量。在世界军事格局中具有一定的影响。东南亚是20世纪80年代以来世界经济最具活力的地区之一,随着经济实力的壮大,东盟作为一支新兴的政治力量,正在不断加强内部多边、双边的防务合作,积极调整与大国的关系,同时加紧扩大成员国数量,积极争取在地区事务中的更大发言权。未来的东盟将可能在国际战略格局中发挥重要作用。

尽管世界战略力量均衡化的趋势,在短时期内还不会引起世界军事力量对比发生重大变化,但从长远来看,它对世界军事形势的影响不可忽视。这一趋势的发展正在并将越来越明显地成为制约霸权主义和强权政治、推动世界形势缓和的重要因素。

三、国际军事战略格局的新特点

随着国际形势总体趋向缓和,国际军事战略形势也在继续走向缓和。但是,由于世界仍然处于两极向多极化转变的过渡时期,各种矛盾都在经历深刻而复杂的变化,军事战略形势同样有着许多不确定性和不稳定性因素,甚至可以说,仍然包含着若干可能导致危机或冲突的潜在因素。

(一)世界战争形势总体稳定局部动荡

世界整体上将处于相对和平与稳定的时期,爆发世界大战的可能性趋小;但世界并不安宁,局部战争和武装冲突时有发生。冷战结束后,世界政治军事形势发生了很大变化,制约世界大战的因素有了根本性的改变。这主要表现为,第一,世界级的军事对抗已不复存在。两次世界大战的爆发,都是由于战前帝国主义国家之间存在着相对立的两大军事集团(联盟)矛盾激化而导致的。第二次世界大战后,由于存在着社会制度和意识形态根本不同的两大社会阵营,存在着美苏两个超级大国对世界霸权的激烈争夺,整个世界曾在很长时间内笼罩在新的世界大战威胁的阴影下。随着前苏联的解体和华约集团的解散,国际上两大对立的军事集团已不复存在,美国作为惟一的超级大国已失去了昔日强劲的竞争对手,新的世界大战的危险性也随之大大减小。可以预料,在未来较长的一段时间内,不大可能出现一个有资格打世界大战的新的超级大国,也不会出现新的世界级军事对抗的局面。因此可以说,爆发新的世界大战的危险性将进一步减小。第二,世界和平反战力量继续发展。战后以来,新的世界大战之所以没有爆发,在很大程度上是由于世界和平反战力量不断壮大,抑制了战争因素的恶性膨胀。当前和今后一段时间内,随着科学技术的进步,特别是信息技术和信息传播手段的发展,世界和平反战力量得到进一步发展,他们将充分利用传媒手段和新闻媒介来了解世界战争形势,加强宣传和平攻势,影响战争决策者的决心。因此,爆发新的世界大战的危险性将有可能降低到战后历史的最低点。第三,各国开始致力于发展经济和增强综合国力。目前,世界各国,包括惟一的超级大国美国在内,都面临着发展本国经济的严峻挑战,开始把注意力从战争准备和军备竞赛转向国内经济建设上来,以便增强各自综合国力,以使本国在21世纪处于一个有利地位。因此,各国都不愿意看到新的世界大战爆发,对使用军事手段都采取比较克制和谨慎的态度。这也是在近期爆发世界大战的可能性趋小的主要制约因素之一。两极格局终结之后,世界消除了爆发大战的阴影,但仍未摆脱局部战争和武装冲突的困扰。这已成为影响世界战争形势的重要因素,也成为世人关注的"焦点"和"热点"。

(二)大国关系斗争制约相对稳定,地区国家在相互靠拢

世界各主要战略力量继续进行相互关系的调整,在欧洲和亚太地区开始出现未来军事战略格局的雏型。观察军事形势,首先应该观察战略格局,就是说观察各主要战略力量对比的消长变化,以及它们相互之间基本关系所处的状态。因为,这些对形势的发展起着决定性的作用。当前大国之间在合作和斗争中相互制约,因而相对稳定的状态并未打破,这为世界总体缓和提供了有利的前提。但是,近年来一个突出的现象是大国之间关系中的矛盾、冲突明显上升,而且主要是美国和其他大国之间矛盾和冲突。美国不但和它的盟国西欧国家和日本龃龉增多,与中国、俄罗斯以及印度等国家也在一些问题上发生了利益碰撞,反映出一方面美国在多极化格局的形成中,仍然力图维护自己的霸权,另一方面美国这样做也正受到越来越大的制约。近年来还有一个突出的现象是,中小国家(或者说地区性国家)联合自强的趋势明显加强,东盟就是一例。目前,东盟在亚太地区推动建立一个有利于地区长期稳定的多边安全机制方面起着某种主导作用。这反映出在多极化格局中,不仅仅大国在起作用,地区性国家相互靠拢,争取在国际事务中有更大的发言权,

同样对未来的军事格局产生重要的影响。由于上述趋势的发展,无论在欧洲还是在亚太地区,似乎都正在出现一个比较清晰的未来军事战略格局的雏形。这一格局将带有两个比较明显而又相互矛盾的特征:第一,各主要国家之间逐步形成不同程度的相互依赖又相互制约的关系,敌我的界限不再像冷战时期那样泾渭分明。这就决定了这些国家的军事政策今后都将有明显的两面性:即争取和其他国家合作,又对对方有所限制和防范。各国之间的军事关系将变得更为复杂。第二,美国的影响相对下降,其他战略力量影响上升。但美国作为惟一的超级大国,仍将保持对未来军事战略格局的某种主导权,甚至使之打上美国的印记。换言之,未来格局仍将建立在美国在冷战时期所形成的同盟关系基础之上。例如,在欧洲,军事战略格局将要以北约为基础;而在亚太地区,美日联盟仍将起着举足轻重的作用。

(三)世界军备下降幅度参差不齐,质量建军成为主要竞争形式

世界许多国家在国防和军队建设方面的主要趋势,仍然是减少数量、提高质量。但近年来不少国家正在出现一股要求加强军备的势头,这对世界未来形势将产生一定的影响。在调整军队规模的同时,各主要军事强国都注重对军力结构和指挥体制的调整,突出对重点部队的建设。为有效应付地区性危机或冲突,世界上约20个国家已经或正在酝酿建立快速反应部队。韩国、马来西亚、以色列和埃及等国已取得了很大进展。预计世界各主要发达国家和部分发展中国家将建立起完善的应急机动作战部队。但与此同时,各国根据未来作战要求,加强质量建军的趋势正日益明显,而争夺技术优势和提高实战能力,又是其中两个特殊的重点。例如,美国在军费大幅度裁减的情况下,用于武器装备研究、作战训练和发展的费用不断上升,可见部队今后将更加精干,作战能力更强。在争夺技术优势方面,各国目前都在普遍利用迅猛发展的高技术,着重发展技术领先的武器系统,特别是加快发展未来战场监视系统、侦察情报系统、信息传感系统、精确制导技术系统以及空间武器系统;同时积极更新作战理论和作战思想,力图将空、地、海、天一体化的联合作战和信息战推向实用阶段;并且大力革新相应的部队结构和编制,探索建立适应未来战争需要的新的部队形式,如成立数字化部队、信息战部队以及外太空部队等。这些情况反映出冷战结束后,像美苏以往那样全球性规模的军备竞赛已经结束,但是,一场以提高质量为中心的军备竞赛正在激烈地展开,这场竞争显然将影响到各主要国家的军事力量对比,以及世界总的军事态势。另外,在许多西方国家以及俄罗斯,近年来随着国内保守势力以及民族主义情绪的抬头,要求刹住军费下降,大幅度提升军事力量,强调更多运用军事手段确保国家利益和解决国际争端。在一些西方国家,尤其是美国,保守势力的上升还和统治集团内部"冷战思维"的回潮交织在一起,使得它们的军事政策往往带有浓厚的意识形态色彩和强烈的霸权主义特征。美国政界不少人大肆鼓噪"中国威胁论",鼓吹对我国进行遏制。令人不安的是,这种思想已经反映在美当前的对华政策中,并且可能成为影响今后亚太地区稳定的一个消极因素。

(四)国际军控形势更加透明

冷战结束后,国际军控形势取得了实质性进展。美俄两个核大国加快了核裁军谈判的进程,相继签署了《第一阶段削减战略武器条约》和《第二阶段削减战略武器条约》。联合国等国际组织在国际军控与裁军领域的作用日益加强,多边军控谈判也取得一些进

展,一百多个国家签署了《禁止化学武器公约》,日内瓦裁军谈判会议成立了"全面禁止核试验条约"谈判特别委员会等,多边军控领域取得一系列重要成果。导弹技术控制制度的逐步建立,常规武器转让登记和本国生产的武器登记等军备透明措施的实施,使国际军控机制不断完善和发展。今后一个时期内,美俄仍将是两个最大的核国家,双方将继续保持较低水平的核威慑,在削减核武器的同时,将继续改进和研制新型的核武器。国际不扩散机制将进一步加强,重点将由防扩散转向反扩散,并把矛头指向发展中国家,采取一些更具歧视性的限制措施和手段。国际军控的形势虽然有所好转,但也存在着严重的问题,尤其是核技术和材料的走私已引起国际社会的广泛关注,一些国家投入巨额经费发展尖端武器更令世人担忧。俄罗斯一改近年来在国际军火市场几乎销声匿迹的状况,大张旗鼓地重返世界军火市场。在西方出口武器种类中,以海、空武器装备为主的高技术武器装备的比重逐年上升。

四、各主要国家的现行防务政策

(一)美国的防务政策

2010年5月27日,美国奥巴马政府公布了"国家安全战略报告"。该报告指出美国应通过"外交软手段"和"军事硬实力"双管齐下应对新的挑战,重塑世界新秩序,在国际事务中更多采取合作的方式,通过与其他国家一起行动来建立美国主导下的国际新秩序。

奥巴马政府的防务战略主要包括以下四方面内容。一是从伊拉克部分撤军、推出阿富汗新战略。伊拉克战争不得人心,成为共和党政府的软肋。奥巴马在竞选时就承诺要从伊撤军。2009年2月27日,奥巴马正式宣布了一个为期18个月的撤军时间表;3月27日他又正式推出新的阿富汗战略。新战略的总目标是"破坏、瓦解和击溃"那里的"基地"组织,以确保美国和国际社会的安全。其主要内容包括:(1)大幅增兵,将驻阿美军的总兵力增至6万人,再加上3.2万人的盟国军队,整个北约在阿驻军将超过9万人。(2)将巴基斯坦纳入新战略框架。奥巴马呼吁国会在未来5年将对巴的直接援助增加到每年15亿美元,帮助巴建立学校、医院、道路,发展当地经济,以争取民心,铲除恐怖分子在巴的避难所,消除恐怖主义滋生的土壤。(3)对对手进行分化瓦解,区别对待。美国在新战略中将塔利班分为温和派和极端派,对于温和派寻求和解,而对死硬分子则继续实行"肉体消灭"。(4)谋求国际合作。奥巴马计划与联合国共同筹建一个"阿富汗和巴基斯坦接触小组",成员包括俄、中、印、伊朗等国。

二是提出"无核世界"主张。2009年4月5日,奥巴马在捷克首都布拉格的一场演讲中声称,美国将寻求销毁世界上所有的核武器,争取建设一个没有核武器的世界。他在演讲中还提出了具体措施,包括要求美参议院批准1999年被国会拒绝的《全面禁止核试验条约》,寻求强化《不扩散核武器条约》,在一年内召开一个关于世界核安全的全球首脑会议,以及尽快与俄罗斯谈判达成《第二阶段削减战略武器条约》等。在奥巴马之前,美国前政要基辛格、舒尔茨、佩里、纳恩等人也曾联名呼吁建立"一个没有核武器的世界",但美国最高领导人明确表示要在全世界全面消除核武器这还是第一次,而且美国还表示要为此率先行动,因此立即引起世界关注。

三是有条件放弃在东欧部署导弹防御体系,与俄罗斯重启《削减战略武器条约》谈判。在东欧部署导弹防御体系是小布什任内提出的计划,也一直是美俄争执的焦点,更是美俄关系恶化的主要原因之一。美新政府上台后,副总统拜登在2009年2月赴欧洲参加慕尼黑安全会议时,就曾向俄外长表示将会对导弹防御系统计划重新评估。拜登虽未明确承诺什么,但为该计划留出了修改余地。到了3月初,《纽约时报》披露奥巴马已致信俄总统梅德韦杰夫,提出同对方"用伊朗做一笔交易",只要俄能劝说伊朗放弃开发远程导弹系统与核武器,那么美将停止在东欧地区部署导弹防御系统。4月1日赴伦敦参加G20金融峰会的奥巴马与梅德韦杰夫举行双边会晤,会后发表联合声明,决定立即开始就《削减战略武器条约》新协议进行磋商。

四是大幅调整军事预算,削减针对中、俄等大国的尖端军事项目预算,相应增加预算以满足在伊拉克、阿富汗战场的需求。4月6日,美国防部长盖茨正式对外宣布2010年国防预算。新预算建议停产美军现役最先进的F-22战斗机,削减多年来饱受争议的导弹防御系统费用,以及耗资1600亿美元的陆军"未来作战系统"。这些武器通常被认为是威慑中、俄等国的关键项目。美新预算同时建议相应增加对伊拉克、阿富汗战场投入,加速生产相对廉价的F-35战斗机,增加20亿美元用于购置监视和侦察装备,包括购买50架"捕食者"无人飞机。这类武器被认为最适用来打击藏匿在阿富汗境内的恐怖分子。盖茨还建议增加资金用于装备追捕恐怖分子的特种部队。

(二)俄罗斯的防务政策

俄罗斯的国家性质、安全环境和综合国力等,均在苏联解体后发生了巨变,其防务政策和军事战略因内外环境的变化,存在着诸多不定因素。2004年1月下旬至2月26日,俄军举行了近20年来规模最大的、代号为"安全-2004"的实兵战略演习,参演兵力涉及俄军的所有军兵种,包括"三位一体"的战略核力量。此次演习,"以核遏制为依托的机动战略"开始引起世人的关注,俄新军事战略初露端倪。"以核遏制为依托的机动战略"这一概念最早在1997年8月由俄军事科学院院长加列耶夫大将倡导。俄军方目前公开承认这一战略概念,意味着它从学术观点上升为俄军方的行动准则。举行以新军事战略方针为指导的首次大规模战略演习,则标志着俄军已完成了在普京时代的军事战略转变,即由叶利钦时代的现实遏制战略转变为以核遏制为依托的机动战略。俄"以核遏制为依托的机动战略"的新军事战略具体内容为:

1.以战略核力量遏制大规模战争,核遏制是俄军事战略的核心

苏联解体,华约组织解散后,面对北约的一再东扩、步步进逼,在常规力量大幅缩减的情况下,俄无力与人数数倍于己的北约军事集团打一场大规模的常规战争。俄认为必须保持可靠的、最低限度的核遏制能力。因此,核遏制的作用提高了。普京也曾多次表示,核武器的质量从来就是俄罗斯安全的基础。2003年10月出台的《俄联邦武装力量发展的紧迫任务》规定了俄战略遏制的基本任务:在平时,防止出现针对俄或其盟友的任何武力压迫和侵略;在战时,通过威胁使用或直接使用常规或核毁伤兵器,迫使敌人停止军事行动,以防止侵略升级。但随着时间的推移,俄军的现役战略核导弹大多进入"老龄"阶段,在2010年后,大部分的现役战略导弹将达到最高服役年限。在2004年的军事演习中,俄海基战略核力量3次发射导弹失败就暴露了俄军战略核遏制盾牌上的漏洞。在无法得到充足的资金保障的情况下,在美国撕毁《反导条约》、计划部署国家导弹防御系统有意降低核门槛、甚至暗示要恢复核试验的新形势下,俄罗斯核遏制战略的可靠性受到了越来

越大的挑战。为确保核遏制的有效性,俄计划通过以下措施维持最低限度的核遏制能力:一是采取各种技术措施,延长现役战略导弹的使用期限;二是继续装备新一代战略导弹系统;三是开发导弹突防技术,采取非对称措施,保持战略领域的平衡,在经济许可的条件下,不排除发展导弹防御系统;四是缩短战略遏制力量的使用准备时限,确保控制和制导系统、通信系统和设备的稳定工作;五是开发并扩大战略核力量控制系统的太空部分——航天器集团。

2.以常备力量同时打赢两场战争

俄军认为,核遏制固然重要,但单纯依靠核遏制不能保证俄应付多种性质的威胁。在现代条件下,只有拥有了一支装备精良的能执行一般任务的力量,核遏制才能有效。俄军的战略构想是,平时在5个战略方向上部署一定数量的常备兵团和部队(在2007年建立72支全部以合同兵补充的常备师、旅、团),并在境外的两、三个地区(中亚和高加索地区)保持前沿军事存在。在平时和非常情况下,在保持战略遏制潜力和战备程度的同时,常备兵力应能在不经补充动员的情况下,同时在两场任何类型的武装冲突中顺利完成任务,以及独立地或在多国部队编成内实施维和行动。在政治形势和军事战略形势尖锐化的情况下,常备力量在核遏制的条件下通过远距离变更部署,增加危险方向上军事集团的部署,以遏制情况的升级。在战时,以现有力量抗击敌空中——太空袭击,在进行全面的战略展开之后,同时在两场局部战争中完成任务。2004年的战略演习表明:常备兵团和部队(主要是陆军和空降兵)跨战区远距离(空中、地面)机动作战,将成为俄军在未来可能的武装冲突和局部战争中的主要行动样式。在俄军的历史上,提出同时应付两场局部战争还是第一次。非常明显,俄军在制定军事计划时,不再以现有的军事实力,而是以俄联邦的地缘政治需求为自己的出发点。它表明俄军在经历了10余年的大规模激进改革后,正如俄国防部长所说,俄军业已"从解决武装力量的生存问题转向真正的军事建设"。

3.抵御美国和北约的战略施压

俄军方明确指出的"以核遏制为依托的机动战略"主要针对的是俄罗斯面临的外部威胁。在地缘政治领域,俄罗斯对北约的进一步东扩和美国在其周边构筑军事基地链条的行为表示了严重的担忧,并指出北约的军事机制变得更加适合打大规模战役了。作为对这些趋于严峻的外部安全环境的回应,俄军声称,俄保留根据国际形势的变化包括降低使用核武器的门槛,以及根据北约所发生的变化而改变制定军事计划的权利,包括改变俄罗斯的核战略。在2004年的战略演习中,西伯利亚军区和伏尔加河沿岸——乌拉尔军区演练的内容是,常备兵团和部队向西部战略方向和西南战略方向远距离机动。战略核力量和一般任务力量联合演习的地点在列宁格勒军区、莫斯科军区地域和北方舰队所辖水域。这表明,在5大战略方向中,西部和西南战略方向已成为俄军战争准备的重点,其中西部战略方向是俄军最为担忧的方向。遏制美国和北约集团可能的针对俄的大规模侵略战争,始终没有远离俄军的视线。"9·11"事件后,俄罗斯率先支持美国的反恐行动,并与美国结成了暂时的反恐联盟。但俄罗斯的退让并没有换来战略上的喘息,美国对俄罗斯的遏制却并未松懈。从俄新军事战略出台后的首次战略演习来看,俄对美不再抱有幻想,俄认识到,缓和对美关系并不能维护其根本利益,维护国家利益只能依靠自身实力,尤其是军事实力。可以预见,俄虽不会回到与美全面对抗的老路,但在其利益攸关的独联体地区,在事关其大国地位的战略稳定领域,俄与美国的争夺将会日趋激烈,遏制与反遏制将成为未来一段时间内俄美关系的主线。

4.首次提出"先发制人"用兵方针

自戈尔巴乔夫时期以来,俄罗斯的军事战略方针经历了几次重大的调整,但都是以整体上的防御为基调。普京上台之初通过的《俄联邦军事学说》也强调,俄军事学说具有防御性质。在俄军新的军事战略中,积极遏制的因素大大增加了。在《俄联邦武装力量发展的紧迫任务》中,已看不到防御性学说的提法。相反,俄国防部长伊万诺夫首次提出了"先发制人"的使用兵力的方针。其中,作为对美国新的核战略理论的回应,俄暗示也可能实行"先发制人"核突击的理论。这是俄军核遏制战略的一个重要变化。2003年下半年,俄军政领导人多次暗示,俄可能保留在某种条件下为保障安全而进行"先发制人"核突击的权力。倚重战略核力量的遏制作用,将是今后俄军事战略发展的重要趋势。

(三)日本的防务政策

目前,日本已发展成为事实上的世界军事大国和军事技术强国,日本自卫队已建成一支居世界前列的强大的进攻型军队,其能力已远远超出了"自卫"的需要。但是,日本并未就此满足,反而一直大力扩充军备,强化军事力量建设。日本军事战略已发生令人担心的实质性变化。

1.战略指导思想由自卫防御转变为主动干预

在20世纪80年代中期以前的一段较长时间里,日本奉行的基本上是"自卫防御"战略。冷战结束后,日本将制定和修改法律和调整军事战略交织在一起,将日本军事力量不断推向发展。1992年,日本政府通过采取强行措施,在国会通过了"海外派兵法",为日本自卫队在二次大战后首次跨出国门,发挥军事作用,打开了突破口,具有划时代的作用。此后,日本通过对"自卫队法"进行修改,放宽了自卫队在海外执行任务时使用武器等方面的限制。1999年4月,日本国会众、参两院分别通过了与新《日美防卫合作指针》相关的3个法案,即《周边事态法案》、《自卫队法修正案》、《日美相互提供物资和劳务协定修正案》。这3项法案的通过,表明日本防卫政策已突破和平宪法的限制,为日本在亚太地区乃至世界参与美国军事干预行动提供了法律依据。所以,这3项法案实际上就是配合美国进行军事干预的"战争法案"。特别是所谓"周边事态",把我国台湾、朝鲜半岛等地区都划了进去,从而使日本从保卫本土变成为保卫日本周边地区。2001年,日本通过了《反恐怖特别措施法》等3项法案,实现了战时向海外派兵的企图,使日本向海外派兵发生了质的飞跃。2002年通过了《有事法制》三法案,即《武力攻击事态法案》、《自卫队法修正案》和《安全保障会议设置法修正案》,其核心内容是在认定发生"武力攻击事态"的情况下,日本首相在认为必要时,可自行决定派兵赴海外对付所谓"周边事态"。《有事法制》三法案在国会通过后,日本为了进一步拓宽向海外派兵的道路,又迅速通过了"支援伊拉克重建特别措施法案",在加紧谋求"做有军事实力作后盾的政治大国"的道路上又迈出新的一步。2003年2月,日本陆上自卫队主力部队踏上了伊拉克国土,开始了二次大战后在海外最大的军事行动。

2.坚持日美安全保障体制,完善自身防卫力量,加强对俄、中、朝的防范

冷战期间,日本的防卫由两部分组成:一是日美"联合防卫",即日、美联合对付中等以上规模的战争,其中对核威慑、核战争由美国提供核保护伞;二是日本单独实施防卫,对小规模战争,日本自己独立进行抵御,如有困难可请求美国进行支援。冷战结束后,国际形势发生了巨变,日本要求在日美军事合作中承担更多的责任,在坚持日美"联合防卫"的同时,逐步向"自主防卫"的方向转变。变"日美双边安全保障合作"机制为"多边安全保障合作"机制,逐步扩大日本安全范围和保障合作内容。在外部的防卫上,日本认为,随着苏联的解体,俄在远东的军事活动,尤其在日本周边的军事活动在不断减少,俄罗斯已不像过去那样对其构成直接威胁。但俄在这一地区部署重兵,且配属有各种现代化核武器,这仍是该地区安全的不稳定因素。况且,目前俄军调整动向难测,日俄领土问题至今悬而未决,故此日本将继续把其视为潜在威胁。近年来,日本对中国的戒心日重,其《防卫白皮书》明确把中国作为"警戒对象国",在制定新《日美防卫指导方针》的过程中,日本政府曾多次声称,日美防卫合作的防卫包括台湾。今后,日本对中国的防范将会进一步加强。日本对朝鲜也非常重视,朝核问题加剧了朝鲜半岛的紧张形势。日本认为,这是一个重大的安全不稳定因素,因此朝鲜将是日本目前和今后一段时期的重点防卫对象。

3.大力发展先进武器装备,走质量建军之路,提高自卫队的实战能力

为加强军队质量建设,真正确立起军事强国的地位,日本在引进和发展先进武器装备方面采取了许多重大举措。日本海上自卫队有些装备比美国还要先进,具有很强的反潜、反舰、防空和电子战等远洋综合作战能力。为提高远洋作战能力,日本准备建造2艘万吨级大型驱逐舰和2艘新型宙斯盾驱逐舰,拟建造的大型驱逐舰标准排水量为1.35万吨,可搭载10架大型直升机,配备有宙斯盾导弹系统,并拥有反潜能力和舰队指挥能力,实际性能已接近轻型航母。日本航空自卫队拥有强大的空战能力,可以同时对付300~700架来袭战机,空中截击能力仅次于美国和以色列。C-130运输机经空中加油后可将部队和物资输送到世界上任何一个地区,F-2战机的综合作战能力超过美现役的主力战机F-16。日本还装备了13架空中预警机、4架大型早期预警机,空中加油后可持续飞行24小时,并能同时指挥数百架飞机执行空战任务。在新的中期防卫年度内,日本还准备引进先进的空中加油机、远程侦察机,以进一步提高自卫队战斗机的续航距离和对邻近国家重要目标的攻击能力。提高战略情报侦察能力和中央指挥控制能力,也是日本加强军事力量建设的一个重点。日本陆上自卫队的武器装备也是世界一流的,其主战坦克性能先进,火炮数量居当今世界前列,反坦克武器品种齐全,防空高射炮、岸舰导弹性能比美军还先进。此外,日本自卫队已是一支高度职业化和整体素质较高的军队,其陆上自卫队的15万名自卫队兵员,每人均能胜任连排职指挥军官,实际上这就等于是15万名储备军官。一旦"周边有事",陆上自卫队就能在短期内迅速扩充为一支百万人的大军。为了加强对自卫队的指挥,日本建立了世界最先进的中央指挥系统,这一系统与日美联合司令部、西太平洋美军的有关系统联结在一起,可以相互交换情报,采取军事行动。通过该系统,可以对实施海外干预的自卫队部队进行有效的指挥。日本新防卫大楼和新中央指挥所的建设基本完成,标志着日军指挥、控制、通信、计算机和情报处理能力进入了一个新的层次。完全可以说,强大的军事实力为日本军事战略的质变奠定了坚实的物质基础。世界一流的、日趋大型化、远程化的武器装备,与指挥系统的组合,使日本的军事实力大幅度提升,并已具备赴海外进行军事干预的能力。

4.隐蔽地为研发核武器做准备

日本已有能力拥有核武器,早已不是什么秘密。1995 年,日本著名的《宝石》杂志曾语出惊人:"日本能在 183 天内制造出原子弹"。日本一直以和平利用核能为名,大力开展尖端核科学技术研究,这方面的技术始终处于世界领先水平。日本的核料储备量为 4.5 吨左右,并正在建设核废料再处理和回收工厂。该厂建成后,其核料的拥有量将达 100 吨,从而使日本成为世界第一储核大国。这些核料除核电的正常消耗外,尚可剩余 62 吨,足可以制造 7500 枚左右的核弹。不难看出,日本拥有核武器只是早晚的事。一旦形势需要,日本政府做出建立核武装的决定, 便可以在很短的时间内一跃成为世界第三核武器大国。同时,日本对加入美国的战区导弹防御系统(TMD)也表现出了浓厚的兴趣,并已在经费上作了安排。前防卫厅长官山崎拓在访美时曾表示:"如果美日的联合研究证实战区导弹防御系统在技术上可行,就将在下一个中期防卫力量准备计划中提升到开发阶段。"

综上所述,为使日本成为军事强国,以配合实现政治大国的战略目标,日本军事战略已发生实质性变化。不重反省的日本提出的一系列军事举措,让周边国家深感忧虑,也增加了亚太乃至整个世界的不稳定因素。

(四)印度的防务政策

印度是科技实力较雄厚、经济发展较迅速的发展中国家,是南亚和印度洋地区首屈一指的军事大国。据《印度国防年鉴》登载,印三军目前总兵力为 117.3 万人,是南亚地区其他各国兵力总和的两倍,在世界上仅次于美国、中国和俄罗斯,排行"老四"。进入新世纪后,印度及时推出了新军事战略理论,其核心是变消极防御为积极防御,强调主动出击,准备打"有限战争",争取以较小的代价取得最佳的效果。印国防部长费尔南德斯 2002 年 1 月 24 日正式宣布,印已将打"有限战争"作为今后的主要作战形式。在新军事战略指导下,印度重新审视了其安全环境,对以往的防务政策做出了诸多调整。

1.推行务实、全方位的外交防务合作

在失去"印苏"联盟对抗"美巴"同盟的防务支撑点后,印度适时调整对外政策,确立了一些新的防务平衡点。一是同邻国签了一些旨在减少冲突、降低军事对抗程度的协议,以图稳定周边环境。印度还派团出访中亚国家,寻求全面发展关系。二是恢复"印俄"防务合作,发展与中亚国家的关系。1993 年"印俄"重新签订了"友好合作条约"和"防务合作协定"主张在保持"印俄"传统友谊的基础上,建立互惠"新型"合作关系。近年来俄印进一步发展,建立了事实上的"战略盟友关系",其军火交易是全方位,包括先进的战机、航母和潜艇。2004 年 12 月 3—5 日,俄总统普京访印,两个传统盟友重申加强新时期的战略伙伴关系,双方签署了 11 项文件,旨在推动军工、能源和经贸等领域的合作,表明两国"好得不能再好"。三是主动而又谨慎地加强同美国的军事联系,在中东频出"事端"之时,美国出于自身的战略考虑,一改过去对印、巴"中立"的态度,对印度格外"垂青"。2002 年 4 月,美国向印度出售 6 套 AN/TPQ-37"火力发现者"雷达系统及与之配套的相关设备。布什上台后的 2004 年,美印甚至举行了联合军事演习,一时间,印度俨然成为了"美国在南亚政策的代言人"。四是在安全与防务问题上与东亚加强联系,如同新加坡、马来西亚、印尼和泰国举行联合军事演习,与马来西亚签署防务合作协定等。印度这种"联西拉东、稳北定南"的全方位防务外交,确实改善了印度在安全上的战略态势,有利于其左右逢源,捞取实惠。

2.贯彻"地区性有限威慑"的军事战略

当前,印度推行"地区性有限威慑"战略主要体现在以下4个方面:一是"西攻",即对巴基斯坦采取积极进攻战略,以优势兵力始终对巴保持进攻态势,即准备与巴打一场全面战争,并有能力彻底摧毁巴。平时,印度将50%的陆空兵力部署在印、巴边境,两大舰队之一的西部舰队部署在阿拉伯海,以其绝对优势的兵力对巴形成强大的军事压力和威慑,旨在慑服巴基斯坦,进而控制其他弱小邻国。二是"北防",即对中国采取"防御"态势,在中印边境建立大纵深、立体化的防御体系,保持局部地区兵力优势,实际上是要达成遏制中国之目的。目前,印在北部边境地区屯兵20余万,保持着局部地区的兵力优势。三是"南进",即加强对印度洋的控制力度,最大限度地控制印度洋水域。加强控制印度洋的力度,这表明印战略重心开始由陆地转向海洋。为此,近年来,印军进一步加大改善武器装备步伐。2012—2013财政年度,印国防预算为374.5亿美元,较上年度增加约16%。目前,印陆军装备有各型主战坦克3400余辆、装甲车1350辆、105毫米以上口径火炮5000余门;海军装备有主要舰艇94艘,其中航母1艘、常规潜艇19艘、驱逐舰7艘、护卫舰37艘;空军装备有包括米格-29、美洲虎、幻影-2000和苏-30等在内的各型战机近1000架。印度正就一系列大型采购合同进行谈判,包括126架法国"阵风"战斗机、400架战斗直升机,以及火炮、无人机和电子战系统。

3.完善和发展攻势作战思想

在"地区性有限威慑"军事战略指导下,印军的作战思想也不断完善和发展,主要有以下几个方面:一是重视速战速决、先发制人的攻势作战。印军认为,现代高技术条件下作战,利在快速,弊在胶着。所以强调在主要方向集中绝对优势兵力,先敌发起进攻,力争在战争初期,最大限度地利用一切力量消灭敌战略、战役第一梯队,短时间内决定胜负。二是重视全纵深立体作战。印军强调进攻中,实施全纵深突破,立体推进;防御中,建立纵深立体防御体系。在作战发挥空中力量的作用,把夺取制空权视为全纵深立体作战中制胜的首要条件。三是重视诸军兵种联合作战。印军认为"联合作战是现代作战的本质特征",要求现代作战中各军兵种密切协同,尤其要注重陆空协同联合作战。

4.争取本世纪初成为世界军事强国

20世纪70年代以前,印度的武装力量在世界、乃至南亚地区并未引起人们的多大重视。而80年代以来,印度把"立足南亚,面向印度洋,争取在21世纪初成为世界军事强国"作为国防发展的新战略,其武装力量悄然崛起。印度军队建设的发展趋势是:提高陆军的火力和机动能力,增强空军的纵深打击能力,发展海军的远洋作战能力。印度在加强陆、海、空三军常规军事力量建设的同时,目前又在向一个新的战略目标发展。根据"空间发展长远规划",印度今后十几年将加快空间技术的发展,加紧研制中远程运载工具。印度继1998年2月试验成功"普拉特维"短程(300公里)火箭后,又成功地发射了一枚射程为2500公里的"阿格尼"火箭;2010年2月成功试射了一枚射程为3500公里、可携带重达1.5吨的核弹头的"烈火-III"中程地对地弹道导弹;2012年4月印度又发射了一枚射程为5000公里能覆盖全亚洲的烈火-5型导弹,使之成了世界上第七个拥有中程弹道导弹的国家。印度导弹核武器的开发研制在除了5个核大国之外,可谓是独步其他国家之上,趋向系列化,导弹由近程("大地")、中程("烈火")、远程("苏里亚")构成,并可携带核弹头,具有导弹核武器的作战能力。

第三节　中国周边安全环境

周边安全环境,是指在一定时期内,国家周边地区对国家安全产生影响的外部及内部条件的总和。周边安全环境是周边地区各种力量长期作用的产物。周边安全环境对国家安全具有直接的影响,同时,也对国家全面发展的自由度起到关键作用。

一、中国地缘环境的基本情况

国家的地缘环境是持久影响国家安全的基本因素之一,因此。研究国家的周边安全环境,必须从研究地缘环境入手。只有充分了解地缘环境对周边安全环境的影响,才能对周边安全情况做出客观的判断。

(一)边界线长,相邻国家多

中国是个亚洲大国, 与周围各国有漫长的边界线。与中国有共同边界的国家有14个,共有陆地边界线约22000公里,这些国家及其与中国的陆地边界的情况如下:蒙古,4670公里;俄罗斯,4330公里;越南,约2000公里;缅甸,约2000公里;印度,约2000公里;哈萨克斯坦,1700公里;尼泊尔,约1400公里;朝鲜,1334公里;吉尔吉斯斯坦,1100公里;老挝,710公里;巴基斯坦,约600公里;不丹,约550公里;塔吉克斯坦,约400多公里;阿富汗,92公里。中国还隔黄海、东海、南海与韩国、日本,菲律宾、印度尼西亚、马来西亚、新加坡、文莱等国相望。中国有海疆线约32000公里,其中大陆海岸线长约18000公里,有海岛约7100个,与中国相邻的3个边缘海的总面积为468万平方公里。此外,由于历史等方面的原因,有些国家虽然与中国无共同边界或海疆,但与中国的关系素来比较密切,如柬埔寨、孟加拉国、泰国等。

众多邻国对中国安全的影响是复杂的。在这些国家中,有的过去曾经侵略过中国,并且目前仍然是经济大国或军事大国,有着雄厚的综合国力和军事实力,具有对中国安全造成重大影响的能力;有的邻国之间积怨很深,严重对立,一旦它们之间爆发战争或武装冲突,必将影响中国边境安全;有的国家内部不稳定因素很多,一旦发生大的内乱,必将对中国边境造成很大压力;有的国家的居民与中国边境地区的居民属于同一民族,一方面这有利于两国人民的友好往来,改善国家之间的关系,另一方面,一旦这些邻国国内的狭隘民族主义泛起,可能会引起中国国内的民族纠纷;有的国家的居民与中国某些地区的居民信奉同一宗教,一旦这些国家内的宗教派别斗争加剧或者某些极端教派掌权,就可能增加中国国内相关地区的不稳定因素;还有一些国家与中国之间存在着历史遗留下来的边界领土争议和海洋国土划界的争议,存在着可能引发边界事件甚至武装冲突的隐患。

(二)周边国家人口众多,大国最集中

中国周边国家的人口大国有:印度,12.15亿;印度尼西亚,2.38亿;俄罗斯,1.45亿;

日本,1.27亿;巴基斯坦,1.66亿;孟加拉国,1.64亿。中国周边国家是世界上拥有上亿人口国家最集中的地区,此外,还有越南、菲律宾、泰国、韩国和缅甸等国,其人口都为4,000万~7,000万,也是人口相对较多的国家;这些国家与中国人口的总和,达30多亿,占世界人口的一半以上。

在中国周边国家中,俄罗斯、日本、印度、印度尼西亚等国都是世界或地区大国。俄罗斯是一个拥有大量尖端科技、先进武器和核武器的世界大国,又与中国有着4300多公里的共同边界。日本是当今世界的一个经济大国,其经济实力仅次于美国,列世界第二,与中国有着历史文化和经济的密切关系,是一个曾经侵略过中国的国家。近年来,日本不仅巩固其经济大国地位,而且还谋求成为世界政治大国,并为此不断加强其军事实力。印度是仅次于中国的最大的发展中国家和人口最多的国家,也是南亚次大陆举足轻重的国家,其政治、经济、军事潜力巨大。1998年5月,印度在48小时内连续进行了5次地下核试验,挑起了地区核军备竞赛。印度尼西亚不但拥有近2亿人口,而且在东南亚的地位不断提升。世界最强大的国家美国虽然不与中国相邻,但其军事力量却在中国周边一些国家长期部署,并与某些国家签订有军事协定。美国一向以世界领袖自居,认为它在东亚有重大的战略利益,因此,对东亚地区事务一直不断地进行干涉,与中国在台湾问题以及其他一些重大问题上存在分歧,和其他与中国相邻的国家比,美国是一个与中国更有直接关系的国家。

中国及其周边不仅是世界人口最密集、大国最集中的地区,也是世界热点和潜在热点最多的地区。朝鲜半岛、千叶群岛、台湾海峡、南沙群岛、克什米尔等热点都位于这一地区;世界公认的五大力量中心,除欧洲外,美、中、俄、日均交汇于此;世界核俱乐部的主要成员,事实上的有核国家在中国周边构成世界最密集的核分布圈。这些因素汇集在一起,必然会对我国安全环境构成不利的影响。

(三)周边国家政治制度及经济发展不平衡,各种矛盾交织,安全环境复杂

中国的周边国家也是政治制度差别很大的地区,既有社会主义国家,也有资本主义国家;既有发达国家,也有发展中国家;既有富国,也有穷国;既有老牌的经济强国,也有崛起的新兴国家。中国是亚太地区的大国,亚太地区是与中国安全关系最为密切的外部环境,特别是周边国家形势与我国安全直接相关,中国邻国众多,周边国家和地区所奉行的国家安全战略和外交政策各不相同,这种复杂的周边环境对中国的安全造成了一定的影响。

另外,我国周边国家民族分布和构成不同、宗教信仰和文化传统各异,存在着区域内和区域间的巨大差异和复杂矛盾,这些差异和矛盾所导致的冲突将不可避免地给我国的安全带来一定的消极影响。而且,近年来在国际战略格局变化的大背景下,这种影响还有突出的趋势,我国周边地区各种极端的民族、宗教势力日益蔓延,并向我国境内渗透,国内小部分少数民族和宗教还有跨境联系,这不能不对我国边境地区的安全与稳定带来一定的影响。目前,与国际反华势力相勾结、相呼应的宗教极端主义、民族分裂主义和国际恐怖主义三股势力的破坏活动构成了对我国社会稳定和民族团结的严重威胁。

二、中国周边安全存在的主要问题

新中国成立以来,特别是进入20世纪90年代,中国坚持奉行独立自主的和平外交

政策。对外关系特别是与周边国家的睦邻友好关系得到全面发展,中国与所有亚洲国家都建立了外交关系。目前,我国周边安全环境正处于建国以来较好的时期。然而,我们也应该注意到,随着国际战略格局和亚太地区战略格局的不断演进,中国周边安全环境的突出问题"此伏彼涨",增加了许多新的不确定和不稳定因素。此外,中国与周边国家还存在着诸如领土、边界、海域、岛屿划分及归属方面的争议,特别是世界上一些反华势力借机推波助澜,意图将其复杂化、国际化。因此,中国在"韬光养晦"的和平发展道路上,必须缜密应对周边安全环境中存在的不利因素以期"有所作为"。

(一)祖国统一问题

台湾岛,中国第一大岛,历史上又称为瀛洲、东缇、琉球、台员、东郡、东宁等。南北长394千米,东西最宽处约为144千米,面积3.58万平方千米。人口2300万,其中汉族占97%以上,高山族约占2%。

台湾历来是我国不可分割的领土,这是不容争辩的事实。根据科学考证,在远古时代,台湾岛本与大陆连成一体,因为喜马拉雅造山运动形成台湾岛,距今一万八千年至一万年前,气温的上升使海平面跟着上升,到距今六七千年左右时,海平面高度已与现在相等,台湾岛遂以当今的面貌出现在祖国大陆的东南海域,成为我国大陆架的一部分。自元朝以来,除荷兰侵略者与日本侵略者短暂霸占过台湾外,中国政府一直行使台湾的管辖权,享有台湾的领土主权。有文字记载以来的史籍,都证明台湾自古以来与中国大陆密不可分。

台湾问题是中国内战的遗留问题,纯属中国内政。1949年10月1日,中华人民共和国成立,国民党的一部分军政人员战败后退到台湾。这样,台湾问题首先就是,首都在北京的代表全中国人民的惟一合法政府——中华人民共和国政府,同台湾当局的关系问题。本该由海峡两岸的中国人自己来解决。然而,美国在朝鲜战争爆发后公然武装干涉纯属中国内政的海峡两岸关系。1950年6月27日,美国第七舰队侵入了台湾海峡,美国第十三航空队进驻了台湾。1954年12月,美国又与台湾当局签订了所谓《共同防御条约》,将中国的台湾省置于美国的"保护"之下。

1994年7月,台"国大"第四次临时会议通过了以"总统直选"为核心内容的"宪法"增修条文,并以此为标志,台湾政权体制发生重大变化,所谓"中华民国"实际上已经"台湾化",其实质是制造事实上的"两个中国"、"一中一台"的局面;1999年7月9日,台湾地方政府原领导人李登辉公然声称将两岸关系定位为"国与国的关系";2000年至2008年,陈水扁当政期间,不但顽固回避"一个中国的原则",拒不承认"九二共识",而且大搞"渐进式台独"、"隐性台独"。这样,台湾问题就演变成"统独"问题。2008年5月,马英九担任台地方政府领导人以来,两岸经贸关系迅速发展,人员往来和各项交流活动日趋频繁,特别是两岸政党间交流继续深化。2008年12月,两岸海运直航、空运直航、直接通邮正式启动,两岸关系总体由紧张、敌对趋于缓和、友好之势。

台湾与中国大陆的统一不仅事关中国国家主权与领土完整,事关民族尊严,事关中国在政治上的完全独立,而且事关中华民族的生存与发展,事关中华民族在本世纪的伟大复兴。台湾地处我国东南海域,居我国沿海岛屿中枢,扼守西太平洋海上航道要冲,是我国南北两大战略海域的连接点和枢纽部,是我国跨越西太平洋第一岛链走向太平洋的战略门户,是我国集攻防于一体的战略要地和海防屏障,被认为是"中国的海上咽喉",对中国的海防具有不可估量的价值。如果台湾从中国版图分裂出去,不仅大片海洋国土、海洋资源将难以守卫,对外贸易线、对外交通线将处于外部敌对势力的监控与威胁之下,我战略空间将永远被封闭在西太平洋第一岛链之内,难以向太平洋迈进,而且极易产生"多米诺"效应,国家威信荡然无存,造成国家四分五裂。因此,在中华民族存亡、兴衰、荣辱所系的问题上,中国人民与中国政府没有妥协余地。

解决台湾问题,实现国家统一,是全体中国人民一项庄严而神圣的使命。中华人民共和国成立以后,中国政府为之进行了长期不懈的努力。中国政府解决台湾问题的基本方针是"和平统一、一国两制",这是历任领导集体坚定不移的方针,也是中国政府一项长期不变的基本国策。同时,2005 年 3 月 14 日,全国人大高票通过《反分裂国家法》,表明了中国人民反对分裂、维护统一的坚强意志和决心。中国力求以和平方式解决台湾问题,但如果和平之路走不通,就只剩下武力解决一途,二者必居其一。"台独"就意味着重新挑起战争,分裂意味着破坏两岸和平。进入 21 世纪,中华民族正在复兴道路上迈着稳健的步伐,民族向心力、凝聚力与日俱增,相信在广大仁人志士的共同努力下,台湾问题定能在不远的将来得到妥善解决。

(二)海洋权益存在复杂纠纷

在中国周边安全环境中,维护海洋权益的斗争具有较大的复杂性和敏感性。中国是个陆地大国,也是个海洋大国,毗连海域自然延伸面积约有 470 万平方公里。然而,由于历史的和现实的原因,我国与海上 8 个邻国均有海域划界和岛屿归属问题之争。随着人类对海洋资源开发深度的不断拓展,我国面临的海洋问题日趋严峻,实现海洋强国之梦以维护海洋合法权益是中国的必然选择。

1.关于东海大陆架和钓鱼岛的争议

东海位于中国、日本、韩国三国之间,东西宽 150–420 海里,南北长 660 海里,总面积约 77 万平方公里。日本与中国是相向不共架国,中国大陆架一直延伸到冲绳海槽。冲绳海槽大部深度超过 1000 米,坡度很陡,形成西部大陆架和东部岛架的天然分界。根据东海大陆架的实际情况,参照《联合国海洋公约》的有关条款和各国海域划界的实践,冲绳海槽构成了中国东海大陆架与琉球大陆架的自然分界线,因此,应按大陆架自然延伸的原则,以冲绳海槽中心线为界,划分中国与日本在东海大陆架边界,俗称"大陆架"划分法。但是日本方面却主张按东海中心线平分划界的"中间线"划分法。这样,中日间便产生了 20 多万平方公里的争议区。

中日在东海还存在着钓鱼岛归属问题之争。历来就是中国领土的钓鱼岛群岛位于台湾东北约 120 海里处,由钓鱼岛、黄尾屿、赤尾屿、南小岛、北小岛及一些礁石组成。其中最大的岛屿钓鱼岛海拔 360 余米,面积约 3.64 平方公里。第二次世界大战期间,在 1943 年中美英三国发表的《开罗宣言》中,明确指出日本用武力从中国夺去的东北、台湾、澎湖列岛等中国领土,战后必须归还中国。事实上,在 1945 年日本彻底战败后,我国政府随着收复台湾、澎湖列岛的同时,客观上也就收复了台湾省的附属岛屿——钓鱼岛的主权。但是在 1945 年日本投降后,冲绳受美国托管,美国将我钓鱼岛作为靶场。1971 年 6 月,美国竟公然违背《开罗宣言》原则,把中国领土钓鱼岛群岛划入"归还区域"交给日本。日本政府马上声明对钓鱼群岛拥有主权。从当年12月30日迄今，中国政府不断发表声明，严正驳斥日本的无理主张，指出钓鱼岛群岛是中国台湾省的附属岛屿，历来属于中国，美日两国政府拿中国的领土钓鱼群岛私相授受，是侵犯中国领土主权的严重行为，是完全非法的、无效的，中国政府和中国人民决不承认。

对钓鱼岛问题，在中日邦交正常化谈判时，双方都同意搁置争议原则。冷战后，日方却采取放任态度，批准日本一些右翼团体在岛上建立航标灯，甚至出动舰艇进入钓鱼岛海域驱赶中国台湾省渔民。1996年7月至8月间，日本右翼团体在钓鱼岛的北小岛上设置灯塔，在钓鱼岛上竖起绘有"太阳旗"和纪念死者字样的木牌。值得注意的是，日本右翼分子在钓鱼岛上进行的这些活动都得到了日本政府的默许甚至支持，日本海上保安厅则为其保驾护航、排除"干扰"。

特别是2010年9月，日本在钓鱼岛海域制造了"中日撞船事件"，非法抓扣15名中国船员。2012年4月，此前扬言要由东京都政府"买下"钓鱼岛的日本极右翼政客、东京都知事石原慎太郎再次宣称，东京都政府从当天开始，发起为"购买"钓鱼岛的募捐活动。日本首相野田佳彦也公开表示支持并加入。"购岛论"直接"促成"日本政府所谓的钓鱼岛"国有化"，导致中日关系的急剧恶化。由此，中国政府在外交场合上，不断重申钓鱼岛自古以来就是中国固有领土的原则立场，并要求日本政府立即采取有效措施，消除由此产生的不良影响，正告日方应该悬崖勒马；派出政府公务船对钓鱼岛海域进行"常态化"巡航执法，对日本海上保安厅违法船只进行取证、驱离；2013年3月，开始重组国家海洋局，增强海洋执法力量，维护海洋合法权益。中日围绕钓鱼岛主权归属展开了新一轮的博弈。

2.关于南海海域及南海诸岛的争议

南海总面积约360万平方公里，南海诸岛包括东沙、西沙、中沙和南沙四大群岛，分布于南海的中心部位，扼太平洋和印度洋的咽喉，不仅地理位置非常重要，而且蕴藏着丰富的矿产和水产资源。在南海诸岛中，南沙群岛是分布面积最广、岛礁数量最多、位处最南的一组群岛。南沙群岛由230个岛屿、礁滩和沙洲组成，分布在24.4万平方公里的海域中。其中露出水面的岛屿25个，明暗礁128个，明暗沙洲77个，太平岛面积最大，约0.5平方公里。

南沙群岛历来是中国的领土。在20世纪70年代以前，南海毗邻国家对此从未提出异议。但是自发现南海蕴藏丰富的油气资源后，周边国家开始窥视这一海域。菲律宾率先于1971年抢占了南沙东部的部分岛屿和沙洲，接着，原南越政府也于1973年7月派兵占领了南海西部6个岛礁。1975年4月，越南一反承认南沙是中国领土的立场，接管了南越军队占领的岛礁，并不断扩大侵占行动。从1983年起，马来西亚先后占领了南沙南部的3个礁。随后，上述国家又单方面宣布了大陆架和200海里专属经济区范围，把南沙群岛的全部或部分岛礁列入自己的"版图"，并加紧在南沙海域进行资源开发。2004年4月19日，越南组织了首次乘船赴南沙群岛旅游。同年5月14日，越南旅游官员透露，越南军方上月起开始修复南沙群岛上一个旧的小型军用机场，以作旅游之用。越南开发南沙旅游路线的用意非常明显，就是要使之成为国际航线，形成有利于它的国际舆论，认可越南对这些岛屿的所有权。这些做法侵犯了中国主权，致使南沙争端日益尖锐突出。

目前，除了太平岛和永暑等7个礁在中国人手中掌握外，其余均为外国人占领。其中越南占 27 个岛礁,并在其中 10 个岛礁上驻军,建有永久性的防御工事;菲律宾侵占 8 个岛礁,占据乐滩和巴拉望西北两大储油盆地;马来西亚侵占 3 个礁。另外,文莱也宣布对南沙的一个礁拥有"主权",并将该礁周围 3000 平方公里海域划归其经济区。印度尼西亚也宣布建立 200 海里专属经济区,把南沙部分海域划入其中。这样在南沙问题上又形成了 5 国 6 方乃至 6 国 7 方进行争议的复杂局面。

不仅如此,南海周边国家对南沙的军事控制也在进一步增强,对南沙资源的掠夺性开发明显加快。越南已同 17 个国家的近 30 家公司和国际财团签订了合作开发南海油气资源的合同。菲律宾、马来西亚、印度尼西亚以及文莱等国已在我南海疆域内开采石油和天然气。另外,越南等国家还有意把一些区域外的大国引进南海地区,如美国、日本和印度等,最为典型的是美国。尽管越南让西方大的石油公司参与南海石油开发有技术和经济原因,但利用南海丰富的油气资源为诱饵,让南海争端国际化,不能不说是个很重要的动机。越南试图通过求助于美国与中国抗衡。

值得注意的是,南沙问题国际化趋势有新的发展,东盟国家曾就南沙问题进行过多次内部磋商,力图联合与中国谈判解决南沙争端问题,并准备在谈判不能取得成功时提交联合国裁决。美国等西方大国正在积极插手南沙事务。试图利用南沙问题挑拨我与东盟国家的关系。并制造"中国威胁论",对我施加"更有针对性的压力"。应当引起警惕的是,西方大国插手南沙事务主要是通过与其他有关各方合作进行的,这越来越清楚地显示出它们共同对付中国的意图。

(三)边界争端尚未全部解决

从总体上说,中国与周边国家的边界问题大多得到了解决。中俄之间长达 4300 多公里的边界问题已基本上获得解决,1997 年 11 月,江泽民同志和叶利钦总统签署了《中俄联合声明》,标志着中俄边界已在法律上得以划定,中国和哈萨克斯坦也已签订了边界协定,解决了两国 1700 多公里的边界问题。中国分别同吉尔吉斯斯坦、塔吉克斯坦存在 1000 多公里和 450 多公里的边界,其中塔在帕米尔地区存在 2.1 万平方公里的争议面积。1999 年 12 月 30 日,中越两国外交部长签署了《中国和越南陆地边界条约》。至此,中越两国陆地边界存在的问题已全部解决。

对中国周边安全环境产生不利影响的边界争端,是中印边境争端。中印边界全长约 2000 公里,分为东、中、西 3 段。中印两国存在大片领土争端,争议面积共达 12.5 万平方公里,形成大小 8 块,均在中印边界传统习惯线我方一侧。在东段争议面积约 9 万平方公里,现被印度控制,称为"阿鲁纳恰尔邦"。在中段,争议面积约 2000 公里,除个别地区外,均为印方控制。在西段,争议面积约 3.35 万平方公里,除巴里加斯地区约 450 公里被印军侵占外,其余在我方控制之下。

由于印方坚持非法的"麦克马洪线",致使中印边界谈判难以取得实质性进展。印度在中印边界领土争端上坚持不让步立场,将中印边境地区视为战略前沿,不断加强边境地区战场建设,把边境地区建成攻防兼备的战场体系,尤其注重在中印边境对中国保持局部军事优势。从目前情况看,中印边界争端短期内难以妥善解决。

(四)影响边疆地区安全的其他不稳定因素

中国是一个多民族的社会主义国家,有 56 个民族。新中国成立以后,由于党和政府实行正确的民族、宗教政策，各族团结一致、齐心协力，共建中华美好家园。但是，境内外一小撮民族分裂主义分子，在国际上某些反华势力的操纵、唆使下，置民族大义、国家利益于不顾，为迎合某些西方大国对中国进行的"西化"、"分化"的和平演变战略，采取政治斗争与暴力对抗相结合的方式，进行民族分裂活动，严重影响了我国边疆地区的安全与稳定。例如，活动在我国新疆境内的"东突"民族分裂势力，与国际恐怖主义势力相勾结，以泛伊斯兰主义和泛突厥主义思想为理论基础，以宗教为掩护，以建立东突厥斯坦国为目的，反对中国共产党领导下的政权，大肆进行分裂新疆的破坏活动。他们一方面打着民族、宗教的旗号，煽动民族情绪，鼓动宗教狂热，宣扬伊斯兰"圣战"，叫嚣建立"东突厥斯坦国"；另一方面又迎合西方，扯起"民主、人权、自由"的旗帜，与境外新疆民族分裂势力遥相呼应，加强联系，发展组织，进行恐怖活动，制造了一系列爆炸、暗杀、纵火、投毒、袭击等恐怖暴力事件，不仅严重危害了新疆各族人民群众的生命财产安全，而且严重危害了我国边疆地区的安全与稳定。又如，逃往国外的达赖集团，利用西藏地区交通困难、环境闭塞、经济落后、藏区群众文化水平低，对宗教宣传极易接受的特点，打着宗教旗号，大肆进行"藏独"分裂活动，具有极大的欺骗性和蛊惑性。加上以美国为代表的西方大国在对我实施"西化"、"分化"战略中，妄图以西藏问题为突破口，支持"藏独"分裂势力搞所谓的"西藏独立"。民族分裂、宗教极端势力对我国安全环境构成三大挑战：第一，干扰国家统一进程；第二，破坏边疆社会稳定；第三，危害国家的经济安全。

综上所述，今后一个时期，中国周边安全环境既存在总体向好的趋势，如台海形势趋于稳定，与俄罗斯、中亚多国、东盟关系更为密切，也存在局部恶化甚至多方向有事的可能。周边"此伏彼起"式的安全环境变化，促使中国不得不应对诸如海上安全问题、周边邻国间龃龉、美国战略东移等，不稳定、负面因素增多的影响，警惕安全环境朝多事、多变方向发展。凡事预则立，不预则废。针对未来周边安全环境的新动向，抛弃盲目乐观思想，秉承实事求是原则，力图"韬光养晦、有所作为"，积极维护和平与稳定的周边安全环境，为中华民族的复兴争取较长时间的战略机遇期。正如习近平2013年4月指出，国际形势继续发生深刻复杂变化。世界各国相互联系日益紧密、相互依存日益加深，共同发展是持续发展的重要基础，符合各国人民长远利益和根本利益。和平是人民的永恒期望。和平犹如空气和阳光，受益而不觉，失之则难存。没有和平，发展就无从谈起。国家无论大小、强弱、贫富，都应该做和平的维护者和促进者，不能这边搭台、那边拆台，而应该相互补台、好戏连台。国际社会应该倡导综合安全、共同安全、合作安全的理念，使我们的地球村成为共谋发展的大舞台，而不是相互角力的竞技场，更不能为一己之私把一个地区乃至世界搞乱。各国交往频繁，磕磕碰碰在所难免，关键是要坚持通过对话协商与和平谈判，妥善解决矛盾分歧，维护相互关系发展大局。同心维护和平，为促进共同发展提供安全保障。

第四章 军事高技术

高新技术的发展,特别是军事高技术的发展,正在军事领域引发一场深刻的变革。从海湾战争、科索沃战争、阿富汗战争和伊拉克战争等几场局部战争中,可以看出军事高技术对战争结局的影响有重要的话语权,谁拥有军事高技术,谁就能够在战争中拥有更大的主动权。

第一节 军事高技术概述

一、军事高技术的概念

军事高技术,又称军用高技术。一般而言,军事高技术是指建立在现代科学技术成就基础上,处于当代科学技术前沿,以信息技术为核心,在军事领域发展和应用的,对国防科技和武器装备发展起巨大推动作用的那部分高技术的总称。

二、军事高技术的分类

军事高技术主要包括军事基础高技术和军事应用高技术两类。

(一)军事基础高技术

军事基础高技术,是指武器系统和国防科技装备的研制所需要的各种基础理论和技术。包括军事微电子技术、军用光电子技术、计算机和人工智能技术、军用新型材料、军用生物技术、军用航天技术、军用信息技术、军用核技术等。

(二)军事应用高技术

军事应用高技术,是利用各种科技成果研制和生产武器装备,以及军队充分发挥武器装备效能的综合应用技术。例如,战略武器装备技术、战役战术武器装备技术、后勤保障装备技术、军事工程技术、军事系统工程技术等。

三、当代军事高技术的发展与应用

目前,军事高技术主要可分为六大新技术群,包括信息技术、新材料技术、光电子技术、航天技术、生物技术等。如果从军事高技术与武器装备的关系出发,军事高技术则可分为两个层次的新技术群:一类是支撑高技术武器装备发展的共性基础技术,主要包括微电子技术、光电子技术、电子计算机技术、新材料技术、高性能推进与动力技术、仿真技术、先进制造技术等;另一类是直接应用于武器装备并使之具有某种特定功能的应用技术,主要包括:侦察监视技术、伪装与隐身技术、精确制导技术、电子战与信息战技术、指挥自动化系统技术、军事航天技术、核武器和化学武器及生物武器技术、新概念武器技术等。

（一）军用微电子技术

微电子技术是使用电子元器件和由它组成的电子设备微型化的技术,其核心是集成电路技术,它是微电子技术研究的重点。衡量微电子技术发展水平高低的标志是集成度。所谓集成度,是指在一块晶片上所包含的最多元器件数目。如大规模和超大规模集成电路技术、计算机辅助技术等,其应用遍及人类生活的各个领域。自1959年生产集成电路以来,集成度以每10年增大250倍的速度在发展。该技术在军事领域的广泛应用,将使武器装备的性能发生巨大变化。首先是武器系统的体积、质量和功耗大大减少,可靠性大大提高。其次是武器系统自身的信息处理能力得到质的飞跃,使一些原来作为设想的高技术兵器如今成为现实。第三是传统后勤装备的信息化水平不断提高,保障手段逐步走向多样化和智能化。

（二）军用计算机技术

电子计算机广泛应用于军事领域,对于提高军事系统的自动化水平,提高武器系统的智能化水平起到了核心作用,成为了现代战争中战斗力的倍增器。如计算机用于军事技术的实时控制,军事技术的信息处理,精确、智能化制导以及军事训练,军事科研成果的评估等,使现代化战争发生了深刻的变化。

（三）军用新材料技术

信息技术、材料技术、能源技术已成为现代高技术的三大支柱。而新材料技术又是其他高技术发展的物质基础。没有先进的材料,高技术不能得到发展,反过来,先进材料的突破,对高技术的进步会产生关键性作用,在某种条件下甚至可使武器装备发生革命性变革或全面改观。因此,世界各国军事部门都高度重视发展新材料,把新材料的研究与开发放在优先发展的地位。

目前,军用新型材料研究的重点是高温材料、功能材料、超导材料和复合材料等。高温材料是用稀有金属或稀土材料制成的能耐高温的材料,它在军用舰船、航空与航天技术中占有重要地位。高温材料主要是解决各种各样发动机制造所使用的材料问题,如汽车、坦克、军舰、飞机的发动机,发射导弹和人造卫星的运载火箭等等。功能材料具有光、电、声、记忆等特殊功能,在航空、航天工业及各种武器装备中有着十分广泛的应用。

（四）军用光电子技术

光电子技术是由光学技术、电子技术、精密机械技术和计算机技术等密切结合而成的一项高技术,由于光电子固有的优良特性,光电子技术具有探测精度高、传递信息速度快、信息量大、抗电磁干扰和保密能力强等优点,因而在军事上得到广泛的应用,成为武器装备发展的关键性技术之一。现已广泛应用于侦察、识别、预警、跟踪、制导、火控、导航、通信、模拟、显示、信息处理和光电对抗等领域。目前,军用光电子技术竞争的重点,一是光电侦察、监视、预警与火控;二是光电制导和导航;三是光电通信;四是激光武器和光电对抗。

（五）军用航天技术

军用航天技术是通过将无人或载人航天器送入太空,用以完成侦察、摧毁、通信、导航和气象测报等各种军事航天任务的综合性工程技术。通常可将航天技术划分为航天运载器技术、航天器技术和测控技术三大组成部分。近几十年来,军用航天技术获得了迅速发展,成为军事高技术的一个重要标志。在海湾战争中,以美国为首的多国部队至少动用了72颗卫星为军事行动服务,为确保作战胜利起到了重要作用。这表明,外层空间已开始成为继陆地、海洋和空中之后的第四战场,军用航天技术已成为军事高技术的一个重要组成部分。

（六）军用生物技术

生物技术是20世纪70年代崛起的新技术,它是以现代生命科学理论为基础,结合工程学、信息学等手段在细胞或分子层次上研究或改造动物、植物、微生物等,使其具有人们所期望的品质、特性,从而为社会提供生物制品和服务的综合体系。生物技术主要包括基因工程、细胞工程、酶工程和发酵工程等。

目前,人类正在进行的"人类基因组计划"就是生物技术在生命科学领域内的一次重要应用。随着生物技术的不断发展,其在军事领域的应用也越来越广泛,特别是在新生化战剂的研制、探测以及基因武器等方面发挥着越来越大的作用。比如利用基因工程技术研制新型生物、化学战剂及其探测设备,同时还可利用基因重组,研制危害性更大的基因武器。

四、军事高技术发展趋势

1.未来军用微电子技术将朝着高密度微型化、高速度低功耗、高频率大功率、高灵敏低噪声、高可靠长寿命和多功能智能化的方向发展。

2.军用计算机技术的发展方向将朝着高性能、应用的广度与深度发展。具体来讲,一是计算机的性能将越来越高;二是计算机的网络化与大众化,使计算渗透到人类生活的各个方面;三是计算机将越来越善解人意,人们将通过口语、书写、文字、手势等非常自然的方式与计算机打交道,计算机将会以便捷的方式为人类提供智能化的服务。

3.基于技术进步和经济、国防建设的需求,未来新材料的发展将继续围绕高性能的结构和新型功能材料两大类展开。主要包括新型复合材料、高温结构陶瓷材料、耐腐蚀的新型记忆材料、可隐身、抗强激光和核辐射的特种材料、新半导体化合物、新型超导材料、新型光电材料、精细功能陶瓷和高功能聚合物等。总的趋向是重点发展高性能结构材料,积极开发电子、通信材料的高功能高分子材料,大力发展新能源和节能材料。同时,超微粒子材料也是未来应用前景非常广泛的新材料。

4.生命科学将成为带头学科。未来生物电子学将朝着研制生物芯片,进而开发生物计算机,像人脑那样有学习、记忆和推理的思维能力。生物技术的另一项重要的军事应用,是利用基因工程技术进行基因转移和重新组合,培养毒性大、难以治疗的新的致病微生物来制造基因武器。

5.航天技术产业化和军事化将取得更多成就。具体来讲,一是民用航天活动及合作将加强;二是卫星应用将产生更大的效益;三是永久性载人空间站和空间基地建设将受到重视;四是航天技术在军事领域发挥的作用将继续增强。

第二节 高技术在军事上的应用

一、精确制导技术

精确制导技术,按照特定的基准选择飞行路线、控制和导引对目标进行攻击的综合技术。制导,就是导引和控制导弹等武器按选定的飞行路线并将其导向目标的技术和方法。其功能是测量、计算飞行器的飞行路线和理论飞行路线的差别,形成制导指令,经放大和转换,由执行机构调整和控制飞行路线,以允许的偏差接近并命中目标。随着微电子技术、计算机技术、光电技术等高技术的迅速发展,相继研制了小型化、高精度、低成本的制导系统,它可以装在弹体很小的炮弹、航空炸弹和导弹上,使之成为能精确攻击坦克、飞机、舰艇、雷达、指挥控制通信中心等点目标的精确制导武器。

精确制导武器的出现是第二次世界大战后军事技术发展的重要表现。从近几场局部战争看,精确制导武器的作用越来越大。目前,导弹已成为战场的基本火力,现代战争已是"无导不成战"。

(一)精确制导武器概述

1.精确制导武器

制导武器是就是采用高精度制导系统,直接命中概率很高的导弹、制导炮弹和制导炸弹等的统称。制导武器的发展依赖于制导技术的进步。当前,综合电子计算机、自动控制、信息技术、喷气推进技术、激光红外技术、高强度冶金技术等先进技术成果的制导技术,已发展到比较成熟的阶段。采用导引、控制系统或装置,调整受控对象的运动轨迹,使之完成规定的任务,具有很高的精度和总体效能。直接命中概率在50%以上的武器称为精确制导武器。

2.精确制导武器的特点与分类

(1)精确制导武器的特点

精确制导武器与传统武器相比,主要特点表现在以下几个方面:

一是命中精度高。目前,世界上装备和使用的精确制导武器的命中概率达80%以上,激光制导炸弹的圆概率偏差均在2米以内,如美国的"战斧"巡航导弹的命中精度为9米,精确红外成像制导武器的命中精度小于1米。与同类非制导武器相比,命中概率提高了30倍左右。

二是作战效能好。精确制导武器虽然技术较一般武器复杂,制造成本高,但由于精确制导武器具有较高的直接命中概率,因而它的作战效能好,经济效益高。例如,第二次世界大战期间,摧毁敌方铁路枢纽,需要4500架次战斗机投放9000枚炸弹。在海湾战争中,多国部队投掷的精确制导弹药仅占总弹药的8%,且摧毁了伊军80%的战略目标。由此可见,精确制导武器打击目标的效益。

三是具有较强的远距离突防能力。精确制导武器除精度高之外,还具有射程远、速度快和突防能力强等特点。例如,美国的"三叉戟"导弹核潜艇,载有"三叉戟Ⅱ型"导弹24枚,导弹射程达11 000千米,每枚导弹装有8个分导式弹头,每个弹头威力达47.5吨TNT当量。具有很强的突防、攻击和生存能力。

四是作战效费比高。在以往的战争中,使用250发155毫米非制导炮弹才能击毁1辆坦克,现在使用制导炸弹仅需1~2发即可。虽然精确制导武器造价较高,但它的作战效费比较高,如美军的"陶"式反坦克导弹造价1万美元,它击毁1辆M-1坦克的造价却为244万美元,作战效费比为1:244。在近期爆发的高技术局部战争中,1枚百万美元的防空导弹可以击落几千万美元的1架飞机,120万美元的一枚"飞鱼"导弹却击沉了一艘价值2亿美元的"谢菲尔德"号驱逐舰。

（2）精确制导武器的分类

精确制导武器主要分为、导弹、制导炸弹、制导炮弹、制导鱼雷等。导弹的分类方法很多，通常有如下几种：一是按作战任务的性质分类，可分为战略导弹、战术导弹；二是按发射点的位置分类，可分为地面发射导弹、空中发射导弹、水面发射导弹、水下发射导弹；三是按射程分类，可分为近程导弹（射程为 1000 千米以内）、中程导弹（射程为 1000~3000 千米）、远程导弹（射程为 3000~8000 千米）和洲际导弹（射程为 8000 千米以上）；四是按飞行弹道分类，可分为巡航导弹、弹道导弹；五是按攻击目标分类，可分为防空（地空）导弹、反坦克导弹、反舰（潜）导弹、反辐射导弹、反导弹导弹和反卫星导弹。

3.精确制导武器的制导方式

（1）寻的制导

寻的制导就是弹体自己寻找、跟踪，并击毁目标。当弹体上的导引头接收到从目标辐射或反射来的某种能量（如红外辐射、元线电波、光辐射、声波等）时弹上的制导系统就会引导弹体朝着能量的来向飞向目标。

根据导引头感受到的目标信息来源，寻的制导通常可分为主动寻的、半主动寻的和被动寻的三种类型。主动寻的制导是照射目标的能源在导弹上。弹头能源对准目标发射电磁波，当弹上导引头接收到来自目标的发射回波信号后，导弹会自动跟踪并攻击目标，如法国"飞鱼"反舰导弹，就是采用末段单脉冲雷达寻的制导方式。半主动寻的制导是照射目标的能源装置不在导弹上的寻的制导。照射装置可设在地面、水面或空中等不同场合。如我国的 HQ-61 中低空防空导弹，就是采用半主动雷达寻的制导方式的。被动寻的是导引头直接感受目标辐射能量的寻的制导。如美国的"响尾蛇"空对空导弹就是采用被动红外寻的制导方式。寻的制导广泛用在空空，地空，空地，反坦克导弹和制导炸弹、制导炮弹上。它既可以攻击活动目标，也可以攻击固定目标。

（2）遥控制导

遥控制导是导引系统全部或部分设备安装在弹外制导站，由制导站执行全部或部分的测量武器与目标的相对运动参数并形成制导指令之任务，再通过弹上控制系统导引制导武器飞向目标。遥控制导可分为指令制导和波束制导两大类。指令制导可分为有线指令制导和无线指令制导。波束制导可分为雷达波束制导和激光波束制导。

（3）惯性制导

惯性制导是利用测量设备运动参数的制导技术。惯性制导系统全部安装在弹上，主要有陀螺仪、加速度表、制导计算机和控制系统。采用此类制导技术的中远程导弹，一般用于攻击固定目标，因此制导程序和初始条件是预先输入弹载计算机的。导弹飞行过程中，计算机根据惯性测量装置测得的数据和初始条件给出制导指令，弹上控制系统根据指令导引导弹飞向目标。

（4）地形匹配与景象匹配制导

地形匹配与景象匹配制导是指在导弹发射区与目标区之间选择若干特征明显的标志区，通过遥测、遥感手段按其地面坐标点标高数据绘制数字地图，预先存入弹载计算机内。导弹飞临这些地区时，弹载的雷达高度表和气压高度表测出地面相对高度和海拔高度数据，计算机将其同预存数字地图比较，算出修正弹道偏差的指令，弹上控制系统执行指令，控制导弹飞向目标。景象匹配制导与地形匹配制导相似，是利用弹载"景象匹配区域相关器"获取目标区域景物图像数字地图,将其与预存的参考图像进行相关处理,从而确定导弹相对于目标的位置。

(5)全球定位系统导航卫星制导

全球定位系统导航卫星制导是利用弹上安装的 GPS 接收机接收 4 颗以上导航卫星播发的信号束修正导弹的飞行路线,提高精确度。精确制导武器利用 GPS 系统可以极大提高制导精度。美国的"战斧"式巡航导弹安装了经改装的 GPS 系统,其精度已由 9m 提高为 3m。安装 GPS 接收机还可取消地形匹配制导,缩短制定攻击计划的所需时间。

(6)复合制导

复合制导是在导弹飞行过程中采用两种以上制导方式的制导系统。自主式制导具有抗外界积极干扰和消极干扰能力强的优点,但只能用于攻击固定目标;指令式制导的制导精度高、抗干扰能力强,但积累误差大,精度随作用距离的增加而下降;寻的式制导虽然精度不受作用距离的影响,但作用距离较近,而且造价十分昂贵。可见,各种单一制导方式都各有其长短。若要精确制导武器系统既具有作用距离远、精度高,又有较强的抗干扰能力,显然依靠单一的制导方式是难以实现。因此,先进的精确制导武器系统往往采用复合制导方式。在同一武器系统的不同飞行段、不同的地理和气候条件下,采用不同的制导方式,采用复合制导,可增大制导距离,同时提高制导精度和抗干扰能力。因此,先进的精确制导武器系统往往采用复合制导方式。

(二)精确制导武器在军事上的应用

精确制导武器中,数量最多、比重最大的是各类导弹,此外,制导炮弹、制导炸弹等精确制导武器的数量与种类也日渐增多。

1.防空导弹

从地面或舰艇上发射攻击空中目标的导弹。其中地面发射的称为地对空导弹,舰艇上发射的称为舰对空导弹。防空导弹加上发射装置、目标探测与跟踪设备、火控设备和技术保障设备以及操作人员,构成可以独立作战的防空导弹系统。按导弹拦截目标的距离和高度,可分为中远程中高空防空导弹、中近程中低空防空导弹和近程低空防空导弹;按部署方式分,有固定阵地防空导弹、车载(舰载)机动式防空导弹和便携式防空导弹。

目前世界上有防空导弹约 100 多种,其中地对空导弹 70 余种,舰对空导弹 30 余种。以往研制的防空导弹主要是反飞机,现在有把反飞机与反战区弹道导弹合成一体的趋势。比较有代表性的防空导弹是美国的"爱国者"系列和俄罗斯的"萨姆"系列。"爱国者"属于中远程中高空防空导弹,最大射程 70 千米,现有"爱国者–1"、"爱国者–2"、改进型"爱国者–2"和"爱国者–3"系列。前苏联和俄罗斯发展的"萨姆"系列防空导弹共有 19 个型号,其中比较先进的是 SA–10(SA 是北约给俄罗斯地对空导弹的代号,俄方代号为 C–300)。其改进型 SA–10C 和 SA–10D 有效射程分别达到 150 千米和 200 千米,具有反飞机和反战术弹道导弹能力。

2.反坦克导弹

反坦克导弹是指用于摧毁坦克和其他装甲目标的导弹。近年发展的反坦克导弹还可用于摧毁其他坚固目标,如防空阵地、地面指挥所和防御工事、桥梁、水面舰艇等。与传统的反坦克武器(如火箭、无后坐力炮、反坦克炮)相比,反坦克导弹具有射程远、精度高、威力大、重量轻、机动性强等特点。目前装备的反坦克导弹命中率可达 70%~90%,轻型的反坦克导弹只有十几公斤,现已成为反坦克武器系统的主力军。

反坦克导弹有多种分类方法:按发射平台可分为地面发射型和机载空中发射型两类。而前者又可细分为单兵便携、三脚架发射式、车载式和炮射式四种。按射程可分为近距离(1000米内)、中距离(1000~3000米)和远距离(3000米以上)三类。在反坦克武器中,反坦克导弹和精确制导反装甲弹是精确制导武器发展最为活跃的领域。

3.反辐射导弹

利用敌方雷达的电磁辐射进行导引,攻击敌方雷达及其载体的导弹,又称反雷达导弹。反辐射导弹属于电子战中的硬杀伤武器,有空对地、空对空和舰对舰等类型。空对地型主要用以攻击防空警戒雷达、导弹制导雷达和高炮瞄准雷达等目标;空对空型用于攻击机载雷达和机载电子干扰机及其载机,如预警飞机、战场监视雷达飞机和电子战飞机等。

4.空空导弹

空空导弹是指从空中平台发射、攻击空中目标的导弹。它是歼击机对空作战的主要武器,也是歼击轰炸机、轰炸机和强击机的空中自卫武器。它与航炮相比,具有射程远、命中精度高、毁伤威力大等优点。按射程可分为近距(20千米以内)、中距(20~100千米)和远距(100千米以上)空空导弹。

5.地地战术导弹

地地战术导弹是从地面发射攻击敌方师、集团军纵深内及方面军浅纵深内的战术或战略目标的导弹。地地战术导弹按弹道特征可分为战术弹道导弹和战术巡航导弹。按射程可分为远程(500~1000千米)、中程(300~500千米)地地战术导弹和近程(300千米以内)地地战术导弹。

目前,地地战术弹道导弹全部采用固体火箭发动机,机动式发射,制导技术先进,反应速度快,命中精度高,有多种战斗部,可用于不同的作战目的,已成为陆军作战的重要武器。

6.巡航导弹

巡航导弹是依靠空气喷气发动机的推力和弹翼的气动升力,主要以巡航状态在大气层内飞行的导弹。

按作战任务不同,巡航导弹可分为战略巡航导弹和战术巡航导弹。射程在500千米以上、用于攻击地面战略目标的称为战略巡航导弹;射程较近、用于攻击陆上高价值目标或海上目标的称为战术巡航导弹。战术巡航导弹带常规弹头,战略巡航导弹可带常规弹头,也可带核弹头。现装备的巡航导弹的一个主要缺点是飞行速度慢(亚音速,即飞行速度低于声音在空气中传播的速度),一旦被发现,可以用多种武器拦截。

7.激光制导炸弹

利用目标反射的激光作引导、对目标进行轰炸的航空炸弹,是一种精确制导武器。照射目标的激光器通常装在飞机上,投弹时,弹上的激光导引头接收目标反射的激光,通过弹翼控制使炸弹投向目标。激光制导炸弹可以从高空投掷,也可以从中空或低空投掷,命中精度比普通炸弹要高几十到一百倍。激光制导炸弹的主要缺点,一是受气象条件影响较大,遇有云、雾、雨、雪和烟尘等命中精度会大大下降;二是携带激光器的飞机(投弹飞机本身或其他飞机)在炸弹命中目标之前不能离开,容易受到敌方防空火力的攻击。

(三)精确制导武器的影响与发展趋势

1.精确制导武器对现代战争的影响

在近期几场高技术局部战争中,精确制导武器已经成为战场的主力兵器,交战双方投入的精确制导武器,不仅数量大,而且种类多,它的大量投入使用给现代战争乃至作战行动产生了深刻的影响,这种影响将随着精确制导武器的发展而不断深入。

首先,精确制导武器大大提高了作战效能。在越南战争中,美国为了轰炸河内附近的清化桥,曾出动600多架次飞机,投掷数千吨炸弹,损失飞机18架,仍未能炸毁该桥,改用刚刚研制成功的激光制导炸弹,仅出动12架次,就将大桥炸毁,飞机无一损伤。而在海湾战争中,精确制导武器对现代战争和作战的影响更为明显。在这场战争中,使用精确制导武器种类、数量最多,发挥的作战效能最大。这次战争具有明显的高技术特征,精确制导武器的大量使用,大大地提高了作战效能,这是过去任何一场战争都无法比拟的。在这场战争中,精确制导武器与电子战的密切配合,以精确制导武器为基本火力的空袭作战,以精确制导武器为主要压制杀伤手段的空地反装甲联合作战和纵深打击等,成为多国部队一方迅速取得胜利的重要因素。从海湾战争可以看出,精确制导武器对未来高技术条件下的局部战争将产生深远的影响。

其次,精确制导武器使作战样式发生深刻变化。精确制导武器在现代作战中的大量使用,给现代作战带来许多新的变化,主要表现如下:一是使超视距、多模式、多目标精确打击成为可能;二是可以同时连续精确地打击整个战场纵深,减少前沿的短兵相接,使前后方界线模糊,战场呈"流动"状态、非线性或无战线化;三是实现"外科手术"式打击,使得对点目标攻击的附带损伤和破坏可以降至恰到好处的程度;四是提高了全天候、全天时的作战能力。

第三,精确制导武器成为改变军事力量对比的杠杆。现代战争表明,精确制导武器正在改变坦克、飞机、大炮、军舰等大型武器装备的传统军事价值,并成为现代战争基本的火力打击力量,正在成为改变战争双方军事力量对比的杠杆。其表现如下:一是精确制导武器与电子战的密切配合,成为决定战争胜负的重要因素;二是精确制导武器改变军事力量平衡的作用越来越明显和重要;三是精确制导武器促进了常规威慑力量的形成。

精确制导武器由于其巨大的作战效能,大大改变了战争的进程和作战的样式,已成为现代战争中的主要作战武器。目前,精确制导武器已成为世界各国武器装备发展的重点,预计今后这种武器还将有较大的发展,并可能对战争和作战产生更大的影响。

2.精确制导武器的发展趋势

随着探测技术、高速信号处理技术和控制技术等高新技术的发展,未来精确制导武器将广泛采用先进的毫米波、红外成像、全球卫星导航定位系统等单一或复合制导技术,命中精度将进一步提高,并逐步向多功能、自主化、灵巧化、轻小型和智能化方向发展。

一是导弹的智能化程度和命中精度将有进一步提高。所谓智能化,就是具有分析、处理问题的能力,能使精确制导武器具有人脑的一些判断、决策功能。未来战争的战场环境越来越复杂,精确制导武器要在极短的时间内将目标摧毁,仅仅依靠人工引导已不可能,必须使制导武器具有某种人工智能,判断和首先攻击对己方威胁最大的目标,并且能对攻击效果及时进行毁伤评估。美国在这方面领先一步,他们研制的"黄蜂"机载反坦克导弹就具有智能化特点,它能在距目标很远的距离上发射,到目标上空能自动俯视战场,搜索发现坦克,然后各导弹头分散攻击不同目标。随着各种精确制导武器继续提高和完善末制导技术,新一代精确制导武器将广泛采用先进的制导技术,可以选择目标最脆弱的部位达到命中即杀伤的效果,精度将从现在的10米量级提高到1米量级。

二是提高导弹的抗干扰能力和全天候作战能力。现代战争是信息化的战争,在实战中精确制导武器所处的电磁环境很复杂,敌方总会千方百计地破坏精确制导武器的正常工作条件,这就要求制导系统在现代电子对抗条件下有很强的抗干扰能力。首先,采用被动寻的制导系统。由于被动寻的制导系统本身不辐射电磁波,而是利用目标的辐射波,敌方较难发现,具有一定的攻击隐蔽性,如电视、红外、微波各类被动寻制导系统将广泛应用。其次,对主动寻的系统采取措施来提高攻击的隐蔽性。由于主动寻的系统必须向目标辐射电磁波,因而比较容易被敌方侦察到并采取相应的干扰措施,所以主动寻的系统抗干扰的能力格外重要。还有,采用新的制导方式,如毫米波雷达制导、GPS制导等。毫米波雷达具有频带宽、天线口径小、增益高、波束窄、分辨率高的特点。因此,毫米波制导将大大提高制导精度(2~3米)。从目前装备的精确制导武器看,大都受天候、气象和烟幕的影响,为改变这一状况,世界竞相提高精确制导武器的全天候作战能力,以适应未来战场需要。如美军的"小牛"空地导弹,采用了电视、红外成像和激光三类制导装置,以适应白天、黑夜不良气象等各种条件下作战。海湾战争中,多国部队使用的"爱国者"防空导弹,采用的就是相控阵雷达、指挥控制系统和复合制导系统,使其具有全天候、全空域的作战能力。

三是提高导弹的隐身性能和突防能力。隐身技术是一种可降低飞机、导弹等目标的可探测特征,使其不易被敌方各种探测设备发现的综合性技术。包括雷达、红外、可见光和声学等隐身技术,其中应用最广泛的是雷达隐身。未来,巡航导弹将通过综合利用雷达、红外和声学等隐身技术,使导弹的雷达反射截面、红外信号特征和噪声将进一步减小,防御系统进行探测和跟踪更加困难。提高导弹突防能力的措施主要有以下几点:(1)采用隐身技术。未来,巡航导弹将通过综合利用雷达、红外和声学等隐身技术,使导弹的雷达反射截面、红外信号特征和噪声将进一步减小,防御系统进行探测和跟踪更加困难。(2)提高飞行速度。提高导弹的飞行速度,也可以使突防能力大大提高,因为速度高,在射程相同时,飞行时间就更短,其发现、跟踪和拦截的概率就更小。如果再采用机动变轨等措施,将大大增强其突防能力。

四是将向轻小型化方向发展。轻小型化是指采用新型材料、新工艺、微型化、固体化、多功能化的部件。如用复合材料和轻型铝合金,可大大减轻导弹的重量,像"爱国者"导弹系统采用大规模集成电路和固体电子器件之后,其重量和体积比"奈基II"均减轻和减小4/5;"爱国者"制导系统用一部相控阵雷达,起到了"霍克"5部雷达的作用,大大简化了系统的组成。导弹和炸弹的轻小型化和微型化,可以提高效率,并降低拦截的概率。美国目前正在发展一项微型灵巧弹药技术,可以将一种250磅的炸弹装入隐形飞机内,这种炸弹与2000磅炸弹具有同等的毁伤效果,而飞机的运载负荷却降低了70%~80%。

五是提高精确制导武器系统的模块化和标准化程度。目前,用于导弹武器系统的模块,已有结构模块、助推模块、惯性制导及其他制导模块、控制模块、导引头模块、有效载荷模块、引信模块等。今后,用于导弹武器系统的模块化将越来越多,越来越广。标准化是指制导技术采用标准化元件、组件,计算机用标准化程序语言,以减少备件种类、简化设备,并增加它们的互换性。如"爱国者"地对空导弹系统的相控阵雷达的数字、模拟组件,A/D转换器和电源、存贮器等,均采用了标准组件,其电子备件仅用了239种标准组件,与"霍克"地对空导弹相比较,按 1:10 减少了备件。

六是提高导弹的通用性和系列化。制导技术的通用化将向两个方面发展:一方面是指一种导弹稍加改动或更换某些组件便能多用。意大利80年代初服役的"阿斯派德"导弹可作空对空、地对空、舰对空导弹使用;美国正在研制三军通用的"远程两用导弹"(LRDMM),可做反舰、地对空、舰对空、空对地导弹使用。另一方面是指某项技术通用,使各种制导技术间横向渗透,互相补充。如战略导弹的惯性制导技术、垂直发射技术等将更多地用于各种战术导弹,而战术导弹的一些特有技术也将更多地用到战略导弹中。系列化通常指一种用途的由低级向高级发展的系列,或用一种大致相同的构思研制的多用途导弹系列。目前世界各国装备的导弹中,有16种系列,如空对空导弹"麻雀"、"响尾蛇"系列;空对地导弹"响尾蛇"系列等。系列化思想还将促进某些在实战中证明是有效的导弹的技术改进。

二、隐身伪装技术

现代侦察探测技术的迅速发展,导致战场相对"透明",必然刺激反侦察监视技术的军事伪装与隐身技术的迅速发展。为了提高军事设施、装备及人员的生存能力,在传统伪装技术的基础上,各主要军事强国不遗余力地将现代高技术与军事伪装技术相结合。隐身技术就是传统的伪装技术向高技术领域扩展和延伸的结果。现代伪装技术已成为对付侦察探测和精确制导武器最有效的技术措施之一,而隐身技术则更是现代进攻性武器装备突防的重要手段。

(一)伪装技术

1.概述

(1)伪装的定义

伪装技术就是为隐蔽自己和欺骗、迷惑敌方所采取的各种措施,也就是常说的"隐真"和"示假"。伪装是对抗军事侦察和武器攻击的一种有效手段,是作战保障的一个重要组成部分。它的目的在于降低敌方侦察器材的侦察效果,提高目标的生存能力,增强部队的战斗力,使敌方对己方军队的行动、配置、作战企图和各种军事目标的位置、状况等产生错觉,造成指挥上的失误,保持己方军队行动的自由权,最大限度地发挥兵力兵器的军事效益,从而达成战役战斗的胜利。

军事伪装具有很强的综合性,所涉及的学科包括光学、电学、声学、物理学、化学、生物学、植物学、仿生学、材料科学等。针对高技术侦察的特点,现代伪装技术主要是为减少目标和背景在可见光、红外、无线电波等方面的反射或辐射能量差异而采取的各种技术措施。伪装按其在作战中的运用范围,可分为战略伪装、战役伪装和战术伪装。按其所对付的侦察器材的工作频谱又可分为:雷达波段伪装、可见光及红外波段伪装、防声测伪装等。

(2)伪装的基本原理

任何目标都处在一定的背景之中。目标的属性和功能决定了它与背景之间存在着差别,这种差别使得目标易被各种侦察器材所发现。目标的可探测特征主要包括:形状,如各种技术兵器装备和设施的外形及轮廓,大小及阴影;色调,即目标的颜色和亮度;位置,即目标与其周围环境的相对位置关系,活动痕迹;热辐射,即目标辐射的红外线特征,电磁波的发射或反射,等等。

军事伪装就是要使目标的这些特征不容易被发现,或者有意扩大这些特征以制造假目标。即,通过采用光学的、电学的、热学的、声学的、磁学的、生物化学的技术手段和天然条件,以及材料技术、表面结构设计和模拟技术等手段,减小或消除目标与背景的差别或可探测特征,将目标隐蔽在背景之中,以实现目标的"隐真";相反,模拟或者扩大目标与背景的差别,增大可探测性,构成假目标,以通过"示假"欺骗敌方。

2.伪装技术措施

(1)天然伪装

天然伪装就是充分利用地形、地物、夜暗和能见度不良天候(如雾、雨、风、雪)等天然条件,隐蔽目标或降低目标暴露征候的一种方法。天然伪装主要用于对付光学(紫外、可见光和近红外)侦察,在一定条件下也能对付热红外和雷达侦察。其主要原理在于,可见光、红外线、雷达波是直线传播,高山、谷地、沟渠、森林等地形易形成天然遮障,或者形成雷达波回波干扰,使目标得到较好的隐蔽。大雨、大雪、浓雾等不良天候也能妨碍可见光、红外和雷达侦察。天然伪装的优点是可以因地制宜,不需要制式器材,简便易行,省时省力。实施天然伪装时,要注意不破坏背景的天然外表,为提高伪装的综合效果,通常还要结合其他伪装措施。

(2)迷彩伪装

迷彩伪装就是用特制的涂料、染料和其他材料,按一定要求喷涂目标表面,达到消除或减小目标和背景之间反射或发射可见光、热红外和雷达波差别的措施。迷彩伪装依照目标类型、背景特点和涂料技术状况,分为保护迷彩、变形迷彩、仿造迷彩、光变色迷彩和多功能迷彩等。

(3)植物伪装

植物伪装是利用种植植物、采集植物和改变植物颜色等方法对目标实施伪装的措施。植物伪装技术简易有效,在现代战争中仍经常使用,而且十分有效。如,在目标上种植植物进行覆盖;利用垂直植物遮蔽道路上的运动目标;利用树木在目标地区构成植物林;利用种植植物改变目标外形和阴影;利用新鲜树枝和杂草对人员、火炮、汽车和工事实施临时性伪装等。

(4)人工遮障伪装

人工遮障是指利用各种制式和就便伪装器材对目标设置遮障的一种措施。它由遮障面和支撑构件组成。制式遮障面有叶簇式薄膜伪装网、雪地伪装网、伪装伞、反雷达伪装网、反中红外侦察伪装遮障和多频谱伪装遮障等。伪装遮障按其用途和外形可分为水平遮障、垂直遮障、掩盖遮障、变形遮障和反雷达遮障等5种。

(5)烟幕伪装

烟幕伪装是施放烟雾遮蔽目标和迷盲、迷惑敌人或使来袭制导武器失效所实施的伪装。这种无源干扰技术通过散射、吸收的方式衰减光波能量,干扰敌方光学侦察。由于发烟材料的发展,现代烟幕不仅可以遮蔽可见光,在雷达和红外波段同样地具有干扰或遮蔽作用,而且还可用于对付激光制导武器等。目前常用的烟幕伪装器材主要有:发烟手榴弹、发烟火箭、发烟炮弹及炸弹、烟幕施放器、飞机布洒器、航空发烟器等。

(6)假目标伪装

假目标伪装是指为欺骗、迷惑敌人而模拟目标暴露征候所施的伪装。假目标包括形体假目标和功能假目标两类。前者指仿造外形与兵器、人员、工事、桥梁等相似的模型类假目标,后者指各种角反射器、龙伯透镜反射器、热目标模拟器、红外诱饵弹、综合红外箔条等具有反射雷达波或产生热辐射等特定功能的假目标。使用假目标迷惑敌人,吸引敌人的注意力和火力,从而有效地保护真目标。当前,假目标制作与生产已发生了很大变化,由目标外形、大小和颜色的模拟发展到多波段特征的模拟,由采用就便、散件材料或器材现场制作发展到工厂化生产,产品具有功能齐全、结构形式多样、操作迅速轻便等特点。

(7)灯火与音响伪装

灯火伪装是指在夜间消除、降低和模拟目标的发光暴露征候,以隐蔽目标或迷惑敌人所采用的伪装。分为室内灯火伪装和室外灯火伪装。室内灯火伪装包括遮光法、降低照明强度、限制照射范围、模拟透光窗户等方法。室外灯火伪装主要有信号灯的隐蔽、车辆前后灯的隐蔽、发光标志的隐蔽、采用新型冷光源模拟正在行驶的车辆灯光及作业场的灯火等。

音响伪装是消除、降低、压制或模拟目标的音响暴露征候,以隐蔽目标或迷惑敌人所采用的伪装。消除音响使目标音响在到达侦听点时比环境噪声小 15 分贝;压制音响时要求噪声比目标音响高 15 分贝;模拟音响时要求模拟音响与目标音响具有相似的频率和音量等特征。

3.现代伪装技术在军事上的应用

现代伪装技术在高技术战争中的应用主要包括遮蔽技术、融合技术、示假技术、规避技术。

(1)遮蔽技术

遮蔽技术又称遮蔽隐真技术,是把真目标遮蔽起来,不让敌发现和识别达到以假乱真的技术。在高技术局部战争中遮蔽技术是对付精确制导武器的方法之一。第二次世界大战中,德国为了对付空袭,曾使用人工遮障的办法,对汉堡市的一家飞机厂进行隐蔽。他们在工厂的顶上覆盖伪装网,网面配上与周围相协调的图案,成功地蒙蔽、欺骗了英国空军。

近几十年来,遮蔽伪装技术已有很大发展,其主要表现:一是由单波段遮蔽伪装发展到多波段遮蔽伪装;二是结构轻便,易于使用,如国外装备的超轻型伪装网,每平方米仅 136 克,具有良好的多波段伪装功能。

(2)融合技术

融合技术是减小和消除目标与背景的差别,使目标融合于背景中的技术。它是降低所观察的目标与背景之间对比度的伪装方法。这种方法通常涉及表面处理和地面组织结构与图案等的辐射率(反射率)的控制。例如,单个士兵可用油彩涂皮肤的暴露部位,在钢盔和衣服上披上麻皮,以求得与周围近似或相融合。

(3)示假技术

示假技术是指为欺骗、迷惑敌人而模拟目标暴露征候所实施的伪装。高技术条件下的示假技术主要有:光、声、热、电。这是因为高技术侦察器材只识别各种"源"的弱点,用"源"模拟各种目标在特定的背景上所产生的暴露征候,以达到蒙蔽和欺骗高技术侦察器材的目的。例如,在夜间显示窗户的光,以模仿伪装不完善的室内照明,模拟伪装不好的坦克及其他车辆的前灯。得用扩音器在播放事先录好的活动目标的音响,或用炸药模拟火炮射击。用角反射器或龙伯透镜反射器能模拟真目标的电磁波的回波等。当前示假目标制作与生产已发生了很大变化,由目标外形、大小和颜色的模拟发展到多波段特征的模拟,由采用就便、散件材料或器材现场制作发展到工厂化生产,产品具有功能齐全、结构形式多样、操作迅速轻便等特点。

(4)规避技术

从现代侦察技术能达到多谱段、全方位、全天候、高分辨地收集情报,但并未达到"天网恢恢,疏而不漏"的境地。仍可以根据侦察的目的,来对目标进行规避,其方法:一是掌握侦察卫星的运动规律,利用不良天气避开敌侦察卫星的过镜时间,使军队和兵器的机动避开敌卫星的侦察。二是合理选择背景或行动路线,能有效地逃避侦察。

(二)隐身技术

1.概述

隐身技术又称隐形技术或低可探测技术,也有的称目标特征控制技术,是改变武器装备等目标的可探测信息特征,使敌方探测系统不易发现或发现距离缩短的综合性技术。隐身技术是传统伪装技术走向高技术化的发展和延伸,它综合应用了流体动力学、材料科学、电子学、光学、声学等众多学科领域的技术,通过降低本身的物理探测特征,以整体结构、外形、材料等方面进行改造来实现隐身目的,被称为"王牌技术"。

目前的隐身技术分为雷达隐身技术、红外隐身技术、电子隐身技术、可见光隐身技术、声波隐身技术等。随着隐身技术的发展和应用,在未来战场上将出现愈来愈多的各种隐身武器。这将大大提高武器装备的生存能力、突防能力和作战效能,打破已形成的攻防平衡态势,推动防御系统中的各种探测系统发生重大变革,刺激反隐身技术的发展。

2.隐身技术在军事上的应用

隐身技术的研究最早可以追溯到第二次世界大战期间,当时德国潜艇的通气管和潜望镜就开始采用吸波材料以达到反雷达探测的目的。20世纪50年代,美国开始探索减小雷达散射截面积的途径,并在U-2等侦察机上采用。70年代以后,美国、前苏联、英国、日本、法国、德国、意大利、加拿大、以色列等国都投入大量人力、物力和财力研究隐身技术。目前,各种隐身技术的研究均取得了不同程度的进展,其中研究的重点——雷达和红外隐身技术已取得重大突破,并被应用于研制隐身飞机、隐身导弹、隐身坦克、隐身舰船等各种隐身武器装备而获得成功。

隐身兵器是把隐身技术应用于武器上而形成的新式武器。它可以是对原来不具隐身能力的武器的改进,也可以是新设计、研制的武器。隐身武器研制始于20世纪70年代,80年代以后,由于隐身技术的突破性进展,加之战场对武器的隐身要求,使隐身武器的研制进展加快。目前,一些隐身轰炸机、隐身战斗机、隐身侦察机、隐身巡航导弹等已相继面世并投入使用,其他类型的隐身武器装备也正在加紧研制,使隐身武器向系列化方向发展。

(1)隐身飞机

隐身飞机是隐身武器研制最早、发展最快、隐身技术含量最高、取得成果最多的领域。隐身飞机之所以能有效地对付雷达、红外、电子、可见光及声波的探测,就是由于它综合运用了各种隐身技术。主要表现在:降低飞机的雷达散射截面积、红外辐射及电磁辐射特征;控制飞机的可见光目视信息特征及降低飞机的噪声等。目前研制成功的隐身飞机主要有隐身高空侦察机、F-117A隐身战斗轰炸机、B-1隐身战略轰炸机、B-2隐身战略轰炸机、F-22 隐身战斗机等。

美国的 F-117A 是世界上第一种按低可探测性技术设计原则研制的并投入实战使用的隐身战斗机。它采用多面体外形、平行棱边、后掠机翼、V 型尾翼；导弹、炸弹等武器全在机身或机翼内,机体下部没有突出部和外挂物;取消了发射强大功率的微波雷达;大量使用复合材料并涂敷多种吸波材料,雷达散射截面积只有 $0.01\sim0.1m^2$,比常规飞机的雷达散射截面积缩小 $2\sim3$ 个数量级。此外,还采用了减弱热、声、光、烟等信号的隐身技术,飞机整体的隐身性能极佳,因而能在 1989 年入侵巴拿马和 1991 年海湾战争中一鸣惊人。

B-2 是美国的第二代隐身轰炸机,其机身外表覆盖了一层碳质吸波涂料,具有更好的隐身效果。它采用翼身融合技术、无独立尾翼的全翼气动布局、发动机埋装在机体内等独特设计,同时大量使用对电磁波反射率很低的复合材料,大部分机体采用钛和环氧树脂——石墨复合材料,外涂深灰色的铁氧体吸波涂料,将电磁波的后向散射变为前向和侧向散射,使其雷达散射截面积仅 $0.1m^2$,比 B-52 轰炸机的 $100m^2$ 和 B-1B 隐身轰炸机的 $0.75m^2$ 都有大幅度减小。

(2)隐身导弹

隐身导弹是伴随隐身飞机发展起来的,目的是减小被拦截概率,增强突防和攻击能力。导弹隐身主要是通过采用雷达吸波材料及特殊的头部外形设计以减小雷达散射截面积,改进发动机及尾气排放装置以降低导弹的红外特征来实现的。目前已研制成功的隐身导弹主要是美国的 AGM-86B、AGM-129 型战略巡航导弹和 AGM-137 型、MGM-137 型战术导弹等。如美国通用动力公司研制的 AGM-129 型先进隐身巡航导弹,采用了埋入式进气道,其后缘为锯齿形,能将雷达波向各个方向散射,其雷达散射截面积只有 $0.005m^2$,并且应用主动电子对抗装置,使雷达难以探测和跟踪。法国生产的巡航导弹,采用翼身融合体,使用吸波材料来减少雷达散射截面积。导弹隐身已成为一种发展趋势,不仅发展隐身的巡航导弹、地对空导弹、反舰导弹,有些国家还在探索研制隐身的洲际弹道导弹。

(3)隐身舰船

舰船的"隐身"历来是各国海军解决的难题,但终因技术水平还没有达到完全或大部消除可探信息特征的能力。当前,世界各国都非常重视研究舰船的隐身技术。新研制的舰船,如英国的 23 型护卫舰、法国的 C-70 级驱逐舰、美国的"阿利·伯克"级驱逐舰、前苏联的"基洛夫"级巡洋舰、德国的 WV-2000 型水雷战舰艇和 SAR-2000 型导弹艇。法国的"拉菲特"级轻型护卫舰、意大利的"萨埃蒂亚"号导弹艇、瑞典的"司米奇"号隐身试验艇等,普遍采用了隐身技术,具有很好的隐身效果。随着隐身技术在舰船的广泛运用,高隐身性能的舰船用于战场已为时不远。

(4)隐身坦克

随着现代高技术反坦克武器的发展,坦克一旦被发现就很容易被击毁。特别是中子弹、高性能的反坦克导弹、制导炮弹等的出现已对坦克构成严重威胁,面对如此众多的强劲对手,坦克自身必须大力提高防护能力。尤其是要提高防电磁波的隐身能力,和引入隐身技术使其难以被发现是增强坦克生存能力十分有效的技术途径。20 世纪 80 年代中期以来,美、英等国已开始进行隐身坦克技术的研究,尽管目前尚未见有隐身坦克研制成功,但有关隐身技术已获得了较大进展,预计本世纪初主战坦克有望实现"隐身"。坦克隐身的主要技术措施有:

——降低坦克的雷达回波。如采用紧凑、矮小和平滑的外形设计;采用复合材料制造坦克车体或炮塔外壳;在装甲上涂敷雷达吸波材料等。

——降低坦克的红外辐射。如采用热损耗较小的发动机;改进燃烧室结构,减少排气的红外辐射成分;改进通风和冷却系统降低坦克温度;降低发动机排气温度并用挡板改变其辐射方向。

——降低坦克的噪声。如采用低噪声发动机;坦克结构设计引入隔音、消音技术;采用挂胶负重轮和装橡胶垫的履带等。

三、侦察监视技术

(一)侦察监视技术的基本概念

现代侦察监视技术是指为发现、区分、识别、监视和跟踪目标,并对目标进行定位所采用的一系列技术措施。在高技术条件下,现代侦察监视技术是获取对方敌情、地形、信息及其他有关作战情况的主要手段,它可以为指挥人员的决策提供及时、全面、准确的情报,是夺取战争胜利的重要保障。

(二)实施侦察监视的基本依据和工作过程

1.基本依据

由于任何物体都具有向外发射和反射电磁波的能力,而且不同的物体发射和反射电磁波的情况千差万别,这就可以通过人的感观或借助一些技术手段,将目标与背景区分开来,这就是实施侦察监视的基本依据。

从发射特性上讲,任何物体只要它的温度高于绝对零度(−273℃),就会不断地以电磁波的形式向外释放能量,这就是热辐射。大多数目标,在常温下的热辐射都处于红外线波段,对于温度大都处于−15℃~37℃的一般军事目标而言也不例外。被动式侦察监视系统,就是利用物体的这一发射特性进行工作的。

从反射特性上讲,一方面同一物体对不同波长的电磁波反射能力不同;另一方面不同物体对同一波长的电磁波反射能力也不同。如在阳光的照射下,红花只反射红色光波,绿叶只反射绿色光波。主动式侦察监视系统,就是利用这一特性进行工作的。

2.工作过程

实施侦察监视的工作过程通常是:探测器接收目标发射或反射的电磁波等目标特征信息,然后对信号进行加工处理,进行图像显示或记录,进而发现、区分、识别、定位、监视和跟踪目标。

(三)侦察监视技术的分类

现代侦察监视技术的分类方法很多,根据各种运载侦察监视技术设备平台的活动区域分为地面侦察、水面(下)侦察、空中侦察、航天侦察;按侦察任务、范围和作用可分为战略侦察、战役侦察和战术侦察;根据实施侦察监视技术的原理可分为光学侦察、电子侦察、声学侦察。

(四)侦察监视技术在军事上的应用

1.地面侦察监视技术

地面侦察监视,是在陆地上进行的侦察监视行动,是一种传统的侦察监视方式。其手段除熟悉的光学侦察外,主要还有无线电技术侦察、雷达侦察和地面传感器侦察等。

（1）无线电技术侦察

无线电技术侦察是指使用无线电技术器材搜集和截收对方无线电信号的侦察。通过无线电技术侦察可以截收和破译敌方无线电通信信号、查明敌方无线电通信设备的配置,使用情况及战术性能,由此判明敌人编成、部署、指挥机关和行动企图,为制定电子对抗作战计划,实施通信干扰和引导火力摧毁提供依据。无线电技术侦察具有隐蔽性好,获取情报及时,侦察距离大,不受气候条件限制,能不间断地对敌进行侦察等优点,同时也受到敌无线电通信距离、器材性能和采取的各种隐蔽措施所制约。

（2）雷达侦察

雷达侦察就是使用雷达设备进行的侦察。雷达是英文 Radar 的译音,而 Radar 则是 Radio Detection and Ranging 的缩写,其含义就是无线电探测与测距。它是利用物体对无线电波的反射特性来发现目标和测定目标距离、速度、方位和运动速度的一种侦察手段。雷达侦察主要探测敌方飞机、导弹、卫星、舰船、车辆、兵器,同时还可探测工厂、桥梁、居民点、云雨等,具有探测距离远、测量精度高、能全天候使用等特点,是目前应用非常广泛的一种侦察手段。

①雷达的基本组成

雷达的工作方式通常分为两大类:一类发射的电波是连续的,称为连续波雷达;另一类是发射的电波是间歇的,称为脉冲雷达。广泛应用的是脉冲雷达。雷达由发射机、天线、接收机、收发转换开关、显示器、定时器、天线控制器和电源等组成。

②雷达的类型及应用

雷达的种类很多,按任务或用途可分为警戒和引导雷达、武器控制雷达、侦察雷达、航行保障雷达等。

常规雷达侦察主要有以下几种:

一是引导和警戒雷达:对空情报雷达,包括对空警戒雷达、引导雷达和目标指示雷达,是用于搜索、监视和识别空中目标的防空雷达;对海警戒雷达,安装在各种水面舰艇或海岸、岛屿上,是用于对海面目标进行探测的雷达;机载预警雷达,是用于预警飞机的专用雷达,它可以探测、识别各种高度上的空中、地、水面目标,引导己方飞机作战、加油等;弹道导弹预警雷达,主要用来发现战略弹道导弹的发射,并测定其瞬时位置、速度、发射点、弹着点等弹道参数,为预警、防御和反导提供必要的信息。

二是武器控制雷达:炮瞄雷达,是专门用来测定空中目标,为小口径高炮提供目标信息,并通过指挥仪控制其跟踪和射击的雷达;导弹制导雷达,用于引导和控制各种战术导弹飞行的雷达;鱼雷攻击雷达,安装在鱼雷艇和潜艇上,用于测定目标的坐标数据,通过指挥仪控制鱼雷攻击的雷达;机载火控雷达,安装在战斗机上,用于搜索、截获和跟踪空中目标,并控制火力系统瞄准射击的雷达;机载轰炸雷达,它安装在轰炸机上,用于搜索和识别地、水面目标,并确定投弹时机和位置的雷达。

三是侦察雷达:战场侦察雷达,主要用于陆军侦察分队,对对方人员和车辆等运动目标实施侦察监视;炮位侦察校射雷达,炮兵用于侦察目标位置、测定炸点位置或偏差量,以校正火炮射击的雷达;侦察与地形测绘雷达,主要安装在飞机和卫星上,对地、海面目标实施侦察的同时,并能够测绘地形的雷达。

四是航行保障雷达:航行雷达,用于观测飞机前方气象情况、空中目标和地形地物,不仅要保障安全飞行,还要保障航线正确;航海雷达,用于舰艇定位、导航,以保障航行安全的舰艇雷达;地形跟随与地物回波雷达,是用于保障飞机低空、超低空飞行安全的机载雷达。能使飞机在飞行过程中,飞机随地面起伏,始终保持一定距离,以保证飞行安全。

(3)地面传感器侦察

地面传感器侦察是利用地面传感器,对地面目标运动所引起的电磁、磁、声、地面振动和红外辐射等变化量进行探测,并把它们转换成人能识别与分析的图像及电信号的设备。再由信号处理电路放大和处理,送入发射机进行调整后发射出去,由设在远处的接收机接收、调解和识别发现目标。地面传感器通常由探测器、信号处理电路、发射机和电源4个部分组成。地面传感器是20世纪60年代出现并投入战场使用的一种辅助性侦察器材,具有结构简单、便于使用、易于伪装、易被干扰等特点。它主要用来执行警戒、目标搜索、目标监视等。目前大量使用的地面传感器主要有以下5类:

①震动传感器

震动传感器是利用地面扰动波来探测目标,是使用最为普遍的一种传感器。其主要优点是探测灵敏度高,距离远,通常可有效探测到30米以内的运动人员和300米范围内的运动车辆;具有一定的区分目标的能力,能有效地区分人为扰动还是自然扰动,是人员还是车辆,但不能识别是徒手人员还是全副武装人员,是轮式车辆还是履带式车辆等;耗能小,能长期不更换电池连续工作;设置方式灵活,能采取人工、火炮发射、飞机空投等方式。

②声响传感器

声响传感器的工作原理与麦克风相同,也是一种使用比较广泛的传感器。其特点是识别目标能力强,由于它能重现目标运动时所发出的声响特征,所以很容易识别。如运动目标是人员,则能直接听到他的声响和讲话内容,易于判明其国籍和身份。如果运动目标是车辆,则根据声响判定车辆的具体类别。至于是人为扰动还是自然扰动更是易于判明。探测范围大,通常对人与人之间的正常音量对话,探测范围可达40米,对运动车辆的探测距离300~400米。

③磁性传感器

磁性传感器是利用磁场的变化来探测目标的。其特点是具有较强的目标识别能力,能区别徒手人员、武装人员和各种车辆;对目标探测的响应速度快,通常速度为2.5秒,能探测快速运动目标,但由于受能源限制,其探测范围小,对武装人员3~4米,对运动车辆20~25米。

④应变电缆传感器

应变电缆传感器是利用应变钢丝的变形引起阻值变化来探测目标的。其主要特点是探测范围受限,其探测范围与电缆布设长度相等,只在30米左右;只能人工埋设,故在野外使用上有一定的局限性,但在边海防、公安特殊设施的预警上使用方便,效果好;响应速度快,通常2.5秒;可靠性高,能辨别人员和车辆。

⑤红外传感器

红外传感器是利用钽酸锂受热释电的原理来探测目标的。其主要特点是体积小,隐蔽性能好,同时探测目标的反应速度快,能探测快速运动目标,但只能进行人工布设,且仅限于探测器正面的扇形区域,无辨别目标性质的能力。

2.水下侦察监视技术

水下侦察监视是利用水下侦察监视设备来探测水下的各种目标。它是现代侦察监视系统的重要组成部分之一。

(1)水下侦察设备的类型

水下侦察设备大体可分为两类,即水声探测设备和非水声探测设备。水声探测设备主要有声呐、水下噪声测量仪、声线轨迹仪、声速仪等。非水声探测设备主要有磁探仪、红外线探测仪、废气探测仪等。目前,水下严密的侦察网络是以水声探测为主构成的,非水声探测设备作为水下侦察监视的补充也得到了较快的发展。

(2)声呐

声呐是英文缩写 "SONAR" 的音译,SONAR 是 Sound Navigation and Ranging 的缩写,其中文全称为:声音导航与测距。声呐是利用声波对水中目标进行探测、定位和识别的水声探测装备。声呐主要用于搜索、测定、识别和跟踪潜艇和其他水中目标,进行水声对抗、水下战术通信、导航和武器制导、保障舰艇、反潜飞机的战术机动和水中武器的使用等。

声呐按其工作方式分为主动式和被动式两种。

主动式声呐主要由发射机、换能器、接收机、显示器、定时器和控制器等组成。发射机产生电信号,经换能器,把电信号变成声信号向水中发射,声信号在水中传递过程中,如遇到目标,则被反射,返回的声信号被换能器接收后,又变成电信号,经接收机放大处理,就会在显示器的荧光屏上显示出来。可见,主动式声呐需要主动地向海中发射声信号,测定目标方位和距离。主动式声呐最大的优点是可以探测静止无声的目标,并测出其方位距离。但最大的缺点是主动发射声信号容易被敌方侦听而暴露自己,同时探测距离短。

被动式声呐主要由换能器、接收机、显示控制台等组成。当目标在水中、水上航行时,所产生的噪音被换能器接收变成电信号,传给接收机,经放大处理再传送到显示控制台进行显示。可见,被动式声呐不主动发射声信号,只接收海中目标发出的噪声信号,从而发现目标,测出目标方向和判别其性质。其特点是隐蔽性、保密性好,识别目标能力强,侦察距离也较远,存在问题是不能探测静止无声的目标,也不能测定目标距离。

根据使用对象不同,声呐可分为水面舰艇声呐、潜艇声呐、航空声呐和海岸声呐等。

3.航空侦察监视技术

航空侦察监视,是指使用航空器在环绕地球的大气空间,对敌方军队及其活动、地面、水面或水下以及空中的情况进行的侦察监视。由于航空侦察具有灵活、机动、准确和针对性强的特点,它既是获取战术情报的基本手段,也是获取战略情报的得力助手,即使是有了侦察卫星,航空侦察也仍是不可缺少和不可代替的。

航空侦察监视就是利用侦察设备接收并记录各种目标的电磁辐射,经加工处理后,从中提取有价值的信息。其平台主要是飞机侦察平台,包括有人驾驶侦察机、侦察直升机、无人驾驶侦察机和预警机。平台上实施侦察与监视的主要设备有可见光照相机、多光谱照相机、激光扫描相机、红外扫描装置、电视摄像机、合成孔径雷达、机载预警雷达、无线电及其他侦察设备。上述设备在使用中各有优势和不足,它们之间在使用时可相互搭配取长补短,可取得比较好的效果。

4.航天侦察监视技术

航天侦察监视,是指使用有侦察设备的航天器在外层空间进行的侦察。航天侦察监视的分类方法很多,如按使用的航天器是否载人,可分为卫星侦察和载人航天侦察。其中卫星侦察是航天侦察与监视的主要方式,按其任务和侦察设备又可分为成像侦察卫星、电子侦察卫星、导弹预警卫星和海洋监视卫星等。航天侦察与航空侦察所使用的侦察设备基本相同,包括照相机、电视摄像机、红外遥感器、合成孔径雷达等。随着航空、航天技术的发展,航天侦察监视已经不仅能满足战略情报的需要,而且也能满足某些战役、战术情报的需要。航天侦察监视具有轨道高,发现目标快,侦察范围广,可在短时间内侦察辽阔的地域;能长期、反复监视全球,也可定期或持续地监视某一地区;可在短期内或实时地提供侦察情报,能满足军事情报的时效性的要求;还可不受国界和地理条件的限制。

(五)侦察监视技术的发展趋势

随着微电子、光电子、通信、雷达、航天等技术的发展及其在战场上的应用,使得现代侦察监视技术已经进入了一个崭新的发展阶段。不仅从侦察方式、侦察手段、侦察设备上,而且从战术技术运用上,也都将提高到一个新的水平,现代侦察监视技术的结果扩大了作战空间,改善了信息获取手段,增强了作战指挥的时效性,促进了反侦察技术的发展,同时对指挥人员提出了更高的要求。目前,现代侦察监视技术正向空间多维化、速度实时化、手段综合化、侦察监视攻击一体化和努力提高生存能力方向发展。

1.空间上的多维化

为了适应未来战争的需要,太空中的侦察卫星,天空中的侦察飞机,陆地上的雷达、地面传感器、无线电设备,水下的声呐等侦察监视设备,不能是孤立的,必须有机地形成一个整体,组成一个涵盖陆、海、空、天、电磁的综合的侦察监视网络,在侦察监视的地域、时间、周期以及对情报的处理和利用方面,不同的侦察监视设备之间互相取长补短,相互印证,使侦察监视设备的优点和特长得到充分发挥。

2.速度上的实时化

高技术战争火力、兵力机动快,作战节奏加快,要求侦察监视提供的信息也要快,否则就满足不了作战的需要。为此,必须要提高信息处理和传输能力。随着遥感技术和计算机技术的迅速发展,借助大容量和运算速度快的计算机对遥感图像进行自动分类和识别,可大大地提高信息处理速度,将使侦察监视获得的信息实时地传递给指挥员决策使用。

3.手段上的综合化

侦察技术的发展,反过来又促进了反侦察技术和伪装干扰技术的发展。为了有效地发现、区分、识别、定位、监视和跟踪目标,特别是有效剥除其伪装,不仅要加强目标特征研究,还要加速研制新的遥感器,使用多种遥感器,同时观测同一地区,既能获得较多的信息,也能使各种信息之间相互对照、比较和印证,从而提高信息的可信度。

4.侦察、监视系统与攻击系统结合更加紧密

在未来战争中,只有将侦察监视系统与武器系统,特别是精确制导武器有机地结合起来,才能充分发挥侦察监视的效果。武器系统要"够得着",侦察监视系统要"看得到"。侦察监视系统不仅能以自身携带的武器攻击,更重要的是能引导空中、地(水)面的武器攻击所发现的目标。通过信息传输是侦察监视系统与武器系统紧密结合的最重要也是最主要的途径。

5.提高侦察监视系统的生存能力

信息化条件下作战,敌火力兵器射程远,精确度高,对侦察监视系统的生存构成了严重的威胁。目前世界先进国家特别注重侦察监视系统生存能力的提高,它将直接关系到作战结局。航空侦察监视系统,要向高空、高速、隐形、超低空方向发展,以便让对方的防空火力"够不着"、"追不上"、"看不见"。反卫星武器的出现,航天侦察监视系统也不再"高枕无忧",而必须在如何躲避攻击、抗电子干扰、耐核辐射等方面采取措施。在地(水)面和水下实施侦察监视,更要随时做好反侦察监视的准备。

四、电子对抗技术

20世纪初,当电子对抗的萌芽生长于战争舞台时,在不到一百年的时间里,以其始料不及的速度和进程,构成了一种崭新的作战形式步入战场的空间。贝卡谷之战、美利锡德拉湾冲突、海湾战争、科索沃战争都表明,作战双方谁控了制电磁权,谁便控制了战场的"制高点",掌握了致胜的主动权。一位军事评论家指出:具有完善的电子战能力的国家,在其领土周围筑起一道强大、灵活、高效的电磁屏障,这是一道无论哪个国家都不能贸然入侵的肉眼看不见的万里长城。

(一)电子对抗概述

1.电子对抗的含义

电子对抗是指敌对双方利用电子设备、武器、器材所进行的电磁斗争。它是一方为削弱、破坏敌方电子设备的使用效能,保护己方电子设备正常发挥效能,而利用电磁能和定向能以控制电磁频谱或用电磁频谱攻击敌方的电子设备、器材的作战行动。

电子对抗就是通过干扰电磁波或使用其他器材吸收,反射电磁波的斗争,因此所有使用电磁的设备,如雷达、通信、导航、敌我识别、精确制导、无线电引信、计算机等,都是电子对抗的对象。

电子干扰、电子侦察一般不能直接对敌人员和武器装备构成杀伤,但它能使敌无线电通信指挥系统失灵、雷达迷盲、火炮和导弹等武器失控。因此,它在现代战争中的地位越来越重要,成为军事电子技术中发展最快的领域之一。

2.电子对抗的产生和发展

电子对抗是随着无线电通信的出现而产生,第一次世界大战中的无线电通信对抗构成早期的电子对抗。1906年,德国福雷斯特研制了世界上第一只可以对无线电信号起放大作用的真空三极管。这是电子技术发展史上的一次重大突破,它促进了军用电报、电话和广播事业的迅速发展,也为电子对抗准备了条件。第二次世界大战前夕,各军事强国都努力发展自己的军用电子技术,争夺电磁优势。1937年2月英国政府决定在英国东部和南部沿海地区设置雷达网,该项工程于1939年夏全面完成。第二次世界大战期间,英国东南沿海的雷达网在保卫英伦三岛的战争中,发挥了重要作用。1947年末,美国贝尔电话实验室的三名物理学家肖克利(William Shockley,1910—1989年)、巴丁(John Bardeen,1908—1991年)和布拉坦(Walter Brattain,1902—1987年),)研制成功第一只点接触型锗晶体三极管后,电子技术有了新的突破性进展,为电子对抗设备向功耗低、体积小、重量轻的方向发展提供了有利条件。朝鲜战争中,面对中、朝军队的反攻,美军将第二次世界大战中使用过的老式干扰机安装在 B-29 飞机上实施无线电干扰。战争结束后,美官方出版的《美国空军在朝鲜》一书中指出,如果当时没有电子对抗的支援,B-29 飞机的损失很可能是原来的 3 倍。

20 世纪 50 年代后期,人们对电子对抗有了新的认识。在各种武器装备上安装了各种类型的电子对抗设备,携带核武器的战略轰炸机上安装了各种类型的电子对抗设备,以干扰敌方的地面预警雷达、引导雷达和导弹制导雷达,对抗敌人歼击机的无线电指挥通信系统和截击雷达系统。飞机上还装有消极干扰弹,投放锡箔条引诱敌人的导弹上当。60年代出现了一些专用的电子对抗武器系统,美空军研制了头部装有一部和 B-52 重型轰炸机上使用的无线频率完全相同的干扰发射机,可用同样频率施放无线电干扰。在越南战争及以后的多次局部战争中,电子对抗战成为一种不可缺少的作战方式,争夺战场的电磁优势,已成为争夺主动权的一个重要组成部分。

20 世纪 70 年代以来,由于大规模集成电路和微电子技术的迅速发展,特别是数字技术计算机和微处理机的广泛应用,使军用电子设备正向小型化、性能好、价格低廉的方向发展,为大量使用电子对抗装备提供了广阔前景。现代战争中,几乎每一个作战单元都配有电子设备和电子对抗设备,如警戒雷达、红外夜视仪、激光测距机等。电子通信装备和通信干扰机,自动化指挥控制系统及其他电子对抗装备已在战争中普遍使用。许多国家还建立了电子战部队。

3.电子对抗的主要内容

电子对抗的主要内容有无线电通信对抗、雷达对抗、光电(红外、激光)对抗、水声对抗等。

(1)无线电通信对抗

无线电通信对抗简称通信对抗。通信的目的是传递信息。在语言通信中的信息是语言,以差错率(误码、误比特率)衡量。在数字通信中的信息是数据,将原始数据如语言、文字、图像等变成数字通信脉冲编码信号实现信息交换的方式,称为数字通信。无线电通信把信息从发射端传送到接收端,通信系统的质量以有效性、可靠性、抗干扰性指标衡量。通信对抗是为削弱、破坏敌方无线电通信设备的使用效能,保护己方无线电通信设备正常发挥效能而采取的各种措施和行动的统称。其基本内容包括通信对抗侦察、通信干扰和通信电子防御等。

通信对抗侦察,是为获取通信对抗所需的情报而进行的电子对抗侦察。主要通过搜索、截获、分析和识别敌方无线电信号,查明敌无线电通信设备的频率、频谱结构、调制方式、功率电平、工作体制、配置位置以及通信规律、通信网络的性质和组成等。

无线电通信干扰,利用无线电干扰发射机干扰信号,使敌方无线电通信接收设备方能正常工作。按干扰性质,无线电通信干扰可分为压制性通信干扰和欺骗性通信干扰。欺骗性通信干扰又叫通信欺骗。通信干扰的目的,在于破坏和降低敌通信系统工作的有效性和可靠性。一般雷达的发射和接收是在同一地点,而通信的收、发分在两地,往往不知接收端的位置,通常只能在较大方位范围实施干扰。通信干扰信号对通信发射端不产生干扰作用,仅对通信的接收端进行干扰。当通信干扰信号特征与通信信号特征近似吻合,接收机难以区分干扰信号时,干扰效果最佳。

无线电通信干扰的方式与雷达干扰方式类同,有窄带噪声和连续波单音干扰(瞄准式)、宽带噪声干扰(阻塞式)和扫描调频干扰(扫描瞄准式)。语音通信干扰的调制方式有等幅报、调幅话、移频报、单边带等。对不同通信方式必须使用不同的最佳干扰方式,对语音通信的干扰使系统信噪比下降,接收端听不清,对数字通信的干扰,信噪比下降使误码率增加,信息无法恢复。

无线电通信电子防御,是电子防御的重要组成部分,是为保护己方电子设备及其系统正常发挥效能所采取的措施与行动,主要包括反电子侦察、反电子干扰和防反辐射武器摧毁等。通常由雷达、无线电通信等专业部(分)队和使用各种电子设备的战斗部(分)队,按统一计划分别组织实施。

(2)雷达对抗

雷达对抗是与敌雷达和雷达制导导弹系统及火控系统作斗争的各种战术和措施的总称。它是利用专门的电子设备或器材,与敌雷达设备作斗争,以阻止敌方雷达获得电磁信息,减弱和破坏敌武器系统的效能和威力,同时保护己方雷达等电子设备及武器系统在敌干扰条件下仍能发挥效能和威力。其中,进攻性对抗措施主要包括雷达的侦察、干扰、伪装、欺骗和摧毁。

雷达对抗与反对抗的斗争,其实质是电磁信息的斗争。雷达对抗可按技术分类为:雷达侦察、雷达干扰、侦察摧毁一体化的反雷达(反辐射)导弹实施攻击等。雷达的电子进攻和雷达本身的电子防御,常被称为"雷达对抗"和"雷达反对抗"。

随着雷达对抗技术不断发展,现代雷达对抗技术的特点和要求是:发展倍频程、多倍频程的天线、微波元件和功率器件;圆极化和多种极化,以适应对各种雷达的侦察、干扰;雷达干扰机应有尽可能高的功率,特别是高的连续波功率;全频段、全空域的侦察干扰能力;适时快速的信号处理能力,以适应高密度、多威胁目标的信号环境;能够准确获取雷达的多种参数,具有掌握各种雷达"指纹"的能力;综合使用多种对抗技术,对付多部雷达的能力;具有多种技术储备,对雷达技术发展具有快速反应能力。

(3)光电对抗

光电对抗包括光电侦察与反侦察、光电干扰与反干扰、光电制导与反制导、光电隐身与反隐身、光电摧毁与反摧毁等。

为避免雷达对抗的影响,第二次世界大战后主要军事大国都继续研究红外线在军事上的应用。1950年,美国研制成第一个无源红外制导系统,首先在AIM-9"响尾蛇"导弹上应用,使之具有了较高的跟踪精度,红外对抗从此应运而生。该导弹由美海军作战飞机携带,并同时在飞机上配置了红外探测瞄准设备,之后陆续在作战飞机上配置了与雷达告警设备功能相似的红外告警设备及红外对抗手段,以破坏红外制导导弹的跟踪效果。

光电对抗频段包括激光、红外与可见光频段。光电制导包括红外点源制导、红外成像制导、红外/雷达复合制导、红外/紫外双色制导、激光制导及电视制导等十几种体制数十种型号。光电威胁频谱宽:紫外波段0.2~0.4毫米;可见光波段、激光波段0.53~0.904毫米,1.06~10.6毫米;红外波段1~3毫米,3~5毫米,8~14毫米。光电威胁是全方位、全天候的威胁。光电电子对抗的作战样式与雷达电子对抗类同,包括攻、防两个方面,但其频段高(波长短)、技术难度大,构成独立的光电对抗领域。

光电对抗的主要威胁有激光测距机、激光雷达、红外侦察、电视跟踪等十几个方面数百种型号的技术装备。光电对抗侦察主要是截获敌方的光电辐射信号、测量技术参数、分析识别辐射源类型,判断威胁性质、获取战术技术情报等。

(二)电子对抗在军事上的运用

电子对抗宏观上包括电子对抗与电子反对抗两个方面。电子对抗手段不断创新,从而有电子隐身与反隐身、电子制导与反制导等,归结起来主要包括:电子侦察与反侦察、电子干扰与反干扰、摧毁与反摧毁。

1.电子侦察与反侦察

(1)电子侦察。电子对抗集中表现为侦察与反侦察。电子侦察是一种搜索、截获敌方电子设备的电磁辐射信号,从中获取其战术、技术特征参数及位置数据等情报的活动。它是电子对抗的组成部分,目的是为组织实施电子干扰和电子防御,为部队作战行动提供准确的情报。

电子侦察是通过截获、探测、分析、识别威胁辐射源信号特征及有关参数,输出各类辐射源的特征报告,然后对多类报告的信息进行相关跟踪/滤波、融合/归并、识别/更新、态势评价和威胁估计等数据处理,获得准确可靠和完整的电子情报,为电子对抗及作战提供情报。

电子侦察按对象可分为:雷达侦察、通信侦察和光电侦察。雷达侦察是指侦测、记录敌方雷达及雷达干扰设备的信号特征参数,并对其定位、识别。通信侦察是指对敌方无线电通信电台和通信干扰设备,进行侦察测向、定位,并根据通信电台的技术性能、通信诸元、通联规律,判别通信网的组织、级别和属性。光电侦察是指截获和识别敌方激光雷达、激光制导武器的激光辐射信号和飞机、坦克、导弹等本身的红外辐射信号。

电子侦察是夺取电磁优势的前提条件,没有时空限制,每时每刻都要进行,是和平时期电子对抗的主要形式。现代高技术战争需要电子侦察向扩大侦察范围,对重点地区保持不间断监视,改进电子侦察技术,提高侦察效能,研制智能化接收系统,扩大侦察频段,提高信号截获概率和测量精度,以及提高分析处理能力的方向发展。

(2)反电子侦察。反电子侦察是为了防止敌方截获、利用己方电子设备发射的电磁信号而采取的措施。目的是使敌方难以截获己方的电磁信号,或无法从截获的信号中获得有关情报。

反电子侦察的主要措施有:电子设备设置隐蔽频率和战时保留方式,平时采用常用频率工作;减少发射次数,缩短发射时间,尽可能采用有线电通信、可视信号通信等通信手段;使用定向天线,充分利用地形的屏蔽作用,减少朝敌方的电磁辐射强度;将发射功率降低至完成任务的最低限度;转移发射阵地不使敌人掌握发射规律;减少发射活动,实施静默。其具体做法还有:设置简易辐射源,实施辐射欺骗或无线电佯动;采取信号保密措施,使用不易被敌截获、识别的跳频电台等新体制电子设备。

电子侦察无论平时、战时都在不间断地进行着,反电子侦察已成为经常性的电子防御措施。反电子侦察涉及所有作战部队,必须严密组织、统一实施,与其他反侦察手段结合使用。

2.电子干扰与反干扰

电子干扰与反干扰,是现代战争中夺取战场电磁优势极为重要的作战手段。应灵活掌握,正确决策,实施计划管理。

(1)电子干扰。电子干扰是实施电子进攻的主要手段,它是采用专用的发射信号干扰、破坏敌方电子系统正常工作的专用技术。目的是削弱或破坏敌方电子系统遂行战场侦察、作战指挥、通信联络和兵器控制能力;为隐蔽己方企图,达成战役、战斗的突然性和提高己方飞机、舰艇、装甲车辆等武器装备的生存能力创造有利条件。

电子干扰可分为有源干扰、无源干扰两大类。按干扰专业、干扰专用平台、干扰技术、干扰方式和干扰机组成类型有多种分类法。专业领域不同,干扰技术特点不同,电子设备的类型不同,信号波形不同,干扰波形设计也不同,如预警、探测、目标监视雷达与跟踪、制导雷达、火控雷达的干扰技术不同;干扰平台不同,作战环境不同,干扰机的设计原则也不同,干扰方案、战术、战法都不同;此外,自卫干扰、随队干扰、远距离支援干扰的设计重点也不同;从而构成陆、海、空军的电子干扰装备系统。对指挥员而言,重要的不是深研设计技术,而是要了解电子干扰技术概貌,决策干扰手段,选用干扰装备,组织电子战斗。

(2)电子反干扰。电子反干扰是识别、阻止敌方干扰以保护己方电子系统处于正常状态的技术。其目的是削弱或消除敌方电子干扰对己方电子设备使用效能的影响。

电子反干扰随着电子系统不同而异,天线、发射、接收、显示、波形设计均可采用反干扰技术,而且从系统体制、组网运行上反干扰效果较佳。电子反干扰按电子设备种类可分为:雷达反干扰、通信反干扰、引信反干扰、导航设备反干扰、光电设备反干扰等。按作战使用可分为:技术反干扰和战术反干扰两大类。技术反干扰主要是提高电子设备本身在干扰条件下的工作能力,在电子设备的发射机、天线、接收机、信号处理系统中采取反干扰措施。技术反干扰针对性强,通常一种反干扰措施只能有效对抗一种干扰。战术反干扰主要是调整电子设备的配置、组网工作和综合运用等,将不同体制、各种频段的雷达配置组网,发挥整体抗干扰能力;综合运用多种探测和通信手段,有源、无源探测相结合;红外寻的、激光制导和雷达制导相结合;有线通信、运动通信和无线电通信相结合;设置隐蔽台、站(网),适时启用;利用干扰信号对干扰源进行跟踪寻的、定位,必要和可能时实施火力摧毁。

3.摧毁与反摧毁

专用电子对抗设备和作战手段在战场上的广泛应用,不仅使雷达、通信和光电设备难以发挥效能,并且对作战飞机、舰船、装甲车辆和精确制导武器等构成了严重威胁。电子对抗手段不断升级,已由消极防御发展到"软"杀伤,进而发展到"软""硬"结合,对敌方电子设备直接摧毁。

摧毁。摧毁是指在查明敌方电子对抗装备及其工作的情况基础上,用直接毁伤的方法使其瘫痪并在短期内难以恢复正常工作的一种电子对抗手段,主要有火力摧毁、派遣人员摧毁和反辐射摧毁等。电子摧毁是对敌方的电子设备实体摧毁。反辐射导弹、反辐射无人机等,就是这种"硬摧毁"的反辐射武器系统。反辐射导弹和对辐射源实施摧毁性攻击有两种方式:一种是接收到目标信号后发射。由于导弹具有"记忆"(锁定)装置,发射后,即使被攻击的雷达关机,也可"记住"其位置,不偏离航线击中目标。另一种是"先升空后锁定"方式,先盲目发射,让其无定向在空中飞行、盘旋,一旦接收到目标信号,即咬紧目标,将目标摧毁。反辐射导弹的自导引系统是采用无源被动跟踪方式,本身不辐射电磁信号,具有稳定性好,不易受干扰和突防能力强等特点,引导头频带很宽("哈姆"带宽达0.8~20吉赫),具有较高的制导精度,是当今战场上威慑力较高的一种有效电子战武器。

(2)反摧毁。反摧毁是雷达利用战术或技术保护自己及友邻雷达免遭反辐射导弹攻击的技术。反摧毁技术目前常用的有以下几种:采用诱饵引偏技术,部署假雷达阵地;采用雷达发射控制、关机、间歇交替工作;采用反辐射导弹告警系统;采用新体制雷达,如低截获概率雷达、双/多基地雷达、高频雷达、毫米波雷达等;雷达与无源传感器联合组网实施综合对抗技术。

(三)电子对抗在现代战争中的地位及作用

1.电子对抗在信息化战争中的突出地位

一是贯穿信息化战争始终的重要战线。由于电子技术在军事领域的广泛渗透,电磁优势的争夺已成为作战双方激烈争夺的又一焦点,这就在客观上构成了两条不同的战线,一条是运用硬杀伤武器直接杀伤对方有生力量的有形战线;另一条则是使用电子技术和设备,以夺取制电磁权为目的的无形战线。随着战争形态的不断变化,电子对抗手段被称为与火力、机动力并列的"第三打击力量",电子对抗已经成为了一条越来越重要的战线。

二是信息战的主体和夺取信息优势的重要手段。信息战是在电子对抗的基础上发展起来的,从本质上说,信息战与电子对抗都是为了破坏对方的信息获取、信息传递、信息处理和信息利用。只有通过电子对抗的实施夺取电磁优势进而掌握信息优势,才能达成信息战的目的。在信息化的战场上,信息化武器的火力攻击由电磁频谱控制,军队的指挥控制系统高度电子化,70%的情报信息依赖于电子设备获得,所以,电子对抗是信息战的主体,是夺取信息控制权和使用权,达成信息战目的的重要手段。

三是战斗力构成要素的力量"倍增器"。由于指挥控制及武器系统对电子设备的高度依赖,打击和破坏对方的电子系统,就可以成倍的削弱敌武器系统的威力,有效的降低对方的整体作战能力;而采取有效措施保证己方电子设备的正常工作,就能保证己方作战能力的正常发挥,对战斗力起到倍增作用。这一点,已经被中东战争、海湾战争、科索沃战争以及"9·11"事件后的反恐战争所证实。据统计,带自卫电子对抗设备的轰炸机,生存率可达70%~95%,反之则不超过25%;作战飞机带电子对抗设备出击时的生存率为97%,反之不超过70%;水面舰艇不装电子对抗设备,被导弹击中的概率约为加装电子设备的20倍。可见,电子对抗确实对高技术战争中的战斗力形成发挥着重要作用。

2.电子对抗的主要作用

(1)获取重要军事情报

未来战争是信息时代的战争。利用电子对抗的装备和手段,查明敌电子设备的工作性能、技术参数、类别、数量和配置位置等情报,从而判断其兵力部署和行动企图,是赢得战争胜利的关键。1943年4月,日本海军大臣山本五十六到前线(中所罗门岛)视察,日本第8舰队司令给另一个指挥所发出了视察路线、时间的电文,这一电文被美军截获并破译,当山本五十六出发后,美军出动18架战斗机将山本座机击落。

海湾战争中,多国部队为了对伊拉克实施空袭,获取伊军雷达及防空系统情报,美在投入的 53 颗各类卫星中,至少有 12 种共 18 颗侦察卫星,300 余架预警侦察飞机及地面电子情报站,伊军大多军事行动难逃多国部队的"电子耳目"监视。海湾战争爆发前,沙特在美国授意下数次派战斗机闯入伊领空,以激起伊军的雷达反应,从而测定其雷达位置,分析其性能,美军空袭时顺利实施了电子干扰压制。美国防技术安全局为美军提供了伊拉克核、生、化、导弹研制和常规武器生产设施的情况及位置,为轰炸提供了目标信息。美国防测绘局提供了 1.16 亿张地图拷贝和上万张照相地图,为"战斧"巡航导弹袭击陆上目标提供了有价值的情报。

(2)破坏敌方作战指挥

破坏敌指挥系统,使敌军瘫痪陷入被动挨打地位,是电子对抗的重要任务。1944 年,苏军在加里宁格勒附近包围了德军一个重兵集团,德军试图用无线电与大本营联络,求得增援和突围。苏军派出无线电干扰分队压制了德军的无线电通信,使德军 250 次联络未能成功,全军覆灭。德集团军司令被俘后供述,投降的主要原因之一是无法与大本营取得通信联络。

(3)掩护突防和攻击

雷达作为预警和兵器制导装备,已成为防御体系的"哨兵"和"千里眼"。他们能对空、对海实施警戒,及早发现来袭敌机、导弹、舰艇,可对火器实施射击控制和导弹的制导等。进攻时对敌雷达系统实施干扰、欺骗或摧毁,使其失去效能。在海湾战争中,多国部队空袭编队得到了各种电子战飞机 4000 多架次的电子支援,掌握了制电磁权,有效掩护突防,致使伊军作战飞机和防空导弹部队未能作出有效反应。

(4)保卫重要军事目标

在重要城镇、桥梁、机场、指挥所等重要目标附近,设置有力的雷达干扰设备或采用欺骗手段,能有效干扰敌轰炸机瞄准雷达和导弹的制导系统,使飞机投弹不准,导弹失控,减少被击中的概率,达到保卫重要目标的目的。如海湾战争中,伊"飞毛腿"导弹发射系统对多国部队构成了一定的威胁,成为多国部队重点轰炸目标。伊军为了欺骗多国部队,用铝板和塑料制成许多假导弹发射架,这些假导弹发射架在雷达荧光屏上显示的雷达回波与真发射架极为相似,引诱多国部队无效轰炸,有效地保存了实力。

(5)夺取战场主动权

未来高技术战争中,电子对抗技术将越来越先进,电子对抗领域将越来越广阔,电子对抗的作用将越来越重要。不掌握制电磁权、制信息权,自身作战兵力兵器的作战效能就无法正常发挥,就很难掌握整个战场的主动权。

五、航天技术

航天技术是探索、开发和利用太空以及地球以外的天体的综合性工程技术。也称为空间技术。军事航天技术是为了军事目的而研究开发的航天技术,是通过将无人或载人航天器送入太空,达到开发和利用空间的军事目的,用以完成侦察、摧毁、俘获、通信、监测、导航、定位、测绘和气象预报等各种军事航天任务的综合性工程技术。航天技术的发展为军事活动提供了新的场所,实现了从太空对陆、海、空目标进行实时侦察与监视,作战空间进一步扩展,使战争呈现海、陆、空、天一体化。

(一)航天技术的组成

航天技术由运载火箭技术,航天器技术和航天器测控技术三大部分组成。

1.运载器技术

运载器技术是航天技术的基础。要想把各种航天器送到外层空间,必须利用运载器的能量克服地球引力和空气阻力。常用的运载器是运载火箭,一般是多级火箭。中国是火箭的发源地,也是最早将火箭运用于战争的国家。目前,中国大型运载火箭技术处于世界先进行列,"神舟"五号载人飞船成功上天,标志着中国成为世界第三个载人上天的国家。

2.航天器技术

航天器是在地球大气层以外的宇宙空间,执行探索、开发或利用太空等航天任务的飞行器。航天器一般由通用系统和专用系统两部分组成。通用系统是指结构系统、温度控制系统、姿态控制系统等各类航天器的必备的系统;专用系统是指区别航天器用途,根据航天器担负任务的需要而设置的特殊系统。航天器主要分为无人航天器与载人航天器两大类。无人航天器又分为人造地球卫星和空间探测器两种;载人航天器又分为载人飞船、航天飞机、空间站三种。

3.航天器测控技术

航天器测控技术是航天技术中不可缺少的组成部分。航天器的测控由航天器所载测控设备和地面测控系统共同完成,其主要任务是对航天器进行遥测、遥控、跟踪与通信。地面测控系统由分布在全球各地的测控台、站及测量船组成。一般配备有各种精密的电子设备,负责对航天器进行跟踪、定位、遥测、遥控和通信联络。

(二)航天技术在军事上的运用

航天技术的军事运用成果是军事航天系统。世界发射的众多航天器,大约70%是为军事目的服务的。航天技术已成为各国军事技术特别是军事高技术的重要组成部分。军事航天系统大致分为4类:军事航天运输系统,军事载人航天系统,军事卫星系统,航天作战系统。

1.军事航天运输系统

军事航天运输系统是能把军用航天器、宇航员或物资等有效载荷从地面运送到太空预定轨道或能将有效载荷带回地面的运输系统。目前可利用的军事航天运输系统主要是一次性运输火箭,还有可重复使用的航天飞机。

2.军事载人航天系统

(1)载人飞船

载人飞船是保证航天员在空间轨道上生活和工作以执行任务并返回地面的航天器。它的运行时间有限,仅能一次性使用,可独立进行航天活动,也可以作为往返地面和空间站之间的"渡船",还能与空间站或其他航天器在轨道上对接后联合飞行。载人飞船由对接装置、轨道舱、返回舱、仪器舱和太阳帆板等部分组成。载人飞船容积较小,所载物质有限,一般不具备再补给的能力,不能重复使用。但它是一种将人直接送入太空的航天器,是航天技术在人造卫星基础上的新突破。其主要功能是:作为地面与空间站的军事运输工具,可向空间站运送各种军事物质;接送人员,进行空间救护;试用新的军用航天设备;用于特定目标的侦察与监视等。早期的载人飞船是由卫星改装的,后来的飞船是专门研制的。前苏联是世界上发展航天飞船最早的国家。1961年开始载人飞船发射试验,先后实施了"东方"号,"上升"号和"联盟"号飞船发射计划。美国紧随苏联之后,先后实施了"水星"、"双子星座"和"阿波罗"飞船发射计划。

(2)航天飞机

航天飞机是一种有人驾驶的空间飞行器。它兼有航空和航天两种本领,具有航天器和运载器双重功能,并可多次重复使用。航天飞机由轨道器、助推器、外燃料箱组成。航天飞机发射费用低、运载能力大、在军事上有巨大的应用潜力。

(3)空间站

空间站也称航天站,是固定在轨道上长期运行供宇航员长期居住和工作的大型空间平台。空间站是迎送宇航员和太空物质的场所,是环绕地球轨道运行的空间基地,人们又称它为"宇宙岛"。空间站的建立标志着载人航天技术的发展进入了一个新阶段。

空间站与航天器相比,具有容积大,寿命长,可综合利用的优点。因此,空间站被认为是发展航天技术、开发和利用宇宙空间的基础设施。任何国家要想真正参与空间的开发、利用,都必须建立空间站。

3.军事卫星系统

军事卫星是专门用于各种军事目的的人造地球卫星的统称。它按用途可分为军事侦察卫星、军事通信卫星、导航卫星、军用测地卫星、军事气象卫星等。近期几场局部战争表明,各种军用卫星在支援陆上、海上和空中作战中发挥了重要作用,成为现代侦察和通信、定位的重要手段。未来战争中,军用卫星作为一种发射平台,与激光、定向能和动能等新式武器一样,构成天战武器装备系统,将成为空间军事化的主要工具。

(1)侦察卫星

侦察卫星是指用于获取军事情报的人造地球卫星。是利用光电遥感器、照相设备和无线电接收机等侦察设备,从轨道上对目标实施侦察、监视或跟踪以搜索地面、海洋或空中目标的情报。侦察卫星具有轨道高、视野大、范围广、速度快、获取情报及时、寿命长等优点。

根据任务和侦察设备的不同,侦察卫星通常分为照相侦察卫星、电子侦察卫星、预警卫星、海洋监视卫星等。

①照相侦察卫星

照相侦察卫星是利用光电遥感设备摄取地球表面图像的卫星。照相侦察卫星具有居高临下,分辨率高的优点,其地面分辨率可达0.3~0.1米,照片清晰度高。

世界上第一颗照相侦察卫星是美国于1959年2月28日发射的"发现者"1号。迄今发展了第6代。属于第6代的是"KH-12"照相卫星,采用热成像和自适光学技术,分辨率达0.1米。

②电子侦察卫星

电子侦察卫星上装备有电子侦察设备,用于侦收敌方雷达和其他无线电设备的位置与特性,截收对方通过遥测和通信等手段传输的机密信息。一般运行在高度约500千米或1000千米的近圆轨道上。

③导弹预警卫星

导弹预警卫星是用于监视和发现和跟踪敌方来袭的战略导弹的发射及其主动段的飞行,并提供早期预警信息的侦察卫星。它装有红外探测器和电视摄像机等设备,通常由多颗卫星组成预警网。卫星上一般还装有 X 射线、γ 射线和中子探测器等,以兼顾探测核爆炸的任务。目前,美国在地球同步轨道上部署有 5 颗导弹预警卫星,海湾战争中用其监视了伊拉克发射的"飞毛腿"导弹,为"爱国者"导弹实施拦截提供了预警信息。

④海洋监视卫星

海洋监视卫星上装有能实时传输信息的侦察设备,如电视摄像机、红外探测器、无线电接收机和测视雷达等,用于监视海洋上的舰船和潜航中的潜艇等活动目标。为了对广阔的海洋进行连续监视,需要由多颗卫星组成监视网。

⑤核爆探测卫星

核爆探测卫星通过卫星上的各种探测器,探测核爆炸时间、高度、方位和当量,从而获取别国发展核技术的情报。此项任务现已由预警卫星承担。

(2)通信卫星

通信卫星是用作无线电通信中继站的人造卫星。战略通信卫星通常在地球同步轨道上运行, 为远程乃至全球范围的战略通信服务。战术通信卫星的运行周期一般是 12 小时,其作用主要是提供地区性战术通信或军用飞机、舰船、装甲车辆及单兵移动通信。卫星通信的优点是覆盖范围大、通信距离远、通信容量大、传输质量高、机动性好、生存能力强。但是同步通信卫星在南北极地区为盲区,在高纬度地区效果不好,保密性差。

(3)导航卫星

导航卫星是为地面、海洋、空中和空间用户导航定位的卫星。一颗导航卫星就相等于一个设在天上的无线电导航台,它以固定的频率,按照规定的时间间隔,向地面发射导航信号,用户通过不同时刻测到的多普勒频移数据,就可以由已知的卫星位置,反求出本身所在的位置。

卫星导航在美国发展较快,建立了导航卫星全球定位系统(GPS),于 1994 年完成了由 24 颗全球导航定位系统卫星的部署,可提供高精度三维位置、三位速度和时间 7 位信息,定位精度优于 10 米。

(4)气象卫星

气象卫星就是一个无人高空气象站,是从外层空间对地球及其大气层进行气象观测的卫星。大多数气象卫星为军民合用,按运行轨道可分为太阳同步轨道气象卫星和地球静止轨道气象卫星。卫星上装有各种扫描辐射仪、可见光和红外电视摄影机、温度探测器以及自动图像传输设备。设备收搜集到的各种气象数据通过计算机处理后,发回地面,地面接收后综合使用。

(5)测地卫星

测地卫星装有光学观测系统,无线电测距系统,雷达测高仪等设备,可用于测制地图、建立精密坐标系统、提供地球引力场分布有关数据,有利于提高战略武器的命中精度。

(6)反卫星卫星

反卫星卫星是对敌方卫星实施击毁、破坏或使其失效的人造地球卫星。在这种卫星上装设跟踪识别装置,杀伤武器和俘获机构,并使其具有一定的机动变轨能力,以识别、接收并摧毁或俘获敌方卫星。主要有拦截式和俘获式两种。

4.航天作战系统

(1)航天作战的任务

随着航天技术的发展,航天大国为了开发和控制太空,开始建立天军(美国和俄罗斯已经建立)。研究和完善航天作战理论。一时间理论众说纷纭,各种理论对航天作战任务的描述各说不一,但总的而言,包括以下任务:①防空防天预警;②航天监视和全球定位;③保护本国航天系统;④防止敌人使用本国航天系统;⑤阻止敌人使用航天系统;⑥从太空对地基目标实施攻击。

(2)航天作战武器系统

航天作战武器系统,是部署在太空或陆地、海洋与空中,用以打击破坏与干扰太空目标的武器,以及从太空攻击陆地、海洋与空中目标的武器的总称。

航天作战武器系统包括:反卫星武器、反导弹武器、轨道轰炸武器、军用空天飞机等。

(三)航天技术的发展趋势

航天技术对政治、军事、经济、科技的竞争具有战略性的影响,因此航天技术必然受到形势发展的影响。其发展趋势有以下4点:

1.民用航天活动及合作将加强

由于高技术的作用力正在上升,航天技术作为高技术之一,其开发和利用对国民经济的拉动作用越来越强,从而成为很多国家争先开发的强大动力。在开发研究过程中,利用航天技术监测、管理、服务好地球,实现人类共同家园的可持续发展成为大家的共识。因而,民用航天活动及合作正在加强,比如深空探测的日益推进,中国和欧盟共同推进的地球双星探测计划等。

2.卫星应用将产生更大的效益

气象卫星的技术水平将越来越高,用途更广,功能更完善,人类将更能长期准确地观雨测风,更快捷地传递各种信息,更精确地预报灾情等等,卫星的应用将会产生更大的效益。

3.航天技术在军事领域发挥的作用将继续增强

航天技术在军事领域所发挥的作用,是近几十年来,特别是近十年来多次军事行动中获胜方之所以成功的重要原因。科学技术是第一生产力。航天技术在未来的军事斗争中所发挥的作用只会增加,不会削弱。这也是俄、美建立天军的重要原因。

六、指挥自动化技术

21世纪的战争是陆、海、空、天、电一体化的立体战争,战场上的情报侦察、作战目标的探测与识别,战场监视的预警、武器系统的控制,陆、海、空、天战场的多兵种协同作战的指挥和通信联络,都要求有一个高度自动化的综合系统,即指挥自动化系统,亦称C4ISR系统。

(一)指挥自动化技术概述

1.基本概念

指挥自动化系统,是指在军队指挥系统中,综合运用以信息技术为核心的现代科学技术,实现军事信息收集、传递、处理自动化,以实现高效的指挥、领导与管理,保障军队发挥最大效能的"人——机"系统。自动化指挥系统是国防基础设施的重要组成部分,是军队现代化的重要标志,是实施信息化条件下联合作战的物质基础和根本保证。在欧美一些国家,人们习惯于把指挥自动化系统简称为 C4ISR 系统,即由指挥(Command)、控制(Control)、通信 (Communication)、情报 (Intelligence)、计算机 (Computer)、监视(Surveillance)和侦察(Reconnaissance)等分系统组成的综合系统。

2.发展过程

指挥自动化系统一直被誉为军队指挥的"中枢神经"、"兵力倍增器",是现代战争的"魂",指挥自动化系统间的对抗决定着未来信息化战争的成败。指挥自动化系统内容不断丰富,已从 20 世纪的 C2、C3、C3I、C4ISR 发展到目前的 C4KISR。

指挥自动化系统的发展大致经历了初创阶段、全面发展和成熟 3 个阶段:

第一,初创阶段。二次大战后,随着国防科学技术的飞速发展,军队组成和武器装备都发生了重大变化,并导致了作战方式的改变。面对这种变化,继续沿用人力手工作业方式已经无法进行现代条件下的作战指挥。20 世纪中叶开始,电子信息技术的发展及其在军队指挥领域的运用,使指挥手段开始由机械化向半自动化和自动化方向发展。1953 年,美国开始研制以电子计算机为中心的防空自动化指挥系统,并于 1958 年建成了世界上第一个半自动化的防空作战指挥控制系统——"赛其"系统。同一时期,前苏联也建成了类似的半自动化本土防空指挥控制系统——"天空一号"系统。它标志着人类的指挥手段开始从原来的手工方式、机械化方式进入到全新的自动化方式。此后,许多国家开始投入大量的人力、物力和财力进行军队指挥自动化的研究和建设,并逐步建立了一批更加先进、更加完善的战略、战术指挥自动化系统。如美国的"全球军事指挥控制系统"、"战略空军指挥控制系统"、"弹道导弹预警系统"、"海军战术数据系统"。

第二,发展阶段。20 世纪 60 年代末到 80 年代中期,国际形势处于美苏相互对峙的冷战环境中,核大战虽未爆发,但局部战争连续不断,从而促进了军队指挥自动化的迅速发展。20 世纪 60 年代至 70 年代末,美国逐渐完善了准备打"两个半战争"(全球核战争、大规模常规战争和局部地区冲突)的灵活反应战略。根据这一战略,美国建成了国家级 C3I系统。与此同时,前苏联也加快了军队指挥自动化发展步伐,大力发展和改进各种军队指挥自动化系统。北约组织中,欧洲部分国家的军队指挥自动化系统建设也有了较大发展,北约盟国共同建设的系统和各国自行建设的系统相继投入使用。日本于 70 年代后期开始改建其防空警戒系统,并兴建中央指挥所。进入 80 年代以后,美、苏两国开始对其原有的军队指挥自动化系统进行进一步的改进、更新。美国原"赛其"系统被新系统所取代,各军种的战术 C3I 系统也相继建成,并启用了先进的空中或地面机动式军队指挥自动化系统,连同空中与地下的 C3I 设施,基本构成了全方位、全高度的 C3I 系统,且现代化水平有了明显的提高。

第三,成熟阶段。此阶段主要指 20 世纪 80 年代末至今。此时期,由于军事科学技术和作战理论的迅猛发展,使指挥自动化系统的性能在军事需求的牵引下不断得到开拓,系统功能得到大大增强。各国对军队指挥自动化的建设与发展给予了高度的重视。

(二)军队指挥自动化系统的组成与分类

1.军队指挥自动化系统的组成

一个完整的军队指挥自动化系统的基本组成是相同的(如图 4-1 所示),即都是由信息收集分系统、信息传输分系统、信息处理分系统、信息显示分系统、决策监控分系统和执行分系统等组成,这些分系统互相联系、互相配合,构成一个统一的整体。

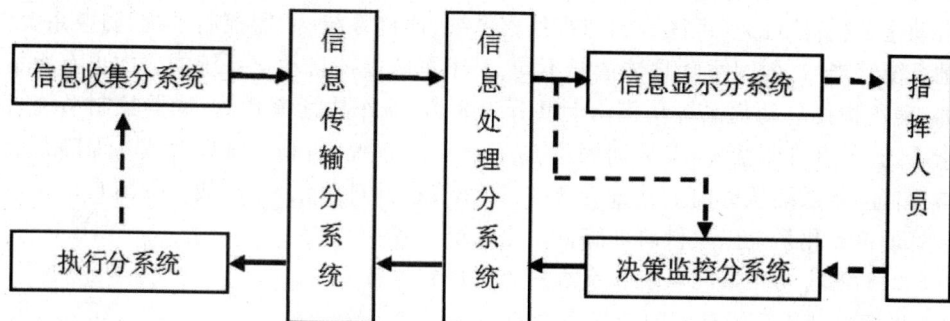

图 4-1　军队指挥自动化系统

信息收集分系统由配置在地面、海上、空中、外层空间的各种侦察设备,如侦察卫星、侦察飞机、雷达、声呐、遥感器等组成。它能及时地收集敌我双方的兵力部署、作战行动及战场地形、气象等情况,为指挥员定下决心提供实时、准确的情报。

信息传输分系统主要由传递信息的各种信道、交换设备和通信终端等组成,这几部分构成具有多种功能的通信网,迅速、准确、保密、不间断地传输各种信息。可以说,信息传输分系统即通信分系统的自动化是整个指挥系统实现自动化的基础,没有发达的通信网,就不可能实现作战指挥的自动化。

信息处理分系统由电子计算机及其输入输出设备和计算机软件组成。信息处理的过程,就是将输入计算机的信息,通过按预定目标编制的各类软件,进行信息的综合、分类、存储、检索、计算等,并能协助指挥人员拟制作战方案,对各种方案进行模拟、情报检索、图形处理、图像处理等。

信息显示分系统主要由各类显示设备,如大屏幕显示器、投影仪、显示板等组成,其主要功能就是把信息处理分系统输出的各种信息,包括作战情报、敌我态势、作战方案、命令和命令执行情况等,用文字、符号、表格、图形、图像等多种形式,形象、直观、清晰地显示在各个屏幕上,供指挥和参谋人员研究使用。

决策监控分系统主要由各种向系统输入控制信息的设备,如具有各种功能的监视控制台和工作台等组成。主要用于辅助指挥人员作出决策、下达命令、实施指挥。在作战过程中,指挥员可随时针对不同的情况,通过决策监控分系统输入命令或指令。此外,决策监控分系统还可用来改变军队指挥自动化系统的工作状态并监视其运行情况。

执行分系统主要由自动把命令信息变成行动的执行设备和人员组成,如导弹的发射控制和制导装置、火炮的发射控制装置以及各种遥控设备的执行机构等。执行分系统与信息收集分系统具有反馈关系,执行分系统的当前情况可由信息收集分系统反馈到指挥员那里,从而进一步修订计划,更加正确有效地指导执行分系统的动作和行动。

2.军队指挥自动化系统的分类

军队指挥自动化系统的应用日益广泛,其规模、使用范围以及作用和任务都有所不同。因此,从不同角度出发,军队指挥自动化系统可以分为各种不同的种类。按使用层次,可区分为战略指挥自动化系统、战役指挥自动化系统、战术指挥自动化系统和作战平台信息化附加系统;按军种,可区分为陆军指挥自动化系统、海军指挥自动化系统和空军指挥自动化系统;按用途,可区分为情报侦察系统、通信系统、武器控制系统、防空系统以及后勤系统。当然,各国军队具体情况不同,对于军队指挥自动化系统的分类也有所不同。比如,美军指挥自动化系统从横向上共分为8类,即作战指挥系统、武器控制系统、情报检索系统、军事科研系统、人员训练系统、行政管理系统、后勤系统以及战斗保障系统;俄军指挥自动化系统从横向上共分为4类,即作战指挥自动化系统、战斗保障自动化系统、行政管理自动化系统以及科研训练自动化系统。

(三)指挥自动化系统在现代战略中的地位和作用

1.指挥自动化系统是国防威慑力量的重要组成部分

世界各国清醒地认识到,先进的武器装备必须要与先进的指挥手段相匹配才能发挥其效能。否则就难以形成整体作战能力,也就无法构成有效威慑。在现代高技术信息化战场上,越来越明显地表现在对信息的依赖,信息优势已成为决定战争进程和结局的重要因素。因此,掌握信息的优势能力,已经成为当今军事领域正在强化的一种潜在威慑力量,而建立高效的指挥自动化系统,是夺取和保持信息优势的关键。

2.指挥自动化系统是高技术战争作战指挥的必备手段

在现代高技术信息化条件下,实现军队指挥自动化对作战有着重大的影响。

(1)实现军队指挥自动化拓展了作战指挥范围。

(2)实现军队指挥自动化极大地缩短了作战指挥周期。

(3)实现军队指挥自动化:一是可以提高部队的快速反应能力;二是可以影响作战决策能力;三是可以影响指挥的时效性。

3.指挥自动化系统是信息战的重要武器系统

随着各种信息技术武器装备在军事斗争中的广泛应用,信息的优势在现代战争中的重要作用越来越突出,信息战也就产生,信息战开辟了新的战场和新的斗争领域。军事领域信息战的焦点是军事信息的占有权、控制权和使用权,其作战对象是对方的军事和民用信息系统。其最终目的在于达成信息优势,使己方指挥控制机构所获取的信息比对方更加完整、准确、及时、可靠。为达成信息优势所采取的诸如信息获取、军事欺骗、心理对抗战、电子战、网络战、虚拟现实战等作战行动,有些是属于C4ISR的范畴,有些则是必须基于C4ISR系统才能实现的。C4ISR已成为信息保障、信息对抗、信息防护措施中最主要的工具。美国1995财政年度国防报告首次对信息战进行了阐述:"信息战不仅是更好的综合运用己方C4ISR系统的手段,而且是有效地与潜在敌方的C4ISR系统相匹敌的手段。一方面保证己方信息系统的完好,免遭敌方利用、恶化和破坏;另一方面则设法利用、恶化和破坏敌方的信息系统。在这个过程中,取得运用部队的信息优势。因此,信息战就是C4ISR与C4ISR对抗,信息系统安全与安全对抗,以及情报的集聚和综合。"由此可能看出,信息战是一种综合性战略,信息战的作战对象主要是C4ISR系统,信息战的物质基础和技术手段也主要依赖于 C4ISR 系统。美国 2000 财政年度国防报告中明确提出："C4ISR 将不再被作战部队视为辅助手段，而是被视为作战工具。"在信息化战场环境下，制网络权将成为制信息权的前提，C4ISR 将成为制信息权的主战兵器。

(四)指挥自动化系统的发展趋势

随着信息技术的飞速发展及其在军事领域的广泛运用，军队指挥自动化在现代战争的地位和作用更加突出，更加受到各国军方的高度重视。但是，根据目前外军 C4ISR 系统的现状可以看出年外军 C4ISR 系统的发展趋势大致如下：

1.功能综合化

长期以来，美国和世界各国军队的 C4ISR 系统受认识水平、经济和技术条件等因素的制约，走的都是"烟囱式"的发展道路。各军种、各部门自主开发、分散建设，缺乏统一规划和统一标准。造成已建系统各自独立，横向难以实现互连互通的问题。为克服以上缺陷，各国 C4ISR 系统的建设中，都强化了"综合集成"思想。美军开始采用开放式系统工作的方法，由分立的"烟囱式"系统逐步走向综合化。

2.系统一体化

现代战场上取胜的关键不仅在于拥有技术先进的武器装备和投送系统，而且还在于是否具有在战场上将这些武器装备有效地加以控制和使用一体化的能力。在一体化建设过程中，美国防部带头将国防部所属的 14 个系统集成为一个一体化的大系统；同时，美各军种也分别将本军种的若干系统进行综合集成，形成一个综合一体化的本军种的大系统。为促进一体化的实现，美军又制定了国防信息系统网综合化计划和全球指挥、控制、通信系统计划。美军于 1995 年成立了"C4I 一体化支持行动处"和 C4I 综合任务委员会，尔后又成了联合 C4ISR 决策支援中心，进一步加强 C4ISR 一体化的研究和领导工作。

3.战场数字化

战场数字化，就是用数字式通信和信息系统把战场上各军兵种部队、各种武器平台直到单兵连接起来，准确及时地向他们提供所需的各种信息，实现信息交流和信息共享。战场数字化是美陆军在 20 世纪 90 年代初提出来的，是将美陆军建设成为 21 世纪部队的一个主要手段和关键步骤，被称为未来军队的发展方向。由此可见，战场数字化包括 C4ISR 系统的数字化，其中 C4ISR 系统的数字化是战场数字化的基础，整个战场数字化必须首先通过 C4ISR 的数字化才能实现。

4.武器智能化

智能化武器，是指不用人直接操作和控制，可自行按照人的意志完成侦察、探索、瞄准、攻击目标，以及情报的收集、处理、综合等多种军事任务的高技术武器装备。随着时间的推移，各种具有实战能力的智能化武器已经出现，比如防化侦察的智能机器人、智能扫雷坦克、智能导弹、智能地雷等。智能化武器的出现给军队指挥自动化的发展开辟了一个新的领域。智能化武器装备一旦投入战斗，传统的直接参与的作战方式将被改变，作战人员将从战斗的前线退至后方的安全地带，使用遥控装置去指挥智能化武器去完成作战任务。在未来战场上，智能化武器装备会越来越多，性能会越来越好。

第五章　信息化战争

随着信息技术的飞速发展,信息作为战略资源的地位将更加突显,围绕信息资源获取、信息化军队建设和占领信息优势高地的竞争将愈演愈烈,信息化战争已逐步登上历史舞台。各国在信息技术方面的竞争将日益激烈。信息化战争将以前所未有的速度催生新的作战方法,信息化战争形态的演变将变得迅速和明显。这对我军履行历史使命、打赢信息化战争提出了更加严峻的挑战。为打赢信息化战争,必须掌握信息化战争的基本特点,确立信息化作战理念,提高信息化作战能力。

第一节 信息化战争概述

信息与战争紧密联系,几乎所有的战争都有信息的使用。信息在战争中有着重要作用,是战争不可缺少的要素。随着信息处理技术的不断发展,信息在战争中扮演着越来越重要的角色。信息技术催生战争形态的变化,信息化战争应运而生。

一、信息与信息技术

(一)信息

信息(Information),是一种消息,通常以文字或语言、声音、图像、动画、气味等形式来表现,是数据按意义的关联排列的结果。它是客观事物状态和运动特征的一种普遍形式。客观世界中大量存在、产生和传递着以这些方式表示出来的各种各样的信息。比如,文献是信息的一种,即通常讲到的文献信息。所以,信息是事物的运动状态和过程以及关于这种状态和过程的知识。

(二)信息技术

信息技术(Information Technology,简称IT),是信息的获取、传递、处理、管理、应用等技术的统称,主要包括传感技术、计算机技术和通信技术等。信息技术主要是应用计算机技术和通信技术来设计、开发、安装和实施信息系统及应用软件。它也常被称为信息和通信技术(Information and Communications Technology,ICT)。信息技术是以信息传输技术的突破为先导的。因特网(Internet)的广泛应用和迅猛发展,已成为信息技术趋于成熟的主要标志。

对于信息技术,人们从不同的角度有不同的描述:①信息技术是指有关信息的识别、提取、变换、存储、处理、检索、检测、分析和利用的技术。②信息技术是指利用电子计算机和现代通讯手段获取、传递、存储、处理、显示信息和分配信息的技术。③信息技术是指研究信息如何产生、获取、传输、变换、识别和应用的科学技术。

信息技术的研究领域很广，主要包括技术、工程以及管理等学科。信息技术的应用包括计算机硬件和软件、网络和通讯技术、应用软件开发工具等。计算机和互联网普及以来，人们日益普遍地使用计算机来生产、处理、交换和传播各种形式的信息(如文件、报刊、电视节目、语音、图形、影像等)。在企业、学校和其它组织中，信息技术体系结构是一个为达成战略目标而采用和发展信息技术的综合结构。它包括管理和技术的成分。其管理成分包括使命、职能与信息需求、系统配置和信息流程；技术成分包括用于实现管理体系结构的信息技术标准、规则等。

信息技术主要包括以下几方面技术：

1.信息获取技术

信息获取技术，即从信息源获取所需信息的技术。它通过各种传感器技术，扩展人类感觉器官的功能，增强人类感知和认识事物的能力。其功能是感知有关目标的信息特征并加以转换、处理，从中提取有用的信息，再以适当的形式表达出来，可以划分为感知技术、定位技术、信息融合技术等。感知技术是用于发现、观测目标并获取其特征信息的技术。定位技术是测量目标的位置、时间和运动参数等时空信息的技术。信息融合技术是利用多源信息，对同一事物或目标的各种特征信息进行综合处理，以便客观、深入认识目标的本质特征。

2.信息传递技术

信息传递技术，是充分利用信道的传输功能使信息得到可靠传输的技术，主要以点对点通信或网络通信方式传输信息。传输信道有无线、有线和光缆等。无线电通信主要有微波、短波、超短波、毫米波和激光通信等；有线通信主要有电缆和光纤通信等。信息传递网络在多个节点间提供衔接，完成对传输链路和信息的汇集和分配。信息传递网络主要有电信网络和计算机网络，两者正逐渐融合，并朝着宽带化、综合化、智能化的方向发展。

3.信息处理技术

信息处理技术，是对所获取的初始信息按一定的目的要求和步骤进行处理的技术，主要包括信息的检测、估计、压缩、保密、识别、合成等。信息检测与估计是从信息与噪声的混合中检测并提取有用的信息；信息压缩的目的是为了提高信息存储和传输的有效性；信息保密是对信息进行加密，防止对方破译；信息识别则用来识别、理解信息；信息合成是利用已知信息将所需要的信息进行合成。

4.信息管理技术

信息管理技术，是对信息进行描述、组织、存储、显示、检索、更新、维护和安全保护等技术。信息系统只有在对信息的有效管理下才有使用价值。信息管理系统常以数据库形式实现对各类信息的有效组织与应用。

5.信息应用技术

信息应用技术，是使信息最终产生效用的技术。它直接应用于实际系统中，要求各级指挥机关和指战员，能准确、迅速地根据信息的内容改变控制对象的存在状态和运动方式。

二、信息技术在战争中的应用

信息技术在战争中的应用最突出的就是体现在武器装备上，是武器装备向信息化方向发展的直接推动力量。信息化装备是大量采用电子信息技术的武器装备，主要分为信息化打击兵器和军用信息系统两大类。

(一)综合电子信息(C^4I)系统：将具有更强的实战能力、可靠性、抗干扰性和抗毁能力

在现代战场上，C^4I系统既是维系军队整体作战能力的神经中枢，又是"战斗力的倍增器"。从目前发展趋势看，在今后若干年内，外军不是盲目追求C4I系统的更新换代，而是强调改进其性能，重点提高系统的实时信息传输能力、可靠性、抗干扰性和抗毁力。为提高战场C^4I系统的信息传输能力，美军正在研制可向战场指挥官提供高清晰图像和实时卫星照片的战术数字传真机，可将侦察到的信息实时传输给地面接收系统的"埃塔斯"电子光学侦察系统，以及能对敌方信息发射源进行快速探测、识别和定位的"信号哨兵"便携式电子信息传输系统。鉴于C^4I系统的功能要求越来越高，结构日趋复杂，其可靠性问题显得十分突出。而微电子技术的发展，又为提高C^4I系统的可靠性提供了技术保障。目前，各国正在运用高新技术，针对信息探测、传输、汇集和交换等薄弱环节，提高C^4I系统的抗干扰和抗毁能力。

在综合电子信息系统发展方面，美国经历了分散、独立系统的发展过程，已经开始进入一体化C^4ISR系统阶段，目标是通过采用整体性体系结构，使不同层次的系统和各军兵种系统一体化，使系统各种功能一体化，使预警探测系统与指挥控制系统一体化。

(二)信息战装备：重点发展综合电子战系统武器

"沙漠之狐"行动、科索沃战争和伊拉克战争表明，信息战武器已经成为信息化战争中夺取信息优势的主战装备。尤其是在信息战最重要的作战样式——电子战中，电子战已经不再局限于通信和雷达对抗的范围，而是扩展到指挥、控制、引导诸方面，成为系统对系统的对抗。因此，世界各国都更加重视研制新型电子战装备，使电子战装备的多功能性、作用距离、软硬毁伤能力有显著提高。美军为保持电磁优势，已于20世纪90年代中期为部队装备了全频谱电子战系统。这种系统不仅能对威胁报警进行数据处理，还能自动选择最佳方式实施干扰和管理。目前，美军正在走三军联合研制通用化、综合化电子战系统的道路。俄军在不断提高远距电子战干扰功率和光电对抗、无源干扰能力的同时，也在着力发展综合电子战系统。苏—34侦察/电子战飞机，能执行侦察、预警、电子战等多种任务，现已经开始装备部队。为充分发挥电子战装备的效能，外军还采用多种方法来增大电子战装备的作用距离，最主要的方式是使电子战设备空中化。为此，各国正在大力发展各类电子战飞机、电子战直升机和电子战无人驾驶飞机。软硬毁伤相结合，才能更有效地发挥电子战装备的威力。西方发达国家非常注重提高电子战武器的软杀伤功能和硬摧毁能力，目前正在研制的反辐射导弹就多达20多个型号。

(三)网络战：计算机病毒武器逐渐成为战争新宠

美国是研制计算机病毒武器最早的国家之一。早在20世纪80年代初，美国国防部便建立了计算机病毒武器研究组织，专门从事计算机病毒武器的研制工作。具有军事战略意义的计算机病毒一旦进入敌方计算机系统并开始运行，就可把病毒迅速传染给其它

程序,直至扩大到整个计算机系统或网络。一旦武器装备系统出现这种情况,将使各种武器平台运行紊乱,效能降低,反应迟钝乃至功能丧失,造成难以估量的后果。

计算机病毒武器的危害作用巨大。计算机病毒武器在战争中的广泛运用打破了敌对双方以兵力血战的传统,可以在短短几分钟甚至几秒钟内使对手的防御及进攻能力丧失。有战略专家称:"用计算机病毒进行战争,比用核武器进行战争更为有效,也更现实,而且不担世界政治舆论的风险。"在1991年爆发的海湾战争中,美军开始使用"初级"的计算机病毒武器,成功地攻击了伊拉克的指挥中心,这是世界上首次用计算机病毒武器进行作战的战例,从而揭开了病毒武器投入实战的序幕。可见,现代战争已呈现出了一种"病毒威慑"力量,在信息化战场上,它将与"核威慑"和"常规威慑"起着同等重要的作用。

计算机病毒具有多种多样的破坏性,可以堵塞运算通道、删除或破坏文件。传播的方式可以是有线也可以是无线,还可以预先固化在敌方购置的计算机部件中,或在战时通过先进手段使敌方计算机系统感染病毒。使用上既可以实施网络攻击,瘫痪敌方的指挥控制系统,又可以实施单系统攻击,破坏敌方各种作战平台正常运行。在信息化战争中,如果一方能够成功地运用计算机病毒武器,就可以达成兵不血刃、不战而胜的神奇效果。

未来战争破坏力最大的已不再是核打击,计算机网络已经成为军事指挥、武器控制和国家经济建设的重要平台,"计算机病毒打击"将更直接、更危险。计算机病毒武器的出现,预示着未来战争样式将完全改变。随着微电子技术在军事领域越来越广泛应用,进攻性的计算机病毒武器将迅速投入战场,计算机病毒武器将是信息化战争的杀手锏。

(四)远程精确打击兵器和精确制导弹药:前者的新型号层出不穷,后者正在向智能化、多功能化方向发展

远程精确打击兵器具有威慑和实战双重功能,目前主要是隐形飞机和常规巡航导弹。美、俄等国正在研制装备的第四代作战飞机都是具有远程作战能力的隐形飞机,如美国的F-22战斗机、俄罗斯S-37战斗机,以及英、德、意、西等四国共同研制的"台风"战斗机。近年来,各国都十分重视利用高新技术增加武器的射程,使其具备超远程打击能力。美国的"战斧"巡航导弹,原设计射程只有300公里,经多次改进,现已达到2500公里。法国的"哈德斯"地对地战术导弹,1992年装备部队时射程仅为250公里,现已增至480公里。美国还正在改进现役亚音速巡航导弹,以提高精度和突防能力,使其能重新选定目标,进行毁伤评估。

由于电子技术、计算机技术、遥控测量和信息处理技术的飞速发展,各类导弹、制导炸弹和制导炮弹等武器系统都将装备先进的人工智能系统,使其不仅能自动选择目标、攻击目标的薄弱部位,还能识别敌我,其命中精度和作战效能将比普通弹药提高数十倍。

精确制导弹药已成为信息化战争中实施精确作战的基本毁伤手段。美、俄等国都在进一步提高精确制导弹药的精度,使其能在复杂条件下识别目标、自主地选择目标和攻击方式,以实现自主化、智能化。如,美国的DRM双射程导弹、俄罗斯的R-77M中程空空导弹、R-73反向攻击型空空导弹和KS172超远程空空导弹,英国的卫星制导炮弹等,都是智能化精确制导弹药。

三、信息化战争

信息化战争是一种战争形态,是指在信息时代核威慑条件下,交战双方以信息化军

队为主要作战力量,在陆、海、空、天、电等全维空间展开的多军兵种一体化的战争。信息化战争的主要内涵体现在:①信息化战争是信息时代的产物,是信息时代经济、技术、生产力水平和生产方式在战争领域的客观反映。②战争工具决定战争形态,有什么样的战争工具,就会有什么样的战争形态,这是战争历史发展规律所决定的。信息时代战争工具的信息化、智能化和综合化,信息武器装备体系的形成,必然导致信息化战争的出现。③信息化战争首选的并直接打击的目标是信息获取、信息控制和信息处理系统及其基础设施,剥夺敌方信息控制权、使用权和对己方信息系统的威胁,同时建立己方的信息优势,进而实现己方意志。④信息化战争的核心资源是信息和知识。因此,信息化战争是以信息和知识为力量的战争。在信息化战争中,掌握信息和知识的高素质的人是战争胜负的决定因素。其作战样式主要包括信息战、网络中心战、电子战、舆论战、心理战等。

1.信息战

信息战是信息技术渗透到军事作战领域孕育出的新的作战样式。其核心是争夺信息优势。信息的获取、快速传输、可靠防护、高效处理和使用的能力,以及对敌方信息及时、有效破坏的能力是取得信息战胜利的关键。信息战包括信息进攻和信息防御。信息进攻就是充分利用各种信息技术手段,通过信息封锁、信息欺骗、信息干扰、信息污染、信息摧毁等方式,影响和削弱对方的信息作战能力。信息防御是采用信息保密、信息防护等方法,保护己方的信息、信息系统、信息作战能力不受对方信息进攻的影响。

军事发达国家正在大力发展信息战的进攻、防御装备和手段,主要有:计算机病毒武器、电磁脉冲武器、微米/纳米机器人、网络嗅探和信息攻击技术及信息战黑客组织等。

2.网络中心战

网络中心战的概念是美国防部于2001年7月提出的。美军把发展网络中心战能力作为夺取信息优势和决策优势、实现军队转型、提高联合作战能力的主要手段。

网络中心战是利用通信系统和计算机系统组成信息栅网,把地理上分散部署的陆、海、空、天的各种侦察探测系统、指挥控制系统和打击武器系统有机地连接起来,形成快速反应的、统一高效的作战体系,通过信息优势达成先敌行动,作战行动近乎实时,联合作战效能极大提高的作战样式。从结构模块上看,它是以计算机系统为核心的高度智能化的综合网络,由"信息栅网"、"传感器网"和"交战网"三部分组成。"信息栅网"是由各种通信渠道、计算机和信息自我管理设备等组成的永久型物理网络,是实施"网络中心战"的核心基础设施;"传感器网"由分布在陆、海、空、天的各类专用侦察设备和各种武器平台上的嵌入式侦察设备以及情报中心等构成,是依托于信息栅网的动态组合的网络;"交战网"是由分布在陆、海、空、天的各类打击武器与电子战、病毒站等软杀伤武器等组成。依托"信息栅网",可实现"传感器网"与"交战网"的互连互通,传感器、决策者和打击武器的有机结合,使分散配置的部队共同感知战场态势,实时决策、实时行动,对预定的目标达成集中、精确的火力打击和信息攻击效果,从而发挥最大的作战效能。

3.电子战

电子战是指为削弱、破坏敌方电子设备的使用效能和保护己方电子设备正常发挥效能而采取的措施和行动,主要包括电子侦察、电子进攻和电子防御三部分,又称"电子对抗"或"电子斗争"。

电子战的主要特点是：①电子战主要是"软杀伤"手段，其实质是敌对双方争夺对电磁频谱的有效使用权，即制电磁权的斗争。②电子战在作战过程中时间性强，几乎影响到所有作战行动。③电子战手段的重复有效性低。一种干扰往往只对某一种电子设备有效，一种反干扰措施往往只对抗某一种干扰。④连续性。电子对抗不仅在战时，而且在平时也在激烈地进行着，其平时的主要形式是电子对抗侦察和反电子侦察。⑤广泛性。电子战已渗透到陆战、空战、海战的各个领域，并向外层空间拓展。

4.舆论战

舆论战，有广义与狭义之分。广义的舆论战，是指围绕国家发展战略、安全战略，以综合国力为基础，通过系统运用传播学、舆论学、心理学等学科原理，利用各种传媒，进行有针对性的信息渗透，从而影响公众信念、意见、情绪和态度，有效控制舆论态势，争取舆论强势的政治战样式。狭义的舆论战，一般是指战时新闻舆论战，即交战各方综合运用报纸、广播、电视、网络等新闻传媒，有计划、有针对性地向受众传输有利于己方作战的信息，达到鼓舞己方军民的战斗热情，瓦解敌方的战斗意志，引导国际舆论，争取广泛支持之目的。

舆论战有三个特征：①舆论战是为实现一定的政治、军事、经济利益服务的。②舆论战是通过信息作用于人的认知系统而实现作战功能的。③舆论战是大众传媒战。大众传媒的公开性、辐射面的广泛性，渗透力强、负载力强，以及高度的大众可信程度，为舆论战的展开提供空前广阔的平台。

5.心理战

心理战，是指在战争中应用心理学原理，通过多种手段对人的心理(情绪、情感、意志、观念和信仰)进行刺激和施加影响，促使战争向着有利己方不利于对方发展的作战样式。

互联网络的崛起，冲击着人类的社会生活和军事斗争等各个方面，为自古以来就在战争舞台上占有重要地位、发挥着独特作用的特殊作战样式——心理战，提供了更加广阔的空间，并开创了心理战的新领域——网络心理战。

网络心理战是运用心理学原理，以计算机互联网络为载体，通过心理宣传、心理欺诈和心理威慑等手段，攻击对方战略决策者或全体民众的思想、信念、意志、情绪、认识系统甚至生命，造成其认识、判断和决策的错误，动摇其思想信念和抵抗意志，从精神上瓦解对方，达到不战而胜之目的的一种作战样式。

第二节 信息化战争的基本特征及发展趋势

信息化战争与机械化战争有一个重要的区别，就是作战目标由过去的以歼灭对方有生力量和重兵集团为主，转向以破坏、瘫痪和摧毁敌人的战场感知系统、通信系统和指挥控制这"三大系统"为主的瘫痪和震慑作战。

一、信息化战争的基本特征

与机械化战争等传统战争形态相比,信息化战争具有以下的特点。

(一)战争概念宽泛化

信息技术在军事领域的大量应用,使人类社会的战争行为更加复杂多样,战争的概念更加宽泛。

1.战争的发动和实施者增多

工业时代的战争,是指一个国家或国家集团的军队与另一个国家或国家集团的军队进行的武力较量。在信息时代,科学技术普及,信息资源共享,秘密将更难以严守,武器制造技术将更容易扩散。此外,计算机病毒和大众传播媒介的控制,并成为信息战的重要手段。所以,在信息社会中,国家并不是战争的唯一发动者和实施者,战争不一定在国家或国家集团之间进行,恐怖组织、贩毒集团、工商集团、民族部落、宗教组织、犯罪团伙等团体都可能成为战争的发动者和实施者。

2.战争包括非暴力行为

传统的战争理论认为,战争是政治通过另一种手段的继续,是"流血的政治"。战争之所以成为战争,并且区别于其他社会活动,关键就在于它依靠着暴力这一主要手段,具有其他政治手段所不具备的暴力特征。因此,战争始终不能离开暴力而存在。但是,在信息化战争中,战争未必是一种暴力行为,流血与不流血的战争将同时存在。在不流血的战争中,交战双方将不再是立即投入大批军队和飞机、大炮,而是运用计算机网络对敌指挥控制系统实施攻击,使对方陷入一场信息灾难之中,在不流血的情况下战争就有可能决出了胜负。

3.战争与和平的界限模糊

工业化战争通常是以飞机开始轰炸、火炮开始袭击作为战争开始的标志,以军队投降、军事设施和工业基础遭到摧毁,无法再进行火力对抗为战争结束的标志。而在信息化战争中,战争将是以信息攻击开始,以信息系统,以及支持信息系统的信息基础设施遭到破坏和被控制,无法再进行信息对抗为战争结束的标志。但是,信息攻击有可能在战争开始前的"和平"时期即已开始,其开始时间难以精确计算,甚至根本没有明显的特征,只不过是在攻击强度上有着区别。而且,支配战争的全球信息基础设施是一套巨大、复杂的信息系统,它在很大程度上是由商业网络和基础设施支持的。单纯军事信息系统的毁坏,不能代表信息化战争已经结束。所以,战争与和平之间将没有明显的界限。

(二)战争目的有限化

进入21世纪后,世界性大战爆发的可能性减小,局部战争将成为战争舞台上的主角,战争目的将更加有限。

1.战争胜负价值观改变,不追求"终极目标"

工业时代,战争通常以敌人是否被消灭和占领多少土地为胜负价值标准,消灭的敌人越多,取得胜利就越大;占领敌国的领土越多,取得的胜利就越彻底。在这种胜利观的支配下,战争不是空间越打越大,就是时间越来越长。而在信息时代,战争发动者为减少人员伤亡,追求的目标与以前有了很大不同,不再追求完全消灭对方的有生力量,剥夺敌国的生存权力,或完全占领对方国土,使其成为自己的殖民地,迫使敌方彻底投降等"终极目标",而是有限度地作出让步,开出让对方可以接受的条件,追求最小的"代价利益化",即:自己付出的代价与所取得的利益之比最小。

2.战场高度透明,战争进程的可控性明显提高

在信息化战争中,战场上的士兵除装备轻武器之外,还装备有由数字通信装备、单兵战场信息综合处理机和全球定位系统组成的电脑系统。前线的传感器、太空的卫星将不停地把各种情报传输给指挥机构的计算机系统。这些情报信息的图像画面完全可以实时地出现在战争决策者的显示屏上,从而能更多地了解敌我双方的位置、态势,以及集结、运动等情况,因而能够立即对敌我双方发生的各种情况做出反应,部队能够立即按照指挥者的意图采取行动,使作战进程几乎与决策同步进行,战争进程的可控性明显提高。

3.信息时代战争目的的有限性

工业时代战争目的的有限性与信息时代战争目的的有限性,不仅在有限程度上有区别,而且本质上也有区别。在工业时代的战争中,尤其是局部战争中,虽然战争目的也具有有限性的特征,但是,这主要是受客观条件的制约,战争实施者没有能力发动更大规模的战争,或受外部条件限制而不能进行更大规模的战争。而在信息化战争中,战争目的的有限性则主要是战争发动者为了某种目的主观上有计划、有步骤进行控制的结果。

(三)战争手段信息化

在工业时代,进行战争的手段主要是飞机、舰艇、坦克、火炮、导弹等硬杀伤武器装备与作战平台,虽然这些武器装备也含有电子信息技术的成分,但其含量并不高。而信息时代的战争手段,则在此基础上发生了质的飞跃,战争手段不再仅仅是钢铁制成的武器,而是精巧的智能化武器和设备。工业时代所进行的机械化战争,强调的是火力的运用,需要的是钢铁,而信息时代进行的战争,则十分注重于打击对方的信息设施,强调的是信息的控制,需要的是硅片。

1.作战平台的信息化程度大大提高

未来战争将是一场信息的较量,要求作战平台的信息化程度增强,以适应战争的需要。信息化作战平台不仅装备有多种信息传感设备,以便探测敌方目标,为实施精确的火力打击提供目标信息,而且还有足够的计算机系统及联网能力,能为各种作战行动及时而有效地提供辅助信息。信息化作战平台除了能充分地利用己方和敌方的信息外,还有侦察、干扰、欺骗的功能,有不使敌方利用己方信息的能力。

2.智能型精确制导武器将普遍应用

目前,国外大量装备的精确制导武器大都属于第三代,存在着一定的缺陷。比如,反坦克导弹需要人员在近距内操纵才能命中目标;空空导弹采用的是半主动雷达制导,需要机载雷达连续跟踪照射。而精确制导武器将实现智能化,即武器系统具有自主能力,能自动完成对目标的探测、分析、攻击和评估。从发射制导体制来看,将采用惯性+主动雷达制导技术,具有"发射后不管"、自主识别和遂行多目标攻击任务的能力。

3.电子计算机成为重要的软杀伤武器

电子计算机具有特殊的作用和机理,它是在计算机网络上进行战争、争夺制信息权的主要工具。在信息化战争中,只需通过操作计算机就可能达到攻击对方军事枢纽、破坏经济命脉等多种目的。虚拟现实技术的发展,使计算机更具威力。利用计算机生成图像技

术将真人图像进行剪接,可以很容易地实施欺骗。比如,"制造"一场"真实"的新闻发布会、首脑会议,甚至一次实际上根本不存在的决定性作战,以产生任何所需要的效果,使敌方在视听方面产生错觉,其结果会达到"超过几千辆坦克的威力"的效果。因此,电子计算机是信息化战争中最重要的软杀伤武器。

(四)战争空间扩大化

科学技术的发展,极大地扩展了兵力、兵器作战的空间性能,大大提高了对敌人的持续打击能力、快速的信息传递与处理能力,使战场空间形态发生巨大变化。在信息化战争中,战场空间形态进一步发展,交战的纵深更大、领域更多、立体性更强,交战将在全方位进行,没有明确的战线。

1.远距离作战能力提高,战场呈现大纵深信息化

战争中,由于兵力、兵器远距离作战能力空前提高,使战场平面范围扩大,作战向远近交叉的大纵深发展。一是作战侦察距离增大。可以在全球范围内实施大纵深、宽正面的侦察与监视。二是武器装备的射程和航程增大。洲际导弹的射程可以达到世界上任何一个目标所在区域,战略轰炸机经过空中加油后可以实现环球飞行。三是兵力机动能力提高,能够实现"全球到达"。因此,各国军队将广泛采用大纵深、远距离作战,战场的纵深将会进一步扩大,使前方与后方的界限进一步模糊。

2.兵力部署广泛,战场呈现高立体

工业时代的战争主要在地面、海面和低空中进行,上百公里以外的空间作战只起支援和辅助作用。而在信息化战争中,作战武器装备分布高度拉大,向高度更高、深度更深这两个极端方向发展。航天技术领先的军事大国,很有可能在太空建立理想的空间兵站和天基作战平台;海洋工程技术和新材料技术的发展,使增大下潜深度有着广泛的天地,将把深海战场立体空间向下延伸到一个新深度。

3.电磁斗争激烈,战场呈现全方位

高技术兵器大量充斥战场,导致在时域和空域中又叠加了一个频域,即电磁战场。信息化战争,电磁空间的利用更加充分和复杂,将充满激烈的电子侦察与反侦察、电子干扰与反干扰、电子制导与反制导、电子摧毁与反摧毁的斗争。电子技术装备所利用的电磁频谱将覆盖从极低频、短波、微波、毫米波、亚毫米波、红外到可见光等全部频谱。而且,电磁空间将全方位地向其他所有空间扩展,并相互渗透,充斥其间。

(五)战争实施精确化

由于科学技术的制约,工业化战争具有许多不确定性:敌方的情况不能完全掌握,敌方的目标不能准确摧毁。信息化战争将能实时掌握双方的动态,准确指挥己方的部队,精确打击敌方的目标。

1.精确探测,全面、准确地掌握情报

科学技术的发展,使大量先进的侦察、监视、预警、探测装备部署在各个战场空间,其探测方式多、精度高,可以从各自不同的范围和角度对探测目标实施昼夜监视。夜暗等不良天候不再是障碍,"深挖洞"也不再是有效办法。精确的探测器材可以从不同侧面反映目标的特征,将获取的信息相互印证和补充,从而得到全面、准确的情报。在信息化战争中,任何目标都有可能被发现

2.精确定位,使战争更精确地进行

高技术传感器、高分辨率照相、动态探测仪、热与红外探测仪、夜视等技术,以及用于争夺信息优势斗争的电子对抗技术,为目标的精确定位奠定了坚实的基础。信息化战争中,导航定位卫星和通信卫星将大量使用,飞机、舰船、车辆直至单兵都将装备导航与定位设备,精确的导航与定位信息及可靠的通信联络使战争的进行更加精确。

3.精确指挥,实施精确化的管理与监督

信息化战争,部队将实现数字化、信息化,各级自动化指挥系统形成网络,既能独立使用,又能彼此联结、上下沟通,指挥员既能对各种信息进行处理、分析、判断,又能准确、可靠地下达命令,可以不经过任何多余环节对部队进行精确化的指挥,对战场实施精确化的管理与监督。

4.精确打击,减少不必要的附带损伤

各种精确制导技术的发展,将使各种硬杀伤武器的精度大大提高。工业时代,为打击一个关键的目标,必须依靠消耗大量的资源才能摧毁目标。而在信息化战争中,由于大量使用精确制导武器,实施精确化的打击,从而能将附带损伤减至最小。例如,从几千公里以外发射的导弹能从前一枚导弹打通的墙洞中穿过,“斯拉姆”巡航导弹在海湾战争中奇迹般的表现,等等。发现即意味着命中,而命中即意味着摧毁。

(六)战争力量一体化

未来战争是一体化的战争,交战空间充斥陆、海、空、天、电各个领域,不分白天与黑夜,不分前方与后方,全方位、全天候、一体化。交战双方将调集精兵强将,使用尖端武器,迅速转入战争状态,将出现军队一体化、军民一体化的局面。

1.军兵种之间的界限将打破

信息化战争中,由于信息技术在战场上广泛应用,使军队具备崭新的指挥、控制、通信、监视、侦察和情报能力,将使传统的陆、海、空战场连成一个陆、海、空军都可以驰骋的统一作战空间,保障所有参战部队和参战人员能够在统一的作战意图下实施多军兵种联合作战,从而极大地促进军队的纵向和横向联系。这种趋势无疑将对传统的军兵种结构造成根本性的冲击,将促使军兵种合成的迅速发展和范围扩大,打破系统与系统间的界限,形成一个协调一致的整体,最终导致真正的陆、海、空、天、电一体化部队的形成。

2.军用与民用技术设备之间的联系将密切

从装备方面看,在工业时代,坦克、飞机、军舰、火炮是完全独立于民用品之外的战争工具;而在信息时代,虽然这些钢铁武器依然存在,但更多、更重要的武器装备却是精巧化、智能化的电子信息设备。而这些军事设备大都与民用产品具有部分或全部的兼容性,许多民用产品都可以作为军事装备为军事服务。

从技术方面看,未来战争的科技含量将继续增加。由于科学技术的军民通用性增强,许多军事技术都能找到相通的民用技术。随着军队对信息系统依赖的加深、民用信息通信系统在信息化战争设施中比重的不断增大,民用信息技术将越来越体现出军用性。

3.军人与平民之间的差别将缩小

工业时代的战争,军人在前方,平民在后方;军人拿枪打仗,平民做工支援,两者界限分明。而在信息化战争中,战场不分前方后方,打仗不分是否拿枪。科学家和工程师不仅

可以为军队的信息系统提供维护与防护支持,特别是在计算机病毒防御与对抗、与网络"黑客"的斗争中充分发挥优势,而且可以直接利用军用或民用的通信网络、计算机网络、电视网络和其他网络,以及各种能产生电磁频谱的器材,施放电磁脉冲、注入计算机病毒、编造各种假图像和假信息,干扰、破坏敌人的电磁频谱输入、输出系统,单独或综合地、直接或间接地实施信息战。

二、信息化战争的发展趋势

现代信息技术和新军事革命的蓬勃发展,必然带来信息化战争的演变和快速推进,战争空间急剧拓展,呈现出高度立体化;战争节奏明显加快,进程大大缩短;作战力量多元化,多军兵种的有机结合;精确制导武器的大量使用;指挥控制智能化程度高;战争耗资巨大;信息优势成为战争胜负的重要因素等等,都已被信息化战争短短几十年的发展史所证明。

(一)信息化建设的竞争将愈演愈烈

美国未来学家托夫勒有句名言:人类以怎样的方式生产生活,就会以怎样的方式进行战争。信息时代,信息是战场最重要的战略资源。它既是影响决策和指挥的基本要素,又是分配物质能量的基本载体;既是多元参战力量一体联动的"粘合剂",又是作战能力的"倍增器"。维护自身信息安全,争夺控制信息权,是信息时代摆在战争双方面前最紧迫、最首要的战略任务。谁掌握了信息的获取权、使用权和控制权,谁获取战场主动权和战争胜利的可能性就大;反之,则容易被动挨打甚至失败。

信息作战是信息时代战争的主要作战样式。为积极适应信息时代的挑战,许多国家纷纷调整军事战略和建军模式,积极推动军事变革和军事转型,大力加强军队信息化建设,不断提高军队在信息化条件下的整体作战能力。例如,美军明确提出了信息主导的建军构想,推动军队全面转型,拟于2030年前后建成信息化军队,具备全面信息战能力。英、法、德、日、俄等紧随其后,也都提出了信息化建军方案,并积极试验论证,有重点、有计划、有步骤地实施。印度选择了机械化与信息化建设相结合的复合式军队发展道路,计划采取自行研制和引进相结合的方式,逐步增加武器装备的信息化含量。

信息化建设的主要内容有三项:一是创建信息化战争理论。军事理论历来是牵引军事实践走向科学轨道的先导。当前,许多国家都将创建与建立军事转型理论作为军事转型的重要内容和先决条件。美国先后制定出台了《2010和2020联合构想》、《国防转型计划指南》等一系列指导军事转型的重要文件;俄罗斯先后颁布了《俄联邦安全构想》、《俄联邦军事学说》文件等。二是建立科学的组织结构。面对信息技术和军事变革的挑战,世界上许多国家强调走精兵之路,压缩军队规模,优化组织结构,提高建设质量,几乎成为共同选择。三是发展信息化武器装备。武器装备是战争的物质条件,也是赢得战争胜利的基本手段。在推进信息化建设的历史进程中,多数国家都把发展信息化武器装备作为重中之重突出出来。

从多数国家的情况看,信息化武器装备重点有以下四类:一是太空武器装备。太空是信息化战争名副其实的战略制高点。新一轮太空争夺战已经拉开帷幕,许多国家积极发展太空战武器装备,如侦察、预警卫星,反导弹武器等。二是信息战武器装备。主要有各种预警机、侦察机、电子战飞机,以及计算机网络战武器等。三是精确制导武器。以精确计算、精确指挥、精确控制、精确打击、精确保障为标志的精确作战已经成为信息化战争的基本形式。多数国家都十分注重发展精确制导武器,如地地导弹、地空导弹、空空导弹、空地导弹、巡航导弹、反坦克导弹等。四是远战兵器。延伸军队打击力臂,既是打赢信息化战争的实际需要,也是拓展国家战略利益的客观要求,远战兵器主要包括各类战斗机、战略轰炸机、运输机以及航空母舰、驱逐舰、登陆舰等远洋作战兵器。

(二)作战方式和战争形态将不断变化

随着信息技术的迅猛发展、新军事变革的深入和政治战略需求的变化,信息化战争将以前所未有的速度催生新的作战方法。一是电子战将贯穿始终。信息化战争中的电子装备种类将更加繁多,部署密度更大,电磁信号更加密集,电子战频谱更宽,信号特征更复杂,为夺取制电磁权而展开的电子战将渗透到各个作战领域,贯穿于战争的始终。二是机动战将广泛实施。信息化战争中的机动战不仅包括兵力、兵器机动,而且包括火力机动和软杀伤力机动,尤其是软杀伤力机动将成为兵力机动和火力机动的前提而大量运用。三是计算机病毒战将普遍展开。计算机病毒是一种价格低廉、使用方便的软杀伤性武器,它将随着计算机的广泛使用而普遍展开。四是非接触作战将成为主要作战方式。随着武器装备远程打击能力的提高和信息化侦察控制系统的完善,非接触作战将越来越多地成为信息化战争的主要作战方式。五是隐形战将充满战场空间。隐形技术的飞速发展,为隐形战的运用提供了机遇。信息化战争中,隐形飞机、隐形导弹、隐形舰船、隐形战车将在战场上大量出现,在看不见的战场上进行隐形较量将是信息化战争的一个突出特征。六是太空战将大大进展。随着航天技术的发展和军用卫星、航天飞机、载人飞船、太空站的增多,将把众多的军用航天器部署在太空,从而将促进"天军"的组建和太空战的展开。七是虚拟战场欺骗战将悄然兴起。虚拟现实技术的发展使虚拟战场成为可能。战争中,通过运用信息化战场上的某一网络节点,将虚拟现实技术植入敌方指挥控制系统,向敌方传送假命令、假计划,从而使其军事行动陷入混乱。信息化战争中,战争目的将由"消灭敌人、保存自己"转变为"控制敌人,保护自己";表现形式将由血与火有声战争的搏斗转变为精神、意志、智慧无声战场的角逐;信息作战的目标将由侧重以信息系统为核心的物质目标转变为侧重以认识体系为核心的精神目标;信息作战的目的将由用信息流控制能量流、物质流,取得战场主动权转变为用信息流直接控制战争的策划者和决策者,从而达到"不战而屈人之兵"的目的。

(三)人类的战争能力将持续提升

信息化战争的发展使战争体系的效能不断提高,人类的战争能力呈现持续提升的趋势。

1.战场感知力持续提升

信息化战争发展以来,由于雷达、声纳、地面传感器、侦察飞机、侦察卫星以及装载在武器平台上的测距机、夜视仪等大量先进电子侦察监视技术的运用,战场感知能力已经有了很大的提高。但是,随着信息化战争的发展,战场感知力还会持续提升。一个从声频、电频到光频,从水下、地面到太空的全频谱、全方位、全时空的侦察监视体系,将出现在战场上,各种目标的性状和变化都可能处在严密的监控之中。

2.战场反应速度持续加快

现代侦察监视技术和指挥控制技术使战场的反应速度明显提高。目前,美国预警卫星在对方导弹发射后约3~4分钟就能将信息传送到国家指挥中心。火器在跟踪目标、计算射击诸元、偏差修正等方面都达到了一体化、电子化、自动化,射击准备时间已缩短到约60秒钟,发射反应时间为5~8秒。情报、通信、指挥、控制、兵器和信息处理一体化的自动化指挥体系构成了数字化的战场,战争系统整体反应速度加快。在伊拉克战争中,从发现目标到实施攻击的过程已缩短到几分钟时间。远距离快速投送技术使战场能量快速流动,战略轰炸机的航程和战略导弹射程均达10000千米以上。

随着信息化战争的不断发展,战场的反应速度还会不断加快。网络中心战将进一步提高战争的反应速度。高速巡航导弹、激光武器的运用将促进战场的反应灵敏速度,战争系统的整体反应速度将不断提升。

3.精确打击能力持续增强

信息技术的应用已使武器的命中概率达到快速提高。导弹和精确制导弹药成为战场攻击武器的主角。二战时飞机投掷炸弹的误差近千米,而在伊拉克战争中这种误差已缩小到几米。随着信息技术的发展,信息化战争中的精确打击能力将不断增强。目标的识别、选定和摧毁将更加精准,打击误差进一步缩小。战争双方可能对上万千米外的目标实施精确打击。

4.作战空间持续延伸

信息技术的运用使战争的时空将得到延伸。目前,战场已经扩展到陆、海、空、天以及电磁的空间。如,海湾战争中,多国部队使用了30多颗卫星、3000多架飞机、500余枚巡航导弹、3000多辆装甲车辆、6艘航空母舰、数十艘水面舰船和潜艇、几百架电子战飞机、30多个地面监听站和20余个侦察营,呈现出光、电、磁、声交织,陆、海、空、天相溶的多维战场画面。随着信息技术的发展,这种延伸将不断扩大。而在信息化战争中,信息化军队的作战空间将更大。随着信息技术全面渗透人类社会生活的各个方面,信息化战争的战场将在敌对双方甚至第三方的政治、经济、文化、环境、信息、能源、网络等领域全面展开。

5.战场效能持续提高

信息化战争的发展,已经使战争效能持续增长。二战时,4000多架次飞机才能摧毁一个铁路枢纽,而现在只需几枚激光制导炸弹就能达成战略任务。越南战争中,美军先以600架次飞机和200多吨普通炸弹攻击越南的一座桥梁,但没有成功。后改用激光制导炸弹,仅出动12架次飞机就炸毁了这座桥梁。阿根廷也曾用一枚价值20万美元的"飞鱼"导弹击沉了英军一艘价值2亿美元的"谢菲尔德"号驱逐舰。

信息化战争,战场效能必将持续提高。信息技术将使战争要素得到最优化组合,战争力量将在关键的地点、时机、方向上,以最佳攻击手段、攻击强度和最小损耗,对与政治目标密切关联的目标,实行精确、集中、有效的能量释放,从而产生很高的战场效能。战争手段的多元化、空间的多维化和行动的一体化,将增加战争能量释放的通道、针对性和一致性,使战争能量的单位时间流通量大幅提升,提高效率,达到一种战争能量在极短的时间内集中、有效地流向最重要空间的战场境界。人类的战争能力的快速提升,使信息化战争中的对抗更趋激烈。参战人员在知识、能力、心理和生理上的压力大大增强。

(四)对经济和科技的依赖性将越来越强

信息化战争对科技实力和经济实力有很大的依赖性。各种武器装备造价极其昂贵。例如，美国B-2A隐形战略轰炸机单架飞机的研制费达到了20多亿美元；组建一个具有基本信息战能力的航母编队需要100多亿美元；一枚巡航导弹值近100万美元。42天的海湾战争中，美军消耗物资种类达1.7万余种、3千多万吨，用去1100多亿美元。随着信息化技术的发展，信息化战争对经济和科技的依赖程度将会越来越大。信息化武器的研制、生产、维护、使用都离不开科技力量和经济力量的支撑。高素质人才培训、购置设备和较长的研制周期，都需要耗费巨资。信息技术发展越快，信息化战争的经济科技依赖性越强。

(五)战争的不对称表现日趋多样

在已发生的信息化战争中，作战双方往往在战争体系、战争力量、战略资源、作战方式、军事理论和战争结局等方面具有不对称性。这与信息技术和信息化社会发展的特点有关，也与战争主体在政治、经济、军事、文化、科技、自然等各方面的差异有关。随着信息化战争的发展，信息技术发展的特点将进一步突显。信息技术将向多个领域推进，新信息技术会层出不穷，技术生命将越来越短，技术的军事应用方法、信息对抗的途径、作战手段将越来越多，各国在信息技术、军事理论、政治文化的发展上的差距和差别不会消失。在信息化战争的发展过程中，不对称的战争表现还会存在，并更具多样性。

第三节　信息化战争对国防建设的要求

农业时代以冷兵器和体能制胜，工业时代以机械化兵器和技能制胜，信息时代以计算机、网络和智能制胜。纵观百年世纪战争，无论是机械制胜还是信息制胜，说到底都是物化了的人的综合素质的较量。没有高素质的战争表演者，既打不赢机械化战争，更打不赢信息化战争。信息化战争，既是挑战更是历史的机遇。因此，要打赢信息化战，就必须要以科学发展观为指导，确立信息化作战理念，提高信息化作战能力，加速以武器装备和人才队伍为核心的军队信息化建设。

一、加强以信息化为主要标志的军队质量建设

中央军委从国家利益出发，适时调整和完善了我军军事战略方针，根据我国的国情，中国实行积极防御的军事战略，在战略上坚持防御、自卫和后发制人的原则，立足打赢信息化条件下的局部战争。这是我国信息化战争的核心指导思想。"积极防御"战略具有强大的生命力，在信息化战争中，这一方针的核心是"积极主动、攻防兼备"。其基本要点是：在没有战事的情况下，利用和平时期，加强战争准备，宁可千日不战，不可一日不备，防患于未然；当敌方蓄意挑起事端时，迅速作出反应，以积极的攻势行动，消灭入侵之敌；战前充分准备，不打则已，打则必胜。加快建立适应打赢信息化条件下局部战争的作战力量体系。

1.要严格服从政治的需要

由于信息化战争的手段能够对战争全局并迅速产生重大影响，战争的决策者必须从国家利益高度为出发点,准确判定战争威胁的性质、程度、方向等情况,根据政治、外交斗争的需要,决定在军事上的反应程度。因此,军事行动必须以国家政治斗争目的为依据,战争要服从和服务于国家政治斗争的需要,确定信息化战争的军事目的、作战目标、作战方法、指导原则等,要在政策允许的范围之内筹划军事活动,确实做到慎重组织、严格控制,不打则已、一打必胜,速战速决,使敌人屈服或让步,为政治解决创造有效的条件。

2.要周密谋划战争全局

信息化战争的战场上情况多变,战场空间广阔,各种武器装备既综合运用又各成系统,同时军事与政治、外交、经济斗争手段融为一体,作战保障复杂,技术性强。所以,战争决策者必须具备渊博的知识、高超的指挥才能和精湛的谋略艺术,对信息化战争进行全面的周密的谋划,实施正确的战略指导。一要创造有利的作战环境。在战争力量的使用,作战手段的选择,各种斗争方式的配合,特别是地形和天气条件的利用方面要精心谋划,积极创造战机,形成有利的战略态势,赢得战争的胜利。二要充分预见各种复杂情况,针对可能出现的意外情况做好准备,才能从容应对,积极谋取和保持战略主动权,达到灵活随机应变取胜的目的。三要主动把握战争进程,注重战争阶段的谋划,要有连贯性,以便给敌人连续不断的攻击,不给敌人喘息和还手之机,力争速战速决。

3.要注重综合整体的威力

信息化战争不只是诸军兵种作战能量的联合,而且是各种作战力量、各个作战空间、各种作战方法、各个斗争领域的大融合,目的是为了最大限度地集中和发挥国家的整体威力和综合效能。打好信息化整体战,就必须要掌握好两个突出的特点和要求:一是在技术上,既要组织自己的信息化作战,又要对付敌人的信息化作战,更要注重发挥整个社会的技术优势,特别是信息优势,形成整体综合作战能力;二是在地域上,必须把国家的整体优势聚合在交战的主要地区,形成整体合力,构建陆、海、空、天、电一体的多维战场体系,最大限度发挥整体威力,打赢信息化战争。

4.加强信息化战争的准备

信息化战争具有爆发突然、进程短、战场扩大、体系对抗等特点,几乎没有双方态势优劣、力量强弱转换的时间和空间,战争之初就可能直接进入战略性的战役高潮。战争的胜负在很大程度上取决于战前的各种准备。在信息化战争中,只要善于积极筹划备战、营造有利的战略态势,就能打赢高技术的信息化战争。信息化战争准备的内容十分广泛,主要是政治、经济、军事、高科技等方面的准备。

二、提高对信息化战争的全面认识,增强信息制胜的思维意识

1.提高信息作战能力是争夺信息化战争战略主动权的需要

面对战争形态由机械化向信息化转变,世界各军事强国已把关注的重点聚焦到信息战上,把军队建设的重点转移到加强以数字化信息系统为中心的质量建设上,以极大地提高整体战斗力,谋求21世纪的战略主动权,形成以争夺信息优势为主要标志的新态势。为了迎接信息化战争的挑战和顺应信息技术发展趋势,夺取新世纪战略主动权,我们必须把军事战略调整到打赢信息战上。因此,大力加强信息战研究,积极推进我军数字化部队、数字化战场建设,努力提高我军信息化水平和信息作战能力,已成为摆在我们面前十分紧迫和重大的历史责任。

2.提高信息作战能力是军事斗争准备的客观要求

信息技术的广泛应用,使主战武器信息化、指挥手段自动化,信息系统已成为军队战斗力的关键要素,制信息权已成为敌对双方争夺的制高点,信息化已成为未来战争的基本特征。这就清楚地表明,我军未来面对的战争,是核威慑下的信息化战争。因此,把军事斗争准备定位在打赢信息化战争,加强信息战理论和数字化部队、数字化战场建设,提高我军的信息战能力,是军事斗争准备的必然选择。适应这一客观要求,就从根本上选准了提高部队作战能力的突破口。

3.提高信息战能力是军队质量建设的战略需求

从军队质量建设的战略需求来讲,军队质量建设是以战斗力为标准的,并最终通过作战实际来检验。从根本上说,信息化战争的客观需求决定着军队质量建设的方向。从推动军队质量建设的强大动力来看,以信息技术为核心的高技术正在广泛渗透于战斗力的诸要素之中,对战斗力的生成和发展起着愈来愈重要的作用,以至成为战斗力新的增长点和质量建设的强大推动力。这就要求我军在加强质量建设上必须坚持科技强军战略,充分发挥信息技术的推动作用,不断提高我军官兵的素质和武器装备的高科技含量,从根本上提高打赢信息战的能力。

三、打破传统观念,树立信息制胜观念

1.确立"综合制胜"的观念

在战争史上曾出现过"空军制胜论"、"海军制胜论"等单一军种或兵种取胜的论调,而我军则受"陆军主宰战场"的影响较深。然而,由于武器装备的进步和军兵种成分的巨大变化,陆军在信息作战中的地位作用将会出现根本改变,陆军在战场上的主导地位将发生变化。信息作战中,战场空间呈现明显的多维化和一体化特征。从海湾战争到伊拉克战争已清楚地显示了作战能力的较量不只局限在地面,其他多维战场空间的地位作用与陆战场平分秋色,有些战争甚至只是进行了几十天的空战。

信息化战争中单纯依靠某一军种或某一兵种的单一力量是很难取胜的,必须依靠整体的力量与敌方抗衡。信息化战争形态与机械化战争形态的一个根本区别,就在于战争力量的组织形式是多种力量的联合方式。信息化战争不论其规模大小,都将表现为以信息系统为支撑、由多维战争空间力量和多个战斗力量单元共同参加的联合行动,有的往往是由多国力量共同参加的联合行动。作为信息化战争雏形的海湾战争,多国部队投入了包括陆军、海军舰队、海军陆战队、空军力量,以及大量军用卫星、全球定位系统、电子战设备在内的多维战场空间的力量。

局部战争的实践表明,随着信息技术的发展,在信息化战争中,多维空间的联合力量将通过各力量成分、协同单元的有机组合,将各自的作战效能凝合为一个整体,发挥综合效益和整体威力。

2.树立"信息制胜"的思想

立体的情报侦察系统、完善的自动化指挥系统、综合的电子战系统和远程精确打击系统,改变了战争的面貌,同时标志着"制信息权"与军队行动的"自由权"和战场的"主动权"关系重大。海湾战争以来的战争实践表明,完全"打钢铁"的时代将让位于"打硅片",火力优势将依赖于信息优势,这是一个革命性的转变。我们的军事思想必须适应这一新的要求,使国防建设和军队建设走向信息化。

3.跳出"昨天"的思维定式

面对信息化战争这一新的战争形态,必须跳出"昨天"的思维定式,在观念上绝不能墨守成规,要研究新事物,适应新情况,探索新战法。以往的战争虽然仍有值得借鉴的经验,但不能使其成为束缚思想的枷锁。因为历史不会重演,战争永远不会重复,胜利的砝码往往偏向于有创新思维者,军事思想的保守只能导致失败。军事思想的创新比发展武器装备更重要。

军事变革往往伴随着作战方式的革命,而作战方式的革命要以军事思想的革命为先导。信息化战争中,我们仍然要贯彻积极防御的战略方针,仍然面对着以劣势装备战胜优势装备之敌的现实,但在具体战法上绝对不会与过去相同,需要我们以创新的思想观念,在实践中探索出一套新的制敌的思路来。比如,要更多地运用精确战、电子战、网络战的作战形式,强调打"关节点",强调瘫痪敌方的指挥控制系统,而不是铺天盖地的大面积的毁伤。又如在信息作战中,特别强调系统方法,强调全局观念,注重一体化作战,发挥整体威力,而不提倡脱离系统的、不利于全局的单独行动等。

四、着力铸造"撒手锏",为打赢创造物质条件

"撒手锏",比喻在关键的时刻使出最拿手的致敌武器。打赢信息化战争,取决于多方面的因素,但具备必须的物质条件是其中的重要因素。信息作战,在深层次上表现为信息技术间的斗争,信息技术发展的结果直接影响到信息作战的结果。信息技术的关键性技术是探测器技术、通信技术和计算机技术,关键性的系统是C4ISR系统、电子战系统和精确制导武器系统,打赢信息战,这些硬件设备是必不可少的。

1.发展情报预警系统

随着武器信息化和军队整体信息化水平的不断提高,整个军事系统和作战行动对情报信息的依赖程度越来越大。从目前情况看,我军情报侦察的手段还相对比较落后,侦察的手段还比较单一,必须大力加强发展这方面的手段和装备。要建立战略早期预警防空系统,力争对敌人的突然袭击行动能够早期发觉、预有准备;要重点发展战场监视系统,包括无人驾驶侦察机、战场侦察雷达、战场电视监视系统以及各种性能先进的夜视器材和电子侦察设备,以提高战场的透明度。

2.发展精确打击武器

高精度、突防能力强的中远程精确打击武器将成为战争的"撒手锏。"我们必须发展对空、对地、对海上等目标的精确打击的武器系统。要加大经费投入和科技力量的投入,形成自己的防御体系。

3.进一步加强一体化C4ISR系统建设

C4ISR系统不仅是信息作战的"力量倍增器",而且是信息系统的核心。当前,在继续加强和完善C4ISR系统建设的同时,应重视战术级C4ISR系统的建设,特别是在提高通信能力和情报获取能力上应重点建设。

4.在提高电子对抗能力上下功夫

电子战是具有21世纪时代特征的信息对抗,已成为信息战的主要作战样式。我军的电子对抗装备应在提高性能、扩展频谱上下功夫,电子战飞机要能执行雷达对抗、通信对

抗和发射反辐射导弹等任务,并且有战场毁伤评估能力。各类作战平台要装备综合电子对抗系统和反干扰系统,以适应信息作战的复杂电磁环境;要注重研制计算机病毒武器和防计算机病毒的措施,提高计算机病毒作战的对抗能力。

5.注重发展新概念武器

新概念武器是相对于传统武器而言的高新技术武器群体,目前正处于研制或探索性发展之中。它在原理、杀伤破坏机理(杀伤效应)和作战方式上,与传统武器有显著的不同,投入使用后往往能大幅度提高作战效能与效费比,取得出奇制胜的作战效果。新概念武器的主要特征通常表现为:①创新性。与传统武器相比,新概念武器在设计思想、工作原理和杀伤机制上具有显著的突破和创新,它是创新思维和高新技术相结合的产物。②高效性。一旦技术上取得突破,可在信息化战争中发挥巨大的作战效能,满足新的作战需要,并在体系攻防对抗中有效地抑制敌方传统武器作战效能的发挥。③时代性。新概念武器是一个相对的、动态的概念。随着时代的发展和科技的进步,某一时代的新概念武器日趋成熟并得到广泛应用后,也就转化为传统武器。④探索性。新概念武器与传统武器相比,高科技含量大,技术难度高,在技术途径、经费投入、研制时间等多方面存在不确定因素多,因而探索性强,风险也大。随着新概念武器陆续登上战争舞台并得到广泛应用,我军也要注重对新概念武器的开发和研制,如动能武器、高能激光武器、高功率微波武器等,还有非致命武器如激光致盲武器、次声波武器、光学弹药、失能战剂、材料摧毁剂等等。

五、树立新型人才观念,打造应对信息化战争的高素质军事人才

培养能够适应信息作战要求和从事信息作战的人才, 是信息化军队建设的重要内容。从某种意义上说,信息作战是具有高科技知识的人才较量,我军必须把培养人才作为作战准备的基础工程,作为刻不容缓的战略性任务。

(一)信息作战迫切需要高素质的人才

信息作战中,信息的获取、传递、处理、控制和利用,都要通过人去做,计算机也要人去操作和控制。毛泽东同志说:"武器是战争的重要因素,但不是决定的因素,决定的因素是人不是物"。无论信息化武器如何发展,其威力如何巨大,人是战争的决定因素这一真理是不会改变的。因为在人和武器相结合的统一体中,人始终处于主导地位,武器则处于从属地位。信息化武器的发展,只不过是人的能力的延伸,丝毫也没有降低人的因素的作用。相反,武器装备越是信息化,对人的素质要求也越高,人的因素就越重要。美国国防部关于海湾战争的一份报告中指出:"高质量的人才是美军第一需要。没有能干的、富有主动精神的青年男女,单靠技术本身是起不到决定性作用的,优秀的领导和高质量的训练是战备的基本素质。只有训练有素,部队才能对自己、对领导人和武器装备充满信心"。

信息作战不仅要普遍提高全体军人的素质,而且要下大力培养关键人才。信息作战需要的关键人才,主要包括中、高级指挥人才、信息网络管理人才和高层次科技人才。中、高级尤其是高级指挥员,必须是具备扎实的信息知识和驾驭信息作战能力,具有信息战谋略意识,善于利用信息技术组织指挥作战的复合型人才。信息网络系统组织指挥人才,是信息网络系统的具体组织者、指挥者,是既通晓信息技术、熟悉信息技术装备和信息网络,又精通信息作战特点和战法,有较强组织指挥能力的指、技合一型人才。高层次信息科技人才,是信息作战各类信息技术手段的设计者、管理者,他们必须通晓信息作战特点、战法与技术保障的要求,善于利用信息技术手段支撑信息侦察、信息进攻和信息防御作战,能使己方信息技术手段效能得到最大限度的发挥。

(二)信息化战争对人才素质提出了更高要求

信息作战及数字化部队建设需要的人才,既包括一般军事人才的共性要求,也包括体现与信息作战相适应人才的特殊要求。这些特殊要求主要包括:在人才类型结构上,应着力建设好指挥控制、信息系统管理、信息技术运用、信息装备维护保障等各类人才队伍;在人才培养格式上,应注重人才的科技性、通用性、综合性、超前性特征;在人才素质要求上,应熟悉信息作战理论,掌握高科技知识,熟练运用信息网络系统和信息化武器系统;在人才文化层次上,应注重高学历和复合型人才培养。这些要求具体体现在政治思想素质、科学文化素质、军事专业素质、开拓创新素质、身体心理素质等方面。

1.优秀的政治思想素质

战争永远与政治是结伴同行的。提高军人特别是中高级指挥员的思想政治素质,是夺取信息作战的重要保证。首先,要牢固树立马克思主义的战争观、人生观,坚持国家利益高于一切的原则,在任何情况下都能坚定不移地为捍卫祖国的安全而斗争;其次,要坚决听从党的指挥,自觉贯彻党中央、中央军委的军事战略方针和各项指导原则,坚决执行命令,一切行动听指挥;第三,要充满必胜信念,具有敢于压倒一切敌人和克服一切困难的大无畏精神,不怕疲劳,不怕牺牲,勇敢战斗,顽强拼搏。

2.较高的科学文化素质

提高官兵的科学文化素质,历来是军队建设特别是人才建设的重要内容。信息作战,是知识的较量,是技术的较量,对人才的科学文化素质提出了更高的要求。比如,指挥军官的学历层次要达到大学本科及以上水平,在指挥、管理、技术军官中形成占适当比例的硕士、博士群体;具有扎实的科学技术知识,对高科技领域特别是信息技术的基本原理及其军事应用比较熟悉;具有扎实的计算机和网络知识功底,能熟练地操作计算机;能熟练地操作使用现代通信工具、实施正确的指挥;具有较强的文字和语言表达能力;较熟练地掌握一门以上外语。

3.过硬的军事专业素质

军事专业素质,是军事人才必须具备的基本素质。信息作战对军人的军事专业素质的基本要求主要包括:具有丰富的军事理论知识,懂得马克思军事理论、毛泽东军事思想和邓小平新时期军事理论及胡锦涛关于新时期军队与国防建设重要论述,熟悉信息作战的思想、原则;具有扎实的军事高科技知识和军事专业知识,熟悉侦察与监视技术、隐形与反隐形技术、夜视技术、通信技术、电子对抗技术和指挥自动化技术,熟练掌握和使用信息化武器装备;具备较强的组织指挥能力和管理能力,熟悉信息作战的特点和规律,善于运用信息化武器系统和信息网络系统组织攻防作战,有较强的决策能力、协调能力和应变能力。

4.开创性的创新素质

创新素质,是现代军人必备的素质。在信息作战中,谁拥有更多具有开拓精神和创造能力的人才,谁就能在竞争中拥有更大的取胜把握。比如,指挥员要具备创造性思维能力,能够跳出旧的思维模式,探索新思路;善于依据敌我双方的客观实际创造出新的战法,灵活制敌;善于使用最新的技术和科学理论,提高创造性谋略运筹能力。对信息作战依赖性很强的战场信息系统,只有熟练运用,发挥创造性开发能力,才能增强信息系统的攻防作战能力。

5.强健的身体和良好的心理素质

军事领域不仅充满危险,更充满艰辛。现代军人在战场上必须具备高强度的负荷力、耐久力、适应力和抗病力,具有良好的心理素质。比如,具备必胜的信念,牢固树立以劣胜优的决心和信心,以敢打必胜的信念,能动地运用现有装备去争取胜利;具有坚强的意志,能经得起各种艰难困苦的考验;具有稳定的情绪,无论遇到何种危机和意外情况,都能镇定自若,处变不惊,理智思维,紧张而有秩序地处理各种情况;具有无所畏惧的精神,要有敢于压倒一切敌人的气概和攻如猛虎守如泰山的勇敢精神。

(三)信息化作战要求加大后备力量建设力度

后备力量是国防和军队力量的基础和来源,是国家武装力量的重要组成部分,是维护国家安全和赢得战争胜利不可缺少的重要力量。面对世界新军事变革和我军的跨越式发展,后备力量建设的机遇和挑战更为严峻。

1.加快后备力量建设势在必行

信息化条件下的后备力量建设不同于冷热兵器时代和机械化战争时代。在信息化条件下,要充分利用新军事革命的成果,将信息化带来的新观念、新技术、新方式、新方法融入、嵌入后备力量的建设之中,加快后备力量的信息化建设,构建一支结构优化、布局合理、编制科学、规模适度、科技密集、素质优良、指挥灵便、可靠管用、具备快速动员、遂行各种保障能力和适应信息化战争的新型后备力量。只有这样,才能满足信息化条件下战争动员的需要。

2.搞好常备军与后备力量的结合是建设强大国防的必由之路

虽然我国处在相对和平时期,但维护国家权益和实现祖国统一的任务艰巨。因此,我们要按照实行"三结合"武装力量体制的要求,既要大力加强常备军的革命化、现代化、正规化建设,又要高度重视后备力量建设。在后备力量建设上,应遵循质量为主、合理够用的原则,加大质量建设的力度,压缩数量规模,加强高新技术军兵种的后备力量建设,以适应信息化条件下战争的需要。

3.完善后备力量动员体制是发挥国防潜力的关键

战事未起,动员先行,这是战争进行的基本程序。快速、高效地实行战争动员,将战争潜力迅速转变为战争实力,是赢得战争主动权的关键所在。江泽民指出,"国防动员建设这些年有很大进展,但也还要在体制和机制上认真解决好战争潜力的动员问题,提高快速动员能力"。总之,我们要尽快建立起一个结构合理、功能齐全、反应迅速,能够充分发挥诸军兵种联合作战效能和国家战争潜力的现代作战体系。信息化条件下的战争节奏快、持续时间短、作战空间多维,后备力量动员复杂,需要完善的国防动员体制。在这种条件下,只有将科技型的、"一体化"的后备力量由"粗放型"向"精确型"快速、灵活地动员,投入到战场,才能为赢得战争胜利提供有力的保障。

(四)按照信息化战争要求加强国防后备力量建设

随着以信息技术为核心的高新技术在军事领域的广泛运用,世界军事变革迅猛发展,战争形态正发生着深刻变化,使国防后备力量建设面临全新的机遇和挑战。新形势下,加强国防后备力量建设,必须着眼信息化条件下局部战争要求,以信息化牵引和带动国防后备力量建设的跨越式发展。

1.适应信息化条件下局部战争要求,调整优化国防后备力量组织结构

近年来,国防后备力量建设有了明显进步,整体战斗力水平得到明显提高。但是,总体上尚未走出摊子大、投入散、科技含量低的模式,普通兵员和一般性专业编组面比较大,专业对口率和科技含量比较低,与打赢信息化条件下局部战争的要求很不适应。因此,必须下大力改变编组结构,按照适应信息化条件下局部战争的要求,以信息化为主导,使国防后备力量真正能够在战争中派上用场、有所作为。一方面调整规模布局。由追求数量规模的"粗放型"向集中财力、精力抓"精锐"转变,由"大办"向"精办"转变。要压缩规模,减少普通兵员数量,扩大专业技术分队范围,特别要加大对口专业分队编组比例。要调整布局,把编组重心由农村向城镇转移,由国有企业等传统阵地向不同所有制的高新技术行业和科研领域转移。要依法规范常备军与后备力量的比例和编组规模,尤其是依法规范后备力量建设的标准,避免建设的随意性和盲目性。另一方面,优化组织结构。要按照战争需要什么,后备力量编组就突出什么的要求,进一步优化组织结构。要探索建立信息作战队伍,有重点地组建电子对抗、网络战、情报预警、GPS干扰等各类信息化分队。要加强心理战、法律战、舆论战等分队建设,努力提高"三战"能力。要有针对性地在反空袭作战分队、反恐作战分队、反特种作战分队中增加信息收集分析、处理运用的功能,提高信息化水平。

2.确立军地结合、借势发展的思路,提高武器装备信息化水平

信息化战争条件下,作为重要制胜因素的武器装备,已成为信息化战争的重要依托。一是要利用军地结合的优势提升武器装备效能。对现有武器装备,采取技术嵌入的办法,进行改造和完善配套,提高其作战效能;积极争取地方政府对后备力量武器装备建设的投入,结合可能担负的任务,有重点地购置配备部分高新技术装备,加快武器装备的更新。二是要把民用高科技装备"植入"军事功能。对与军事装备相互兼容,或可直接用于作战和保障的民用科技装备,可根据作战需要,有计划地进行必要的军事化改装,将民用装备"植入"军事功能,实现民用与军用的有效"接轨",确保一旦需要,就能迅速转换,投入使用。三是要搞好军民兼容技术装备的预编预征。要深入进行信息动员潜力调查,掌握地方科技装备,特别是军民通用科技装备的底数,并对战时需要的民用高科技设备,根据装备的种类、性能,划分征用等级,统一进行编组,确保战时的有效动员。

3.培养和储备与信息作战相适应的人才队伍,提高后备力量的整体素质

谋取信息化战争的优势,不仅要注重缩小与发达国家军队在武器装备上的"技术差",更要尽快缩小人员素质上的"知识差"。当前,后备力量系统适应信息作战的指挥人才还比较少,真正懂专业、精技术的骨干队伍尚未形成,大量的地方信息技术人才还没有进入后备力量建设的视野,没有纳入编组范围。因此,必须树立时不我待的紧迫意识,创新思路,革新机制,切实把培养和储备后备力量人才这项基础工程抓紧抓实。要把后备力量系统指挥人才的培训纳入人才建设的总体规划,统一安排培养。充分通过送学深造、在岗提高、自学成才、交叉任职等多种途径，加大后备力量指挥人才培养力度，着力改善其知识结构。同时，加强信息化作战的研究和演练，开发引进"虚拟战场"等新的训练手段，切实提高指挥人才的信息作战谋划和指挥能力。加强与军地院校、新装备厂家的协作，采取军地院校打基础、生产厂家教技术、作战部队带能力的模式，大力培养信息化建设急需的技术人才；拓展选才渠道，多方引进和保留人才，不断优化技术骨干队伍，使其切实发挥好"辐射"作用。

4.深入研究信息作战和信息动员的新理论，创新人民战争战略战术

信息时代，知识和信息就是武器。信息技术的通用性，拉近了军与民的距离，信息战模糊了战场与社会的界限。当前，产生于工业时代的传统的人民战争理论和战法，正在受到现代军事高新技术的严峻挑战。今后一个时期，与强敌相比，我军在武器装备上仍将处于劣势。因此，必须充分发挥信息化条件下人民战争的优势，积极创造应对信息化作战的新的人民战争战略战术。一要深入研究信息化人民战争的特点规律。要从信息化战争发展趋势入手，探索信息化条件下人民战争目的、手段、样式和方法的新变化，找准影响作战进程的关键因素，寻求其规律特点，为后备力量信息化建设实现跨越式发展提供理论支撑。二要发展信息化人民战争的基本战法。要围绕联合作战，研练进行信息战、电子战、网络战，集中地方专业力量实施科技参战、科技支前、科技保障的战法；围绕体系对抗，研究利用地方高技术人才进行"黑客"战、网络战，以及摧毁敌卫星、通信中心的"瘫痪战"、"斩脑战"等战法；围绕战场造势，研究经济信息战、文化信息战以及心理战的有效战法，从更大的视野寻求克敌制胜之策。三要重视对信息化局部战争动员新领域的关注和研究。要扩展战争动员领域，重视和关注信息动员问题的研究，适应未来以信息技术为核心的信息化战争要求，争取未来战场的主动权。要重视和关注反空袭作战问题的研究，努力提高人民防空的质量，处理好要地防空、野战防空和人民防空体系的关系，形成有机的整体。

第六章 军事地形学

军事地形学,是军事上如何识别和利用地形的一门学科。主要研究地形对作战行动的影响、军用地图和航空相片的识别与应用原理、战场简易测量方法和标绘要图的基本知识等。本章主要内容包括地形对作战行动的影响、地形图基本知识、现地使用地图三部分内容。

第一节 地形对军队战斗行动的影响

一、地形的分类

地形是地貌和地物的总称。地貌是指地表面平坦和起伏的自然状态,如山地、丘陵地、平原等。地物是指分布在地面上人工建造或自然形成的固体性物体,如居民地、道路、江河、森林等。

不同的地貌和地物的错综结合,形成了各种不同的地形。依地貌的状态,可分为平原、高原、丘陵地和山地;依地物的分布和土壤性质,可分为居民地、山林地、石林地、水网稻田地、江河与湖泊、草原、沼泽地等;依对军队战斗行动的影响,又可分为开阔地、隐蔽地和断绝地等。不同的地形对军队战斗行动有着不同的影响。

二、地形的作用

地形是影响军事行动的重要因素。军队的活动都是在一定地形条件下实施的,都要受地形条件的影响和制约。如军队的行动、阵地选择、兵力部署、隐蔽伪装等,都必须认真研究和利用地形。《孙子兵法·地形篇》中写道:"夫地形者,兵之助也。料敌制胜,计险厄远近,上将之道也。知此而用战者必胜,不知此而用战者必败。"战争经验证明,无论进攻和防御,善于利用地形,可以减少损失,取得战斗的胜利;不善于利用地形,会给战斗增加困难,甚至遭受挫折或失败。三国时代,"马谡拒谏失街亭",就是因为马谡对地形作了错误的判断,造成街亭失守。

三、几种主要地形的特点及其对战斗行动的影响

地形对军队战斗行动的影响,主要表现在对军队机动、观察、射击、隐蔽、伪装、工程构筑和对原子、化学武器袭击与防护等方面的影响。但是,由于各种地形有着不同的特点,对战斗行动的影响也不一样。

（一）平原

地面平坦宽广，海拔在200米以下，高差在50米以下的地区叫平原。平原地区展望良好，视界、射界开阔，便于观察射击、构筑工事和部队机动。

平原地区人烟稠密，物产丰富，交通发达，部队宿营、补给方便，便于机械化、摩托化部队行动。但遭核武器袭击时，危害范围较大。一般而言，平原地区易攻难守，但只要善于利用和改造地形，注意战场建设，则可弥补防御的不足。

（二）丘陵地

地表面起伏较缓，岗丘错综连绵，高差一般在200米以下的高地叫丘陵。丘陵地高差不大，谷宽岭低，坡度平缓、断绝地较少，山脚附近多为耕地、梯田和谷地。它是介于山地与平原之间的过渡地形。

丘陵地区，一般人烟稠密，物产较丰富，居民地多依山傍谷，交通较方便，仅次于平原。

丘陵地对军队的机动和各种兵器器材的使用限制较小。地形的起伏具有一定的隐蔽条件，便于军队通行、观察和射击。

（三）山地

地面起伏显著，高差一般在200米以上的高地叫山地。山地的特点是：山高坡陡谷深、地形断绝，山顶高耸，山背、山脊纵横起伏；道路少，尤以铁路、公路最缺乏，主要道路为乡村路，多小路、隘路，有的地方仅有栈道，道路质量差、弯多坡大；人烟稀少，物质缺乏。

山地便于构筑坚固的坑道工事；便于选择良好的制高点、观察所、指挥所；便于隐蔽伪装；便于对原子武器的防护，减少核武器爆炸杀伤效能。但是，因地形复杂，人烟稀少，交通不便，对军队机动、展开、指挥、协同、通信联络和运输补给等有一定困难。

（四）山林地

许多树木聚生的山地叫山林地。山林地的特点与山地基本相似，只是地形更隐蔽，人烟更稀少，交通更不便。山林地便于军队隐蔽和露营，但判定方位、通行、观察、射击、协同、通信联络均较困难，易滞留毒剂和造成火灾。

（五）居民地

人们按照生产和生活需要而形成的集聚定居的地区叫居民地。根据性质和人口多少分为城市、集镇、村庄等。居民地对战斗影响的程度，决定于它的大小、建筑物情况、所在位置的地形等条件。大的居民地通常是攻、防要点，也是敌人航空兵、炮兵、导弹、核武器和化学武器袭击的目标。居民地便于构筑坚固的防御阵地，利于近战、夜战和小分队战斗活动；利用城市电信设备可组织部队通信联络，便于军队宿营和后勤补给，但观察、指挥和协同不便。居民地对原子武器的防护力，主要取决于建筑物的坚固程度和有无地下建筑等，通常居民地能缩小杀伤范围，但易造成间接杀伤和引起火灾，易滞留毒剂和放射性沾染物质。

（六）水网稻田地

江河、沟渠纵横交错，湖泊、池塘众多，水稻田遍布的地区叫水网稻田地。

水网稻田地是平原的一种类型，地形平坦、展望良好，视界、射界均较开阔，但不易选择良好的观察所、指挥所和火炮发射阵地,严重地影响诸兵种的机动,尤其是炮兵、装甲兵及各种车辆越野运动更加困难。进攻部队的战斗队形容易被河渠分割,不便于指挥、联络和协同,部队行动体力消耗大,运动速度减低。防御时不易构筑坚固工事,防御配置易受水网分割,但可利用河流、沟渠湖泊等天然障碍组织防御;居民地、小高地、土丘等,常为防御的依托,有些居民地是水陆交通的枢纽,更是进攻双方争夺的要点。水网稻田地对原子、化学武器的防护作用与平原地区相近,而辐射热易被水吸收,一般不易引起火灾,爆炸后升起大量泥浆,其粘性和比重均较大,因而使放射性沾染波及范围缩小,某些毒剂易起水解作用,持续时间减短,洗消用水方便。

(七)江河湖泊

江河是指较大的河流;湖泊是汇集于陆地较大的水域。

江河是进攻的天然障碍,也是防御的天然屏障。视界、射界开阔,便于发扬火力,但军队机动、指挥、协同、联络和物质补给受到较大限制。桥梁、渡口、徒涉场是攻防双方争夺的要点。

湖泊是进攻者的严重障碍,防御者的天然屏障,军队在多湖泊地区作战时,不论攻防,常被分割在湖泊之间的狭长地带上行动,因而兵力分散,互相支援困难,指挥联络不便。

江河湖泊,对原子武器袭击,涉及范围较广,影响也较大,而且江湖水易泛滥成灾,但河岸、堤埂、小高地等,有一定的防御能力。

(八)岛屿与海岸

岛屿是散列于海洋、江河、湖泊中的陆地,面积大的叫岛,小的叫屿。

海水面与陆地接触的滨海地带,叫海岸;海边多年形成的大潮高潮线,称海岸线。

岛屿的地形特点是:四面积水,面积狭小。多数为列岛或群岛,少数为孤岛。一般岛上多山,坡度陡峻,地形复杂;岸线弯曲,岸陡滩狭;道路少,且弯曲狭窄,居民少,植被较少,但热带地区的岛上多茂密丛林;岛屿气象复杂多变,夏季台风威胁较大;有些岛屿之间水浅礁多,航道狭窄。

岛屿对战斗行动的影响,主要取决于岛屿的位置、形状、大小、岛上地形以及港湾、交通和给水条件等。岛屿是国防的前哨,捍卫大陆的天然屏障,海军作战的依托,也是战略反攻和追击敌人的前进基地。一般而言,岛屿利于防御不利于进攻,军队机动和补给受限制,易四面受敌。

海岸,是抗击外军入侵的前沿阵地,它对军队行动的影响,主要取决于海岸的性质和曲折程度。港湾的大小与设备、滨海地形、近岸岛屿及潮汐情况的不同,对军队行动各有不同的影响。

此外,还有石林地、高原、黄土地形、沙漠与戈壁、草原、沼泽等,它们各有其特点,对军队战斗行动有不同影响。

第二节 地形图基本知识

将实地地形按一定的投影方法和比例关系,用规定的符号、颜色和注记,综合测绘于平面图纸上的图,叫地图。地图通常按其比例、内容、制图区域、用途和使用形式等标志划分。地图按其内容可分为普通地图和专门地图两大类;按比例尺大小可分为大、中、小比例尺地图。普通地图是人们常见的一种通用的地图。地形图是普通地图的一种,其比例尺大于1:100万,它是国家经济建设,国防建设和军队作战训练不可缺少的重要地形资料。根据需要和用途,我国的比例尺系列为1:1万,1:2.5万,1:5万,1:10万,1:20万,1:50万,1:100万等7种。

一、地图比例尺

(一)比例尺的概念

地图上某线段的长度与相应实地水平距离之比,叫地图比例尺。地图比例尺的大小是按比值的大小来衡量的,比值的大小可按比例尺分母确定,分母小则比值大,比例尺就大;分母大则比值小,比例尺就小。一幅地图,当图幅面积确定时,比例尺越大,其图幅所包括的实地范围就越小,图上显示的内容就越详细;比例尺越小,图幅包括的实地范围就越大,图上显示的内容就越简略。因为地图的精度是随着比例尺的缩小而降低的。所以,地图比例尺越大,图中所包括的实地范围就越小,显示的内容越详细,精度就越高;比例尺越小,图中所包括的实地范围就越大,显示的内容就越简略,精度就越低。

(二)比例尺的表示形式

地图比例尺通常绘注在图的下方,其表示形式有:

1.数字式:它是用比例尺表示的。如1:5万或1/50000。

2.文字式:它是用文字叙述的形式予以说明的。如"百万分之一"、"二万五千分之一",或"图上1厘米相当于实地500米"等。

3.图解式:将图上长与实地长的比例关系用线段、图形表示的叫图解比例尺。

(三)图上距离的量算

1.用直尺量算:先用直尺量取所求两点的图上长,然后乘以该图比例尺分母,即得相应的实地水平距离。其换算公式为:

实地距离=图上长×比例尺分母

2.依直线比例尺量读:先用两脚规在图上量取两点间的长度,再到直线比例尺上比量。比量时,先使两脚规的一脚落在尺身的整公里数上,再使另一脚落在尺头上,即可直接读出两点间实地距离。

3.用里程表量读:在地形图上量取弯曲路段或曲线距离时,使用指北针的里程表比较方便。里程表由表盘、指针及滚轮三部组成。表盘的外分划圈上有比例尺注记和公里数注记,每个数字均表示相应实地水平的公里数。量读时,先使指针归零,然后手持里程表,将滚轮放在起点上(使指针按顺时针方向转),沿所量线滚至终点,指针在相应比例尺分划圈上所指的公里数,即为所求实地距离。

4.目估法:若图上两点间的距离平行或概略平行于坐标线时,可按方格估算出公里数。

(四)图上量算距离的改正

从图上量算的实地距离,都是水平距离,而实地往往是起伏不平的。因此,对图上所量实地距离应进行具体分析,如地形平坦,所求两点大体在一个水平面上,则图上所量读距离接近于实地距离;如地形起伏、道路弯曲,则应逐段或求其全程的平均坡度,加坡度弯曲改正数。(改正数=水平距离×改正率)改正率见表6-1。

表6-1 坡度与弯曲改正率

坡度	改正率	坡度	改正率
0°~5°	3%	20°~25°	40%
5°~10°	10%	25°~30°	50%
10°~15°	20%	30°~35°	65%
15°~20°	30%	35°~40°	80%

改正距离的计算公式为:

实地距离=水平距离+水面距离×改正率

例如:在图上量得行军路线起伏较大一段的水平距离为5公里,其坡度均为18°,则实际距离约为5+5×30%=6.5公里。

二、地物符号

地面上的地物,在地图上是用统一规定的符号结合注记来表示的。这些规定的图形符号叫地物符号。它是构成地图的重要因素,是地图的语言。根据地物符号和注记,在地图上可识别出实地地物的种类、形状和分布情况,了解它在军事上的价值。

(一)符号的图形特点

地形符号的图形多数是按地物的平面形状制定的。如公路、桥梁、居民地等,其图形与实地地物的平面轮廓相似。有的是按地物的侧面形状制定的,如突出树、烟囱、水塔等,其图形与实地地物的侧面形状相象。少数是按有关意义制定的。如变电所、气象站(台)、矿井等,根据符号的图形,可以联想它所表示的实地地物,便于识别和记忆。如图6-1。

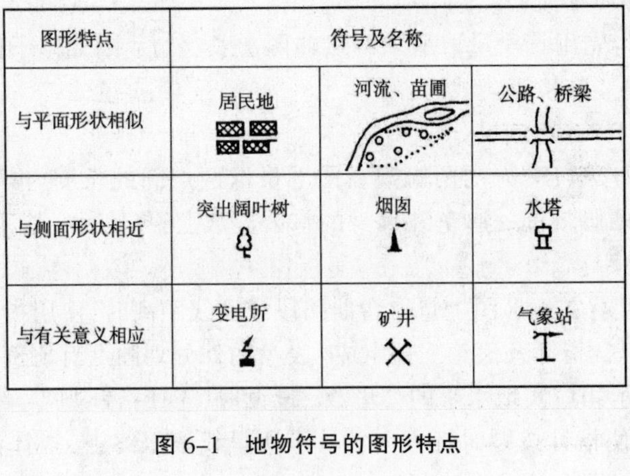

图形特点	符号及名称		
与平面形状相似	居民地	河流、苗圃	公路、桥梁
与侧面形状相近	突出阔叶树	烟囱	水塔
与有关意义相应	变电所	矿井	气象站

图6-1 地物符号的图形特点

(二)符号的分类

按符号与实地地物的比例关系,可以分为四类:

1.依比例尺表示的符号(又叫轮廓符号)

实地面积较大的地物,如大居民地、森林、江河、湖泊等,图形是依其外部轮廓按比例尺缩绘的,在图上可了解其分布和形状,量算出相应实地的长、宽和面积。

2.半依比例尺表示的符号(又叫线状符号)

实地的窄长线状地物,如道路、垣栅、土堤、通信线等,其宽度不能按比例尺缩绘,而长度、转折点、交叉点位置是按实地精确测量绘制的。在图上只能量取其相应实地的长度,而不能量取其宽度和面积,其准确位置在符号的中心线或底线上。

3. 不依比例尺表示的符号(又叫点状符号)

实地上一些对部队战斗行动有影响或有方位意义的地物,如突出物、亭、塔、油库等,因其实地面积较小,不能按比例尺缩绘,只能用规定的符号表示。在图上可以了解实地地物的性质和位置,但不能量取其大小。

4.说明和配置符号

说明和配置符号主要是补充说明上述各种符号不能表示的内容。说明符号是用来说明情况的,如表示街区性质的晕线,江河流向的箭头等。配置符号是用来表示某地区的植被及土质特征的,如草地、果园、疏林、道旁行树、石块地等,只表示实地地物分布情况,并不表示地物的真实位置和数量。

(三)符号的有关规定

1.注记的规定

地物符号,只能表示地物的形状、位置、大小和种类,但不能表示质量、数量和名称。因此,还需用文字和数字加以注记,作为符号的补充和说明。注记分名称注记、说明注记和数字注记。如图6-2。

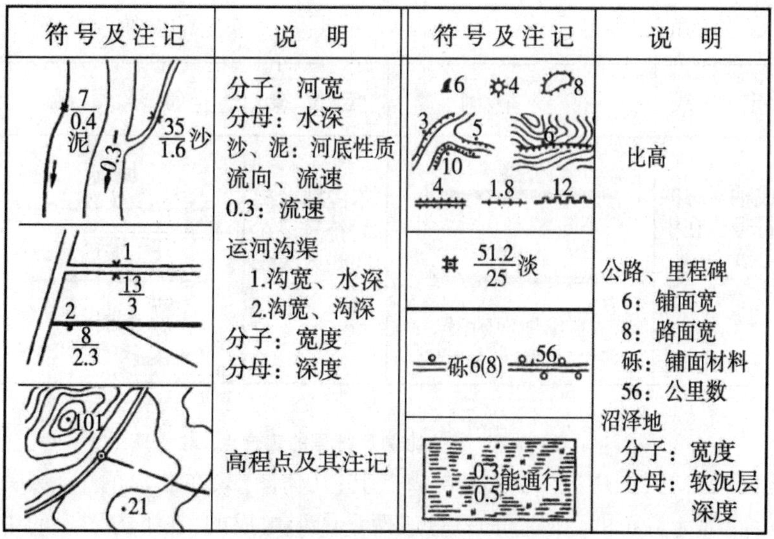

符号及注记	说 明	符号及注记	说 明
7 0.4 泥 35 1.6 沙 0.3	分子:河宽 分母:水深 沙、泥:河底性质 流向、流速 0.3:流速	16 4 8 3 5 10 4 1.8 12	比高
1 13 3 2 8 2.3	运河沟渠 1.沟宽、水深 2.沟宽、沟深 分子:宽度 分母:深度	51.2 25 淡	公路、里程碑 6:铺面宽 8:路面宽 砾:铺面材料 56:公里数
10 .21	高程点及其注记	砾6(8) 56 0.3 0.5 能通行	沼泽地 分子:宽度 分母:软泥层 深度

图6-2　常见的符号注记

名称注记主要有居民地名称、山和山脉名称、水系名称和地理单元名称。

说明注记是用来说明地物的性质和特征的,如水的咸、淡,公路路面质量,徒涉场底质,塔形建筑物的性质等,均用不同颜色的文字简注在符号内或一旁。

数字注记是用来说明地物的数量特征的。图上注记分为分数式和单头数字两种形式。分数式注记中,分子一般表示地物的长度、宽度和高度;分母可表示地物的深度、粗度和载重量。单个数字注记,一般表示地物的高度、深度、比高、流速、里程、界碑编号、山隧通行和时令河有水的月份等。

2.颜色的规定

为使地图层次分明、清晰易读,地物符号采用不同的颜色来区分地物的性质和种类。我国出版的地形图多数为四色,少数为七色。其规定见表6-2。

表6-2 颜色规定

颜色		使用范围
四色图	黑色	居民地、独立地物、管线、垣栅、道路、境界、森林符号和注记等
	绿色	森林、果园的普染
	蓝色	水系及其普染,水系注记,雪山等高线注记
	棕色	地貌和等高线的高程注记,公路普染

3.定位点的规定

地物符号中,半依比例尺表示的符号,实际上都是夸大了的符号。因此,它们在地形图上,就有个定位的问题,制图时都有明确的规定,其定位点的规定见图6-3。

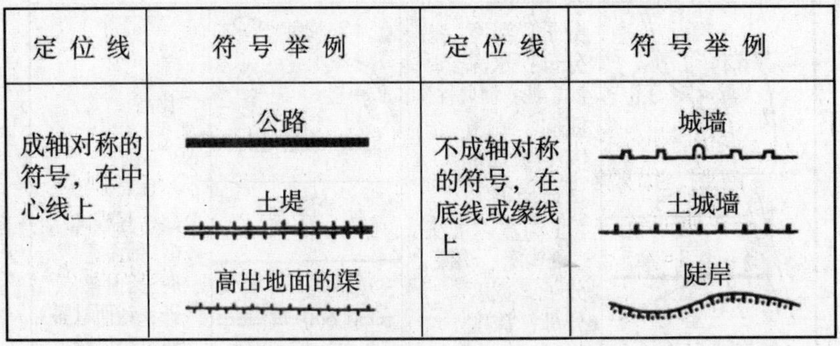

定位线	符号举例	定位线	符号举例
成轴对称的符号,在中心线上	公路 土堤 高出地面的渠	不成轴对称的符号,在底线或缘线上	城墙 土城墙 陡岸

图6-3 半依比例尺符号的定位点

不依比例尺符号,图中有一点的,在该点上;几何图形,在图形的中心;底部宽大的,在底部中点;底部为直角的,在直角的顶点;两个图形组成的,在下方图形的中心,其定位点的规定见图6-4。

定 位 点	符 号 及 名 称		
图形中有一点的，在该点上	△ 三角点	🏠 亭	窑
几何图形，在图形的中心	⊖ 油库	■ 独立房屋	✕ 发电厂
底部宽大的，在底部中点	水塔	气象站	碑
底部为直角的，在直角的顶点	路标	突出阔叶树	突出针叶树
两个图形组成的，在下方图形的中心	变电所	散油散热塔	油 石油井

图 6-4　不依比例尺符号的定位点

三、地貌判读

地貌的不同形态,在地图上主要是用等高线来显示的。要从图上了解和研究地貌和起伏状况、地表面点的高程、高差、斜面的坡度及通视情况等,应首先懂得等高线显示地貌的原理、特点和有关规定,才能掌握判读的要领。

(一)等高线显示地貌

1.等高线显示地貌的原理

由地面上高程相等的各点连接而成的曲线称等高线。设想将一座山从底到顶按相等的高度,一层一层地水平切开,这样,在山的表面就出现许多大小不同的截口线,再把这些截口线垂直投影到同一平面上,便形成一圈套一圈的曲线图形。地图就是根据这个原理显示地貌的。如图 6-5。

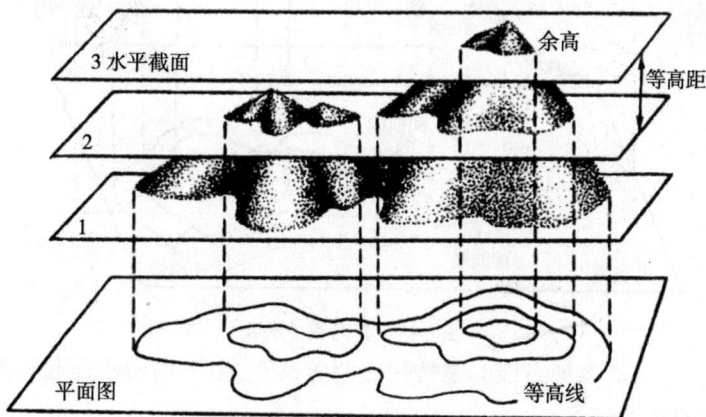

图 6-5　等高线显示地貌的原理

2.等高线显示地貌的特点

①在同一条等高线上各点的高度相等,每条等高线都是闭合曲线。

②在同一幅地图上或同一等高距的条件下,等高线多,山就高;等高线少,山就低;凹地则与此相反。

③在同一幅地图上或同一等高距条件下,等高线间隔密,实地坡度陡;等高线间隔

稀,实地坡度缓。

④图上等高线的弯曲形状与相应实地地貌形状相似。

3.等高距的规定

相邻两条等高线间的实地垂直距离叫等高距。等高距的大小,在很大程度上决定着地貌表示的详略,等高距愈小,等高线愈多,地貌表示就愈详细;等高距愈大,等高线愈少,地貌表示就愈简略。我国基本比例尺地形图等高距的规定见表6-3。

表6-3 等高距的规定

比例尺	一般地区 (基本等高线)	特殊地区 (选用等高线)	
1:1 万	2.5m	1 或 5m	注:一般地区,指大部分地区采用的等高距;特殊地区,指那些适应基本等高距的地区。
1:2.5 万	5m	10m	
1:5 万	10m	20m	
1:10 万	20m	40m	
1:20 万	40m	80m	
1:50 万	100m		

4.等高线的种类和作用

等高线按其作用不同,可分为以下四种,见图6-6。

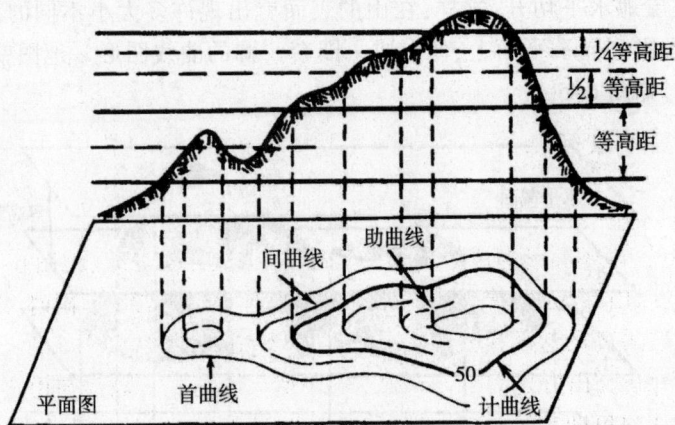

图6-6 等高线的种类

①首曲线(又叫基本等高线),是按规定的等高距,由平均海水面起算测绘的细实线,用以显示地貌的基本形态。

②间曲线(半距等高线),按1/2等高距描绘的细长虚线,用以显示首曲线不能显示的局部地貌。

③助曲线(又叫辅助等高线),是按1/4等高距描绘的细短虚线,用以显示间曲线不能显示的局部地貌。

④计曲线(又叫加粗等高线),为便于在图上计算高程,规定从高程起算面起,每隔4条首曲线加粗描绘一条粗实线。

5.高程起算和注记

我国规定,把"1956 年黄海平均海水面"作为全国统一的高程起算面,称为"1956 年黄海高程系"。从这个基准面起算的高程,叫真高,也叫海拔高或绝对高程。从假定水平面起算的高程,叫假定高程或相对高程。由物体所在地面起算的高度,叫比高。起算面相同的两点间高程之差,叫高差。

地形图上的高程注记,分高程点的高程注记和等高线的高程注记。高程点的高程注记,用黑色,字头朝向北图廓;等高线的高程注记,用棕色,字头朝上坡方向;比高注记与其所属要素的颜色一致,字头朝向北图廓。

(二)地貌识别

在地形图上,通过等高线和地貌符号,可以识别地貌的各种形态。

1.山的各部形态

地貌的外表形态尽管千差万别,多种多样,但它们都是由某些基本形态组成的,这些基本形态是山顶、凹地、山背、山谷、鞍部和山脊等。

山顶。图上以等高线中最小环圈表示,有时用示坡线表示斜坡方向,绘在环圈外侧,见图 6-7。

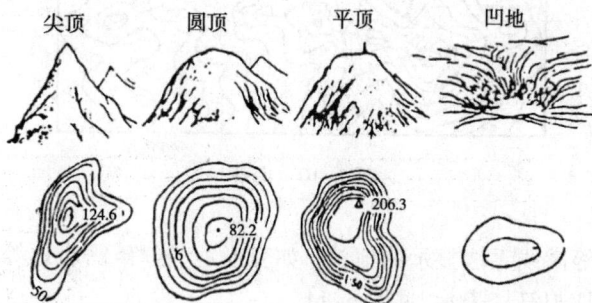

图 6-7 山顶和凹地

凹地。图上也以环圈形等高线表示,但环圈内侧绘有示波线,见图 6-7。

山背。图上以山顶为准,等高线向外凸出的部分表示山背。下雨时,雨水落在山背上向两边分流,所以最高凸起的棱线又叫分水线,见图 6-8。

山谷。相邻山背,山脊之间低凹部分。图上表示山谷的等高线与山背相反,从山顶或鞍部为准,等高线向里凹表示山谷,各等高线凹入部分顶点的连线为合水线,见图 6-8。

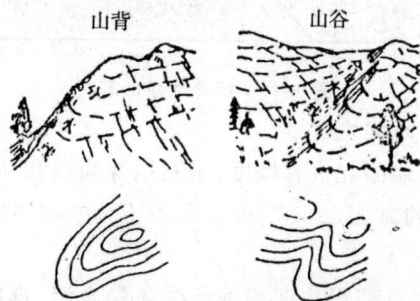

图 6-8 山背和山谷

鞍部。相连两山顶间形如马鞍状的低凹部分。图上是用表示山谷和山背的两组对称的等高线表示的,见图6-9。

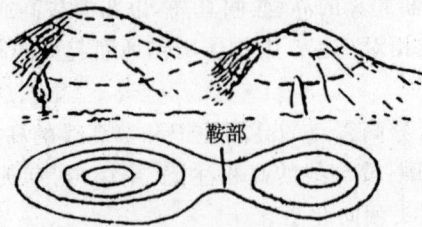

图6-9 鞍部

山脊。由数个山顶、山背、鞍部相连所形成的凸棱部分。山脊的最高棱线叫山脊线,见图6-10。

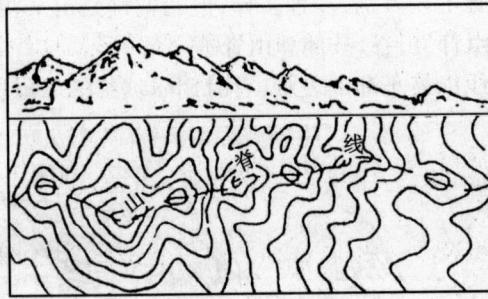

图6-10 山脊

2.特殊地貌形态

特殊地貌是指等高线无法显示的地貌。如变形地、岩峰、露岩地等。这类地貌的形态在地形图上用特殊地貌符号表示,见图6-11。

图6-11 特殊地貌形态

(三)高程、起伏和坡度的判定

在地形图上判定高程、地面起伏和坡度,是利用等高线和高程注记进行的。要做到迅速、准确,就必须掌握判定的方法。

1.高程的判定

首先根据等高距、高程点高程注记和等高线高程注记,查明目标两侧相邻等高线的高程,然后根据目标点与该两条等高线的关系位置,按比例估计目标点的高程。

2.高差的判定

当目标点的高程判定后,目标点之间的高程相减,即得两目标点的高差。

3.地面起伏的判定

判定作战区域的起伏状况时,可依等高线的疏密情况、高程注记、河流位置和流向,判明山脊、山背、山谷分布和地形总的起伏状况。判定行军路线起伏时,应首先判明等高线的起伏方向,再依行进路线穿越等高线的多少、疏密和方向等制定,也可在判明山背、山谷及河流位置后,依行军路线的方向来判定路线的上下坡情况。

4.坡度的判定

要判定坡度时,可用两脚规在坡度尺上比量,坡度尺的纵线,表示等高线的间隔,纵线下方的注记表示相应间隔的坡度值,坡度值下的百分比为相应高差和水平距离之比值。

四、坐标

确定平面或空间某点位置的长度值或角度值,称为该点的坐标。我国地面点的坐标,是按高斯投影方法计算而得的。军事上常用的坐标有地理坐标和平面直角坐标。

(一)地理坐标

确定地面某点位置的经、纬度数值叫该点的地理坐标,通常用度、分、秒表示。

1.地理坐标网的构成及注记

地理坐标网是由一组经线和纬线构成的。地形图是按经度、纬度分幅的,所以地形图的南北内图廓线就是纬线,东西内图廓线就是经线。在 1:20 万~1:100 万地形图上绘有地理坐标网。纬度数值注记在东西内、外图廓间;经度数值注记在南北内、外图廓间。在 1:2.5 万~1:10 万地形图上,图廓四角注有经度、纬度数值,内外图廓间绘有经、纬"分度带",将两对边相应的分度线连接起来,即构成了地理坐标网。

2.地理坐标的量读

在使用地理坐标时,一般按先纬度后经度的顺序进行。例如,在 1:2.5 万~1:10 万地形图上量读某点的地理坐标时,可通过该点分别向分度带作垂线,直接在分度带上读取坐标值。也可连对应的分度带,加绘成地理坐标网线后,按图 4-12 的方法量取。三角点的地理坐标为:北纬 25°02′12″,东经 102°32′18″。

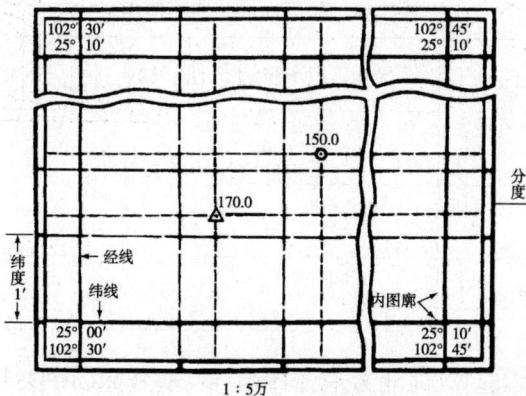

图 4-12　依分度带量读地理坐标

(二)平面直角坐标

确定平面上某点位置的长度值,叫该点的平面直角坐标。我国地形图上采用的是高斯平面直角坐标系,其纵轴为 X,横轴为 Y。

高斯平面直角坐标系,是以经差 6° 为一投影带绘制的,以赤道为坐标横轴(Y),以中央经线为坐标纵轴(X),两轴的交点为坐标原点(O)。这样,每一投影带便构成了一个独立的坐标系,如图 6-13。

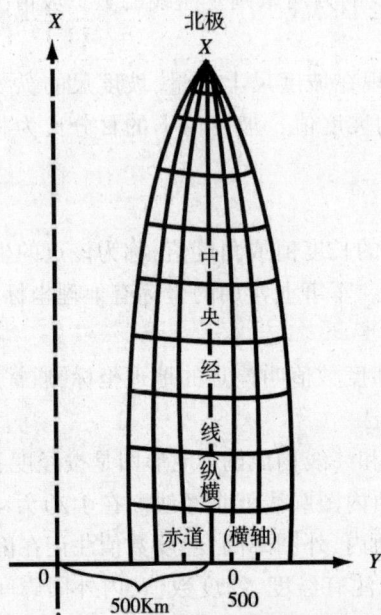

图 6-13　高斯投影带北半球的平面直角坐标系

1.地形图上的平面直角坐标网和注记

为了便于从每幅地形图上量测任意点的坐标,以公里为单位,按相等距离作平行于纵、横轴的若干直线,便构成了平面直角坐标网,也叫方里网。不同比例尺地形图的坐标网,其方格边长有不同规定,如表 6-4。

表 6-4　坐标方格边长的规定

比例尺	坐标方格的边长(厘米)	相应的实地距离(公里)
1:2.5 万	4	1
1:5 万	2	1
1:10 万	2	2

纵坐标以赤道为零起算,向北为正,向南为负;横坐标以中央经线为 500 公里,向东增大,向西减小。这样,我国各地的平面直角坐标纵横值均为正值,如图 6-14。

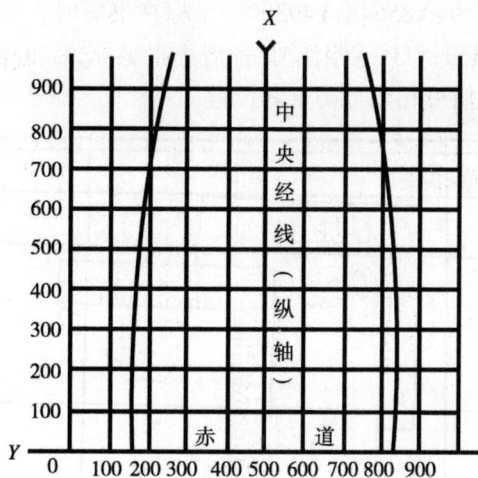

图 6-14 坐标起算

地形图中,东、西图廓内横线上的注记,为纵坐标公里值的最后两位数;南、北图廓内纵线旁的注记,为横坐标公里值的最后两位数。在图廓四角注有纵、横坐标的全部数值。纵坐标全值注记为四位数;横坐标全值注记为五位数,其中前两位数为带号。

2.平面直角坐标的应用

记述平面直角坐标时,应按先纵坐标,后横坐标的顺序进行。

①用概略坐标指示目标

用概略坐标指示目标的图上位置时,通常只用该目标所在方格纵横坐标的末两位公里数值。如图 6-15,116.6 高地的概略坐标为(67,45)。当需要明确指示目标在方格中的位置或区分同一方格内的同类目标时,可采用井字格法,即将一个方里用井字划为九个小格,按顺时针编号。指示目标时,在方格里坐标右下角加注小格编号即可。

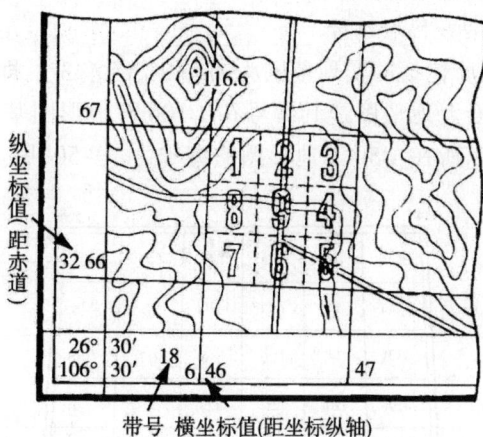

图 6-15 用概略坐标指示目标

②用精确坐标指示目标

精确坐标要求精确到米数值的整数位。可在概略坐标的基础上,用坐标尺量读。如图

6-16,发射点的精确坐标为:X85645、Y49300。坐标在书写时,一般用括号注记在目标名称后,如 116.6 高地(67,45);口述或报读时,一般先报坐标,后报地点和目标名称。当已知某点平面直角坐标数时,便可在图上确定其位置。

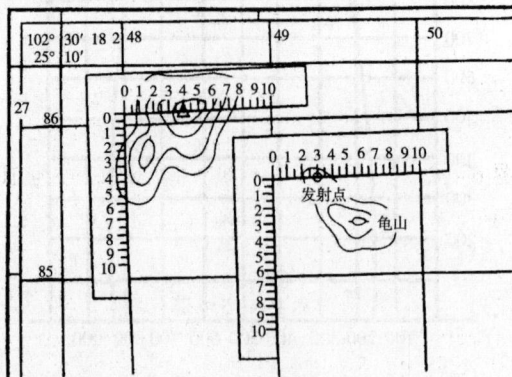

图 6-16 用坐标尺量读精确坐标

五、地形图的分幅和编号

为使地形图的图幅规格一致,便于测制、使用和保管,各种比例尺的地形图都有统一的分幅和编号。我国各种比例尺地形图的分幅,是以国际百万分之一地形地图分幅为基础,按一定的经差和纬差划分的。图幅的编号,也是以国际百万分之一地形图编号为基础的。

(一)1:100 万地形图分幅和编号

1:100 万地形图所包括的实地范围为纬差 4°,经差 6°,从赤道起,向两极每纬差 4° 为一列,依次以数字 1、2、3……22 表示;从经度 180° 起,自西向东每经差 6° 为一行,依次以数字 1、2、3……60 表示,其编号按"列-行"的顺序编成。

由于南、北半球经度相同,纬度相应的图幅编号是一样的,为了区别南北半球的图幅,在图号前分别冠以字母 S(南)N(北),我国国土全部在北半球,故将字母"N"省略。

(二)1:50 万地形图的分幅和编号

每幅 1:50 万地形图所包括的实地范围为纬差 2°,经差 3°。即以每幅 1:100 万地形图为单位,划分为 4 幅 1:50 万地形图。其编号在 1:100 万地形图基础上,分别以甲、乙、丙、丁表示。如图 6-17,北京所在 1:50 万地形图的编号为 10-50-甲。

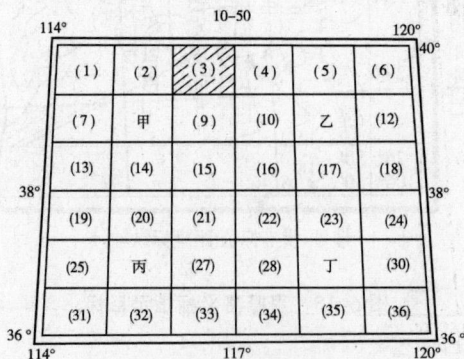

图 6-17 1:50 万、1:20 万地形图的分幅和编号

（三）1:20 万地形图的分幅和编号

每幅 1:20 万地形图所包括的实地范围为纬差 40′，经差 1°。即以每幅 1:100 万地形图为单位，划分为 36 幅 1:20 万地形图。其编号在 1:100 万地形图基础上，分别以数字(1)、(2)、(3)……(36)表示。如图 4-17，北京所在 1:20 万地形图的编为 10-50-(3)。

（四）1:10 万地形图的分幅和编号

每幅 1:10 万地形图所包括的实地范围为纬差 20′，经差 30′。即以每幅 1:100 万地形图为单位，划分为 144 幅 1:10 万地形图。其编号在 1:100 万地形图基础上，分别以数字 1、2、3……144 表示。如图 6-18，北京所在 1:10 万地形图的编号为 10-50-5。

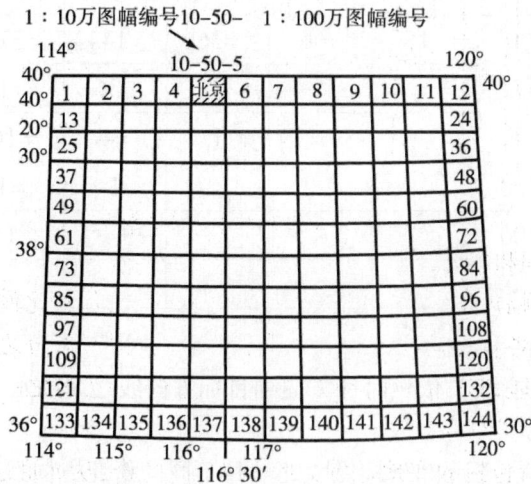

图 6-18 1:10 万地形图的分幅和编号

（五）1:5 万地形图的分幅和编号

每幅 1:5 万地形图所包括的实地范围为纬差 10′，经差 15′。即以每幅 1:10 万地形图为单位，划分为 4 幅 1:5 万地形图。其编号在 1:10 万地形图基础上，分别以甲、乙、丙、丁表示。如图 6-19，北京所在 1:5 万地形图的编号为 10-50-5-乙。

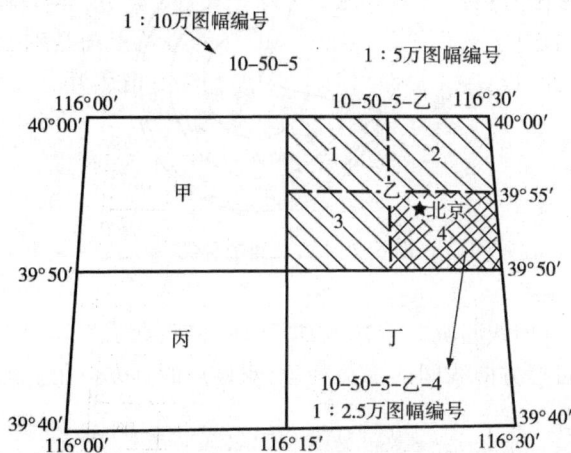

图 6-19 1:5 万和 1:2.5 万地形图的分幅

(六)1:2.5 万地形图的分幅和编号

每幅 1:2.5 万地形图所包括的实地范围为纬差 5′,经差 7′30″。即以每幅 1:5 万地形图为单位,划分为 4 幅 1:2.5 万地形图。其编号在 1:5 地形图基础上,分别续以数字 1、2、2、3、4 表示。如图 4-19,北京所在 1:2▇万地形图的编号为 10-50-5-乙-4。

我国基本比例尺地形图的分幅关系如表 6-5。

表 6-5 我国基本比例尺地形图分幅关系

比例尺	图幅大小		图幅数量关系						说明以
	纬差	经差	1:100 万	1:50 万	1:20 万	1:10 万	1:5 万	1:2.5 万	
1:100 万	4°00′	6°00′	1	=4	=36	=144	=576	=2304	1:100 万为基础
1:50 万	2°00′	3°00′		1	=9	=36	=114	=576	
1:20 万	40′00	1°00′			1	=4	=16	=64	
1:10 万	20′00″	30′00″				1	=4	=16	以 1:10 万为基础
1:5 万	10′00″	15′00″					1	=4	
1:2.5 万	5′00″	7′30″						1	

六、方位角与偏角

从某点的指北方向线起,依顺时针方向到目标方向线之间的水平夹角叫方位角。

(一)方位角的种类

由于每点都有真北、磁北和坐标纵线北三种不同的指北方向线,因此,从某点到某一目标,就有三种不同的方位角,如图 6-20。

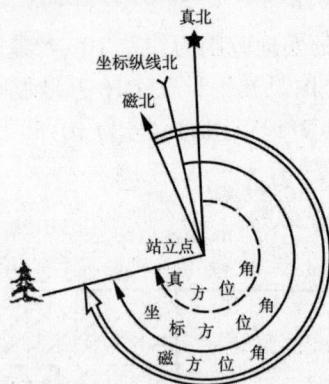

图 6-20 方位角的种类

1.真方位角

某点指向北极的方向线叫真北方向线,即经线,也叫真子午线。从某点的真北方向线起,依顺时针方向到目标方向线间的水平夹角,叫该点的真方位角。通常在精密测量中使用。

2.磁方位角

某点指向磁北极的方向线叫磁北方向线,也叫磁子午线。在地形图南、北图廓上的磁南、磁北(即 P、P′)两点间的连线,为该图的磁子午线。从某点的磁北方向线起,依顺时针方向到目标方向线间的水平夹角,叫该点的磁方位角。在航空、航海、炮兵射击和军队行进时,都广泛使用。

3.坐标方位角

从某点的坐标纵线北起,依顺时针方向到目标方向线间的水平夹角,叫该点的坐标方位角。炮兵使用较多,它不仅便于从图上量取,还可换算为磁方位角在现地使用。

(二)偏角的种类

由于真子午线、磁子午线、坐标纵线三者方向不一致,所构成的水平夹角,叫偏角。如图6-21。

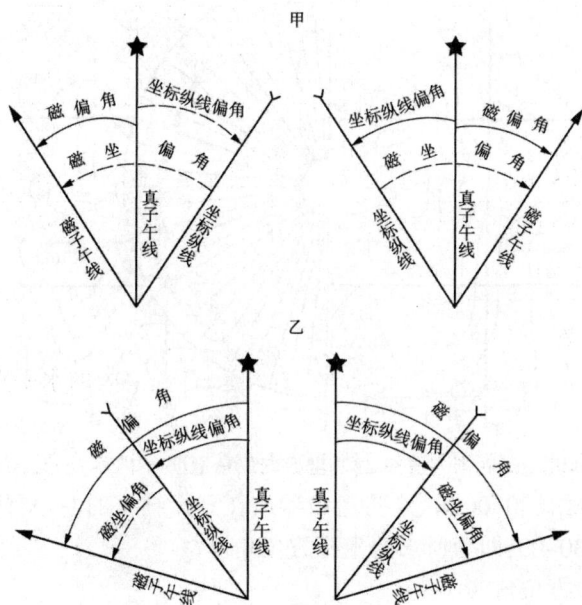

图6-21 偏角

1.磁偏角

某点的磁子午线与真子午线间的夹角,叫磁偏角。磁子午线在真子午线以东的为东偏,在真子午线以西的为西偏。它随时间和地点的不同而变化。

2.坐标纵线偏角

某点的坐标纵线与真子午线间的水平夹角,叫坐标纵线偏角,又叫子午线收敛角。坐标纵线在真子午线以东的为东偏,在真子午线以西的为西偏。在同一高斯投影带内,距中央经线和赤道愈近,偏角愈小,反之偏角愈大,但最大的偏角不超过3°。

3.磁坐偏角

某点的磁子午线与坐标纵线间的水平夹角,叫磁坐偏角。磁子午线在坐标纵线以东的为东偏,在坐标纵线以西的为西偏。它有时为磁偏角和坐标纵线偏角值之和,有时为两者之差。

为便于计算,上述三种偏角,都以东偏为正(+),西偏为负(−)。地形图南图廓的下方,均绘有偏角图。

(三)方位角的量读和磁坐方位角的换算

1.在图上量读坐标方位角

在量取某点至目标点的坐标方位角时,先将该点和目标点连成直线,使其与坐标纵线相交(若两点在同一方格内,可延长直线)。然后,用量角器按方位角的定义量读。如图6-22,171.4三角点至162.6高程点的坐标方位角为:17-40(即1740密位,将圆周360°分成6000等份,每一等份叫1密位)。

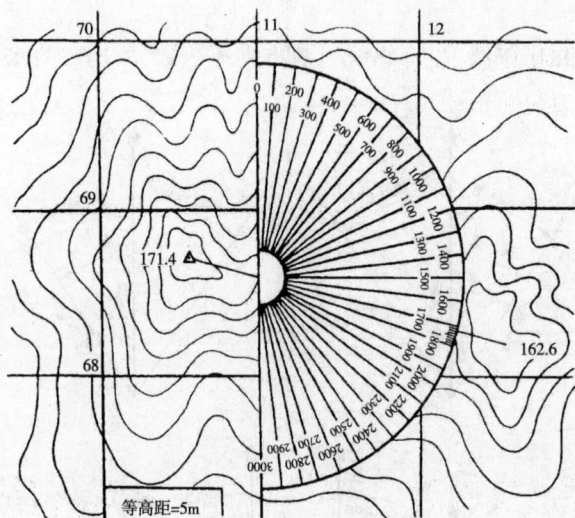

图6-22 坐标方位角量读

当坐标方位角大于30-00时,应将量角器放在坐标纵线的左边,使零分划朝南,再将读出的密位数加上30-00,即为所求的坐标方位角。

2.在图上量读磁方位角

磁方位角通常用指北针量读。如图6-23,量读李家至虹山磁方位角,其方法如下:

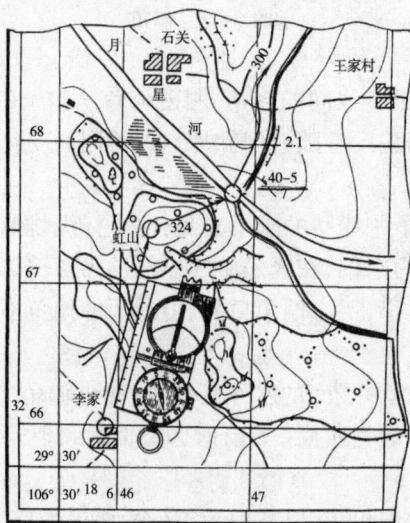

图6-23 磁方位角量读

①在地形图上,将出发点至目标点两点之间连一直线。

②标定地图。标定时,先将指北针的直尺边切于磁子午线,并使准星的一端朝向地图上方;然后转动地图,使磁针北端对准指标,地图即已标定。

③不动地图,再将指北针直尺切于出发点至目标点两点的连线上,并使准星朝向目标方向,待磁针静止后,其磁针北端所指的密位数 4-54,即为李家至虹山磁方位角。

3.坐标方位角和磁方位角的换算

① 求坐标方位角

当磁方位角已知时,可按下式计算:

坐标方位角=磁方位角+(±磁坐偏角)

②求磁方位角

当坐标方位角已知时,可按下式计算:

磁方位角=坐标方位角−(±磁坐偏角)

式中的磁坐偏角值,可在地图下方的偏角图中查取。

计算中,当两个角度相加大于 60-00 时,应减去 60-00;若小角度减大角度时,应加上 60-00,再与大角度相减。

第三节　现地使用地图

一、方位判定

方位判定,就是辩明东、西、南、北方向,明确站立点与周围地形的关系位置。它是实施正确的指挥和行动的基础。

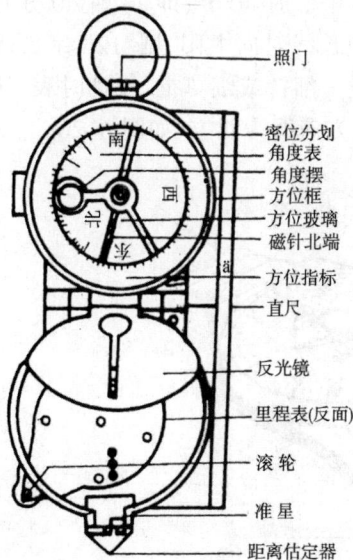

图 6-24　65 式指北针

（一）用指北针判定

指北针的磁针静止后,磁针涂有夜光剂的一端(或黑色尖端)所指的方向,就是北方。

指北针在使用前应检查磁针是否灵敏,在使用时应避开高压线和钢铁物体,在磁铁矿和磁力异常地区不能使用。

指北针式样较多,常用的为 65 式指北针。见图 6-24。

（二）利用北极星判定

北极星是正北天空的一颗较明亮的恒星。在晴朗的夜空,找到了北极星就找到了北方。

北极星位于小熊星座的尾端,因小熊星座比较暗淡,所以通常根据大熊星座(即北斗七星,俗称勺子星)和仙后星座(即女帝星座,又叫 W 星座)来找。如图 4-25。

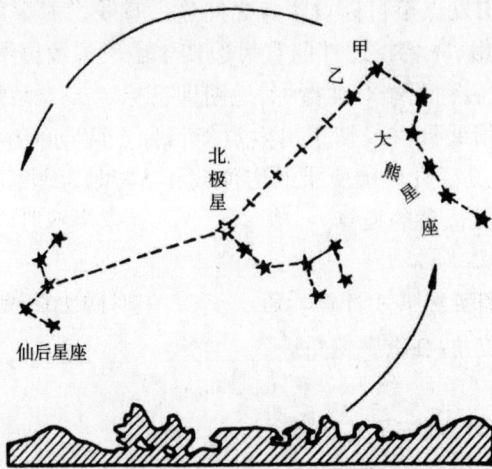

图 4-25 利用北极星判定方位

大熊星座由七颗明亮的星组成,形状像一把勺子,将勺端甲、乙两星的连线向勺口方向延长,约为两星距五倍处的那颗星,就是北极星。

仙后星座是由五颗明亮的星组成,形状很像一个"W"字母。在 W 字母的缺口宽度两倍处的那颗星,就是北极星。

北极星的高度,大约与当地的纬度相等。在北纬 40°以北地区全年可以看到大熊星座和仙后星;以南地区,有时只能看到其中的一个星座。

(三)利用太阳和时表判定

一般说来,在当地时间 6 时左右,太阳在东方,12 时在正南方,18 时左右在西方。根据这一规律,便可概略地判定方位。判定时,先将时表平放,时数(每天以 24 小时计算)折半的位置的延长线对向太阳,"12"字头所指的方向就是北方。例如,上午 10 时,折半是 5 时,则应以表盘中心与"5"字的延长线对向太阳;若在下午 2 时 40 分(即 14 时 40 分),折半是 7 时 20 分,应以表盘中心与"7"字后两小格处的延长线对向太阳,则"12"字头所指的方向即为北方。为便于判定,可在时数折半的位置竖一细针或细草棍,转动时表,使针(棍)影通过表盘中心,这时表盘中心与"12"字的延长线方向即为北方,如图 6-26。

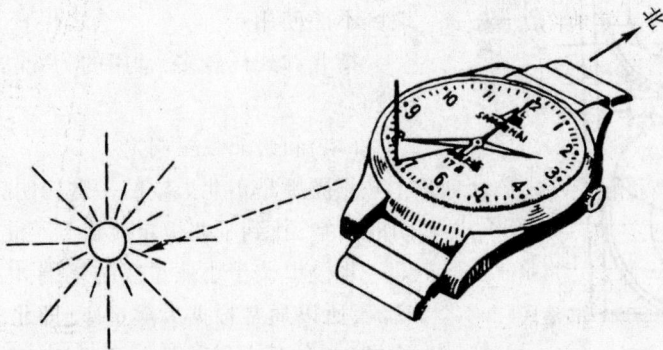

图 6-26 利用时表根据太阳判定方位

判定时,应以当地时间为准。我国大部分地区都使用北京时间,即东经120°的时间。由于经度不同,在同一北京标准时间内,各地所见太阳的位置也不同。因此,在远离东经120°的地区判定方位时,应将北京时间换算为当地时间。根据地球每小时由西向东转动经度15°的规律,即以东经120°为准,每向东15°,其当地时间应将北京标准时间加上1小时;每向西15°,就减去1小时。如在西藏拉萨(东经91°),于北京标准时间12时判定方位时,那里比东经120°少29°,应减去1小时56分,所以当地时间是10时04分,即以5时02分处对向太阳,"12"所指的方向就是北方。

在北回归线(即北纬23°36′)以南地区,夏季中午时间太阳偏于天顶以北,不宜采用上述方法。

(四)利用地物特征判定

有些地物、地貌由于受阳光、气候等条件的影响,形成了某种特征,可以利用这些地物概略判定方位。

独立大树,通常是南面枝叶茂密,树皮较光滑;北面枝叶较稀少,树皮粗糙,有时还长青苔。砍伐后,树桩上的年轮,北面间隔小,南面间隔大。

突出地面的物体,如土堆、土堤、田埂和建筑物等,南面干燥,青草茂密,冬季雪融化较快;北面潮湿,易生青苔,冬季积雪融化较慢。土坑、沟渠和林中空地的特征则相反。我国大部分地区,尤其是北方,庙宇、宝塔的正门多朝南方;广大农村住房和正门一般也多朝南开。

由于我国幅员辽阔,各地区有其不同的特征,只要留心观察,注意调查、收集和研究,就会找到判定方位的自然特征。例如内蒙古高原,冬季大多是西北风,山的西北坡积雪较少,东南坡积雪较多;树干多数略向东南倾斜;蒙古包的门一般朝东南;新月形沙丘朝东南方向绅展,坡度缓的一端朝西北,坡度陡的一端朝东南。因此,利用地物特征判定方位时,应注意当地的特殊规律,以避免错误。

二、地图与现地对照

现地使用地图,要能随时确定站立点在图上的位置,了解周围地形情况,保持正确方向。因此,必须经常注意与现地对照。

(一)标定地图

标定地图,就是使地图方位与现地方位一致。这是确定站立点和对照地形的前提。

1.用指北针标定

先用指北针的直尺切于磁子午线,并使准星的一端朝向北图廓,然后水平转动地图,使磁针北端对准指标,地图即已标定,如图6-27。

2.依直长地物标定

当站在直长地物(如路段、河渠、土堤等)时,可先在图上找到这段直长地物符号,对照两侧地形,使地图和现地的关系位置概略相符,平放地图,转动地图,

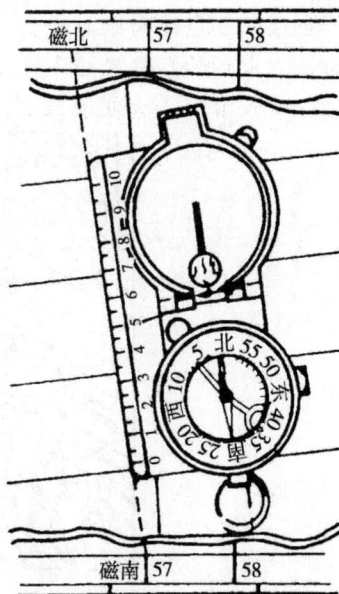

图6-27　用指北针标定

使图上的直长地物符号与现地直长地物方向一致,地图即已标定。

3.依明显地形点标定

在明显地形点上使用地图时,可依明显地形点标定地图。标定时,首先确定站立点在图上的位置,再选一图上和现地都有的远方明显地形点(如山顶、独立地物等)作为目标点,然后将直尺(或三棱尺)切于图上的站立点和该目标点上,并转动地图。通过直尺边照准现地该地形点,地图即已标定,如图6-28。

图6-28 依明显地形点标定

4.依北极星标定

夜间,可利用北极星标定地图。标定时,先面向北极星,并使地图上方朝北,然后转动地图,使东(西)内图廓线(即真子午线)对准北极星,地图即已标定。

(二)确定站立点在图上的位置

确定站立点在图上的位置,是进行地图与现地对照的根据。

1.依明显地形点判定

当站立点在明显地形点上时,在图上找出该地形点的符号,即是站立点的图上位置。

如果站立点在明显地形点的近旁时,可先标定地图,对照周围明显的地形底部,找出其与站立点的关系位置,即可判定站立点的图上位置,如图6-29。

图6-29 依明显地形点判定站立点

2.用截线法确定

当站立点在直长地物上时,可用截线法确定站立点的图上位置。方法是,先标定地图,在直长地物的侧方选择一个图上和现地都明显的地形点,将直尺切于图上该地形点上,然后以该地形点为轴心转动直尺,照准现地该地形点,并描画方向线,使之与直长地物符号相交,该交点即为站立点的图上位置,如图6-30。

图6-30　截线法

3.用后方交会法确定

当站立点附近没有明显地形点时,可用后方交会法确定站立点的图上位置,如图6-31。

图6-31　后方交会法

先标定地图,选择图上和现地都有的两个明显地形点,在图上一个地形点上插上一细针,将直尺靠针转动,照准现地的地形点,并描画方向线;再用同样方法照准另一地形点,并描画方向线,图上两方向线的交点,就是站立点的图上位置。

截线法和交会法的交会角一般不要小于3-00密位或大于15-00密位,条件允许时,最好再用第三条方向线(或其他方法)进行检核。

标定地图后,图上站立点与现地站立点是唯一的一个重合点。而且,此时图上各地形点间构成的图形,与现地相应地形点间构成的图形,保持了相似形的关系。

(三)现地对照地形

现地对照地形,应达到两个直接目的。一是将地图上的地物、地貌等符号和现地的地物、地貌一一对应辨清;二是通过对照,发现地图和现地的变化情况。

通常在标定地图、确定站立点的基础上,根据目标的方向、特征、距离、高程及关系位置等因素进行对照。

当需对照某目标时,可先从站立点向目标点(图上或现地)确定一条方向线,然后,由该方向线上按上述因素找出相应的现地(或图上)目标,或发现它们的变化情况。

当对照某一区域地形时,通常先对照大而明显的特殊地形,再由近及远、由点到面或逐段分片地进行对照。

对照山地和丘陵地形,首先应在图上判明它的分布状况、主要高地的位置、山脉的基本走向等,然后根据地貌形态、山脊走向,先对照明显的山顶、山脊、谷地,再顺着山脊、山背、山脚和山谷的方向进行对照。对照中要注意其前后层次的色调变化和透视关系以及与其他地物的关系,分析确定它们的位置。

对照平原的地形时,可先对照主要的道路、河流、居民地和高大突出的建筑物,再根据地物分布规律和相关位置,逐点分片地进行对照。

三、按地图行进

按地图行进,就是利用地形图选定行军路线,通过地图与现地对照,以保持沿选定的路线,到达预定地点的行进方法。

(一)按地图行进

1.行进前的图上准备

①选择行进路线

根据任务、敌情、地形和部队装备等情况在图上选出行进的最佳路线。选择时,应着重考虑和研究路线上与行动有关的地形因素,如地貌起伏、沿线居民地、森林地、山岙口以及桥梁、渡口和徒涉场的状况。如有敌情顾虑时,更应注意研究沿道路两则地形的起伏与荫蔽情况、遇空袭时的疏散区域、遭遇敌人时可能利用的有利地形等。组织大部队行进,还应根据部队的大小选择平行路,以便分路行进。

在越野行进时,尤应使每一转变都有明显的方位物。在夜间行进时,则应注意选定夜间便于识别的方位物。为便于行进中掌握方向,在路线选定后,还应在沿线选定明显突出、不易变化的目标作为方位物,如行进路线上的转弯点、岔路口、桥梁、居民地的出入口、城市中的广场和突出建筑物以及沿线两侧的高地等。

②在图上标绘行进路线

标绘行进路线和方位物,就是将选定的行进路线(起点、转折点和终点)和方位物,用彩色笔醒目地标绘于图上,并按行进方向顺序进行编号,以便行进中对照检查。必要时也可专门调制行军路线略图。

③量取里程和计算时间

在图上量取行进路线上各段里程和计算行进时间,并注记在图上或工作手册上,如行进路线上的地貌起伏较大时,还应将图上量得的水平距离,按不同的坡度改正为实地距离,并根据预定行进速度换算为行进时间。

④熟记行进路线

根据地形图,按行进的顺序,把每段的里程、行进时间、经过的居民地、两侧方位物和地貌特征,特别是道路的转弯处、岔路口和居民地进出口附近的方位物及地形特征等都熟记在脑子里,力求做到胸中有图,未到先知。

2.徒步行进

徒步沿道路行进是军队机动的一种方式。在出发点上,先标定地图,对照地形,判定出发点位置,明确行进的道路和方向,然后计时出发。在行进中,应根据记忆,边走边回忆,边走边对照,随时明确站立点的图上位置和已走过的里程,力求做到"人在路上走,心在图中移"。

在经过岔路口、道路转弯点、居民地进出口时,应及时对照现地地形,明确站立点的图上位置,以保护正确的行进方向。在遇到现地地形变化与地形图不一致时,应采用多种方法,仔细对照全貌,全面分析地形的变化和关系位置,然后准确地判定站立点的位置和行进方向。

当发现走错了路时,应立即对照地形,回忆走过的路程,判明在什么地方错的,偏离原定路线有多远,根据情况返回原路线或另选迂回路,回到正确路线后,再继续前进。

3.乘车行进

随着我国技术装备的不断改善,快速机动的能力将逐步提高,乘车行进将是军队机动的一种主要方式。

乘车行进的特点是:行进速度快,方向转换多,观察地形粗略,如果稍一疏忽,就容易走错路。因此,在选择路线时,应着眼于道路通行情况、路面质量的变化、桥梁的载重量、渡口的摆渡能力等;方位物应多选择道路两侧大而明显的突出目标,并选择迂回路。

行进要随时标定地图,使图上的行进路线与现地的道路方向保持一致,就必须经常转动图,做到"图、路成一线,车转图也转,方向正相反"。由于车速快,车辆颠簸,方位物一闪而过,地图与现地对照容易忽略。因此,在开进中,对沿路的居民地、桥梁、转弯点、岔路口和沿路两则突出目标,要高度集中精力,不间断地逐个提前对照,做到"人在车里坐,心在车前行"。

出发时要记下时间和汽车里程表上的里程数,行进中随时根据里程表上的数字和行进时间,对照事先在图上量算好的各段距离和时间,以判定车辆在图上的位置。遇到岔路口、道路转变处,提前给司机打招呼,同时放慢车速,以便能仔细对照,确认前进方向。如无把握,应停车判读,直至现地对照无疑后,再继续前进。

(二)按方位角行进

按方位角行进,是按地图行进的一种辅助方法。它是利用指北针,按照图上量测的磁方位角保持正确行进方向的方法。军队在沙漠、草原、山林地等地形上,或在夜间、浓雾、大风雪等不良天候条件下行进时,常需按方位角行进。

1.行进资料的准备

①选择行进路线

根据任务、敌情和地形情况选定,一般应选择在地貌起伏较小,障碍较少,特征明显的地段。路线的各转折点应有明显的方位物。为防止行进时方位偏差过大,要求各转折点间的距离在1千米左右,平原地区可远一些,山区和夜间则应近些。

②量测方位角和距离

先用指北针标定地图,再使指北针有准星的一端朝前进方向,直尺边切于两转弯点的连线上,磁针静止后,其北端所指的密位数即为该段路线的磁方位角。如图6-32,①辛店至②小桥的磁方位角为59-00密位。

在图上量测各转弯点间的实际地距离,并换算成复步数或行进时间 (通常一复步为1▉米)。换算公式为:

复步数=实地距离(米数)÷复步长

行进时间=实地距离(米数)÷行进速度

③绘制行进路线略图

先根据地形图将行进路线附近的主要地形和方位物绘成略图,再把各转弯点间的磁方位角和距离的数据注记在略图上。

2.行进要领

①标定磁方位角,找准方位物

在出发点上。首先依据行进资料在现地找到出发点的准确位置,查明到达下一点的磁方位角、距离和时间,并记住沿途经过的重要地形和下一点的地形特征,然后手持指北针,使磁针北端指向下一点的方位角密位数,这时,由照门至准星的方向,就是行进方向,并在该方向上寻找第二点方位物或辅助方位物,然后按此方向行进。

②保持行进方向

行进中,要随时保持行进方向。可根据地图或记忆,对照地形,记清走过的复步数或行进时间。到达辅助方位物后,如仍看不到第二点方位物时,则按原磁方位角再选辅助方位物,继续前进,直至到达第二点为止。若在起伏较大的地段上进行时,要注意高速步幅。到达第二点方位物后,仍按出发点的要领,再向下一点前进,依此要领逐段前进,直到终点。

③寻找预定方位物的方法

当快到达第二点时,应特别注意附近的地形特征。当走完预定的距离,未见到第二点方位物时,可在这段距离的1/10半径的范围内寻找。

④行进中如果遇到障碍物,应根据不同情况采取不同的办法通过

对能通视的障碍,可沿行进方向在障碍地段的对面选一辅助方位物,然后找一迂回路线绕过障碍地段,但应将该段的距离加在已走过的距离内,到达辅助方位物后继续按原方向前进。遇到不能通视的障碍地段时,可采取走直角四边形(或平行四边形)的方法绕过,然后按原方向继续前进。

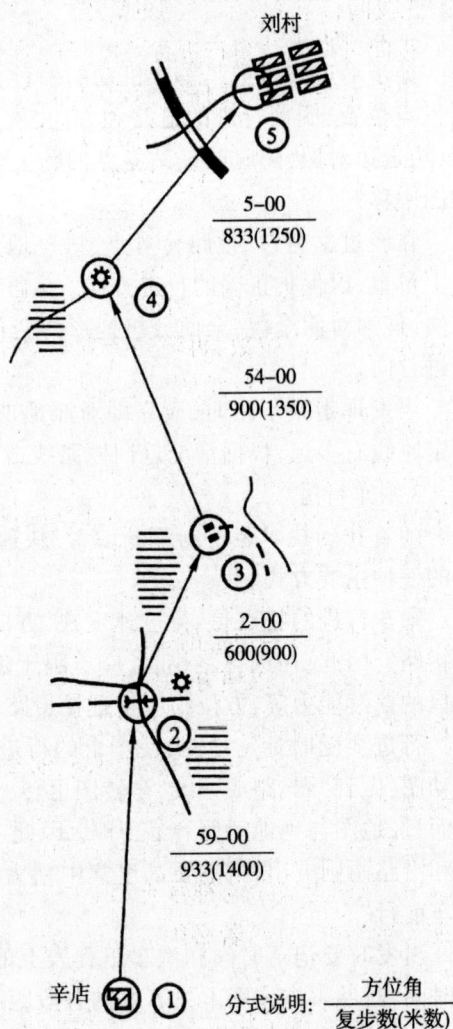

图6-32 接方位角行进略图

刘村

⑤

$\dfrac{5-00}{833(1250)}$

④

$\dfrac{54-00}{900(1350)}$

③

$\dfrac{2-00}{600(900)}$

②

$\dfrac{59-00}{933(1400)}$

辛店 ①

分式说明: $\dfrac{\text{方位角}}{\text{复步数(米数)}}$

3.夜间行进要领与注意的问题

夜间可按方位角行进与按图行进结合。

①在出发点上,要仔细标定地图,对照地形,确定出发点的图上位置,明确行进方向,计时出发。夜间保持正确的行进方向,主要靠指北针,应尽量利用其夜光标志。例如用"六二式指北针(它的度盘是固定的,有夜光标志的玻璃盖圈可以转动),可事先将玻璃盖圈上的夜光标志对准事先量测的磁方位角的密位数,然后平持指北针,使磁针上的夜光点对准玻璃盖圈上的夜光标志,此时,通过照门至准星的方向,就是行进方向。如使用"五一式"和"六五式"指北针(它们的分划盘是可以转动的,无玻璃盖圈),应先用60–00减去所测磁方位角的密位数,再转动分划盘,将减得的密位数对准指标,然后平持指北针,使磁针上的夜光点对准分划盘上有夜光剂的指标(或"北"字)。此时,照门至准星所指方向,就是行进方向。

②行进中,要做到多找点、勤观察、勤对照。由于夜间能见度不良,一般高大明显物体易误近,矮小暗淡物体易误远;低凹地形易误高,缓坡易误陡。因此,应采用走近观察、由低处向高处观察、由暗处向明处观察等方法,并互相比较核实。此外,还可根据流水声、灯光、人畜声等判断溪流和居民地的位置,及时确定站立点位置,明确行进方向。

③要严格按照预定的路线行进,切不可贪走捷径,以防迷路。凡是经过的地方,要留心记下主要特征,以便万一迷失方向走错了路,也好按原路返回到发生错误的地方,查明原因,找准正确路线后,再继续前进。

④要注意掌握行进速度和时间,必要时,可根据行进速度和时间来判断到达的地点。如有敌情顾虑时,应注意隐蔽、肃静,防止声响、发光。

⑤尽量避开居民地。由于居民地的进出口处岔路多,加上制图时间因素,居民地变化较大,使得图上表示的符号与实地相差较大,给夜间判读带来困难。所以,夜间行进应尽量避开穿行居民地,若必须穿过居民地,在进出口处要仔细判断,认真分析,切勿弄错方向,走错路。

⑥山林地地形起伏大,林木丛生,道路少,障碍多,通视不良,缺少明显方位物,通行极为困难。因此,应按照"有路不越野,走脊不走沟"的原则选行进路线;点与点之间距离缩短,计算时间时,要考虑到比通常一般地形费时 1~3 倍;行进中应时刻对照地图,随时判断到达点的图上位置。

第七章 军事气象学

气象是大气在运动中产生的自然现象(如冷、热、干、湿、风、云、雨、雾、雷电等)。气象学是研究大气运动的各种物理、化学性质及其变化规律的自然科学。

军事气象学是研究气象条件对军队行动、武器使用和技术装备的影响,以及研究对军队行动实施气象保障的一门科学,它是气象学应用于军事领域的一个分支。

气象是影响军事活动的重要因素,也是达成作战性质的条件之一。因此,它历来为军事家所重视。我国著名军事家孙武就指出:"知彼知己,胜乃不殆;知地知天,胜乃不穷。"并作为胜战的法则。随着现代科学技术的发展和高技术武器装备在战场上的应用,气象条件对作战行动的影响更加日益广泛和重要。

第一节 气象常识

一、大气的组成和垂直分层

1.大气的组成

包围着地球的空气层,叫做大气。大气由氮、氧等多种气体、水汽及灰尘、烟粒等杂质组成。水汽在大气中的含量虽然很少,但在天气变化中却起着重要作用。它不仅能调节大气温度的变化,而且是云雾、雨、雪、雷电等天气现象发生的重要因素。

2.大气的垂直分层

大气的垂直方向上的物理性质有明显的差异,根据温度的垂直分布、大气成份及大气垂直运动等情况,可将大气分为对流层、平流层、中间层、热成层、外层(散逸层)五个层次。

对流层是大气圈最低的一层,该层空气具有强烈的对流运动。其下界为地界,上界随纬度和季节的不同而变化。其厚度,低纬度约17~18公里,中纬度约10~12公里,高纬度约6~8公里。一般夏季厚,冬季薄。对流层受地表影响最大,其温度随高度增加而递减,一般每上升100米,温度约下降0.65℃。大气中的水汽大部分集中在这一层。云、雨、雷暴等天气现象多出现在对流层。

平流层是对流层顶部到55公里左右高度的大气层。其温度随高度增高而上升,在50公里以上温度可达-3℃左右。平流层内,空气上下运动微弱,水汽、尘埃含量很少,气流平稳,飞机在此层飞行不易颠簸。

中间层是在平流层顶到 85 公里左右高度的大气层。其温度随高度增加而降低,至中间层顶可降到-83℃以下。空气稀薄,垂直运动相当强烈。

热成层是中间层顶到 800 公里左右高度的大气层。温度随高度增加迅速升高,根据探测,300 公里以上可达 1000℃以上。该层大气在太阳辐射和宇宙射线作用下处于高度电离状态,并形成了电离程度较强的两个电离层,即 E 层和 F 层;介于中间层与热成层之间,还有 D 层,它们都能反射无线电波,对无线电通讯具有重要意义。

外层是热成层顶以上的大气层。该层内由于温度很高,空气稀薄,且距地面很远,受地球引力作用很小。所以,一些高速运动的分子,可以挣脱地球引力及其他气体粒子的阻力而逃逸到宇宙空间去。由此,外层又叫散逸层。

二、气象要素

表明大气物理状态和物理现象的各项要素统称为气象要素。主要有气温、气压、风、湿度、云、能见度、降水、光、电现象等。

1.气温

表示空气冷热程度的物理量,称气温。气象台(站)所报的气温,是指离地约 1.5 米高处的百叶箱中的温度,它基本上反映了当地气温。其测量单位通常以摄氏(度)表示,有的也以华氏(度)表示。

2.气压

由于地球周围大气的重量而产生的压强,称气压。在海平面上每平方厘米承受的压力是 1.034 公斤,这就是一个大气压。任一高度上的气压值等于其单位面积上大气柱的重量,以百帕、毫米(水银柱高)、毫巴表示。其大小与高度、温度等条件有关,一般随高度增加而减小。

3.风

空气的水平运动现象,称为风。用风向和风速表示。风向,指风的来向。地面风向通常用 16 个方位来表示;空中风向用方位角的度数或密位数表示。风速,指单位时间内风的行程,用米/秒或公里/小时表示。风速的大小也常用风力等级来表示。风力即风的强度,通常使用 13 个等级(即 0~12 级)。

4.湿度

表示空气干湿度的物理量,称为湿度。可用绝对湿度、相对湿度、露点湿度等物理量来表示。绝对湿度是单位体积空气中水汽的质量,用克/立方米表示。相对湿度是空气中实有水汽含量与当时湿度下饱和水汽量之比,以百分数表示;露点湿度是当空气中水汽含量不变且气压一定时,气温下降到水汽达到饱和时的湿度。

5.云

悬浮在空中由大量水滴或(和)冰晶组成的可见聚合体称为云。主要由水汽在空中冷却凝结所致。按云底的高度不同,一般可分为高云、中云、低云等云族。高云云高一般在 5000 米以上;中云云高一般在 2500~5000 米;低云云高一般在 2500 米以下。目力估计云遮天空视野的份数称为云量。将天空分为 10 等份,其中被云遮蔽了几份,云量即为几。如:天空无云,云量为 0;天空一半有云,云量为 5;天空完全被云遮蔽,云量为 10。

6.能见度

视力正常的人白天能看清目标物体轮廓的最大距离，或夜间能看见灯光的最大距离，称为能见度。能见度的好坏，直接影响到观察、射击以及简易光信号通信等，是航空兵确定飞行气象条件和机场开放或关闭的重要依据，也是军队协同作战的重要条件。

7.降水

空中的液态或固态水降落到地面的现象，称为降水。它是降雨、降雪、降冰雹的总称。降水量是指降在水平面上未经蒸发、渗透、流失所形成的水层深度，表示的单位用毫米。降水强度是指单位时间内的降水量，即每日或每小时降水量。按降水强度的大小，可划分为小雨、大雨、暴雨、阵雨等。

8.雷暴

大气中伴有雷声的放电现象，称雷暴，常产生在积雨云中，是一种危险的天气现象。

三、天气系统

各地天气变化是由大气中一个个移动的大大小小系统(如气团、锋、高压、低压等)引起的，这些系统称为天气系统。对气温影响最大的天气系统是气团和锋。

1.气团

在一定范围内物理属性(主要是指温度、湿度、稳定度等)相对比较均匀的大块空气，称为气团。其水平范围大致由几百公里到几千公里，垂直范围可由几公里到十几公里。气团有冷暖之分。气团较长期停留在冰雪覆盖的地区，就会形成干而冷的气团，若较长期地停留在水汽充沛的热带海洋上，就会形成湿而暖的气团。如果气团离开其形成的地区向比它暖和的地面移动，称为冷气团，反之称为暖气团。冷气团的移动，使所经之地温度下降，而其自身变暖，常可出现积云、积雨云、阵雨、雷雨等不稳定性天气；暖气团的移动，使所经之地温度升高，气团本身变冷，常可出现云层、雾、毛毛雨等稳定性天气。

2.锋

冷、暖气团之间狭窄的过渡带称为锋，在空间的交界面叫锋面。锋面和地面的交线叫"锋"或"锋线"。按锋的移动特征，可分为冷锋、暖锋和静止锋三种基本类型。

锋的两侧水平方向上温度、湿度、气压等气象要素，差异明显，空气运动活跃，天气变化剧烈，故锋面所在地区常伴有广阔云层、降水、大风等天气现象。

3.低气压

在同一高度平面上，中心气压比四周低的天气系统称为低气压。低气压区的气流自外围向低压中心流动(在北半球，风按反时针方向斜向中心吹，南半球相反)，使低气压中心空气作上升运动，所含水汽冷却凝结，从而常有云、雨和大风天气出现。

4.高气压

在同一高度平面上，中心气压比四周高的天气系统，称为高气压。高气压区的气流由中心向外流散(在北半球，风按顺时针方向斜向外吹；南半球相反)，使上层空气下沉，因而高压区天气通常无云或少云。

5.潮汐

潮汐，是指月球和太阳对地球各处引力不同所引起的水位周期性的涨落现象。海水白天的一次涨落叫潮，夜间的一次涨落叫汐，故称潮汐。潮汐主要是海水受月球和太阳的引潮力及海湾形态、海底地形等因素作用下产生的。由于各处的引力不同及地理各异，形成不同的潮汐现象,主要有半日潮、全日潮、混合潮。

在一个太阳日内,海面两涨两落且高度相差不大,为正规半日潮;一次高一次低为正规全日潮;一个月内一段时间是半日潮,一段时间是全日潮的称为混合潮。混合潮中以半日潮为主的称为不规则半日潮,以全日潮为主的称为不规则全日潮。

台湾海峡主要以半日潮和不正规半日潮为主。其特点是:两次高潮(或低潮)的潮高相差不大,两次相邻潮差几乎相等,两个相邻高潮(或低潮)之间的时间间隔几乎相等,都是12小时25分。大潮日期发生在农历初一、十五过后的几天,小潮日期发生在初八、二十三过后的几天。

四、天气预报

对某地区未来某一时间内天气变化的预先报知,称为天气预报。

天气预报包括天气形势预报和气象要素预报。天气形势预报是指对天气系统,如高气压、低气压、气团、锋面、高压槽、低压槽等的产生、移动、强度变化及消失的预报。气象要素预报则是指对气温、风、云、能见度、降水及其他天气现象的预报。通常所说的天气预报就是指气象要素的预报。

天气预报一般分为短期、中期和长期三种。短期预报,预测未来三天内的天气变化;中期预报,预测未来3~10天的天气变化;长期预报,一般是指预测10天以上的天气变化。此外,当发现有危及人员、兵器装备安全及妨碍部队执行任务的天气出现时,还将临时发出危险天气警报。

五、天气预测

1.看云预测天气

"天上钩钩云,地下水淋淋"。钩卷云一般出现在锋面和低压的前面,出现这种云,意味着锋面和低压即将到来,是雨淋淋的征兆。

"鱼鳞天,不雨也风颠"。鱼鳞天指卷积云,云体好象鲫鱼的细小鳞片,表明高空气流很不稳定。这种云发生在低压槽前或台风周围,会刮风或下雨。

"乌头风、白头雨"。乌头是指浓积雨的云,显得浓黑,一般下雨不大或不下雨,只刮一阵风。但乌头发展旺盛,变成积雨云,顶部为白头,便造成强烈的雷雨。

"西北大开锁,明朝大太阳"。在阴雨天,西北方向云层裂开,露出一块蓝天,称为天开锁,将雨止云消,天气转好。

"云交云,雨淋淋"。在同一时间里,空中存在着互相重叠、高低不同的云,行向不一,互相穿行,出现"你挤我撞"的混乱现象,会降大雨或暴雨。

"云往东,刮阵风;云往西,下大雨"。这里的云是指低压区的低云。云往东,说明本地区已处低压的后部,天气即将转晴以前,要刮一阵风。云往西,说明本地区处于低压的前部将随低气压的到来而降雨。

"有雨天边亮,无雨顶上光"。阴天时,四方天边看到云层发白发亮,表示有许多大雨点,这是有雨的征兆。如果天顶云已消散,露出青天,表示天气即将转晴。

"天上云像梨,地下水淋泥"。春夏之交,层积云云块下垂像梨一样,当这种云块合并时,云层变厚,成为雨层云,就会连续不断下雨。

2.看雷、雾、露、霜预测天气

"直雷雨小,横雷雨大"。直雷是指放电现象从上至下。大多是地方性积雨云产生的雷雨,所以下雨时间较短,雨量不多。横雷是指闪电形状平斜。这种雷雨是由锋面或低气压区产生的,所以降水时间较长,雨量也大。

"雷公先唱歌,有雨也不多"。雷公先唱歌指的是热雷。产生雷雨的积雨云范围窄,经过一个地区的时间较短促,所以有雨也不多。

"十雾九晴"。在晴朗夜里,有效辐射使地面和下层空气冷却,水汽达饱和凝结而成雾,称辐射雾。所以,晨雾是晴天的征兆。

"露水起晴天,霜重见晴朗"。露、霜都是在天晴、少云、风小等稳定天气下产生的。所以出现露、霜往往预兆天气晴朗。

3.看日、月、星、虹等预测天气

"日晕三更雨,月晕午时风"。晕是太阳或月亮光线,经过高空中由冰晶组成的卷层云时,由于折射、反射而形成内红外紫的光环。日晕和月晕的出现,表示风雨即将来临。

"星光含水,雨将临"。晴天的夜晚,有时会看到星星的周围有个亮圈,看上去蒙蒙亮,叫星光含水。天将有雨。

"东虹日头,西虹雨"。太阳光经过雨滴的折射和反射形成虹。虹在西方,未来本地会下雨。虹在东方,未来本地不再下雨。

"大华晴,小华雨"。华是围绕在日或月周围的内蓝外红的彩色光环。华圈扩大,表明大气稳定,云中水滴或冰晶变小,预示天晴。华圈缩小,表明云中水滴或冰晶在增大,云层加厚,预示转阴雨天气。

4.看风预测天气

"东北风,雨祖宗"。夏秋台风季节,从东南方向来的台风,它的前部多吹东北风,所以东北风是大暴雨的前兆。

"春南夏北,有风必雨"。春季,北方冷空气还经常入侵我国,这时南方暖温空气逐渐加强,有时在暖空气控制下,便刮较大的南风;如果和冷空气相遇,暖空气就爬升到冷空气的上面,变冷凝云致雨。夏季,大陆在暖空气控制下多吹东南风,如果这时刮强劲的偏北风,就表示有冷空气南下,它把暖空气抬高形成降水。如果暖空气中水汽很充足,往往发生暴雨。

"雨前刮风雨不久,雨后无风雨不停"。冬春季节,如果冷空气侵袭,移动速度快,它的前锋到达本地,先刮大风,然后下雨,暖空气被迅速推走,下雨就不久;如果冷暖空气势均力敌,形成静止锋,这时地面风不大,造成连续阴雨天气。

5.看物象预测天气

各种动、植物和器具对天气变化有着不同的反映,也可作为预测未来天气的参考。燕雀高飞晴天告,低飞雨天报;蜻蜓飞满天,风雨在眼前;翼蚊扑灯前,大雨落不完;蜘蛛结网,久雨必晴;蜘蛛添丝,是好天;龟背湿,雨在即;河边小蚂蟥和泥鳅爬出水面,天气变坏,一至两天内有雨,若在水底不动,则天气晴好;蚂蚁成群,明天勿晴;蚂蚁搬家,将有雨下;久雨蚯蚓出洞转晴,久旱蚯蚓出洞转雨;燕子低飞蛇过道,蚂蚁搬家山戴帽,水缸出汗蛤蟆叫,要有风雨到。

第二节　气象条件对作战行动的影响

一、气象条件对人员的影响

在现代战争中,部队的机动性大,人员不断变换环境,由此带来人员对气候环境及其变化的适应问题。当部队由常驻地区移至另一气候差别较大的地区时,某些人员往往不能很快适应当地的气候与水土条件,甚至会造成非战斗减员。对人员影响较大的气象要素是气温、湿度、风和气压。

人体对冷热的感觉,不单取决于气温,而且与湿度、风以及植被状况等有关。在气温高、湿度不大时,一般没有闷热感;当高温、高湿同时发生时,就会使人感觉闷热不适。

风能促使人体热量散失,产生凉爽或寒冷感。在冬季风速较大时,即使气温不很低,也会使人感觉寒冷,甚至引起冻伤。例如,风速为2米/秒,气温下降到-40℃时,会使人产生相当寒冷的感觉;当风速为13米/秒时,气温只需下降到-7℃,便会使人感到有同样寒冷的程度。

气压主要在高原和高山地区对人员造成影响。由于海拔高,气压低,氧气不足,初到高原的部队,往往不能立即适应,产生不同程度的"高山反应"。

二、气象条件对车辆机动的影响

气象条件对车辆机动的影响,主要表现在对机动道路、车辆性能和目视观察等方面。其影响较大的气象要素是降水、气温、能见度和风。

暴雨、大雨和连续性降雨,都会造成山洪暴发、江河泛滥、土质松软、道路泥泞,甚至冲毁道路、桥梁,使车辆寸步难行。积雪可使地貌改变、道路阻塞、沟路不分,不仅影响车辆运动速度,而且易发生车翻人亡的事故。

气温过高时,会使车辆发动机温度增高,功率下降,产生故障。气温过低,不仅易使金属断折,车胎撕裂,而且会使燃料粘度增大,不易雾化,气缸难于点燃甚至发动不起来。

强大逆风会影响车辆行驶速度,增大车辆耗油量。此外,沙尘迷雾可使能见度大大降低,造成驾驶员观察困难,迟滞车辆机动或迷失行进方向。

三、气象条件对武器效能的影响

气温、气压、湿度、风力等气象要素的变化,可使武器的效能不能正常地发挥。

1.对枪、炮射击的影响

气温高,气压低,空气阻力小,武器膛压大,初速快,弹着点偏远(偏高);气温低,气压高,空气阻力大,武器膛压小,初速慢,弹着点偏近(偏低)。还可使武器涂油粘度增大,机械滞涩,从而使轻武器降低射速,甚至不能连发。

风能改变射弹在大气中相对运动的速度和方向。顺风能使弹着点误远,逆风可使弹着点误近,横风能使弹着点偏左或偏右。尾翼式火箭弹在横风的作用下会产生迎风偏,影响命中率。

温度对武器、器材保养有很大影响。在阴雨和空气湿度大的季节及地区,弹药、爆破器材易受潮失效,武器金属部件易生锈,光学器材易发霉、开胶等。

2.对核、化学武器使用的影响

在使用核、化学武器时影响较大的气象要素是风、气温、降水与云雾。

顺风且风速大,可增强核武器冲击波的破坏作用。风还直接影响核武器的放射性沾染和化学毒剂(气)的传播方向、速度,以及沾染区域、浓度、滞留时间。如风大传播速度快,危害区域大,但浓度低,危害程度降低。

气温低,对早期核辐射杀伤作用消弱快;气温高,使化学毒剂挥发快,能迅速形成杀伤浓度,但持续时间缩短。

雨能将空中放射性粒子和空中毒剂带到地面,加重地面染毒。但是,它又能冲掉地面和物体上沾染的毒剂,减轻染毒程度,并使部分毒剂渗入土壤和水解,污染水源。积雪对染毒地面可起伪装作用,当超过 20 厘米时,能使染毒地面暂时不起杀伤作用。

云层和积雪对光辐射有反射作用,当核弹头在云上爆炸时,对地面目标的杀伤破坏作用可削弱 50%;云下爆炸,对地面目标的杀伤破坏作用可增强 50%。若地面有积雪,杀伤破坏作用可增强一倍。

四、气象条件对通信联络的影响

当无线电波在大气中传播,大地出现不同天气现象时,大气的反射和散射会使无线电通信受到不同程度的干扰,轻者引起信号衰减,缩短通信距离,重者使通信中断。闪电、雷暴出现时,可对无线电产生强烈的干扰杂音,信号不清,严重时亦可使通信中断。雾凇和雨凇能造成天线结冰,影响通信效能。云、雾和降水还可使超短波信号产生衰减,缩短通信距离。

雷电和风沙对有线电通信也有较大影响。当雨滴、雪片、沙粒撞击明线时,使电话产生杂音。雾凇、雨凇造成电线积水,使信号失真,影响通信效果。强烈雷电可击毁线杆、线路,击穿电缆,烧毁器材和设备,使通信中断。

五、气象条件对飞机的影响

航空兵在空战中除全天候飞机受气象条件限制较小外,其余飞机无论是起飞、降落、飞行,以及进行空降等作战行动,在很大程度上都受气象条件的制约。

1.对飞机起飞、降落的影响

当机场云层很低,能见度不良,大风以及跑道结冰、积雪时,都会影响飞机的起飞和降落。顺风使飞机的滑跑距离增长,易冲出跑道。侧风可使飞机偏离跑道,危及安全。飞机通常采用逆风起降,可获得足够的升力和阻力。机场在低云层遮蔽情况下降落,不易看清和对准跑道,跑道积水、积雪、结冰,会使飞机滑跑的距离增长,影响安全起降。因此,机场对各型飞机的起降都规定了最低气象条件。当机场达不到规定条件时,通常不允许起飞和降落。

2.对飞行的影响

云层、湍流和雷暴是飞行的最大障碍。云层中上升、下沉气流,湍流中的无规律气流,可使飞机颠簸。过冷云可使飞机积冰,改变飞机形体,使其空气动力性能变差,雷暴是飞行最危险的天气,它可干扰飞机无线电通信和电子设备,使飞机仪表失灵或产生误差,使飞机变"聋"、变"瞎",甚至危及飞行安全。

3.对空降的影响

空降地区的气象条件,对空降兵实施伞降有着直接的影响。若空降区云层低或地面能见度不良,则不易辨明地面引导目标,影响空降兵在预定地域的安全着陆和集结。当地面风速大于7米/秒(海上风速大于8米/秒),伞降高度以下的合成风速大于10米/秒时,可造成空降兵散布面积过大,不能准确着陆。

六、气象条件对舰艇及登陆的影响

影响舰艇及登陆作战的气象要素,主要是大风、海浪、海雾和潮汐。

大风能影响舰艇的航向、航速和靠岸登陆。当风力超过舰艇的抗风力时,不仅造成兵器、装备操作困难,降低武器效能,而且还会危及舰艇安全。

海浪,包括风浪和涌两种。在风力持续作用下产生的波浪称风浪。涌,亦称长浪,指波峰圆滑、波长特大、波速特高的浪。它是由有风海面激起的风浪传播到无风海面形成的。因其波长较长且又具有较大能量,其波峰可把舰艇顶起形成中垂(舰艇首尾同时被两个波峰抬起)或中拱(舰艇中部被一个波峰顶起)现象,甚至导致舰体严重损伤和断裂。

海雾造成的恶劣能见度,可降低舰艇某些观察器材的效能,限制自力导航,难以利用日、月、星光导航定位,影响舰艇编队航行,但有利于隐蔽航行,或摆脱敌人。

潮汐在登陆作战中起着重要影响。如掌握其规律,可利用涨潮通过浅海区域或航道,亦便于登陆舰艇靠岸,缩短登陆兵的滩头距离。反之,则丧失潮汐的有利因素,造成登陆作战失利。

此外,气象对后勤保障工程作业、发射导弹、激光武器和夜视器材的使用,以及电子对抗侦察与反侦察的斗争都有密切的关系。因此,必须研究气象对军事行动造成的影响,以利用其有利因素,避其不利影响,才能保障作战的胜利。

第三节　气象武器与气象战

气象武器就是人工影响局部天气技术在军事上的应用。而利用气象武器达到某种作战目的军事行动叫气象战。

一、人工消雾与造雾

第二次世界大战期间,美军曾在意大利的伏尔特河岸人工造成5公里长、1.6公里高的雾层,以掩护军队渡河。德国也曾利用人工造雾掩护工业区,防止敌机轰炸。1964-1967年,原苏联在莫斯科机场利用人工消雾的方法,保障了飞机284次起飞和143次降落。

二、人工消云与降雨

人工消云已在军事上广泛采用,主要用于保障航空的训练、演习的顺利进行。

人工降雨曾用于越南战场。美军针对越南上空多积云的特点,曾多次实施人工降雨,使局部地区洪水泛滥、桥梁冲毁,给越南的交通运输造成很大困难。

三、人工消雹与降雹

冰雹能造成严重灾害,也能毁坏军事设施。当发现冰雹云,可对其进行人工影响,使之加强或消减。如用飞机、高射炮、火箭把碘化银、碘化铅等送入云体,或用土炮直接轰击冰雹云,都能消雹或减弱冰雹。如对冰雹云进行人工加强,即可用以袭击敌方,成为攻击性的战术气象武器。

四、人工制造和抑制闪电

用人工方法制造和诱发闪电,可损害敌机、干扰通讯,还可造成森林火灾。若人工抑制闪电,则可减轻或避免其不利影响。

五、人工影响台风

台风的破坏力极大,在作战中若能控制、操纵台风的移动路径,以袭击对方,则是一种具有极大威力的战略气象武器。目前,人工影响台风有以下几种设想:用核爆炸改变台风路径;在台风的适当部位大量播撒碘化银等催化剂,使台风的内部能量重新分布,以减弱风速;在经常产生台风的洋面上铺上一层化学薄膜以抑制海水蒸发,切断台风的能量供应,使台风不易生成与发展。

六、臭氧武器

臭氧层是人类正常生活的重要保护层,如遭破坏,将给人类带来灾难。近年来,国外有人设想利用人工手段,将臭氧层"打个空洞",让太阳的紫外线直接伤害敌国地面人员和生物,达到杀害敌方有生力量之目的。

人工影响局部天气的技术正在不断发展中。但气象武器在技术上、应用上还存在大量实际问题,全部用于实践还需要相当长的时间。

第八章 战 术

　　战术是进行战斗的方法。主要内容包括：基本原则以及兵力部署、协同动作、战斗指挥、战斗行动的方法和各种保障的措施。按战斗基本类型，分为进攻战术和防御战术；按参加战斗的军种、兵种，分为合同战术、军种战术、兵种战术；按战斗规模，分为兵团战术、部队战术、分队战术等。行军、宿营、输送、变更部署和换班的方法，也属于战术的范畴。战术从属于战役法和战略，并对战役法和战略产生一定影响。灵活运用和变换战术，对于夺取战斗的胜利具有重要意义。本章主要介绍战斗类型和战斗样式、战术基本原则和单兵战斗动作等内容。

第一节　战斗类型和战斗样式

一、战斗的基本类型

　　战斗类型是按战斗性质所作的分类。我军战斗的基本类型，分为进攻战斗和防御战斗两种。

　　(一)进攻战斗

　　进攻战斗是主动进击敌人的战斗行动，是消灭敌人的主要手段。其主要目的是歼灭敌人，攻占重要地区或目标。它与防御战斗相比，具有较多的优越性。

　　一是进攻者掌握有行动的主动权，能够根据战场情况，按照自己的意愿，主动选择对敌实施攻击的目标、方向、时间和方法，迫敌就范。

　　二是可以预先做好战斗准备。由于进攻处于主动地位，进攻者能够根据一定的作战企图，事先进行较为周密的组织计划，建立兵力兵器部署，全面准备夺取胜利的条件。

　　三是能够造成兵力兵器对比的优势。因为进攻者的主动地位，是以力量的优势为基础的。他可以集中绝对或相对的优势于敌之兵力，选敌弱点，实施主要突击，运用包围迂回战术，给敌以决定性的打击。

　　四是便于达成战斗的突然性。进攻者由于掌握有行动的主动权，有利于积极地捕捉和创造战机，有更大的可能性在敌意想不到的时间和地点，采取敌人意想不到的战法，给敌以不意的攻击。

　　五是便于提高军队的士气，增强突击力量。由于进攻是主动进击敌人的行动，进攻者有更多的取胜机会,可以鼓舞军队的战斗士气,使进攻表现出更为坚强的意志,壮大突击力量,而对防御一方的精神心理状况则会产生不利的影响。

从上述内容可以看出,进攻是在交战中保持和夺取战场主动权最重要的战斗行动。只有实施坚决、勇猛的进攻,才能彻底消灭敌人,逐步削弱敌人的有生力量和战争潜力,达到最后战胜敌人的目的。

进攻战斗可对防御、驻止、运动之敌进行。其基本任务,可能是下列各项之一:①突破敌人阵地,消灭防御之敌,夺占重要地区或目标;②攻歼驻止、运动之敌;③破袭敌人的交通运输线和重要目标;④夺占敌纵深要点,割裂敌部署,断敌退路,阻敌增援,配合主力围歼敌人。

进攻战斗通常是在有利的战斗时机,有目的有计划地进行的。这种有利战机是由战场上的各种主客观因素决定的,产生战机的原因也是不尽相同的。有时,是由于敌人指挥和行动上的失误,使其出现部分兵力突出冒进、孤立分散、前进受阻、后援不继、弱点暴露等不利态势;有时,则是由于我之积极的战斗行动,引诱或迫使敌人陷入困境或进入我预定歼敌地区;还可能因某种自然条件的影响,如山洪、暴雨、风雪及道路塌陷等等,造成敌人行动困难,抑制了其战斗力的发挥。无论是何种原因造成的,战术指挥员只有善于根据战役和战斗全局的需要,创造和捕捉战机,形成一定的优势和主动,才能有效地运用进攻战斗这一主动进击敌人的战斗行动,达到克敌制胜之目的。反之,如果时机不利,未能造成一定的优势和主动,贸然实施进攻战斗,往往难以达到预定的效果,甚至会遭受严重的挫折。

现代进攻战斗通常在使用现代技术特别是高技术武器装备条件下进行,并在激烈的电子对抗中,于地面和空中、前沿和纵深同时展开,具有更大的突然性、坚决性和快速性。进攻战斗可以从直接接触情况下发起,也可以从行进间发起。直接接触情况下发起的进攻战斗,通常有前沿突破战斗和纵深进攻战斗两个阶段。从行进间发起的进攻战斗,还包括接敌等阶段。进攻部队通常在集结地域进行战斗准备,在火力掩护下占领进攻出发阵地和完成攻击准备;按规定或命令实施冲击火力准备,攻击部队迅速开辟通路并完成冲击准备;突击部队利用火力准备效果,在火力支援下发起勇猛冲击,坚决突入敌人阵地和消灭守敌;突破敌前沿后,迅速扩大与巩固突破口,实施穿插分割和纵深打击;在具有决定意义的时机和方向使用第二梯队或预备队,不停顿地向纵深攻击前进;随时准备粉碎敌人反冲击,各个歼灭被围的敌人。对企图突围之敌实施立体封锁,阻止敌人从地面、空中增援和逃跑,当敌开始退却时,立即转入追击。无论在哪种情况下开始实施的进攻,都应当周密组织侦察,正确选定进攻方向和集中使用兵力,建立有重点的纵深、梯次的战斗部署,组织好各部(分)队、各兵种之间的协同动作和各种保障,迅速完成各项准备,隐蔽、突然地发起攻击,突破后还要善于实施包围迂回,穿插分割,各个歼灭敌人。

(二)防御战斗

防御战斗是抗击敌人进攻的战斗行动,是辅助进攻或准备转入进攻的一种手段。它通常是在保卫重要地区或目标,阻隔敌人或阻敌增援、突围,掩护主力集中、休整或机动,巩固占领地区或保障主力翼侧安全等情况下实施的。其目的是杀伤、消耗、迟滞敌人,扼守阵地,争取时间,为转入进攻或保障其他方向的进攻创造条件。

防御战斗是一种被动的作战形式。防御者通常在兵力兵器对比上处于劣势,其战斗行动受进攻一方的制约较大,不得不经常处于高度紧张的状态,要随时准备抗击敌人从任何方向实施的突击。因而,防御战斗容易陷入被动地位,大不如进攻战斗能够充分发挥主动权。但是,防御者却能同超过自己数倍的敌人作战,并往往能够挫败敌人的进攻。其主要原因就是它具有进攻者所不具备或不能完全具备的许多长处:

一是能够依托有利的地形和阵地条件进行战斗和防护。在通常情况下,防御者可以详细研究地形利弊,选择便于防守的地形,并预先构筑工事,设置障碍,为实施战斗创造有利的阵地条件,从而弥补自己兵力、火力的不足,使战斗效能大为提高。战斗的实践表明,尽管使用同样的兵器,但在进攻和防御作战中,其效能的发挥是大不一样的。一个隐蔽配置在战斗工事内的战士,在防御战斗中可以消灭 10~20 个进攻的敌人;一辆隐蔽在掩体内的防御坦克,能与 2~3 辆以上的进攻坦克作斗争。对隐蔽疏散配置在阵地内的防御军队实施核突击所造成的损害,要比对被迫在开阔地行动的进攻军队实施同样威力的核突击所造成的损害小。

二是可以建立严密的火力配系,增大火力杀伤的效果。现代战斗主要是火力战。防御者能够预先对一定地域和目标准备射击诸元,并进行试射,以保障高精度的射击。

三是可以实施有效的伪装。防御者可以利用阵地的自然条件和各种伪装器材,采用各种手段对防御配置情况隐真示假,迫使敌人对假目标和次要目标消耗弹药,造成敌人判断和行动上的错误。

四是便于利用有利地形,灵活地机动兵力兵器。通常防御者对战斗地域内的地形比较熟悉,在一定程度上比进攻一方更有条件灵活地机动兵力兵器,从机动中吸取力量,适时以积极的攻势行动,杀伤、消耗敌人的优势兵力,或破坏敌人的进攻。

五是能够以逸待劳。防御者通常是先于敌人占领战斗地区,做好防御战斗准备,依托有利地形和工事,等待敌人进攻。而进攻者通常要经过远距离的开进和逐次展开,精力和体力的消耗要比防御者大得多。在高技术条件下,虽然军队的机械化程度高,机动速度快,但防御者仍可达成以逸待劳。

六是能更多地得到民众的直接支援和配合。

防御者如能巧妙地利用这些长处,并充分发挥阵地的优势和积极顽强的战斗精神,就能弥补兵力兵器之不足,以较少的兵力抗击敌人优势兵力的突击,达到守住阵地、重创敌人的目的。

防御战斗的基本任务,可能为下列各项之一:①保卫重要的地区或目标;②迟滞、消耗、钳制、吸引敌人,创造歼敌的有利战机或掩护主力进攻;③阻敌增援、突围或退却;④巩固已占领的地区,抗击敌人反冲击或保障主力翼侧安全;⑤掩护主力集中、机动或休整。进行防御战斗的时机,是由战役、战斗的目的和敌人的进攻行动决定的。

在现代条件下。由于军队机动能力提高,战场情况变化急剧,攻防战斗样式转换频繁,兵团、部队和分队转入防御战斗的时机将会越来越多。在未来战争初期,除了为保卫重要地区和目标,制止敌人长驱直入,需要进行大规模的阵地防御战之外,在战役战斗的过程中,为了制止敌人的迂回包围,可能要在既设阵地的空间地带组织防御,掩护和保障坚守部队的翼侧安全;为了保障机动作战部队运动歼敌。可能要在一定的地区组织防御,用以阻隔敌人、阻敌增援或断敌退路;为了在进攻战斗中抗击敌优势兵力的反冲击或巩固所占领的地区,要适时转入防御,以保障主力继续扩大战果,发展胜利;为了做好歼敌准备,创造有利的歼敌态势,也要以一定的兵力组织防御,钳制、吸引敌人,掩护主力集中、机动或休整。此外,还有许多其他场合,如遭遇战斗失利、阻止空降之敌与其地面部队会合、防止被围之敌突围等等,也都要组织防御,为主力的作战行动创造有利条件。

现代技术特别是高技术条件下的防御战斗,在地面(或水面)和空中、前沿和纵深同时展开;战斗突然性增大,组织准备的时间缩短;电子对抗激烈;提高生存能力更加重要;攻势行动更加广泛;情况变化急剧,指挥协同复杂。因此,防御战斗必须树立积极防御的思想和全局观念;有重点地部署兵力,掌握强有力的预备队;建立以反坦克、反空降为主的全纵深、全方位的阵地体系,快速构筑比较坚固完善的工事;严密组织火力配系,在全纵深内构成远中近和高中低相结合的、立体、密集的多层火网;设置多道、多种类的障碍物,构成防坦克、防步兵、防直升机的立体障碍物配系;周密组织协同动作;全面组织各种保障,特别是对高技术武器袭击的防护;广泛机动兵力、火力,把严密防护与积极打击结合起来;把顽强抗击与积极的攻势行动结合起来;把正面抗击与侧后袭击及阵地内伏击结合起来。灵活机动地使用兵力、火力、障碍物和实施电子对抗,粉碎敌人的进攻。

总之,古今中外战争的基本战斗类型,只有进攻和防御两种。战争就是进攻与防御的交替应用。这两种战斗类型,是在相互斗争中共同发展起来的。二者是互相依存、互为作用、互相制约、互相渗透,并在一定的条件下互相转化的。在战争实践中,攻者为了创造有利的进攻态势,常常要以防御的手段作辅助;而防者为了从被动中争取主动,也常常要以攻为守,用以达到防御的目的。因而,它们是紧密联系,不可分割的。从"消灭敌人,保存自己"这一战争的本质上讲,由于消灭敌人是主要的,保存自己是第二位的,所以,作为消灭敌人之主要手段的进攻是主要的,作为辅助进攻或准备转入进攻的手段的防御是第二位的。但就执行战斗任务的兵团、部队和分队来讲,则有时以进攻为主,有时以防御为主,通常在连续战斗的过程中,攻防交替应用,而且攻中有防,防中也有攻。

二、战斗样式

战斗样式是指战斗的式样和形式,是在战斗类型基础上所作的进一步分类。参照标准不同,战斗样式的划分也不尽相同。通常按照敌情、地形、战斗形式等情况,进行战斗样式的划分。

(一)进攻战斗的样式

我军进攻战斗的基本样式,依敌人行动的性质和态势,分为对防御之敌的进攻战斗,对驻止之敌的进攻战斗和对运动之敌的进攻战斗。对防御之敌的进攻战斗,有对野战阵地防御之敌的进攻战斗、对仓促防御之敌的进攻战斗、对坚固阵地防御之敌的进攻战斗、对空降着陆之敌的进攻战斗;对驻止之敌的进攻战斗,有对临时驻止之敌的袭击战斗、破袭战斗;对运动之敌的进攻战斗;有伏击战斗、遭遇战斗、追击战斗;按地形、天候等条件,还有登陆战斗、渡江河进攻战斗、城市进攻战斗、山地进攻战斗、荒漠草原地进攻战斗、水网稻田地进攻战斗、热带山岳丛林地进攻战斗、高寒地进攻战斗以及夜间进攻战斗等。

1.对野战阵地防御之敌的进攻战斗

对野战阵地防御之敌的进攻战斗,是指对依托野战阵地并已建立较完善防御体系之敌的进攻战斗,是进攻战斗的一种样式。目的是歼灭敌人,攻占敌防御阵地。

对野战阵地防御之敌的进攻战斗,通常具有以下两个特点:一是情况复杂,准备时间较短。对野战阵地防御之敌进攻的战机。通常是在战役、战斗的过程中出现,并多在非直接接触的情况下组织实施。一般预先难以准确查明敌人转入防御的时机、地点和设防情况,通常要在集结地域或运动中受领任务、组织战斗,战场情况随时都可能出现新的变化。为了不失战机,力求歼敌于阵地尚不坚固、完善之际,就必须争时间、抢速度。因而,情况较为复杂,组织准备战斗的时间比较短促。二是战斗激烈,完成任务艰巨。敌军的野战阵地防御,是一种预有准备的防御。虽然阵地尚不坚固、完善,但敌军有有利地形和一定的工事、障碍作为依托,形成了以坦克、装甲车辆为骨干的支撑点式的环形防御和严密的火力配系,并能以地面和空中的快速机动,迅速调整部署或组织增援。因此,我们要以劣势装备歼灭这样的敌人,战斗将空前激烈,人力物力消耗显著增大。

对野战阵地防御之敌进攻的基本要求:一是快速准备。迅速查明敌情,果断定下决心,周密组织协同动作,尽快完成进攻准备。二是集中优势兵力。迅速隐蔽地集中优势兵力兵器,建立纵深、梯次、立体、有重点的部署,形成和保持强大的突击力,预备队使用在具有决定意义的时机和方向上。三是采取强攻或袭击。选敌弱点,突然攻击,重点突破,实施纵深打击和立体封锁,迅速分割包围,各个歼灭敌人。四是全面组织保障。周密组织战斗保障、技术保障和后勤保障,及时而有重点地实施,采取自身保障与专业兵保障相结合,确保战斗顺利进行。

2.对仓猝防御之敌的进攻战斗

对仓猝防御之敌的进攻战斗是指对预先没有防御准备,临时转入防御之敌的进攻战斗,是进攻战斗的一种样式。目的是不失时机地迅速攻歼敌人。

对仓猝防御之敌的进攻战斗,通常是敌人在运动中受阻、进攻中受挫、遭遇战斗失利、空降后被围等情况下发生的。这种敌人预先没有准备或准备时间短促,地形不熟,兵力部署不周密,火力配系不完善,没有或很少有工事、障碍物,有暴露的翼侧和间隙,侦察、警戒和协同组织不严密,指挥不稳定。因而,对仓猝防御之敌的进攻,是对防御准备不足、比较好打之敌的进攻战斗。

对仓猝防御之敌进攻战斗的主要特点:一是任务紧迫,组织准备时间极为短促。因为打仓猝防御之敌的有利战机,往往是在战斗过程中随机出现的。为了不失战机,攻其不备,往往要临时受领任务,经短暂准备即投入战斗。有时甚至边打边组织战斗,以便歼敌于仓猝防御之际。二是情况变化急剧,战机稍纵即逝。仓猝防御之敌虽然处于不利态势,但在现代条件下,敌人依赖其装甲车辆多、工程机械作业能力强的优势,可以迅速改变其仓猝防御的状态,并能快速地实施增援,加强防御力量。如果稍有迟疑就会丧失战机或给战斗带来困难。三是利于多点多方向攻击,便于迂回包围、穿插分割,各个歼灭敌人。

对仓猝防御之敌进攻战斗的基本要求:尽快查明敌情、地形情况,快速组织部队开进和展开,抓紧战斗准备,迅速发起进攻;力求袭击,同时准备强攻,一旦袭击不成,立即转入强攻;多路而有重点地攻击,大胆分割包围;统一计划,密切协同,主动支援配合,加强战斗保障。

3.对空降着陆之敌的进攻战斗

对空降着陆之敌的进攻战斗是指对空降着陆集结、展开进攻或临时转入防御之敌的进攻战斗,是进攻战斗的一种样式。

对空降着陆之敌的进攻战斗,其基本要求:一是迅速查明敌空降地域、时间、兵力和行动企图;二是果断定下决心,快速实施机动,力求运用急袭战法,以快制快;三是采用围攻部署,增大首次突击力,大胆穿插、迂回,围歼敌人;四是加强对空火力,阻敌空中支援,实施电子干扰,破坏敌陆空联络。对空降着陆集结之敌,通常以航空兵、炮兵进行火力突击,杀伤敌人;工程兵快速布雷,制止其机动;攻击部队从行进间发起攻击,进行多路有重点的围攻;防空兵积极打击敌机,掩护地面战斗。对攻击前进之敌,通常以各种火力实施突击;使用机降分队或先遣支队抢占有利地形,阻敌前进;主力向敌翼侧猛烈突击,歼敌于运动中。对临时转入防御之敌,通常用猛烈的火力急袭,步兵、坦克兵突然发起攻击,大胆利用敌之间隙、翼侧,迅速向敌纵深发展进攻,实施迂回包围,穿插分割,各个歼灭敌人。

4.对坚固阵地防御之敌的进攻战斗

对坚固阵地防御之敌的进攻战斗是指对占领永备筑垒地域,有充分防御准备之敌实施的进攻战斗,是进攻战斗的一种样式。

坚固阵地防御之敌,防御准备充分,工事坚固,兵力部署、火力配系、障碍物设置和阵地编成周密完善。对这种敌人进攻,其主要特点:一是准备时间长;二是投入的兵力、兵器多;三是攻击难度大,双方争夺激烈,战斗消耗大。进攻这种敌人的基本要求:一是充分准备。精心计划,周密组织,详细查明各种情况,秘密做好战斗准备。二是正确部署兵力。集中优势兵力、火力,采取纵深梯次部署,编组强击支队,掌握强大预备力量。三是严密组织火力。力求加大火力密度,适当延长火力准备时间,视情况实施预先火力准备,广泛进行直瞄破坏射击。四是采取重点突破。集中优势兵力、火力和器材,选择敌人弱点,实施重点突破,连续强击,分割包围,各个歼灭敌人。五是周密组织协同。详细制定协同计划,反复熟悉协同程序,战前组织协同演练,战中主动支援配合,加强协同通信。六是加强战斗保障。统一使用保障力量,重点加强工程保障,准备足够的爆破和破障器材,增大物资器材储备,确保攻坚顺利进行。

5.破袭战斗

破袭战斗是破坏或袭击敌人的交通线、机场、技术兵器基地和指挥、通信、后方补给系统,以及其他重要目标的战斗行动。其目的在于限制敌人机动,切断其后方供应,瘫痪敌人指挥,消耗、钳制或调动敌人,以配合主要方向的作战行动。

破袭战斗的主要特点:一是要深入敌纵深独立作战。因为敌人的交通线、机场、技术兵器基地、指挥机构、通信枢纽和后方补给系统(军用物资仓库、输油管线),都在敌战斗队形的纵深或深远的后方。因此,担任破袭任务的部(分)队往往要深入到敌占区,在得不到上级和友邻支援的情况下,独立执行破袭任务。二是情况复杂,完成任务艰巨。破袭战斗是在敌人腹地展开的,情况不十分明了,随时都可能遇到意外的情况。如与机动之敌相遇,容易暴露,遭敌阻击等等。同时,敌人的各种重要目标都有一定的防卫措施,并且战斗一旦打响就会吸引附近敌人来援,有被包围的可能,战斗将异常艰苦激烈。

根据上述特点,破袭战斗,须详细侦察、周密计划、充分准备;以正规部队为主,在地方武装和人民群众的配合下进行,或以地方武装为主进行;力求采用奔袭的方法,出敌不意,速战速决。组织实施破袭战斗时,通常选择能给敌人造成重大损失,或对其作战行动产生重大影响而又便于我实施破坏作业的重要设施为破袭目标;确实查明破袭目标的情况和接近目标的方向及路线;将大部兵力编为破袭部队,一部兵力编为掩护部队和合成预备队,根据情况组织炮兵破袭队。战斗中,尽量利用夜暗或不良天气,多路、隐蔽、迅速地接近目标,同时以地方武装的佯动、袭扰迷惑敌人,以破袭部队实施多点同时破袭或集中兵力逐点破袭;以炮兵破袭队对易燃易爆目标实施火力破袭;以掩护部队迅速抢占要点,随时准备粉碎敌人地面或空中的支援。完成破袭任务后,或不宜继续破袭时,须多路、快速撤离,并注意防敌伏击、机降兵截击和炮兵、航空兵火力袭击。

未来战争中,破袭战斗的地位将更加重要,手段更加多样化,直升机将被广泛用于破袭战斗;破袭与反破袭的斗争将更加紧张、激烈、复杂。

(二)防御战斗的样式

我军防御战斗的基本样式,按目的、任务和手段,分为阵地防御战斗(包括野战阵地防御战斗、坚固阵地防御战斗)和机动防御战斗、运动防御战斗;按准备时间,分为预有准备的防御战斗和仓猝防御战斗;按地形、天候等条件,还有山地防御战斗、荒漠草原地防御战斗、热带山岳丛林地防御战斗、高寒地防御战斗、城市防御战斗、海岸防御战斗、岛屿防御战斗、江河防御战斗和水网稻田地防御战斗以及夜间防御战斗等。

1.坚固阵地防御战斗

坚固阵地防御战斗是依托以永备工事为骨干的坚固阵地进行的防御战斗,是阵地防御战斗的样式之一。目的是长期坚守重要地区或目标,大量杀伤、消耗、钳制和分割敌人,为机动部队歼敌创造条件。

这种防御便于我充分利用预设阵地的有利条件,保存军力,待机破敌;便于我弥补武器装备的不足,减杀敌技术装备的优势,以我之长击敌之短;便于我依托坚固工事和有利地形凭险扼守,挫败敌人的进攻锋芒,制止敌人大纵深的高速突贯。因而,它对保卫重要地区和战役、战术要点,大量钳制、消耗和分割敌人,制止敌人长驱直入,争取时间,稳定战局,掩护我军的战略、战役展开和机动部队打运动战,都将起到极为重要的作用。

坚固阵地防御战斗的主要特点:一是作战地区固定,预先设防,战斗准备时间充裕。实施坚守防御的设防地区,一般是预先按照积极防御的战略方针和完成战略、战役任务的要求选定的。因而,作战地区相对固定,平时就可以在这些设防地区进行战斗准备,时间较为充裕,为战时实行坚守防御提供有利条件。二是防御阵地坚固完善,组织计划周密。由于预先进行了有重点的阵地建设,一般都有较为完善的阵地设施和一定的物资储备,初步达到了能打、能藏、能阻、能机动、能生活和便于长期坚守、独立作战的要求,再加上临战前的准备,会使预定的作战方案和原有的阵地设施更加完善,组织计划和各项准备工作更加周密。三是坚守时间长,物资消耗大,防御任务艰巨复杂。坚守防御要达到顶住敌人,完成战略掩护任务的目的,就要依托阵地,长期坚守,以有限的空间换取必要的时间。特别是一些战役、战术要点,即使被敌分割、包围,也要设法粉碎敌人的封锁、围困,长期坚守下去。但是,长期坚守,人员、物资消耗巨大,战斗环境将异常艰苦、困难。

坚固阵地防御的基本要求:树立长期坚守、独立作战的思想;集中兵力、兵器于主要防御方向,掌握强有力的预备队;充分利用地形,形成全纵深、全正面、有重点、坚固的防御体系;充分发挥各兵种特长,密切组织协同,形成整体力量;周密组织各种保障,提高部队战场生存能力和持久战斗能力;坚定、沉着、灵活、果断地组织指挥。

2.野战阵地防御战斗

野战阵地防御战斗是依托野战阵地进行的防御战斗,是阵地防御战斗的样式之一。目的是杀伤、消耗敌人,保卫重要地区或目标,为转入进攻或保障其他方向上的进攻创造条件。

野战阵地防御的主要特点:一是受战役行动的制约较大。因为野战阵地防御通常是运动战的重要组成部分,担任这种防御任务的部队,在什么地区和方向组织防御,防御地幅多大,防御兵力多少,需要坚守多长时间,都要根据运动歼敌的需要来确定,并要紧紧围绕战役的目的行动。就是在阵地防御战役中,这种防御作为坚固阵地防御的辅助手段,也同样受整个战役行动的制约。二是任务紧迫,组织战斗的时间有限,组织准备不够充分,工事不够坚固,保障任务比较艰巨。因为野战阵地防御,通常是在战役、战斗的过程中,根据敌我双方的作战企图和敌我态势的发展临时组织的。担任防御任务的部队,通常在集结地域或运动中,有的甚至在连续作战的情况下临时受领任务,有的受领任务后还要经过一定距离的急行军,在限定的时间内赶到指定地区,临时构筑工事,组织防御。因而,任务紧迫,组织计划战斗的时间短促,其组织准备工作的周密程度,工事的坚固程度,都与坚固阵地防御有很大的差别。并且,要在短时间内完成大量的工程作业,物资器材需求量大,工程保障以及后勤保障、战斗保障等各项保障任务比较艰巨。三是战斗激烈、艰苦,完成任务艰巨。在现代条件下,由于敌人在技术装备上占优势,并强调实施快速机动和从行进间发起进攻,迫使我常常要在任务紧迫和与敌非直接接触的条件下组织防御,情况复杂多变,查明敌情更加困难,易遭敌突然袭击;要依托野战工事,抗击敌人强大兵力和火力的立体突击,尤其是抗击各种高技术兵器的袭击,会使战斗损耗增多,敌人突入我防御阵地的可能性增大,并出现敌我犬牙交错的态势。这些都会给战斗的组织指挥带来许多困难。

野战阵地防御的基本要求:必须从战役全局的需要出发,科学计划,突出重点,在有限时间内迅速完成防御准备;构成全纵深、全正面、立体、有重点的稳固的防御体系,能抗击敌人连续突击;建立以支撑点为基础的纵深、环形的阵地体系;严密组织对地、对空火力配系,特别是反坦克火力配系;充分利用有利地形,快速构筑工事和布设障碍物;采取综合防护措施,降低敌火力毁伤效果;广泛机动兵力、火力,发挥诸兵种整体威力,顽强抗击与积极的攻势行动相结合,正面抗击与侧后袭击和阵地内伏击相结合,挫败敌人的进攻。

3.仓猝防御战斗

仓猝防御战斗是预先没有准备或准备时间短促的防御战斗,是防御战斗的样式之一。目的是争取主动,为主力进攻或展开组织防御创造有利条件。

仓猝防御战斗的主要特点:一是受敌威胁大。在现代条件下,由于战场情况变化急剧,攻防战斗样式转换迅速。仓猝防御战斗,通常发生在下列时机或场合:在进攻过程中遭敌优势兵力反冲击、反击时;临时阻敌退却、增援、防敌突围时;防御过程中制止敌人迁

210

回包围、穿插分割时；封闭突破口、阻敌扩张时；遭遇战斗失利时；退却中阻敌追击时；空降着陆后，遭敌优势兵力攻击时，等等。这些时机和场合，都是在受敌直接威胁或威胁比较大的情况下组织防御的。二是任务急，准备时间短，往往边打、边组织、边准备。由于仓猝防御情况紧急，受领任务紧急，且受敌兵力或火力威胁较大，为了迅速阻止敌人的进攻，稳定防御态势，通常不能先准备好了再打，而要充分利用地形，边打边组织，边打边准备，并在战斗过程中，逐步完善防御配系。三是防御的稳定性差。这是因为：一方面，由于组织战斗的时间极为短促，仓促布阵，防御纵深浅，翼侧暴露，易遭敌迂回包围和穿插分割；另一方面，没有完善的防御配系，指挥协同困难，不易稳定防御。四是战斗持续时间短，转化快。仓猝防御往往经过激烈战斗之后，可能转入进攻或成为有准备的野战阵地防御，也可能转为运动防御或退却。

仓猝防御战斗的基本要求：抢占有利地形，控制要点，争取有利态势；疏散而有重点地部署兵力，控制强有力的预备队；快速而有重点地构筑工事，设置障碍物和组织火力；以攻助守，以多种手段积极主动地打击敌人，坚决抗住敌人的首次攻击；抓紧时间尽快完善防御体系。

4.运动防御战斗

运动防御战斗是指在一定地区和时间内逐次转换阵地，节节抗击敌人进攻的防御战斗。其目的是消耗、钳制、迟滞敌人，以空间换取时间，或吸引调动敌人，为主力歼敌创造有利条件。

运动防御的主要特点是：任务紧迫，准备时间短促；依托多道阵地，交替掩护，节节抗击；防御正面宽，纵深大，翼侧暴露，间隙多，易被敌迂回包围和分割；坚守与机动结合，指挥协同复杂；战场情况变化快，防御的应变性要求高；防御体系不完善，稳定防御困难。

运动防御战斗通常在阻敌增援或尾追、诱敌深入、钳制敌人、掩护主力集结等情况下实施。组织战斗时，一般按任务选择有利地形，构成多道、纵深、要点式阻击阵地，按照先急后缓的顺序，有重点地构筑工事，设置障碍，并加强伪装；明确各梯队的阵地位置、坚守时间和手段，以及向新阵地转移的时机、方法路线、掩护措施和战斗保障；组织绵密的以打坦克为主，并能打步兵、打攻击直升机、打空降兵的火力，周密计划控制翼侧、间隙地和部队转移时的火力。战斗中，依托阵地，控制要点，集中火力，顽强抗击，力求坚守到预定时间；以袭击、伏击、阻击等手段阻滞敌人，为守住主阵地创造有利条件；适时机动兵力、火力和障碍物，控制暴露翼侧和间隙地，制止敌人迂回、分割；乘敌攻击受挫、立足未稳等有利时机，迅速机动兵力、火力，以反击、反冲击，消灭突入阵地之敌。根据上级企图和战斗情况，利用夜暗或不良天气，适时向新的阻击阵地转移；转移时，以各种手段防敌火力袭击、机降截击、坦克部队跟进突击，组织道路、警戒和调整勤务等保障，及时协调各部队行动，完成防御任务。

未来战争中，由于军队火力、机动力、突击力的提高，运动防御战斗将是全纵深、全正面的立体抗击，并更加强调以积极的行动打击敌人。

第二节　战术基本原则

战术原则是指导和进行战斗的准则。它反映战斗的客观规律,是战斗指挥和行动的基本依据。不同类型的战斗有不同的战术原则,要根据实际灵活运用。

自从战术产生以来,世界各国军队曾从不同角度和侧面提出过许多原则,比较带有共同性、稳定性并在现代条件下仍然运用的,主要有下列基本原则:

一、目的明确

保存自己与消灭敌人,是战斗的基本目的。战斗中,消灭敌人是主要的,保存自己是第二位的;只有大量消灭敌人,才能有效地保存自己。进攻与防御是达成战斗目的的基本手段。进攻具有主动性,是消灭敌人的主要手段;防御具有被动性,是保存自己和辅助进攻的手段。在现代条件下,由于高技术武器装备运用于战斗,增大了消灭敌人的效能,也增加了保存自己的困难。战斗中,需充分发挥各种武器装备的效能,灵活运用各种战法,勇敢顽强、坚决积极,最大限度地歼灭敌人有生力量。同时,采取各种有效措施,特别是加强对核、化学武器和精确制导武器的防护,尽可能保存自己的力量。

二、知彼知己

知彼知己是正确指导战斗的基础。因此,必须熟识敌我双方各方面的情况,从中找出行动的规律,用于指导自己的行动,使主观指导符合客观实际。

搞好侦察、判断是实现知彼知己的根本途径。现代技术特别是高技术条件下,需运用各种侦察手段,不间断地查明敌方企图、兵力部署、行动方法,可能使用核、化学武器的时机和方式等,掌握敌方行动特点,预见其可能的变化;正确理解上级的作战企图,熟识参战各军种、兵种、各部队的特长和战斗力;熟悉战斗环境,认识其对双方行动的利弊关系。在此基础上,对各方面的情况进行综合比较、分析,正确定下决心,确定能扬己之长、击敌之短的战法,制定周详的战斗计划。战斗中,要把侦察、判断贯穿于始终。不断掌握战场情况的发展变化,适时修改计划;当情况发生重大变化时,及时构成新的判断和定下新的决心,确定新的行动方法,或调整部队的行动,使主观指导符合不断变化的客观实际。

三、集中兵力

集中优势兵力,掌握战斗的主动权,是克敌制胜的根本方法。现代技术特别是高技术条件下,无论进攻或防御,均需在主要方向和重要时机上集中强大的兵力、火力,并作纵深疏散配置。兵力集中力求迅速、隐蔽和适时。进攻时,集中火力和电子对抗器材从不同高度、不同距离、不同方向对主要方向之敌实施全纵深综合火力杀伤和电子干扰,并保持不间断的火力优势;将主要兵力突然迅速地集中于主要突破地段上,以地面攻击与空中突击相结合的方法,突破敌人的防御;适时机动后续力量,保持进攻锐势,在纵深打击部队的配合下,对敌实施分割包围,立体封锁,各个歼灭。防御时,集中主要兵力、火力和器材于主要防御方向,组成全纵深、全正面和有重点的防御体系。集中火力突击主要方向上的敌人,以主要兵力坚守主要阵地,适时机动兵力、火力和障碍器材,增强或支援主要方向上的防御,并以积极的反冲击、反击行动,挫败敌人进攻。

四、主动灵活

主动权是军队行动的自由权,行动的自由是军队的命脉。灵活是指挥员审时度势、恰当处置情况的一种才能,是自觉能动性在战斗中的表现。力量的优势是争取主动的基础。正确的主观指导、灵活地使用兵力和变换战术,是夺取和保持主动、克敌制胜的重要条件。现代技术特别是高技术条件下,战斗情况复杂,变化急剧,指挥员需在客观物质基础上,充分发挥主观能动性,灵活指挥战斗。战斗中,需积极进攻,使己方处于主动地位;当处于防御时,力求以积极的攻势行动,摆脱被动,争取主动;在主要方向和重要时机,适时集中兵力、火力,形成和保持对敌优势;广泛机动,建立有利态势,积极寻找和制造敌人的弱点和错误,调动敌人,使其陷于被动地位;根据任务、敌情、我情、地形,巧妙部署兵力,采取恰当的行动方法;善于观察战场情势,审时度势,迅速做出反应,灵活机动兵力、火力,变换行动方法,不失时机地打击敌人;当情况发生重大变化或与上级中断联络时,根据上级总的意图,积极机断行事,灵活主动地完成战斗任务。

五、出敌不意

出敌不意的行动,可以改变敌我双方优劣形势,使敌人丧失优势和主动,以小的代价夺取大的胜利。现代技术特别是高技术条件下,需周密侦察,发现敌人的弱点,掌握其行动规律;采取有效的伪装和保密措施,实施兵力、火力、电子佯动,欺骗、迷惑敌人,造成敌人的错觉和不意,隐蔽己方企图和行动;利用夜暗、不良天气或有利地形,隐蔽、迅速地接近敌人,在敌意想不到的时间和地点,集中实施兵力、火力突击和电子干扰;乘敌混乱和协调失灵之际,不失时机地歼灭敌人。

六、密切协同

各军种、兵种、部队在统一计划下,按目的、时间、地点协调一致地行动,充分发挥整体威力,合力打击敌人,是夺取战斗胜利的关键。现代技术特别是高技术条件下,参战部队须贯彻统一的战术思想,实行集中统一的指挥;指挥员在熟识各军种、兵种特长和各部队战斗力以及各种武器装备的性能和使用方法的基础上,根据上级意图,合理部署兵力,恰当区分任务;部队须正确理解上级的意图,坚决贯彻上级决心,严格执行协同计划,遵守协同纪律,主动配合,相互支援。战斗中,运用军队指挥自动化系统实施指挥和协调部队的行动,不间断协调地面攻击与空中突击、前沿战斗与纵深打击的行动,使火力、突击、机动、电子对抗和防护紧密结合。当情况发生变化或协同失调、遭到破坏时,适时调整或恢复协同动作,保证协调一致地完成战斗任务。

七、全面保障

优势而无准备,不是真正的优势;优势而无有效的保障,也不能发挥其优势的作用。实战经验证明,每战力求有准备,组织周全、严密的战斗保障、后勤保障和技术保障,对于顺利执行战斗任务具有重要意义。现代技术特别是高技术条件下,须集中主要保障兵力和器材,保障主要方向和执行主要任务的部队的行动,并控制预备兵力和器材;各种保障行动须符合战斗行动的要求;专业分队保障与部队自身保障相结合;使用制式器材保障与使用就便器材保障相结合。战斗中,须建立全方位的侦察配系和警戒配系,采取各种伪装措施,防止敌人突然袭击;采用电子对抗结合敌后破袭等方法,对付并制止敌人的电子侦察、干扰;严密组织对敌核、化学及燃烧武器袭击的防护;加强工程保障,提高防护、机动能力,限制敌人的机动。

及时组织对各种技术装备进行保养和维修。综合运用各种力量,适时供应战斗所需的物资、器材;及时救治伤病员,巩固和提高部队连续战斗的能力。

军事技术的发展将对战术的发展产生重大影响。原有基本原则将不断充实新的内容,还将形成一些新的原则;立体纵深的战斗方法将进一步完善;综合火力杀伤与电子干扰结合,将成为打击敌人的重要手段;空中机动、立体封锁将被广泛采用;信息战将成为一种新的战斗内容;战斗指挥更加注重运用指挥自动化系统;战斗保障中的某些内容,将成为战斗行动的组成部分。

第三节　单兵战斗动作

一、利用地形地物

利用地形是战士的基本战斗动作,是单兵战术的基础。实践经验证明,一个战士,在战斗中能否善于利用地形,对于保存自己、消灭敌人有着直接的关系。利用地形地物的目的在于隐蔽身体,发扬火力;只有充分地发扬火力,消灭敌人,才能有效地保存自己。因此,在利用地形地物时,应首先着眼于发扬火力。

(一)利用地形地物的要求

战士在利用地形地物时,应根据不同情况灵活地利用和善于改造地形地物,力求做到:便于观察、射击和隐蔽身体;便于接近与离开;便于防敌地面和空中火力杀伤;不妨碍班(组)长的指挥、邻兵的动作和火器射击;不要几个人拥挤在一起,以免增大伤亡;尽量避开独立、明显的物体和难于通行的地段。火箭筒手利用地形地物时,应有良好的射界,在火箭弹飞行的路线上不得有障碍物;筒后30m内不能有人,以免伤害自己。

(二)利用地形地物的方法

利用地形地物时,应根据遮蔽物的高低、大小、距敌远近,是否被敌发现及敌火力威胁程度等情况,采取适当的姿势,迅速隐蔽地接近,由下而上地占领,周密细致地观察,不失时机地出枪(筒)。对不便于射击的位置应加以改造,在一地不要停留过久,视情况灵活地变换位置。

1.对堤坎、田埂的利用

堤坎、田埂有纵向、横向之分。横向的利用背敌斜面或残缺部位,火箭筒(机枪)手通常将脚架支在背敌斜面上,筒口距地面不得小于20cm;纵向的通常利用弯曲部或顶端一侧,依其高度取适当姿势。堤坎高于人体时,应挖踏脚孔或阶梯。如利用堤坎对空射击时,通常利用其顶部,并根据其高度取不同姿势。(图8-1)

图 8-1　对土坎的利用

2.对土(弹)坑的利用

通常利用其前沿,根据敌情、坑的大小、深度,以跳、滚、匍匐等方法进入,并取适当姿势;对空射击时,以坑沿作依托或背靠坑壁进行射击。火箭筒手应利用坑的右前沿作依托,以防射击时喷火自伤。

3.对土堆(坟包)的利用

通常利用独立土堆(坟包)的右侧。如视界、射界受限制或右侧有敌火力威胁时,也可利用其左侧或顶端。双土堆(坟包)利用其鞍部。对空射击时,通常利用其后侧或顶端。(图8-2)

图 8-2　对土堆的利用

4.对堑壕、交通壕(沟渠)的利用

对堑壕、交通壕的利用在防御战斗中较多。通常利用其掩体、壕壁或拐弯处隐蔽身体,依其上沿或拐角作射击依托。

5.对树木(线杆)的利用

通常利用其右后侧,根据树木的大小取适当姿势。大树(直径50cm以上)可取多种姿势,较小的树通常采取卧姿。机枪手通常采取卧姿,根据树的粗细和地形情况,脚架可超过树木。火箭筒手卧姿射击时,应将筒口前伸超过树木或离开树木20cm,以便使火箭弹脱离筒口时尾翼能张开。

6.对丛林、高苗(草)地的利用

通常利用靠近敌方的边缘内,按其高低、稠密情况取适当姿势。接近时,应注意观察,保持前进方向,利用空隙,轻轻地拨开高苗或利用风吹草动的机会迅速占领。

7.对墙壁、墙角、门窗的利用

(1)墙壁:按其高度取适当姿势,矮墙可利用顶端或残缺部,墙高于人体时,可挖射孔或将脚垫高。机枪手利用墙壁射击时,可将脚架折回(土墙不宜折回,以免活塞进土发生故障)。

（2）墙角：通常利用右侧，左小臂紧靠墙角，取适当姿势。火箭筒手利用墙角射击时，筒口距墙角不小于 20cm。

（3）门窗：门通常利用左侧，窗可利用左（右）下角。

8.利用石缝

通常利用石缝左侧，如受视界、射界限制时，可利用右侧。

9.利用石洞

石洞洞口利用左（右）侧崖壁，可采取卧、跪、立等姿势，洞内利用拐弯处或突出部。

10.利用山脊

通常利用横向山脊和局部低洼处或残缺处。

二、敌火下运动

战士在敌火下运动时，应根据敌情、任务，善于利用地形，灵活地采取不同的运动姿势和方法，正确处置各种情况，隐蔽迅速地接近敌人或实施机动。

（一）运动的时机和要求

1.时机

战士在敌火下运动时，应按班（组）长的口令，充分利用我火力掩护和烟幕迷漫的效果，乘敌火力减弱、中断、转移和坦克炮塔转向等有利时机，迅速隐蔽地运动。有时可采取欺骗、迷惑手段，创造条件，突然前进。

2.要求

运动前，战士应根据敌情、任务和地形的不同形态、隐蔽程度，选择好前进路线和暂停位置；运动中，应不间断地观察敌情、地形和班（组）长的指挥，灵活地变换各种运动姿势和方法，保持前进方向和与邻兵的协同动作；发现目标时，应接班（组）长的口令或自行射击，将其消灭；要做到运动、火力、防护三者紧密结合；尽量避免横方向运动，必须横方向运动时，距离不应过长，以减少伤亡。

（二）运动的姿势与方法

1.直身前进

在距敌较远，地形隐蔽，敌观察、射击不到时采用。其要领：目视前方，右手持枪（筒），大步或快步前进。

2.屈身前进

在遮蔽物略低于人体时采用。其要领：目视前方，右手持枪（筒），上体前倾，头部不要高出遮蔽物，两腿弯曲（屈身程度视遮蔽物高低而定），大步或快步前进。

3.跃进

在敌火下迅速通过开阔地时采用的运动方法。跃进时要做到跃起快、前进快、卧倒快。跃进前，应先观察前方地形，选择好前进路线和暂停位置，尔后，迅速突然地前进。如卧姿跃起时，可先向左（右）移（滚）动，以迷惑敌人，步（冲锋）枪手应迅速收枪，同时屈左脚于右腿下，右手提枪，以左手、左膝、左脚的支撑力将身体支起，同时出右脚前进。机枪、火箭筒手跃起时，应以双手和左脚迅速撑起身体，右脚向前一步，同时右手握护木（提提把）迅速前进。前进时，右手持枪，枪面向前倾斜约 45°（火箭筒手右手提筒，或右手握握把并用右臂夹住筒身，左手扶握筒口处，防止火箭弹滑出；火箭筒副射手背背具或右肩挎一侧的背具带,并将背具夹于右胁),目视前方,屈身快跑。火箭筒、机枪副射手通常在射手左后侧3~5 m处,与射手同时前进。跃进的距离和速度应根据敌火和地形而定,敌火越猛烈,地形越开阔,跃进距离应越短,速度应越快。每次跃进的距离通常为15~30m。当进到暂停位置或遭敌猛烈射击时,应迅速隐蔽或卧倒。卧倒时,左脚向前一大步,身体下塌,左膝稍内合,以左膝、左手、左肘着地,迅速卧倒;也可右脚向前一大步,左手撑地迅速卧倒。机枪、火箭筒手需要架枪(筒)卧倒时,左手打开脚架,将枪(筒)对向目标,架在地上,两手在枪(筒)身左侧撑地,两脚同时后伸迅速卧倒。卧倒后,如无射击任务,则不据枪(筒),做好继续前进的准备。

4.滚进

在卧姿时,为避开敌人观察、射击而左右移动或通过棱线时采用。其要领:将枪关上保险,左手握枪表尺上方,右手握枪颈或两手握上护木,枪面向右,顺置于胸、腹前抱紧,两臂尽量向里合,两脚腕交叉或紧紧并拢,全身用力向移动方向滚进。运动中,也可在卧倒的同时向移动方向滚进。其要领:左(右)脚向前一大步,左手在左(右)脚前着地,身体尽量下塌,右手将枪挽于小臂内,枪面向右,身体向右(左)侧,在右(左)肩、臂着地同时,向右(左)滚进。滚进时,右(左)腿伸直,左(右)腿微屈,滚进距离长时可两腿夹紧。

5.匍匐前进

匍匐前进是在通过敌机枪、自动枪火力封锁较短地段,或利用较低的遮蔽物前进时采用。根据遮蔽物高低分为低姿、高姿、侧身匍匐和高姿侧身匍匐四种。

(1)低姿匍匐:在遮蔽物高约40cm时采用。其要领:腹部贴于地面,屈回右腿,伸出左手,用右脚内侧的蹬力和左手的扒力使身体前移,在移动的同时,屈回左腿,伸出右手,用左脚内侧的蹬力和右手的扒力使身体继续前移,依次交替前进。携步(冲锋)枪时,右手掌心向上,枪面向右,虎口卡住机柄,并握住背带,枪身紧靠右臂内侧,也可右手虎口向上,握枪的上背带环处,食指卡住枪管,将枪置于右小臂上;携班用轻机枪时,通常右手握握把推枪前进,也可由正副射手协同推、拉枪前进;携火箭筒时,右手握握把或脚架顶端,将筒置于右小臂上,火箭筒副射手可采取背、推、拉背具的方法前进。(图8-3)

图8-3 低姿匍匐前进

(2)高姿匍匐:在遮蔽物高约60cm时采用。其要领:用两小臂和两膝支撑身体前进。携枪(筒)方法同低姿匍匐,有时可将枪托(筒尾)向右,两手托枪(筒),火箭筒副射手可背背具或以两小臂托背具的方法前进。(图8-4)

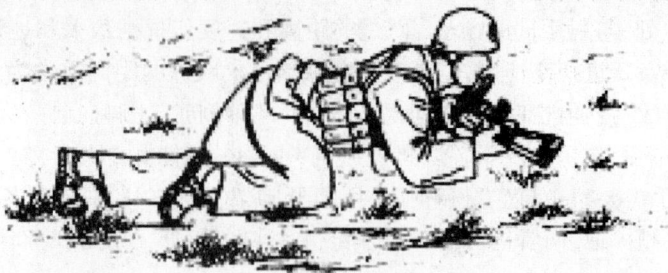

图 8-4　高姿匍匐前进

(3)侧身匍匐:在遮蔽物高约 60cm 时采用。其要领:身体左侧及左小臂着地,左大臂向前倾斜支撑上体,左腿弯曲,右腿收回,右脚靠近臀部着地,右手握枪(筒),用左臂的支撑力和右脚跟的蹬力使身体前移,火箭筒副射手可将背具夹于右胁或右手拉背具前进。(图 8-5)

图 8-5　侧身匍匐前进

高姿侧身匍匐:通常在遮蔽物高 80~100cm 时采用。其要领:左手和左小腿外侧着地,右手提枪(筒),以左手的支撑力和右脚掌的蹬力使身体前移。

(三)对各种情况的处置

1.遭敌机轰炸、扫射时的动作

当敌机轰炸时,战士应按上级命令快速前进;或立即利用地形隐蔽,待炸弹爆炸后继续前进;也可利用敌机投弹间隙迅速前进。

当敌武装直升机发射火箭或扫射时,战士应立即利用地形隐蔽;或根据上级统一口令,抓住敌武装直升机悬停、俯冲扫射等有利时机进行对空射击。

2.遭敌炮火袭击时的动作

战士在接敌时要随时准备防敌炮火袭击。当遭到敌零星炮火袭击时,应注意听看,快速前进,如判断炮弹可能在附近爆炸时,应立即卧倒,待炮弹爆炸后继续前进;当遭敌猛烈炮火袭击时,应趁炮弹爆炸的间隙,利用弹坑和有利地形逐次跃进;当通过敌炮火封锁区时,战士应观察敌炮火封锁的规律,利用敌射击间隙快跑通过。如封锁区不大,也可绕过;当发现化学炮弹爆炸时,应立即穿戴防护器材,尔后快速通过。

3.遭敌核、化学、生物武器袭击时的动作

当战士接到敌核武器袭击警报时,应根据命令,迅速隐蔽或继续前进,随时做好防护准备。当发现核爆炸闪光时,应迅速防护。冲击波一过,视情况,穿戴防护器材,迅速前进。当战士接到化学袭击警报或遭敌化学袭击时,应立即穿戴防护器材,或利用就便器材进行防护;如遇敌染毒地段时,应穿戴防护器材迅速通过,或根据指示绕过。

当敌对我施放生物战剂气溶胶时,战士应戴防毒面具或戴简易防护口罩、自制防护眼镜、风镜等,做好对呼吸道、面部和眼睛的防护;如敌投掷带菌媒介物时,应戴手套、穿靴套、披上斗篷或穿上雨衣,扎紧袖口、领口、裤脚口,以防生物战剂气溶胶污染和带菌昆虫叮咬皮肤。

4.遇敌雷区、定时炸弹、电子侦察器材时的动作

遇敌雷区和定时炸弹时,战士应迅速报告上级并进行标示,按照班(组)长的口令排除或绕过。对敌设置(投放)的电子侦察器材,应迅速排除。排除时,应先查明是否设置有爆炸物,尔后视情况将其排除或炸毁。

5.与其他火器、邻兵协同的动作

战士在接敌时,要互相支援,主动协同,交替掩护前进。冲锋(步)枪手应主动以火力掩护反坦克火器和机枪的行动,并及时为其指示目标,利用其射击效果前进。必要时,让开有利的射击位置和前进路线。当邻兵前进时,应以火力掩护;邻兵受阻时,应主动以火力支援或勇猛迅速地前进;当落后于邻兵时,应迅速跟上,向最前面的战士看齐。如火箭筒(机枪)手不能继续执行战斗任务时,战士应主动接替。

(四)近迫作业

战士在敌火下运动,需要在开阔地停留时,可根据班(组)长的口令或自行近迫作业。其要领:卧倒后,将枪(筒)放在右侧或上方一臂之处,机柄向下,侧身取下小锹,先从一侧由前向后挖掘,将土投到前方堆成胸墙,一侧挖好后,翻身侧卧于坑内,继续挖另一侧,直到能掩护全身为止。在土质松软情况下,可用锹挖、手推、脚蹬的方法构筑卧射掩体。火箭筒手和机枪手,视情况可正副射手同时进行作业,也可一人射击,一人作业。作业时,姿势要低,动作要快,并不断观察敌情和班(组)长的指挥,随时准备射击或前进。

三、准备冲击与冲击

战士在冲击时,必须具有一往无前的精神,以压倒一切敌人的英雄气慨,根据不同的冲击目标、地形及任务,灵活地采取不同的冲击行动,勇猛冲入敌阵,坚决消灭敌人。

(一)冲击准备

战士占领冲击出发阵地后,应根据情况构筑(加修)工事,注意观察和伪装,看清冲击目标、冲击路线、通路位置,记住班(组)、自己的任务和信(记)号。听到"准备冲击"的口令,应迅速做好如下工作:装满子弹(火箭弹),准备好手榴弹和爆破器材;整理好装具,系好鞋带、扎好腰带和子弹袋,装具尽量靠后,以免妨碍冲击动作;做好跃起或跃出工事的准备,遮蔽物较高时,应挖好踏脚孔。

做好准备后,向班(组)长报告,报告方法:"×××冲击准备完毕。"

(二)冲击

1.通过通路时的动作

战士听到"冲击前进"的口令或看到冲击信号时,应迅速跃起或跃出工事,最大限度地利用我火力效果,迅猛地向指定目标冲击前进。接近通路时,应按班(组)长规定的顺

序,迅速进入通路。如通路纵深较小时,应利用我炮火准备的效果,快跑通过;通路纵深较大时,应在我炮火的掩护下,分段逐次跃进通过。在通路中遇有地雷等残存障碍物时,应根据班(组)长的指示和障碍物的性质,以爆破法和破坏法进行排除,或使用就便器材克服通过。在通过中,战士应充分利用通路两侧边缘的有利地形和我火力掩护的效果,灵活迅速地前进。发现目标时,应及时以火力将其消灭。机枪手在通路中,可采取行进间射击,或迅速抢占通路一侧的有利地形进行射击,但射弹不得横贯通路,以免影响邻兵动作。

2.向敌步兵冲击时的动作

通过通路后,进至投弹距离时,应自行或按班(组)长的口令,向敌堑壕投弹,趁手榴弹爆炸的瞬间,勇猛冲入敌阵地,以抵近射击,拼刺刀消灭敌人,并不停地向指定目标冲击前进。

当几个敌人同时向自己逼近时,应首先消灭威胁大的敌人;当敌与友邻战士格斗时,应主动支援;如敌逃跑时,应以火力追歼。机枪手和火箭筒手应迅速抢占敌前沿的有利地形,以猛烈的火力压制、消灭敌人。

3.沿壕搜索

(1)进入和跃出堑壕的动作:进壕前,应仔细观察潜听,判明壕内情况,选择进入位置,视情况灵活地采取直接跳入和支撑跳入等方法迅速进入。堑壕较深时,通常采取支撑跳入,其要领:接近壕沿时,以一手一脚支撑壕沿,一手持枪(筒),身体下蹲,面向前进方向,迅速转身跳入堑壕内;堑壕较浅时,可直接跳入,其要领:接近壕沿时,可双手端枪或将枪置于胸前,以脚的弹力,迅速向搜索方向转体跳入,在脚掌着地的同时,迅速端枪或持枪搜索前进。机枪、火箭筒手也可将枪(筒)放在壕沿上,跳入后再取枪(筒)。

跃出堑壕时,应尽量利用掩体、踏脚孔或残缺部,视情况采取支撑跃出和直接跃出的方法。堑壕较深时,可将枪(筒)放于壕沿,用两手的支撑力和两脚的蹬力跃出堑壕,再取枪(筒)前进;堑壕较浅时,左手扒壕沿,左脚踏踏脚孔或壕壁,以左手的撑力和两脚的蹬力跃出堑壕。

(2)壕内运动和搜索方法:进入壕内后,应先消灭附近之敌,尔后迅速利用掩体或壕的拐弯处,逐段搜索前进,并与壕外战士密切协同,随时准备消灭突然出现之敌。运动时,通常端枪,前面有邻兵时也可持枪,姿势要低,脚步要轻,身体靠近壕墙一侧,耳听目视。进到拐弯处后,应利用拐弯处的内侧隐蔽身体,仔细观察,查明前方情况;通过壕的直线段时,动作要快,应屈身快跑。迅速接近下一段壕的拐弯处,避免在直线段中停留。发现敌人时,应迅速果断、先机制敌,以射击、投弹和拼刺消灭敌人,尔后继续搜索前进。当沿壕内运动向敌坦克接近时,火箭筒手应不断观察壕内外及敌坦克射击情况,进到有利位置后,可利用壕沿一侧作射击依托,射击时注意筒尾高度,以防喷火烧伤;爆破手也要注意壕内搜索,待接近到有利位置,迅速取下爆破器材,准备好后,突然接近将其炸毁。

四、消灭冲击之敌

战士在抗击敌人冲击时,应根据班(组)长的命令,利用工事、结合障碍,充分发挥手中武器和爆破器材的威力,坚决消灭冲击之敌。

(一)消灭开辟通路和通过通路之敌

当敌坦克利用火力掩护,在我前沿障碍物中开辟通路时,火箭筒手应根据班(组)长的命令,隐蔽迅速地占领发射阵地或利用地形适当前出,以突然准确的火力击毁敌坦克,并注意观察射击效果。在障碍区隐蔽待机的战士,可利用烟幕迷漫的效果,以突然勇猛的动作投送爆破器材,炸毁敌坦克,并视情况以防坦克地雷封闭通路。当敌工兵、步兵开辟通路时,冲锋(步)枪、机枪手应根据班(组)长的命令,隐蔽地占领射击位置,以突然准确的火力消灭敌步兵和工兵。

当敌坦克、步兵战车(装甲输送车)接近和通过通路时,火箭筒手应迅速机动至有利的射击位置,抓住敌坦克被我障碍所阻、停顿、减速、转向、上下坡等有利时机,瞄准先头装甲目标的薄弱部位,将其击毁,以堵塞通路;发射后应注意观察射击效果,视情况,击毁其他跟进的目标;如敌火力威胁较大时,应灵活地变换射击位置。当敌坦克、步兵战车(装甲输送车)进到操纵雷区时,负责操纵地雷和抛射炸药包的战士,应适时起爆。如敌步兵跟随坦克通过通路时,冲锋(步)枪、机枪手应抓住敌收拢队形,进入通路,队形密集等有利时机,以突然猛烈的火力切断敌步坦联系,消灭敌步兵。

(二)消灭逼近前沿之敌

当敌坦克、步兵战车(装甲输送车)逼近前沿时,战士应沉着果断,将其击毁在前沿前。火箭筒手应以斜射、侧射火力,首先击毁对我威胁最大的敌装甲目标,尔后迅速转移火力击毁其他目标。冲锋(步)枪、机枪手应注意观察、准备好爆破器材,隐蔽迅速地沿壕向敌坦克、步兵战车(装甲输送车)可能越壕的地点机动,待敌坦克、步兵战车(装甲输送车)接近堑壕和越壕的瞬间,以爆破器材将其炸毁。实施壕前布雷时,战士应注意观察,掌握时机,通常在敌坦克进至壕前5~7 m处时,将防坦克地雷推送至壕前胸墙平面上的敌坦克履带方向,尔后迅速撤离隐蔽,并做好爆破准备。使用炸药包、爆破筒时,战士应待敌坦克越壕时,迅速跃起,脚蹬壕壁,以投、送、插、挂等方法,炸其发动机、履带、炮塔和车体结合部。当敌坦克、步兵战车(装甲输送车)进至壕前被阻或被我击伤时,战士应根据班(组)长的命令,充分地利用地形,在烟幕掩护下,隐蔽前出,将其炸毁,尔后迅速撤离,并以火力消灭逃跑的敌坦克乘员。

敌坦克引导步兵逼近前沿时,火箭筒手应以准确的火力击毁敌坦克。冲锋(步)枪、机枪手应以突然准确的火力和手榴弹消灭敌步兵,切断步、坦联系,同时准备各种爆破器材,待敌坦克越壕时将其炸毁。

当敌坦克以火力支援步兵逼近前沿时,冲锋(步)枪、机枪手应以突然准确的火力消灭敌步兵。当敌步兵进至我投弹距离时,应向敌投弹,如敌队形密集,应向其投掷爆破筒、炸药包,大量地杀伤敌人。火箭筒手应按班(组)长的命令,利用工事、地形隐蔽前出,击毁对我威胁较大的敌坦克。如敌溃退时,应以火力追击。

击退敌人后,要加强观察,防敌火力袭击,并抓紧时间,抢修工事,补充弹药,抢救伤员,做好抗击敌人再次冲击的准备。

第九章 轻武器射击

　　轻武器,通常指枪械及其他单兵或战斗小组携行、使用的手榴弹、枪榴弹、榴弹发射器、火箭发射器、无坐力发射器和便携式导弹,也包括一些轻型燃烧武器和小口径火炮。轻武器是步兵装备使用的基本武器,也是其他军种、兵种广泛装备的武器。轻武器的主要作战距离都在1000m以内,并且多由人力携行使用。其特点是:射速高,火力猛,重量轻,体积小,结构简单,使用方便。本章主要介绍半自动步枪和冲锋枪的武器常识、射击学理和射击方法等知识。

第一节 武器常识

一、半自动步枪

(一)战斗性能和主要诸元

1.战斗性能

　　一九五六年式半自动步枪,是步兵分队在近战中消灭敌人有生力量的主要武器,现作为民兵主要装备轻武器。它对400m内的单个目标射击效果最好,集中火力可射击500m内的飞机、伞兵和杀伤800m内的集团目标。弹头飞行到1500m仍有杀伤力。战斗射速每分钟35~40发。使用一九五六年式普通弹,在100m距离上能射穿6mm厚的钢板,15cm厚的砖墙,30cm厚的土层和40cm厚的木板。

2.主要诸元

　　口径7.62mm;枪全重3.85kg;枪全长1.33m;普通弹初速735m/s;弹头最大飞行距离约2000m。

(二)主要机件名称和用途

　　半自动步枪由枪刺、枪管、瞄准具、活塞及推杆、机匣、枪机、复进机、击发机、弹仓、木托等十大部件组成,另有一套附品。

　　枪刺:用以刺杀敌人。

　　枪管:用以赋予弹头的飞行方向。枪管内是枪膛。枪膛分为弹膛和线膛。弹膛用以容纳子弹,线膛能使弹头旋转前进,以保持弹丸外弹道的稳定。线膛有4条从左向右转的旋上膛线(阴膛线),两条膛线间的凸起部分叫阳膛线,两条相对的膛线间的距离是枪的口径。

枪管外有导气箍,用以引导火药气体冲击活塞。

瞄准具:由表尺和准星组成,用以瞄准。

机匣:用以容纳枪机和复进机,固定击发机和弹仓。

活塞及推杆:活塞装在活塞筒内,用以承受火药气体压力推压推杆向后。活塞筒上有护木。推杆和推杆簧装在表尺座内,推杆能将活塞的推力传送到机栓上。推杆簧能使推杆和活塞回到前方位置。

枪机:由机栓和机体组成。用以送弹、闭锁、击发和退壳,并能使击锤向后成待发状态。复进机:由复机簧、导管、导杆和支撑环组成。用以使枪机回到前方位置。

击发机:击发机与枪机相互作用形成待发和击发。

弹仓:由弹仓体、弹仓盖、托弹钣和托弹杆组成,用以容纳和托送子弹。可装 10 发子弹。

木托:便于操作。木托上有下护木、枪颈、枪托、托底钣和附品筒巢。

附品:用以分解结合、擦拭上油、携带和排除故障。附品包括擦拭杆、鬃刷、铳子、附品筒、通条、油壶、背带和子弹袋。

(三)半自动原理

扣板机后,击锤打击击针,撞击子弹底火,点燃发射药,产生火药气体,推送弹头沿膛线向前运动;弹头一经过导气孔,部分火药气体通过导气孔,涌入导气箍,冲击活塞,推动推杆,使枪机向后,压缩复进簧,完成开锁、出壳,并使击锤成待发状态;枪机退到后方时,由于复进簧的伸张,使枪机向前运动,推送次一发子弹入膛,闭锁;此时,由于击锤已被击发阻铁卡住,不能向前打击击针。若再次发射,必须松开扳机,再扣扳机。

(四)分解结合

1.分解结合是为了擦拭、上油、检查和排除故障

其要求是:分解前必须验枪。分解结合应按顺序和要领进行,严禁强敲硬卸;分解下来的机件应按次序放在干净的物体上。除所讲的分解内容外,未经许可,不准分解其它机件。结合后,应拉送枪机数次,检查机件结合是否正确。

2.分解的要领

①拔出通条和取出附品筒。左手握护木,右手向下向外拉开枪刺约成 45 度,拔出通条,折回枪刺。然后,用食指顶开附品筒巢盖,取出附品筒,并从附品筒内取出附品。

②卸下机匣盖。左手握枪颈,拇指抵住机匣盖后端,右手扳连接销扳手向上成垂直状态,再向右拉到定位,向后卸下机匣盖。

③抽出复进机。右手向后抽出复进机。

④取下枪机。左手握下护木,使枪面稍向右,右手拉枪机背后取出。然后,将机栓和机体分开。

⑤卸下活塞筒。左手握下护木,右手扳固定栓扳手向上,使固定栓平面垂直,向上卸下活塞筒(将固定栓扳手扳回或保持不动,以防推杆弹出)。然后,从筒内取出活塞。

3.结合的要领

结合时,按分解的相反顺序进行。

①装上活塞筒。将活塞插入活塞筒内,左手托握下护木,右手将活塞筒前端套在导气箍上,使活塞筒后部对正固定栓垂直面按下,再将固定栓扳手向下扳到定位。

②装上枪机。左手握下护木,使枪面稍向右,右手将机栓和机体结合好,从机匣后部放进机匣内,向下按压托弹钣,前推枪机到定位。

③装上复进机。右手将复进机(弯曲部向前)插入机栓上的复进机巢内。

④装上机匣盖。左手握枪颈,右手将机匣盖放在机匣上,左手拇指将其向前推到尽头,右手将连接销推入后向前扳到定位。

⑤装上附品筒和通条。将附品装入附品筒并盖好,左手握下护木,右手将附品筒(筒盖向外)装入附品筒巢内。然后,拉开枪刺、插入通条并使其头部进入通条头槽内。折回枪刺。

结合后,打开弹仓盖,拉送枪机数次,检查机件结合是否正确。关上弹仓盖,打开保险,扣扳机,关保险。

二、冲锋枪

(一)战斗性能和主要诸元

1.战斗性能

一九五六年式冲锋枪是冲锋枪手在近战中消灭敌人有生力量的自动武器。对单个目标在 300m 内实施点射、在 400m 内实施单发射效果最好。集中火力可射击 500m 内的飞机、伞兵和杀伤 800m 内的集团目标。弹头飞行到 1500m 仍有杀伤力。冲锋枪的主要射击方法是短点射(2~5 发),还可实施长点射(6~10 发)和单发射。战斗射速:点射每分钟 90~100 发,单发射每分钟 40 发。使用一九五六年式普通弹,在 100m 距离上能射穿 6mm 厚的钢板、15cm 厚的砖墙、30cm 厚的上层和 40cm 厚的木板。

2.主要诸元

口径 7.62mm,普通弹初速 710m/s;枪全重 3.81kg;枪全长 1.1m(折回枪刺 0.878m)。

(二)主要机件名称和用途

冲锋枪由枪刺(刺刀)、枪管、瞄准具、活塞、机匣、枪机、复进机、击发机、弹匣和枪托十大部组成。另有一套附品。

枪刺、枪管、瞄准具的用途与半自动步枪基本相同。

活塞:用以传导火药气体压力,推压枪机向后。活塞外套有活塞筒,活塞筒上有上护木。机匣:用以容纳枪机和复进机,固定击发机和弹匣。

枪机:由机栓和机体组成。用以送弹、闭锁、击发和退壳,使击锤向后成待发状态。

复进机:用以使枪机回到前方位置。导管座上有机匣盖卡笋。

击发机:用以与枪机相互作用形成待发和击发。击发机上有击发控制机,能在枪机闭锁枪膛前防止击发;有保险机,用以保险和控制单发射、连发射(下单、中连、上保险);还有击发阻铁、单发阻铁、击锤和扳机。

弹匣:用以容纳和托送子弹。可装 30 发子弹,从检查孔观察,当看到子弹时,则弹匣内已装满子弹。

枪托:便于操作。木枪托上有枪颈、托底钣和附品筒巢。铁枪托由架杆、肩托和枪托卡笋组成,可打开或折叠。

附品:除扳子、弹匣袋外,其余同半自动步枪。

(三)自动原理

扣扳机后,击锤打击击针,撞击子弹底火,点燃发射药,产生火药气体,推进弹头沿膛线向前运动;弹头一经过导气孔,部分火药气体通过导气孔,涌入导气箍,冲击活塞推动枪机向后,压缩复进簧,完成开锁、抛壳,并使击锤成待发状态;枪机退到最后方时,由于复进簧的伸张,使枪机向前运动,推送次一发子弹入膛,闭锁。此时,如保险机定在连发位置,扳机未松开,击发阻铁不能卡住击锤,击锤再次打击击针,形成连发;如保险机定在单发位置,击锤被单发阻铁卡住不能向前,若再次发射,必须松开扳机,再扣扳机。

(四)分解结合

1.分解结合的目的和要求(同半自动步枪)

2.分解的要领

①卸下弹匣。左手握护木,枪面稍向左,右手握弹匣,拇指按压弹匣卡笋(也可右手掌心向上握弹匣,以手掌的肉厚部分推压弹匣卡笋),前推取下。铁枪托的应先打开枪托。

②拔出通条和取出附品筒。左手握护木,右手向下向外拉开枪刺约成45度,向外向上拔出通条,折回枪刺。然后,用食指顶开附品筒巢盖,取出附品筒,并从附品筒内取出附品。

③卸下机匣盖。左手握枪颈,以拇指按压机匣盖卡笋,右手将机匣盖上提取下。

④抽出复进机。左手握枪颈,右手向前推导管座,使其脱离四槽,向后抽出复进机。

⑤取出枪机。左手握枪颈,右手打开保险,拉枪机向后到定位,向上向后取出。左手转压机体向后,使导笋脱出导笋槽,再向前取出机体。

⑥卸下活塞筒。左手握下护本,右手扳固定栓扳手向上,使固定栓平面垂直,移握上护木后端,向上卸下活塞筒。

3.结合的要领

结合时,按分解的相反顺序进行。

①装上活塞筒。左手握下护木,右手将活塞筒前端套在导气箍上,使活塞筒后部对正固定栓平面按下,将固定栓扳手向下扳到定位。

②装上枪机。右手握机栓使导笋槽向上,左手将机体结合在机栓上,使导笋进入导笋槽并转到定位。左手握枪颈,右手握枪机将活塞插入活塞筒,再将枪机后部装入机匣,前推到定位。

③装上复进机。左手握枪颈,右手将复进机插入复进机巢内,向前推压,使导管座进入凹槽内。

④装上机匣盖。左手握枪颈,右手将机匣盖前端抵入半圆槽内,使后部的方孔对正机匣盖卡笋,向前下方推压机匣盖,使卡笋进入方孔内。

⑤装上附品筒和通条。将附品装入附品筒内并盖好,左手握护木,右手将附品筒(筒盖向外)装入附品筒巢。然后,拉开枪刺,插入通条并使其头部进入通条头槽内,折回枪刺。

⑥装上弹匣。左手握护木,枪面稍向左,右手握弹匣,将弹匣口前端插入结合口内,扳弹匣向后,听到响声为止。

结合后,拉送枪机数次,检查机件结合是否正确。扣扳机,关保险。

三、轻机枪

(一)战斗性能和主要诸元

1.战斗性能

一九五六年–1式班用轻机枪是步兵分队在近战中消灭敌人有生力量的主要自动武器。在500m内对单个目标射击效果最好,集中火力可射击500m内的飞机、伞兵和杀伤800m内的集团目标。弹头飞行到1500m仍有杀伤力。班用轻机枪的主要射击方法是短点射(2~5发),也可实施长点射(6~10发),必要时,还可实施连续射;连续发射300发子弹后,应冷却枪管。战斗射速每分钟150发。使用一九五六年式普通弹,在100m距离上能射穿6mm厚的钢板,15cm厚的砖墙,30cm厚的土层和40cm厚的木板。

2.主要诸元

口径7.62mm;枪全重7.4kg;枪全长1.037m;普通弹初速735m/s。

(二)主要机件名称

班用轻机枪由枪管、瞄准具、机匣、受弹机、枪机、复进机、击发机、枪托、脚架、弹盒十大部分组成。另有一套附品和备份零件。

(三)自动原理

扣扳机后,机框复进簧的伸张作用,带动机体向前,推子弹入膛,闭锁,击针撞击子弹底火,点燃发射药,产生火药气体,推送弹头沿膛线向前运动;弹头一经过导气孔,部分火药气体通过导气孔和导气沟,冲击活塞使枪机向后,压缩复进簧,完成开锁、抛壳、拨弹滑钣将下一发子弹拨到受弹口;枪机退到最后方时,由于扣压着扳机,击发阻铁不能卡住击发阻铁槽,枪机在复进簧的作用下再次向前运动,形成连发。

四、八一式自动步枪

(一)战斗性能及主要诸元

八一式自动步枪是我国自行设计、研制的自动武器。既可有效杀伤400m以内的单个人员目标,也可集火射击500m以内的集群目标;固定式的枪榴弹发射具发射60mm反坦克枪榴弹,可增强步兵的反坦克能力。该武器使用一九五六年式普通弹,在100m距离上,能射穿6mm厚的钢板,15cm厚的砖墙,30cm厚的土层和40cm厚的木板。最大射程:2000m,有效射程:400m,战斗射速:点射90~110发/分钟,单发射每分钟40发。

(二)主要机件名称和用途

八一式自动步枪由枪刺(刺刀)、枪管、瞄准具、调节塞、活塞、机匣、枪机、复进机、击发机、弹匣、枪托11大部分组成,另有二套附品。

枪刺:用以刺杀敌人。可卸式枪刺平时放入刀鞘内,挂于腰上,需要拼刺时再装在枪上。枪刺还可兼作匕首。

枪管:用于赋予弹头的飞行方向。枪管内部是枪膛,枪膛分为弹膛和线膛。弹膛用以容纳子弹,线膛能使弹头在前进时旋转运动,以保持飞行的稳定性。线膛内有4条从左向右上旋转的膛线,两条膛线之间的凸起部分叫阳膛线,两条相对的阳膛线之间的距离为枪的口径。

瞄准具:由表尺和准星组成,用以瞄准。表尺由表尺座、表尺钣、表尺轮和限制轮等组成。表尺钣装在表尺座的槽内,以减少表尺钣的横向摆动。缺口上方有护翼,可以避免磨损表尺而影响瞄准和射击精度。表尺分划是通过转动表尺轮来进行装定的。其表尺分划为0、1、2、3、4、5,相应地刻在表尺轮和限制轮上,用以装定相应的射击距离。准星可拧高、拧低。准星移动座可左右移动。准星移动座和准星座上各有一条刻线,用以检查准星位置是否正确,准星座上还有准星护圈。

调节塞:用以调节冲击活塞的火药气体的大小及容纳活塞头。

活塞:由活塞杆、活塞簧和活塞头组成。用以传导火药气体的压力,推枪机向后。活塞外有活塞筒和上护木。

机匣:用以容纳枪机和复进机。

枪机:由机栓和机体组成。用以送弹、闭锁、击发和退壳,并使击锤向后成待发状态。

复进机:由导管、导管座、导杆、复进簧和支撑环组成,用以使枪机回到前方位置。导管座上有机匣盖卡笋。

击发机:用以与枪机相互作用形成待发和击发。

弹匣:用以容纳和托送子弹。可装30发子弹。弹匣由弹匣体、托弹钣、托弹钣簧、固定钣、弹匣盖组成。

枪托:便于操作。木托上有枪颈、托底钣和附品巢。

附品:用以分解结合、擦拭上油、携带和排除故障。包括擦拭杆、鬃刷、通条。

(三)自动原理

同一九五六年式冲锋枪。

(四)分解结合

1.分解结合的目的与要求:同半自动步枪

2.分解的要领

①卸下弹匣。左手握护木,枪面稍向左,右手握弹匣,拇指按压弹匣卡笋或右手掌心向前上握弹匣,以手掌的肉厚部分推压弹匣卡笋,向前取下。

②取出通条和附品筒。左手握护木,右手向外向上取出通条。然后,用右手食指顶开附品巢盖,并从附品筒内取出附品。

③卸下机匣盖。左手握枪颈,右手以拇指按压机匣盖卡笋,同时将机匣盖上提取下。

④抽出复进机。左手握枪颈,右手向前推导杆座,使其脱离凹槽,向后取出复进机。

⑤取出枪机;左手握枪颈,右手拉枪机向后到定位,向上取出。左手转压机体向后,使导笋脱离导笋槽,再向前取出机体。

⑥卸下上护木。左手握下护木,右手食指和拇指捏握限制轮并向外拔,使其脱离限制槽,然后向前转动使表尺轮上"0"对准表尺座上的白点,向上向后卸下上护木。

⑦卸下调节塞和活塞。手指捏握调节塞并向右转动,使定位凸笋转向左边,向后推压调节塞,当调节塞前端脱离导气箍后切面时,向右斜上方卸下调节塞、活塞及活塞簧。

3.结合的要领

结合按分解的相反顺序进行。

①装上调节塞和活塞。先将调节塞、活塞及活塞簧结合好。左手握护木,右手握调节塞,将活塞杆后端插入表尺座下方圆孔内。后压活塞簧到定位,将调节塞前端插入导气箍内,并转动调节塞,使其定位凸笋进入定位槽内。

②装上上护木。左手握下护木,右手握上护木后端,将其前端插到定位,然后将其后端正直向下放到定位,左手向后转动限制轮,使限制轮进入限制槽内。

③装上枪机。先将机体结合在机栓上,左手握枪颈,右手将枪机放入机匣后端,前推到定位。

④装上复进机。左手握枪颈,右手将复进机插入复进机巢内,向前推压,使导管座进入凹槽内。

⑤装上机匣盖。左手握枪颈,右手将机匣盖前端抵入圆槽内,使后面的方孔对正机匣盖卡笋,向前下方推压机匣盖,使卡笋进入方孔内。

⑥装上附品筒和通条。将附品装入附品筒巢内。然后插入通条并使其头部进入通条槽内。

⑦拉送枪机数次;检查机件结合是否正确,尔后装上弹匣,击发,关保险。

五、子弹

1956年式半自动步枪、冲锋枪、班用轻机枪、八一式自动步枪的口径均为7.62mm,这4种枪的子弹通用。

(一)子弹的各部名称和用途

子弹由弹头、弹壳、底火和发射药组成。弹头,用以杀伤敌人的有生力量。弹壳,用以容纳发射药,安装弹头和底火;底火,用以点燃发射药;发射药,用以燃烧后产生火药气体,推送弹头前进。

(二)子弹的种类、用途和标志

①普通弹。用以杀伤敌人的有生力量。

②曳光弹。主要用以试射、指示目标和作信号。命中干草能起火。曳光距离可达800m。弹头头部绿色。

③燃烧弹。主要用以引燃易燃物体。弹头头部红色。

④穿甲燃烧弹。主要用以射击飞机和轻装甲目标(在200m距离上穿甲厚度为7mm),并能在穿透装甲后引燃汽油。弹头头部黑色并有一道红圈。

另外,还有空包弹、教练弹等辅助弹。空包弹主要用以演习,没有弹头,弹壳口收口压花并密封;教练弹主要用以练习装弹、退弹、击发等动作,外形和重量与普通弹相似,弹壳上有三道凹槽,无发射装药,底火为橡皮制成。

子弹箱外均标有弹种、数量、批号和年号等。领用时应看清标志,以免弄错。

(三)战斗中怎样使用子弹

战斗中,射手通常应根据指挥员的口令或指示实施射击。必要时,射手可根据情况,自行射击。

在战斗中严禁丢失和浪费子弹。对子弹的消耗情况,应适时向班长报告。射手应保留一定数量的子弹,以备在紧急情况下使用。

六、爱护武器和擦拭上油

(一)爱护武器的要求

爱护武器、子弹是干部、战士的重要职责,是一项经常性的战备措施,也是预防故障的有效方法。为此,必须做到:勤检查、勤擦拭、不碰摔、不生锈、不损坏、不丢失,使武器、子弹经常保持完好状态。

(二)擦拭上油

1.擦拭时机和要求

实弹射击后,应用浸透油或碱水(肥皂水)的布,将武器内的烟渣、污垢擦洗干净,并用干布擦干后再上油,在以后三四天内应每天擦拭一次;训练、演习后,应适时地用干布和油布进行擦拭;不经常使用时,每周至少擦拭一次。在严寒的室外将枪带到室内时,应待出水珠后再擦拭上油。枪被海水浸过或遭受毒剂和放射性物质沾染后,应先用淡水冲洗后再擦拭。擦拭上油后,应放在通风干燥处晾干,严禁火烤和暴晒。

2.擦拭上油的方法

擦拭前,应分解武器,准备擦拭用具。使用通条时,应将通条穿过筒盖或枪口罩(冲锋枪先穿过筒体),拧紧擦拭杆。然后,将通条与筒体、镜子或穿钉连接在一起(冲锋枪将扳子插入筒体内)。

①擦拭枪膛时,把布条缠在擦拭杆活动部分,并插入枪膛,将筒盖或枪口罩套在枪口上,沿枪膛全长均匀地来回擦拭(弹膛应从后面擦拭),直到擦净。而后,用布条或鬃刷涂油。

②擦拭导气箍、活塞筒时,用通条或木杆缠布擦拭。擦净后涂油。

③擦拭其他机件时,应先擦净表面的烟渣和污垢,对孔、槽、沟等细小部分,可用竹(木)签缠上布进行擦拭,而后薄薄地涂上一层油。

七、排除故障的方法

射击中,若发生故障,通常拉枪机向后,重新装弹继续射击。如仍然有故障,应迅速查明原因,及时排除。可能发生的故障、原因和排除方法,见表9-1。

表 9-1　半自动步枪、冲锋枪、轻机枪、八一式步枪故障原因、排除方法

故障现象	发生原因	排除方法
不送弹	1、弹匣(仓)过脏或损坏 2、机件过脏,枪机后退不到定位	1、擦拭机件或弹匣(仓) 2、更换弹匣
不发火	1、子弹底火失效 2、击锤簧弹力不足或击针损坏	1、更换子弹 2、更换击针或击锤簧
不退壳	1、子弹、枪机、机匣、弹膛及火药气体通路过脏,枪机后退不到定位 2、抓弹钩过脏或损坏	1、捅出膛内弹壳 2、擦拭过脏机件 3、更换抓弹钩
枪机未前进到定位	1、弹膛、机匣、枪机和复进机过脏或枪油凝结 2、子弹或弹匣口变形	1、推枪机到定位 2、擦拭过脏机件 3、更换子弹或弹匣
不抛壳	1、火药气体通路过脏 2、机件过脏,枪机后退不到定位	1、卸下弹匣,取出弹壳 2、擦拭过脏机件

第二节 射击原理

一、发射与后坐

(一)发射

火药气体压力将弹头(火箭弹、炮弹)从膛内推送出去的现象,叫发射。

1.发射过程

击针撞击子弹底火,使起爆药发火,火焰通过导火孔引燃发射药,产生大量火药气体,在膛内形成很大的压力,迫使弹头脱离弹壳,沿膛线旋转加速前进,直到推出枪口。

发射的过程时间极短促,现象却很复杂,整个过程可分为4个阶段(图9-1)。

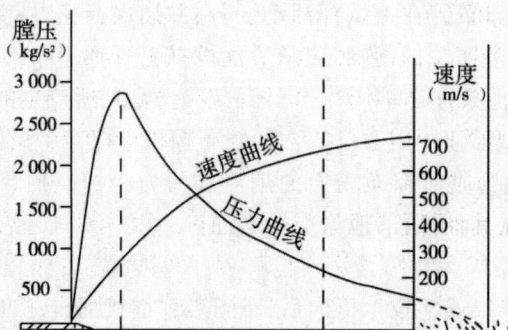

图9-1 发射的四个阶段

(1)第一阶段(准备阶段):由发射药开始燃烧起至弹头开始运动时止。

在此阶段,发射药在密闭的固定容积内(弹壳内)燃烧并产生气体,气体逐渐增加,从而使压力逐渐增大,当气体压力足以克服弹头运动阻力(弹壳口对弹头的摩擦力及阻止弹头嵌入膛线的抗力)时,弹头即从静止转为运动,脱离弹壳,嵌入膛线。弹头完全嵌入膛线所需要的气体压力,称为起动压力。各种枪的起动压力约为250~500kg/cm²。

(2)第二阶段(基本阶段):自弹头开始运动到发射药燃烧完为止。

在此阶段内,发射药在迅速变化的容积内燃烧,膛内压力随气体的增加迅速加大,弹头运动速度随之加快。当弹头在膛内前进6~8cm时,膛内的压力最大,此压力称为膛压。各种枪的最大膛压为1400~3400kg/cm2(56式半自动步枪为2810kg/cm²)。由于弹头加速前进,弹头后面的空间迅速扩大。扩大的速度超过了气体增加的速度,因而,压力开始下降。但到发射药燃烧完毕时,火药气体仍保持一定的压力,而弹头的速度随着火药气体对弹头作用时间的增长还在不断增加,使弹头继续加速前进。

(3)第三阶段(气体膨胀阶段):发射药燃烧完到弹头底部脱离枪口前切面时止。

在此阶段内,弹头是在高压灼热气体膨胀作用下运动的。虽然没有新的火药气体产生,但原有的气体仍储有大量的能量,继续做功使弹头加速运动,直到脱离枪口。弹头脱离枪口瞬间的气体压力,称为枪口压力。各种枪口的压力为200~600kg/cm²(56式半自动步枪为 390kg/cm²)。

(4)第四阶段(火药气体作用的最后阶段):弹头底部脱离枪口前切面时起到火药气体停止对弹头作用时止。

弹头飞出枪口时,火药气体形成一股气流,从膛内喷出,其速度比弹头的速度大得多。因此,在距枪口一定距离上(各种枪为 5~50cm),火药气体仍继续对弹头底部施加压力,并加大弹头的运动速度,直到火药气体压力与空气阻力相等时为止。此时,弹头飞行的速度最大。

从发射的 4 个阶段可知,膛压的变化规律是:从小急剧增大,尔后逐渐下降。弹头速度的变化规律是:由静到动,由慢到快,始终是加速运动。

2.初速及其实用意义

弹头脱离枪口前切面瞬间的速度,称为初速。决定初速大小的条件有弹头的重量、装药的重量、枪管的长度和发射药燃烧的速度。

(1)弹头的重量:在其他条件相同的情况下,弹头轻,初速大;弹头重,初速小。如 53 式重机枪轻弹(弹头重 9.6g)初速为 865m/s,重弹(弹头重 11.8g)初速为 800m/s。

装药的重量,在其他条件都相同的情况下,装药量多,所产生的火药气体多,压力大,弹头的初速也就大。如 82 迫击炮炮弹,用零号装药(药量 8g),其初速为 70m/s;用二号装药(药量 34.5g),其初速为 175m/s。

(2)枪管的长度:在其他条件都相同的情况下,用同样的子弹,在一定限度内加大枪管的长度,则初速增大。因为枪膛长能延长火药气体对弹头的作用时间,使火药气体做更多的有效功。同样用 56 式普通弹,半自动步枪(枪管长 520mm)初速为 735m/s,56 式冲锋枪(枪管长 415mm)初速为 710m/s。

(3)发射药燃烧的速度:在其他条件都相同的情况下,发射药燃烧的速度越快,火药气体对弹头的压力增加也就越快,从而使弹头在膛内运动的速度加快,初速也就大。

初速是判定武器战斗性能的重要因素之一。弹头相同,其初速越大,实用意义也就越大。主要表现在:一是能增加弹头的飞行距离;二是弹道更为低伸,使命中率提高;三是能减少外界条件对弹头飞行的影响;四是能加大弹头的侵彻力和杀伤力。

3.枪管的堪抗力和寿命

膛壁承受枪膛内一定火药气体压力而不变形的能力,称为枪管堪抗力。枪管的堪抗力取决于膛壁的厚度和枪管所用材料的质量。

枪管都具有一定的备用堪抗力,使它能承受比最大膛压大半倍到一倍的压力,56 式半自动步枪的最大膛压为 2810kg/cm²,而枪管堪抗力为 5000kg/cm²,超过最大膛压近一倍。显然,射击时,若枪管内塞有杂物(如布条、沙子、泥土、弹头等)就会影响弹丸的运动,使膛压超过枪管的堪抗力,枪管就会发生膨胀或炸裂现象(图 9-2)。

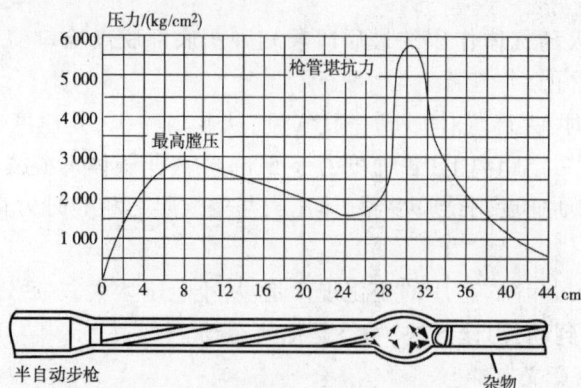

图 9-2　枪管膨胀及炸裂的原因

枪管能正常发射一定数量子弹的能力,称为枪管寿命。超过此数量,枪膛就会磨损而导致射弹散布显著增大,初速减小,弹头飞行不稳定,命中率降低。据测定,56式半自动步枪枪管寿命可发射6000发弹,56式冲锋枪可发射15000发弹。

为防止枪管膨胀或炸裂,延长枪管的寿命,必须注意爱护枪膛,做到射击前认真检查枪膛内有无杂物,射击后及时将枪膛内的烟渣擦拭干净。

(二)后坐及其对命中的影响

1.后坐及其形成

发射时武器向后运动的现象,叫后坐。

发射药燃烧时,产生的气体同时作用于各个方向,作用于膛壁周围的压力为膛壁所抵消;向前作用于弹头后部的压力推送弹头前进;向后作用于弹壳底部的压力经过枪机传给整个武器,使武器向后运动,形成后坐。武器的后坐和弹头的运动是同时开始的。在弹头脱离枪口瞬间,大量的火药气体随弹头后部从膛内向外喷出,形成了反作用力,使武器后坐更加明显。

2.后坐对命中的影响

后坐对单发(连发首发)射击的命中影响极小。因为弹头在膛内运动的时间极短(约$1/1000$ s),并且枪比弹头重得多(冲锋枪、半自动步枪400倍以上),所以弹头在脱离枪口以前,枪的后坐距离只有1mm多,而且是正直向后运动的,加之衣服和肌肉的缓冲,射手是感觉不出来的。射手感觉到的后坐,主要是弹头在脱离枪口的瞬间,火药气体猛烈向枪口外喷出形成的反作用力造成的。此时,弹头已脱离枪口。因此,后坐对单发(连发首发)射击的命中影响极小。

后坐对连发射击的命中有一定的影响。因为连发射击时,第一发子弹发射后,由于枪的明显后坐变动了原来的瞄准线,所以对第二发以后的射弹命中有一定的影响。但只要射手据枪要领正确,适应连发武器射击时的后坐规律,就能减小后坐对连发命中的影响,提高射击精度。

二、弹道及其实用意义

(一)弹道

1.弹道及其形成

弹头运动过程中,其重心所经过的路线,叫弹道。弹头在空气中飞行时,一面受到地心吸力的作用,逐渐下降;一面受到空气阻力的作用,越飞越慢。因此,形成了一条不均等的弧线。升弧较长较直,降弧较短较弯曲。

2.弹道要素(图9-3)

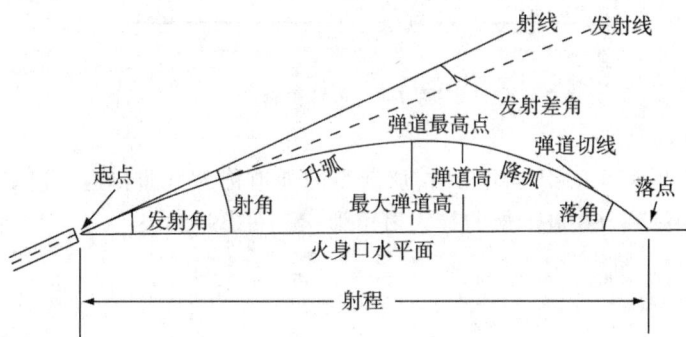

图9-3 弹道要素

起点——火身口中心点。

火身口水平面——通过起点的水平面。

射线——发射前火身轴线的延长线。

射角——射线与火身口水平面之间的夹角。

发射线——发射瞬间火身轴线的延长线。

发射角——发射线与火身口水平面之间的夹角。

落点——弹道降弧与火身口水平面的交点。

弹道最高点——火身口水平面上弹道最高的点。

升弧——由起点到弹道最高点的弹道。

降弧——由弹道最高点到落点的弹道。

弹道高——弹道上任何一点到火身口水平面的垂直距离。

最大弹道高——弹道最高点到火身口水平面的垂直距离。

弹道切线——弹道上任何一点的切线。

落角——落点的弹道切线与火身口水平面的夹角。

射程——起点到落点的水平距离。

(二)低伸弹道和弯曲弹道

1.低伸弹道

用小于最大射程角(能获得最大射程的角,称为最大射程角)的射角射击时,所获得的弹道称为低伸弹道(各种枪的最大射角为30°~50°)。低伸弹道,由于弹道低伸,危险界大,杀伤目标的可能性和杀伤目标的区域纵深就大,测量距离的误差对杀伤目标的影响也就小。如高1m的侧面跑步目标,距射手300m,可是射手误测距离为400m,用重机枪装定标尺"4"瞄准目标中央射击时,在300m处的弹道高为0.31m,从瞄准点到目标顶点高为0-5m,没有超过目标高,目标仍能被杀伤(图9-4)。

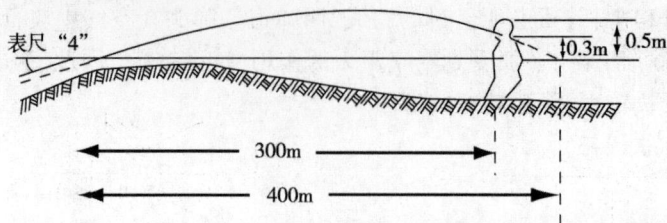

图 9-4　低伸弹道

2.弯曲弹道

用大于最大射程角的射角射击时,所获得的弹道称为弯曲弹道。迫击炮射击时所获得的弹道为弯曲弹道(60迫击炮的最大射角为45°)(图9-5)。

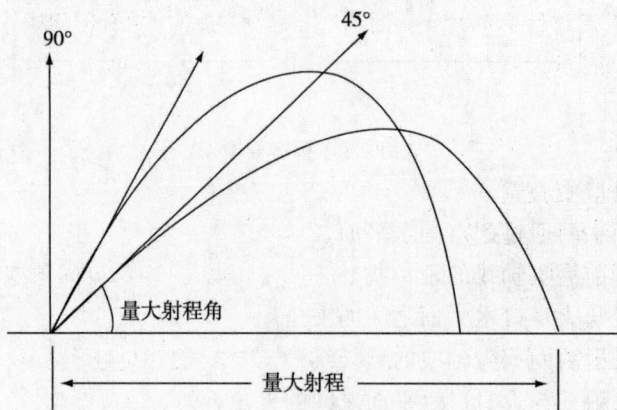

图 9-5　弯曲弹道

弯曲弹道,由于弹道弯曲,能有效地杀伤遮蔽物后的各种目标,既能在自己分队之后随时实施超越射击,以不间断的火力支援步兵战斗,又能在遮蔽物后占领发射阵地,避开正面敌低伸弹道火力的杀伤,以间接瞄准杀伤敌人(图9-6)。

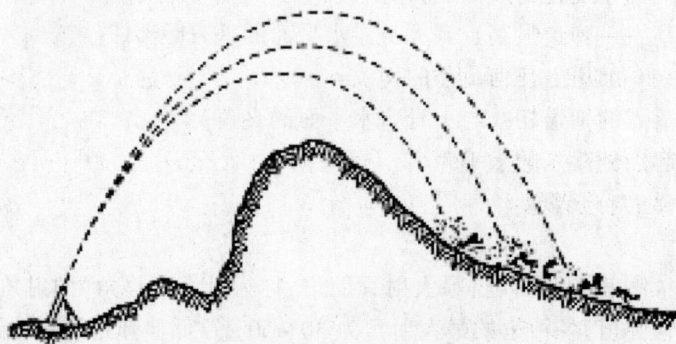

图 9-6　用弯曲弹道杀伤遮蔽物后的目标

(三)直射及其实用意义

1.直射和直射距离

瞄准线上的弹道高在整个表尺距离上不超过目标高的射击,叫直射。这段表尺距离叫直射距离(图9-7)。

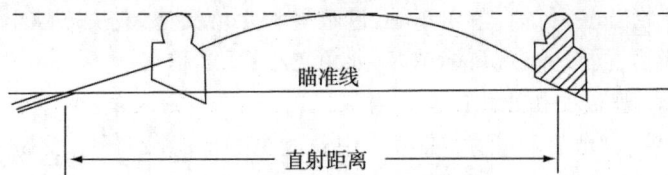

图9-7 直射和直射距离

直射距离的大小,决定于目标的高低和弹道的低伸程度。目标越高,弹道越低伸,直射距离就越大;目标越低,弹道越弯曲,直射距离就越小。因此,直射距离可根据武器在瞄准线上的最大弹道高与目标高相比求出。半自动步枪、冲锋枪、班用轻机枪对人头目标的直射距离为200m,对人胸目标为300m,对半身目标为400m。

2.直射的实用意义

(1)对在直射距离内的目标射击时,瞄准目标下沿,不变更表尺分划即可进行连续射击,以增大战斗射速,提高射击效果。

(2)可以弥补测量距离的误差对命中的影响。

(3)指挥员运用直射的原理,组织侧射、斜射、短兵射击和夜间标定射击,均能获得良好的射击效果。

(4)反坦克火器在直射距离内对敌装甲目标射击,效果更好。

(四)危险界、遮蔽界和死角

1.危险界

危险界分为表尺危险界和实地危险界。瞄准线上的弹道高没有超过目标高的部分,称为表尺危险界;在实际地形上,弹道高没有超过目标高的一段距离,称为实地危险界。

决定实地危险界大小的条件:

(1)弹道形状:对同一地形上的同一目标射击时,弹道越低伸,危险界就越大;反之越小。

(2)目标高低:用同一武器对同一地形上的不同目标射击,目标越高,危险界越大;反之越小。

(3)目标所在位置的地貌:用同一武器对同一种目标射击,目标所在位置的地貌与弹道形状越相一致,危险界越大;反之越小。

2.遮蔽界和死角

从弹头不能射穿的遮蔽物顶端到弹着点的一段距离,叫遮蔽界。目标在遮蔽界内不会被杀伤的一段距离,叫死角。遮蔽界内包括死角和危险界(图9-8)。

遮蔽界和死角的大小是由遮蔽

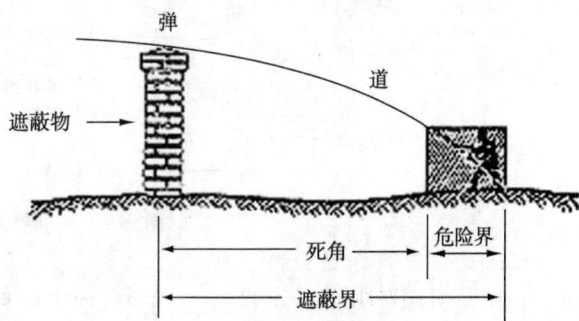

图9-8 遮蔽界和死角

物的高低和落角的大小决定的。死角的大小还决定于目标的高低。

(1)同一弹道,同一目标,遮蔽物越高,遮蔽界和死角就越大;反之越小。

(2)同一遮蔽物,同一目标,落角越小,遮蔽界和死角就越大;反之越小。

(3)同一遮蔽物,同一弹道,目标越高,死角越小;反之越大。

3.了解危险界、遮蔽界和死角的实用意义

懂得了危险界、遮蔽界和死角,在战斗中就能更好地隐蔽身体,发扬火力,灵活地利用地形地物,隐蔽地运动、集结和转移,以避开或尽量减少敌火力的杀伤。在组织火力配系时,就能正确地选择射击位置和组织火力,千方百计地力求增大危险界和减少射击地带内的遮蔽界和死角,并善于运用弯曲弹道和各种武器的侧射、斜射火力,消灭隐蔽在遮蔽界和死角内的敌人。

三、选定表尺分划和瞄准点

(一)瞄准具的作用

由于地心引力和空气阻力的作用,如果用枪管瞄向目标射击,射弹就会打低打近。为了命中目标,必须将枪口抬高,使火身轴线与瞄准线之间形成一定的角度,即瞄准角。瞄准具的作用,就是对一定距离上的目标射击时赋予武器相应的瞄准角和射向。射击时,只要按照目标的距离装定相应的表尺分划瞄准射击,就能命中目标。

(二)瞄准要素(图9—9)

瞄准基线——缺口的上沿中央到准星尖的直线。

瞄准线——视线通过缺口上沿中央和准星尖的延长线。

瞄准点——瞄准线所指向的一点。

瞄准角——射线与瞄准线的夹角。

瞄准线上弹道高——弹道上任何一点到瞄准线的垂直距离。

弹着点——弹道与目标表面或地面的交点。

高低角——瞄准线与火身口水平面的夹角。

表尺距离——起点到落点的距离。

实际射击距离——起点到弹着点的距离。

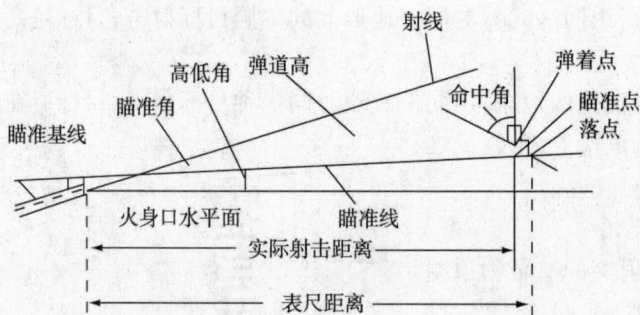

图9-9 瞄准要素

(三)选定表尺分划和瞄准点

为了使射弹准确地命中目标,射击时,射手应根据目标的距离、大小和武器的弹道高(见表9—2),正确地选定表尺分划和瞄准点。

（1）目标距离为 100m（轻机枪 50m）整数倍时，可根据目标的距离等定相应的表尺分划，瞄准点选在目标中央。

（2）目标距离不是 100m（轻机枪 50m）整数倍时，通常选定大于实际距离的表尺分划。根据武器在该距离上的弹道高，相应降低瞄准点射击。也可选定小于实际距离的表尺分划。根据武器在该距离上的负弹道高，相应提高瞄准点射击。

（3）对 300m 距离以内的目标射击时，通常定常用表尺（表尺"3"）分划，小目标瞄下沿，大目标瞄中央射击。

表 9-2 弹道高表

| 枪种 | 表尺 | 弹 道 高 | | | | | | | | |
		50m	100 m	150 m	200 m	250 m	300 m	350 m	400 m	450 m
半自动步枪	1	1	0	−7						
	2	6	11	9	0	−16				
	3	13	25	29	28	18	0	−19		
	4	21	42	55	62	61	51	31	0	−48
冲锋枪	1	1	0	−8						
	2	6	12	9	0	−19				
	3	14	28	33	31	21	0	−33		
	4	24	48	63	72	72	62	39	0	−52

（四）观察弹着和修正偏差

射击时，由于测距、瞄准的误差和外界条件对射击的影响，以及射手操作不正确等原因，会使射弹产生偏差。因此，射手（副射手）应注意观察弹着，及时修正偏差，以提高射击效果。

1.观察弹着

观察弹着时，应根据射弹击起的尘土、水花的位置，曳光迹和目标状况的变化等情况，判断射弹是否命中目标或偏差量的大小。

2.修正偏差

发现偏差时，应认真分析，找出原因。如是武器、风造成的偏差，偏差多少就修正多少。修正方向偏差时，瞄准点（横表尺）向弹着偏差相反的方向修正（用横表尺修正时，瞄准点不变）；修正高低偏差时，可以升降瞄准点或增减表尺分划。

四、外界条件对射击的影响及修正

（一）风对射弹的影响及修正

1.风向和风力的判定

（1）风向的判定：可按风向与射向所形成的角度判定，通常分为横风、斜风、纵风（顺风和逆风）。

（2）风力的判定：风力按其大小分为强风、和风和弱风。判定方法，可用测风仪等器材测出，也可根据人的感觉和常见物体被风吹动的情况来判定。

强风——风速 8~12m/s，相当于 5~6 级风。现象：旗帜刮成水平并哗哗响，草倒于地面,粗树枝摇动,烟被吹成水平并很快散开。

和风——风速 4~7 m/s,相当于 3~4 级风。现象:旗帜展开并飘动,草不停地摆动,细树枝晃动,烟被吹斜但未散开。

弱风——风速 2~3 m/s,相当于 2 级风。现象:旗帜微微飘动,草微动,细树枝微动,烟稍斜上升。

2.风对射弹的影响及修正

(1)横(斜)风对射弹的影响及修正:横(斜)风会使射弹产生方向偏差,风力越大,距离越远,偏差就越大。射击时,为了准确地命中目标,必须根据射弹受风影响的偏差量,将瞄准点或横表尺向风吹来的方向修正。修正时,以横方向的和风修正量(表 9-3)为准,强风加一倍,弱风减一半。斜方向的强(和)风,应按横方向的强(和)风修正量减一半。修正量从预期命中点算起。横表尺修正后,瞄准点不变。

表 9-3　横方向的和风修正量表

距离/m	冲锋枪、半自动步枪班用轻机枪		重机枪	
	m	人体	人体	横表尺
200	0.14	1/4	1/4	1/2
300	0.36	1/2	1/2	2/3
400	0.72	$1\frac{1}{2}$	1	1
500	1.2	$2\frac{1}{2}$	$1\frac{1}{2}$	$1\frac{2}{5}$
600	1.8	$3\frac{1}{2}$	2	$1\frac{4}{5}$

(2) 纵风对射弹的影响及修正:纵风能影响射弹的飞行距离。顺风会使射弹打远(高);逆风会使射弹打近(低)。但风速小于 10 m/s 时影响较小,对 400m 内的目标射击不必修正。如对远距离的目标射击时,可稍降低或提高瞄准点。

修正时。应注意风向、风力的不断变化,灵活运用。

(二)阳光对瞄准的影响及克服方法

1.阳光对瞄准的影响

在阳光下瞄准时,由于阳光的照射作用,缺口部分产生虚光,形成三层缺口:虚光部分、真实缺口、黑实部分。若用虚光瞄准,射弹就偏向阳光照来的方向;若用黑实部分瞄准,射弹就偏向阳光照来的相反方向(图 9-10)。

2.克服的方法

射手应多在不同方向的阳光照射下练习瞄准。练习时,可采取遮光瞄准、

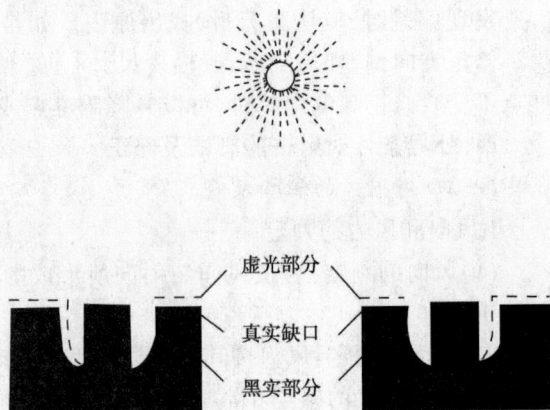

虚光部分
真实缺口
黑实部分

图 2-10　阳光对瞄准的影响

不遮光检查,或不遮光瞄准、遮光检查的方法,反复区别,确实辨清真实缺口的位置和正确瞄准的景况。瞄准时间不宜过长,以免眼花而产生偏差。平时应注意保护好瞄准具,不使其磨亮而反光。

(三)气温对射弹的影响及修正

1.气温对射弹的影响

气温变化时,空气密度也随之改变,因而影响射弹的飞行速度。气温升高时,空气密度减小,对射弹飞行的阻力也相应减小,射弹就打远(高);气温降低时,空气密度增大,对射弹飞行的阻力也相应增大,射弹就打近(低)。

2.修正方法

由于各地区和各季节的气温不同,很难与标准气温(+15℃)条件相符。因此,应在当时当地的气温条件下矫正武器的射效,并以矫正射效时的气温条件为准。射击时,若气温差别不大,在400m(重机枪500m)内对射弹命中的影响较小,不必修正。若气温差别很大或对远距离目标射击时,应适当提高或降低瞄准点射击(修正量见表2-4)。气温降低时,提高瞄准点或增加表尺分划;气温升高时,降低瞄准点或减少表尺分划。

表9-4 气温修正量表

距离/m	冲锋枪、半自动步枪班用轻机枪		重机枪	
	距离	高低	距离	高低
200	4	0.01	4	0.01
300	7	0.03	6	0.02
400	10	0.07	8	0.04
500	13	0.14	10	0.07
600	16	0.26	13	0.12

第三节 射击动作

一、验枪

验枪是一项保证安全的重要措施。使用武器前后及必要时,均应验枪,认真检查弹膛、弹匣和教练弹中有无实弹。验枪时,严禁枪口对人。

口令:"验枪"、"验枪完毕"。

(一)半自动步枪

动作要领:听到"验枪"口令后,右手将枪提起,以右脚掌为轴,身体半面向右转,左脚顺势向前迈出一步(两脚约与肩同宽),同时右手将枪向前送出,左手接握下护木,左大臂紧靠左肋,枪托贴于胯骨,枪刺尖约与眼同高,右手打开保险和弹仓盖,移握机柄。

当指挥员检查时,拉枪机向后。验过后,自行送回枪机,关上弹仓盖,扣扳机。关保险,移握枪颈。

听到"验枪完毕"口令后,右手移握上护木,身体半面向左转,在右脚靠拢左脚的同时,恢复持枪姿势。

(二)冲锋枪

动作要领:听到"验枪"口令后,以右脚掌为轴,身体半面向右转,左脚顺势向前迈出一步(两脚约与肩同宽),同时右手移握上护木,将枪向前送出(背带从肩上脱下),左手接握下护木,左大臂紧靠左肋,枪托贴于右胯,准星约与肩同高,打开保险,卸下弹匣,使弹匣口向后交给左手握于护木右侧,右手移握机柄。

当指挥员检查时,拉枪机向后。验过后,自行送回枪机,装上弹匣,扣扳机,关保险,移握枪颈。

听到"验枪完毕"口令后,左手反握上护木,两手协力将枪倒置于胸前。右手拇指挑起背带,身体半面向左转,在右脚靠拢左脚的同时,两手协力将枪送上右肩,恢复肩枪姿势。

二、射击准备

(一)半自动步枪

1.卧姿装退子弹及定复表尺

口令:"卧姿——装子弹"、"退子弹——起立"。

动作要领:听到"卧姿——装子弹"口令后,右手将枪提起稍向前倾,左脚向右脚尖前迈出一大步(也可右脚顺脚尖方向迈出一大步),左手在左(右)脚尖前支地,顺势卧倒,以身体左侧、左肘支持全身,右手将枪向目标方向送出,左手接握表尺下方,枪托着地,右手拉枪机到定位。解开弹袋扣,取出一夹子弹,插入弹夹槽,以食指或拇指将子弹压入弹仓,取出弹夹,送弹上膛。将弹夹装入弹袋并扣好。右手拇指和食指捏压游标卡笋,移动游标,使游标前切面对正所需要的表尺分划。右手移握枪颈,全身伏地,两脚分开约与肩同宽,身体与射向约成30度角,枪刺离地,目视前方,准备射击。

听到"退子弹——起立"口令后,稍向左侧身,右手解开弹袋扣,打开弹仓盖,接住落下的子弹,装入弹袋,拇指拉机柄向后,余指接住从膛内退出的子弹,送回枪机,将子弹装入弹袋并扣好,关上弹仓盖,打开保险,扣扳机,关保险,复表尺,移握上护木,将枪收回,同时左小臂向里合。屈左腿于右腿下。以左手和两脚撑起身体,右脚向前一大步,左脚再向前一步,在右脚靠拢左脚的同时,恢复持枪姿势。

2.跪姿装退子弹及定复表尺

口令:"跪姿——装子弹"、"退子弹——起立"。

动作要领:听到"跪姿——装子弹"口令后,右手将枪提起,左脚向右脚前方迈出一步,右手将枪向目标方向送出,左手接握表尺下方,同时右膝向右跪下,臀部坐在右脚跟上,左小腿略垂直,两腿约成90度角,左小臂放在左大腿上,枪刺尖约与眼同高。然后,按要领装子弹,定表尺,右手移握枪颈,目视前方,准备射击。

听到"退子弹——起立"口令后,按要领退出子弹,打开保险,扣扳机,关保险,复表尺,右手移握上护木,左脚尖向外打开同时起立,在右脚靠拢左脚的同时,恢复持枪姿势。

3.立姿装退子弹及定复表尺

口令:"立姿——装子弹"、"退子弹"。

动作要领:听到"立姿——装子弹"口令后,右手将枪提起,以右脚掌为轴。身体大半面向右转,左脚顺势向前迈出一步(两脚与肩同宽,成外八字),体重落在两脚上,右手将枪向目标方向送出,左手接握表尺下方,左大臂紧靠左肋,枪托贴于胯骨,枪刺尖约与眼同高。

然后,按要领装子弹,定表尺,右手移握枪颈,目视前方,准备射击。

听到"退子弹"口令后,按要领退出子弹,打开保险,扣扳机,关保险,复表尺,右手移握上护木,身体大半面向左转,在右脚靠拢左脚的同时,恢复持枪姿势。

(二)冲锋枪

1.向弹匣内装子弹

左手握弹匣,使弹匣口朝上,挂耳向左前,右手将子弹放于弹匣口,两手协力将子弹压入弹匣内。

2.卧姿装退子弹及定复表尺

口令:"卧姿——装子弹"、"退子弹——起立"。

动作要领:听到"卧姿——装子弹"口令后,右手移握上护木,使枪口向前(背带从肩上脱下),左脚向右脚尖前迈出一大步(也可右脚顺脚尖方向运出一大步),左手在左(右)脚尖前支地,顺势卧倒,以身体左侧、左肘支持全身,右手将枪向目标方向送出,左手接握下护木,枪面稍向左,枪托着地,右手打开枪刺,卸下空弹匣(弹匣口朝后)交给左手握于护木右侧,解开弹袋扣,换上实弹匣,将空弹匣装入弹袋内并扣好,打开保险,拉枪机送子弹上膛,关上保险。右手拇指和食指捏压游标卡笋,移动游标,使游标前切面对正所需的表尺分划。然后,右手移握握把,全身伏地,枪面向上,弹匣、枪托着地,两脚分开约与肩同宽,身体右侧与枪略成一线,目视前方,准备射击。

听到"退子弹——起立"口令后,稍向左侧身,右手卸下实弹匣交给左手,打开保险,拇指慢拉枪机向后,余指挡住从膛内退出的子弹,送回枪机,将子弹压入弹匣内,解开弹袋扣,换上空弹匣,把实弹匣装入弹袋内并扣好,扣扳机,关保险,复表尺,折回枪刺,移握上护木,将枪收回,同时左小臂向里合,屈左腿于右腿下。以左手和两脚撑起身体,右脚向前一大步,左脚再向前一步,左手反握上护木,将枪倒置于胸前,右手挑起背带,在右脚靠拢左脚的同时,两手协力将枪送上右肩,恢复肩枪姿势。

3.跪姿装退子弹及定复表尺

口令:"跪姿——装子弹"、"退子弹——起立"。

动作要领:听到"跪姿——装子弹"口令后,右手移握上护木,使枪口向前(背带从肩上脱下),左脚向右脚前方迈出一步,右手将枪向目标方向送出,左手接握下护木,同时,右膝向右跪下,臀部坐在右脚跟上,左小腿略垂直,两脚约成90度角,左小臂放在左大腿上,枪面稍向左,准星略与肩同高。然后,按要领打开枪刺,换上实弹匣,打开保险,送子弹上膛,关保险,定表尺,右手移握握把,目视前方,准备射击。

听到"退子弹——起立"口令后,按要领卸下实弹匣,打开保险,退出膛内子弹,换上空弹匣,扣扳机,关保险,复表尺,右手折回枪刺,移握上护木,左脚尖向外打开的同时起立,左手反握上护木,将枪倒置于胸前,右手挑起背带,在右脚靠拢左脚的同时,两手协力将枪送上右肩,恢复肩枪姿势。

4.立姿装退子弹及定复表尺

口令:"立姿——装子弹"、"退子弹"。

动作要领:听到"立姿——装子弹"口令后,右手移握上护木,以右脚掌为轴,身体大半面向右转,左脚顺势向前迈出一步(两脚约与肩同宽,成外八字),体重落在两脚上,右手将枪向目标方向送出(背带从肩上脱下),左手接握下护木,左大臂紧靠左肋,枪托贴于胯骨,准星约与肩同高。然后,按要领打开枪刺,换上实弹匣,打开保险,送子弹上膛,关保险,定表尺,右手移握握把,目视前方,准备射击。

听到"退子弹"口令后,按要领卸下实弹匣,打开保险,退出膛内子弹。换上空弹匣,扣扳机,关保险,复表尺,右手折回枪刺,移握上护木,身体大半面向左转,左手反握上护木,将枪倒置于胸前,右手挑起背带,在右脚靠拢左脚的同时,两手协力将枪送上右肩,恢复肩枪姿势。

三、据枪、瞄准、击发

(一)据枪

为了获得更好的射击效果,应力求充分利用地形,实施有依托射击。条件许可时,应构筑依托物。依托物的高度应以射手的身体而定,一般为25~30cm。在紧急情况下,还应善于利用不同高度的依托物实施射击。

1.半自动步枪有依托据枪

卧姿据枪时,下护木放在依托物上,左手托握表尺下方,手背紧靠依托物(也可将手垫在依托物上),左肘向里合。右手握枪颈,食指第一节靠在扳机上,大臂略成垂直。两手协同将枪托确实抵于肩窝,头稍前倾,自然贴腮。

掩体内跪姿据枪时,通常跪左膝,身体左前侧紧靠掩体前崖,右小腿垂直或右脚向右后蹬,两肘抵在臂座上。

掩体内立姿据枪时,左腿微屈,上体左前侧紧靠掩体前崖,右脚向后蹬,两肘抵在臂座上。

2.冲锋枪有依托据枪

卧姿据枪时,下护木(枪刺座或枪管)放在依托物上,身体右侧与枪身略成一线。右手虎口向前紧握握把,食指第一节靠在扳机上,右肘尽量里合着地前撑。左手握弹匣(也可握下护木),左肘着地外撑,两肘保持稳固。胸部挺起,身体稍向前跟(右肘不离地),上体自然下塌,两手用力保持不变,使枪托确实抵于肩窝。头稍前倾,自然贴腮。

掩体内跪姿据枪时,通常跪左膝,右膝靠掩体前崖或右脚向后蹬,也可跪双膝。上体紧靠掩体前崖,两肘抵在臂座上。

掩体内立姿据枪时,上体左前侧紧靠掩体前崖,左腿微屈,右脚向后蹬,两肘抵在臂座上。

(二)瞄准

右眼通视缺口和准星,使准星尖位于缺口中央并与上沿平齐,指向瞄准点,就是正确瞄准。正确瞄准景况,应是准星与缺口的平正关系看得清楚,而目标看得较模糊(图9-11)。

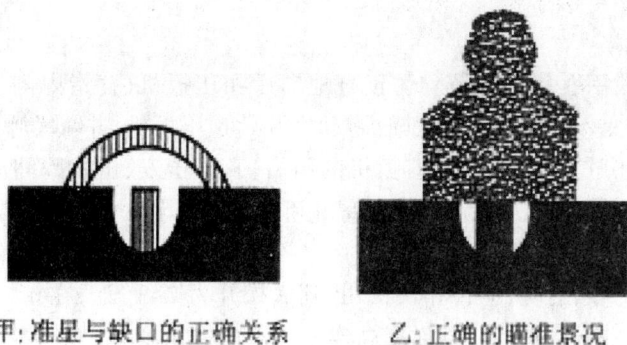

甲:准星与缺口的正确关系　　　　乙:正确的瞄准景况

图 9-11　正确瞄准

2.瞄准的方法

据枪后,应首先使瞄准线自然指向目标。若未指向目标,不可迁就而强扭枪身,必须调整姿势。需要修正方向时,可左右移动身体或两肘。需要修正高低时,可调整依托物,前后移动整个身体或两肘里合、外张(连发射击时,右肘不宜外张),也可适当移动左手的托枪位置。

瞄准时,应把主要精力集中在准星与缺口的平正关系上。如果把主要精力集中在准星与目标上,就会忽略准星与缺口的平正关系,使射弹产生偏差。

3.瞄准误差对命中的影响

(1)准星与缺口关系不正确:瞄准时,若准星与缺口的关系不正确,对命中影响很大。准星偏哪,弹着偏哪。如准星尖在缺口内偏差 1mm,弹着点在 100m 距离上的偏差量:半自动步枪 21cm,冲锋枪 26cm。距离增加几倍,偏差量就增加几倍。

(2)瞄准线指向的偏差:瞄准时,若准星与缺口的关系正确,而瞄准线指向产生偏差时,射弹也会产生偏差。射弹的偏差与瞄准线指向的偏差相一致,如瞄准线指向偏左15cm,射弹也就偏左 15cm。

4.检查瞄准的方法

(1)个人检查:瞄准时,头稍上下移动,检查准星是否位于缺口中央;头稍左右移动,检查准星尖是否与缺口上沿平齐。也可用平正准星检查器或白纸遮挡的方法,检查准星与缺口是否平正。

(2)固定枪检查:将枪放在依托物上,瞄准后不动枪,互相检查瞄准的正确程度。

(3)四点瞄准检查:将枪放在依托物上,在枪前 15m 处设固定白纸靶。示靶手将检查靶固定在白纸上,由教练员或优秀射手向检查靶瞄准。瞄好后,将枪固定好,示靶手通过检查靶中央的圆孔,点上标记作为基准点。然后,移开检查靶。由射手不动枪瞄准,指挥示靶手移动检查靶。连续瞄 3 次,每次点上标记。3 次的瞄准标记点与基准点能套在直径10mm 的圆孔内为及格,能套在 5mm 的圆孔内为良好,能套在 3mm 的圆孔内为优等。

四点瞄准时,是动靶不动枪,而实际射击则是动枪不动靶。因此,瞄准标记点对基准点的高低和方向偏差与实际射击的偏差相反。

(4)用检查镜检查:将检查镜固定在枪上,检查者位于射手的左侧通过检查镜进行检查。

（三）击发

击发时，用右手食指第一节均匀正直地向后扣压扳机（食指内侧与枪应有不大的空隙），余指力量不变。当瞄准线接近瞄准点时，开始预压扳机，并减缓呼吸。当瞄准线指向瞄准点时，应停止呼吸，继续增加对扳机的压力，直至击发，击发瞬间应保持正确一致的瞄准。若瞄准线偏离瞄准点或不能继续停止呼吸时，应既不增加也不放松对扳机的压力，待修正或换气后，再继续扣压扳机。

连发武器操纵点射时，应稳扣快松，扣到底松开为2~3发。在扣扳机的过程中，应始终保持姿势稳固，操枪力量不变，以提高连发射击命中精度。

据枪、瞄准、击发是互相联系和互相影响着的动作。稳固协调的据枪，正确一致的瞄准，均匀正直的击发，三者正确的结合，是准确射击的关键。因此，必须刻苦学习，熟练掌握。

（四）据枪、瞄准、击发常犯的毛病及纠正方法

1.抵肩位置不正确

射击时，射手若不能正确地抵肩，会使射弹产生偏差。在通常情况下，抵肩过低易打低；抵肩过高易打高。纠正时，射手要反复体会正确的抵肩位置，并通过他人摸、推的方法检查抵肩位置是否正确。

2.两手用力不当

射击时，射手为了命中目标，往往以强力控制枪的晃动，造成肌肉紧张，用力方向不正，姿势不稳，使枪产生角度摆动，增大射弹散布。纠正时，应强调据枪时正直向后适当用力，使用力方向与后坐方向一致。连发射击时，应保持姿势稳固，操枪力量不变。练习时，可据枪后由协助者向后推枪、拉枪机或射手两手向后引枪等方法，检查用力方向是否正确，发生偏差，及时纠正。自动武器射击应特别注意防止右手上抬、下压或向后引枪等毛病。

3.击发时机掌握不好

无依托射击时，有的射手常为捕捉瞄准点，造成勉强击发或猛扣扳机。纠正时，应指出瞄准线的指向在瞄准点附近轻微晃动是正常现象，当瞄准线在瞄准点附近轻微晃动时，应适时击发。

4.停止呼吸过早

射击时，停止呼吸过早易造成憋气，使肌肉颤动而导致据枪不稳或猛扣扳机。纠正时，应使射手反复体会在瞄准线指向瞄准点或在瞄准点附近轻微晃动时自然停止呼吸的要领。在剧烈运动后，无法按正常情况停止呼吸时，应进行深呼吸后再停止呼吸。

5.耸肩、眨眼和猛扣扳机

射击时，由于射手过多地考虑枪响时机、点射弹数、射击成绩等原因，造成心情紧张，产生耸肩、眨眼和猛扣扳机等错误动作，影响射弹命中。纠正时，应强调按要领操作，把主要精力、视力集中在准星与缺口的正确关系上，达到自然击发。

6.枪面倾斜

瞄准时，如枪面偏左（右），射角减小，枪身轴线指向瞄准点左（右）边，射击时，弹着偏左（右）下。纠正时，强调射手据枪应保持枪面平正。

第四节　实弹射击

一、实弹射击条件(表 9-5)

表 9-5　半自动步枪、冲锋枪、班用

名称	第一练习		
枪种	半自动步枪	冲锋枪	班用轻机枪
目的	锻炼射手不动目标准确射击的技能		
目标	胸环靶		
距离	100m		
姿势	卧姿有依托		卧姿
使用弹数	5 发		10 发(不超过 5 次点射)
成绩评定	优等:命中 45 环以上 良好:命中 40 环以上 及格:命中 30 环以上		10 发(不超过 5 次点射) 优等:命中 50 环以上 良好:命中 45 环以上 及格:命中 35 环以上
实施方法	1、表尺、瞄准点自选。自下达装子弹的口令起,10min 内射击完毕 2、每发射一次后报靶,并指示弹着点		

二、实弹射击的有关规定

(1)实弹射击时,射手必须使用手中武器,如不能使用手中武器射击,须经射击指挥员批准。

(2)自动武器规定实施点射时,每出现一次单发,算一次点射。每超过一次点射,降低成绩一等。

(3)射击中如发生故障,射手应自行排除,继续射击。如因武器、子弹不良发生故障,可重新射击。

(4)对环靶射击时,命中环线算内环。跳弹命中靶子不算成绩。

(5)打错靶算脱靶。被打错者,如无法判明错弹时,可重新射击。

(6)不及格者可补射一次。补射成绩不算单位成绩。

(7)单位实弹射击成绩评定。

优等——及格率 90%以上,其中优良率不少于 40%;

良好——及格率 80%以上,其中优良率不少于 40%;

及格——及格率 70%以上。

分队干部的实弹射击成绩,统计在分队的成绩内。勤杂人员的实弹射击成绩,不统计在分队的成绩内。

三、射击场的组织和主要人员职责

(1)射击场指挥员。负责设置场地,派遣勤务,组织指挥射击,监督全体人员遵守射击场的各项规定和安全规则,处理有关问题。

(2)警戒人员。负责全场的警戒,严禁任何人员和牲畜进入警戒区。发现险情,应立即发出信号并向射击场指挥员报告。

(3)信号(观察)员。根据射击场指挥员的命令发出各种信号,负责警戒区内的观察,发现险情立即报告。

(4)示靶员。负责设靶、示靶和报靶。

(5)发弹员。根据指挥员的命令,按规定弹种,弹数发给射手子弹,收回剩余子弹。

(6)记录员。负责成绩登记。

(7)医务人员。负责医疗保障工作。

四、射击场的安全规则

(1)射击场必须具备可靠的靶挡和确保安全的靶壕及掩蔽部,并应避开高压线和其他重要设施。

(2)射击场应标示出发地线和射击地线,无关人员不得越过出发地线。

(3)实弹射击前,必须仔细搜索靶场警戒区,派出警戒,设置警戒旗。

(4)射击前,应向全体人员明确规定开始射击、停止射击、报靶和射击终止等各种信号。

(5)发出准备射击信号后,示靶人员应迅速隐蔽并竖起红旗,未经射击场指挥员许可,不得外出。指挥员未接到靶壕内发出的可以射击的信号,不得下令射击。靶壕内若发生特殊情况需立即停止射击时,应示白旗或用其他规定的方法向指挥员报告。射手看到白旗或听到停止射击的口令,应立即停止射击,并关保险。

(6)实弹射击时,射向不得超出安全射界。

(7)射击前后必须验枪。无论枪内有无子弹,射手都不得将枪口对人。严禁将装有实弹的武器随意放置或交给他人。严禁将实弹和教练弹混在一起。没有指挥员的命令,射手不准装弹。报靶时,严禁在射击地线摆弄武器或向靶区瞄准。

第十章 综合训练

综合训练是提高军队战斗力的重要训练内容,主要包括行军、宿营与警戒和野外生存等内容。

第一节 行 军

行军是军队沿指定路线进行的有组织的移动。行军分为常行军和强行军。行军时必须保持充分的战斗准备,迅速、隐蔽地按时到达指定地域。战时行军通常在夜暗或视度不良条件下实施。行军的速度,应根据任务、道路状况、天候季节而定。常行军,按正常的每日行程和时速实施。摩托化行军,每日行程50~150km,时速:夜间15~20km,昼间20~30km。徒步行军,每日行程30~40km,时速4~5km。强行军以加快行进速度和延长行军时间的方法实施,通常徒步每小时行程7km左右。

行军时,休息通常由领导统一掌握,徒步每行进1小时左右休息10分钟,乘车通常每行进2~3小时休息20~30分钟。第一次小休息,时间可稍长些,以便整理装具。大休通常是在走完当日行程的1/2时,进入指定地区休息1~2小时。走完一日行程后,按上级指示进行宿营。

一、行军的组织准备

(一)研究情况

拟定行军计划的指挥员应根据受领的行军命令,在地图上研究敌情、任务和行军路线,确定行军序列,指定观察员和值班火器,制定防护措施和各种情况的处置方案。

(二)做好思想动员

行军前,指挥员应根据本分队所担负的任务,结合分队的思想情况,进行深入的思想动员。要教育战士模范遵守行军纪律,服从命令听指挥,不得擅自离队,不得丢失装具和食物,不喝生水,不违犯群众纪律等,保障分队顺利完成行军任务。

(三)下达行军命令

下达行军命令时应着重明确:

(1)敌情。

(2)本分队的任务,行军路线、里程,出发及到达指定地区的时间,以及大休息的地点。

(3)分队集合地点,行军序列,乘车时还应区分车辆。

(4)着装规定。

(5)完成行军准备的时间,以及起床、开饭、集合的时间。

(四)组织战斗保障

(1)指定 1~2 名战士为观察员,负责对地面、对空观察;指定值班分队及火器,负责对空防御。

(2)规定遭敌原子、化学、细菌武器袭击时各分队行动方法。

(3)规定在敌人航空兵或炮火袭击时的行军方法。

(4)规定伪装方法及伪装纪律。

(五)做好物资装具准备

为了顺利完成行军任务,保持分队的战斗力,行军前指挥员必须:

(1)检查携带的给养、饮水、武器、弹药等情况。

(2)检查着装情况,如鞋袜的整理、背包的捆绑、装具的佩带等。

(3)妥善安置伤病员。

(4)根据季节,进行防暑、防冻教育和物品的准备。

二、行军的管理与指挥

(1)出发时,应按上级的命令,准时通过出发线,加入上级行军序列。在有可能发生遭遇战斗的情况下行军时,各排长应随连长在先头行进,以便及时受领任务。分队在公路或乡村路行军时,应沿道路的一侧或两侧行进,乘车时,沿道路的右侧行进。

(2)行进中,应注意保持行进速度和规定的距离,听从调整哨的指挥。未经上级允许,不得超越前面的分队。经过渡口、桥梁、隘路等难以通行的地点时,应严密组织迅速通过,不准停留;通过交叉路口时,要看清路标,防止走错路。摩托化行军,应保持规定的车速、车距,不得随意超车和停车,主动给指挥车和特种车让路。如车辆发生故障,应靠道路右侧,必要时离开道路停车抢修,修好后根据上级指示归队。徒步行军的分队应主动给车辆、执行特别任务的分队和人员让路。夜间行军,要严格灯火管制。

(3)按上级的指示组织休息。小休息应靠路边,并保持原来队形。在第一次小休息时,应督促战士整理鞋袜、装具等。大休息应离开道路,进入指定地区。休息时,应派出警戒。必要时,可占领附近有利地形,加强对空观察,并保持战斗准备,以防止地面和空中敌人的突然袭击。组织野炊,安排好伤病员,督促驾驶员检查车辆,组织分队在规定地区休息。夜间休息时,人员不准随意离队,武器、装具要随身携带。出发前,应清点人数,检查装备,补充饮(用)水。

(4)在山林地行军通过山垭口和上下坡时,应适当减速行进,以避免后面跑步追赶或掉队;火炮、车辆应适当加大距离。在严寒地带行军时,小休息时间不要过长,并禁止躺卧,以免发生冻伤。在炎热季节或在热带山岳丛林地行军时,应尽量利用早晚时间实施。要带足饮水和消毒、防暑药品,途中应采取防暑、防虫害的措施。

(5)遇敌空袭时,应指挥分队迅速向道路的一侧或两侧疏散隐蔽(乘车时要下车),并指定火器射击低飞敌机。如空袭情况不严重或行军任务紧迫时,分队则应采用疏开队形,增大距离,加快速度前进。

(6)行军中,连应指定一名军官,带领卫生员和若干体力较好的战士组成收容组,在连队的后尾跟进,负责收容伤病员,组织掉队的人员跟进。

第二节　宿营与警戒

宿营是指军队在行军或战斗后的住宿。其目的是为了使部队得到休息和调整,以便继续行军或做好战斗准备。部队在组织宿营前,要与当地政府武装部门取得联系,认真做好宿营前的准备工作。

一、宿营地区的选择

宿营地区的选择,应根据敌情、地形、任务和行军编成而定。既要能保证分队安全休息,又要便于迅速投入战斗。平时组织综合拉练应以能达到训练目的为标准。通常应远离城镇、集市、车站、渡口、大的桥梁,避开疫区、传染病流行村落,还要有适当的地幅和较好的进出道路。

露营地域,夏季要尽量选在高处,避开谷地、低地、洪水道和易于坍塌的地方;冬季应选在避风向阳处,土质较粘,便于搭设简易遮棚或便于挖掘的地方。

选择宿营地区时,通常还要考虑以下因素:一是要符合战术要求,从具体位置到配置方式都应以预想的战术背景为基本前提;二是要着眼于训练课目需要,有利于达到训练目的;三是要方便生活,尽量靠近水源,并有进出道路;四是要选择在群众基础较好,或影响群众利益较小的地区。

二、宿营方式

宿营方式分为舍营、露营及舍营与露营相结合三种。舍营,是军队在房内宿营。露营,是军队在房舍外宿营,通常在不具备舍营条件时采用,是平时部队训练的重点。野外露营的方式分为利用制式器材露营和利用就便器材露营。利用制式器材露营,通常是指利用帐篷、装配式工事等装备的制式器材进行的露营。利用就便器材露营,通常是指利用车辆、坦克、篷布、雨衣、草木等进行的露营。

三、宿营的基本要求

进入宿营地前,指挥员应了解宿营地域情况。必要时,还应组织侦察,查明有无毒剂、放射性物质、爆炸性障碍物、残存的敌人等。平时的野营训练,重点应调查是否有传染病流行等卫生情况,以及当地的民情风俗等。

到达宿营地域后,必须做好以下工作:

(1)派出岗哨和观察员(有时观察员可由岗哨兼),指定对空射击的火器和昼夜值班人员;如单独宿营时,应向重要方向派出班哨和步哨。必要时,派出游动哨。

(2)应立即组织所属指挥员勘察地形,划分各排的隐蔽配置位置,规定紧急集合场和防敌空袭的疏散隐蔽地域。明确遭敌袭击时各分队的行动。

(3)组织分队构筑必要的工事并进行伪装,建立通信联络,侦察水源。对汲取饮用水的河流,要区分饮水和洗刷的地段。

(4)督促战士用热水洗脚,整理装具,烤晒衣服,抓紧时间休息。

(5)组织各班、排构筑厕所,教育战士不得随地大小便。

(6)了解当地民情,教育分队遵守群众的风俗习惯和三大纪律八项注意;做好群众工作,密切军民关系;同驻地民兵协同做好防空及防奸保密工作。

(7)注意卫生常识教育,如教育战士冻伤切忌烤火或用热水烫洗;教育炊事员注意饮食卫生和调剂生活,检查食物是否清洁,防止中毒。

(8)及时向营呈送宿营报告。

四、宿营中各种情况的处置

(1)接到空袭警报时,应立即发出防空警报,指挥人员疏散隐蔽;当敌机轰炸、扫射宿营地域时,应指挥对空值班火器射击低空敌机。

(2)驻地附近发现敌空降时,应与民兵配合,乘敌尚未着陆或着陆混乱之际,将其歼灭。

(3)当遭地面之敌突然袭击时,应指挥分队迅速抢占有利地形,边战斗边查明情况。根据上级指示,将敌歼灭或撤出宿营地域。

宿营结束,要认真清理文件和武器装备,避免丢失,消除宿营时所留痕迹,并会同政治部门进行群众纪律检查和做好善后工作。

五、宿营警戒

宿营警戒是保障军队宿营安全的警戒。宿营警戒的组织应根据敌情、地形和宿营部署确定。通常团(营)向敌威胁较大的方向上派出连(排)哨,向次要方向派出排(班)哨;连(排)派出班哨、步哨、潜伏哨、游动哨。警戒派出的距离以保障主力不受突然袭击和有时间组织部队投入战斗为宜,一般连(排)哨为4~6km。警戒地带的宽度:连哨为2~3km,排哨为1~1.5km。必要时,应组织有重点的环形警戒。

(一)步哨

1.步哨的派遣和任务

步哨通常由1~2人组成,一人叫单哨,二人叫复哨,由宿营警戒分队派出。派出的距离,通常约在200~400m,夜间在100m内。其任务是:及时发现敌人;防止敌侦察人员的渗透活动。

2.进入哨位的动作:

(1)步哨位置的选择:步哨的位置由派出的指挥员指定。应选择在敌人可能接近的地形和道路附近,便于观察、射击和隐蔽的地点。步哨在班长的带领下进入哨位,或受领任务后自行进入哨位。

(2)进入哨位后的动作:

①区分任务。如步哨由二人组成时,应区分各人的观察地境,对主要方向应重叠观察,并由一人经常与上级保持联络。

②构筑哨位。构筑工事时,应由一人全面观察,尔后轮换。哨位应尽量利用地形加以改造或先挖卧(跪)射掩体,然后逐步加深成立射掩体并严密伪装。

3.观察方法及应注意的事项

步哨对警戒地带内的各种地形,应熟记其形状和位置,以便及时发现情况。观察方法,由近至远,由右至左反复进行。对可疑征候、复杂地形,特别是敌人可能出现的方向,应仔细观察。在执勤中应注意以下事项:

(1)提高警惕,不能睡觉,武器不能离身,随时准备战斗。

(2)注意隐蔽,不能吸烟和高声谈话,以免敌人发现。

(3)经常与上级保持联络,发现情况立即报告。

4.对各种情况的处置

(1)对来往人员,按上级命令规定处理。

(2)发现敌人时,应一面监视,一面用信号报告上级并准备战斗。当敌人突然对我袭击时,应立即鸣枪报告,并以火力阻止敌人。当得到上级撤回的指示或信号时,应按预定路线撤回。

5.步哨换班

步哨换班由派出的指挥员掌握。通常2小时换班1次,在酷暑严寒时可缩短换班时间。换班时,要将观察地境、特别注意的方向、口令(特别口令)和发现的情况,交代给接班的步哨。在换班中,如发现情况,应立即停止换班,待处理后再行交接。

(二)游动哨

1.游动哨的派遣、任务及要求

游动哨通常由2~3人组成,并指定一人为哨长,由宿营警戒分队或防御分队派出。其任务是:防止敌人渗入和破坏分子进行活动,检查警戒人员的警惕性和配置地域内的伪装情形,灯火管制情况,并同友邻警戒进行联络。游动哨通常是在警戒线内(外)或在宿营地域内,按照上级规定的路线或游动范围进行巡察。

游动哨在执行任务中必须做到:行动隐蔽、保持肃静、严禁吸烟;要有高度的警惕,随时做好战斗准备,防止敌人突然袭击;运动路线及活动时间,不要一成不变形成规律,防止敌人伏击。

2.游动哨受领任务后的动作

游动哨在执勤前,应做好准备,并进行检查。受领任务后,应当明确:

(1)敌人的位置及其活动的规律,与我军的距离,可能出现的方向。

(2)游动范围内地形的特点,哪些地形便于敌人接近。

(3)我军警戒的位置及与其联络的方法。

(4)当地居民的政治情况。

(5)游动哨游动的范围,运动的路线及其与友邻游动哨的会哨地点。

(6)识别联络信(记)号和口令。

3.游动哨执行任务的方法

(1)游动哨是以观察、潜听和搜索等方法进行巡察的。在执勤中,遇到可疑的征候和通过较复杂的地形时,应仔细地进行观察潜听。必要时,应占领有利地形,做好射击准备,指派战士或哨长亲自进行抵近观察和搜索,待查明情况后再继续前进。

(2)游动哨在接近班(步)哨时,应服从其询问,正确地回答口令或联络信(记)号;游动哨长应将返回的路线、时间和联络信(记)号告知班(步)哨长,并互相通报在执勤中发现的情况。

(3)游动哨遇到来往人员时,应待其接近,低声问答口令,当对方回答正确,确系我方人员,可放其通过。对从敌方来或向敌方去的人员的盘问与处理,应按上级特别指示执行。

(4)游动哨发现单个敌人时,应尽量设法捕捉;发现多数敌人或遭敌袭击时,应立即占领有利地形进行抵抗,并迅速向上级报告,尔后根据命令行动。

(5)游动哨应按规定的时间、地点和顺序,进行交接班,在交班时,应将在执勤中发现的情况和我方出入警戒线人员的情况,告知接班的游动哨。

第三节 野外生存

无论是驰骋战火硝烟的疆场,还是纵横祖国山川原野;无论是雾谷被困、密林迷踪,还是穿行于大漠、隔绝于荒岛;无论是军人还是平民,都会面临生存问题。作为个人来说,身体越强健、知识越丰富,生存的机会就越多。因此,对于每一个人,不管是军人还是平民,熟知各种危急情况下的求生技能,学会如何寻求解决突发事件的思维方式,都是非常重要的。

一、野外生存的物质准备和精神准备

野外生存主要发生在以下几种情况:一是和平时期较长时间远离基本生活区的野外作业和训练;二是战争时期的野外行军作战;三是意外情况受困荒野。第一种情况是在预有准备的情况下进行的;第二种情况是在毫无准备的情况下,遭遇意外的灾难;第三种情况则是预有准备和遭遇意想不到的困境的综合,这是战争的特殊环境决定的。不管遇到哪一种情况,要适应野外生存的环境,就必须有充分的物质准备和精神准备。准备得越充分,生存的几率就越高。尤其是第二和第三种情况,环境复杂,不可预测的因素多,难度高,更应有必要的物质准备和充分的精神准备。

(一)物质准备

1.有计划行动的行装准备

对有计划的野外行动,出发前,应根据客观环境的需要选择合适装备,准备好行装。这些装备主要有以下四大类。

(1)基本用品

①鞋子。挑选合适的鞋子,并在出发前两周就进行试穿,使新鞋与脚有一个磨合过程,以避免或减少脚起泡。

②衣服。根据预定的野外生活时间的长短,仔细挑选合适的衣服,必须有一套换洗的衣服和一套休息时能添加保暖性的衣服;在严寒天气应多带几件御寒衣服。

③雨衣。雨季外出必须带上雨衣。

④被装。根据季节选择合适的被装,最好选择柔软、轻便,保暖性能好的被装。

⑤帐篷。在野外生活的时间较长时,应备有帐篷,以作为日常活动的场所。帐篷最好

选择轻质材料做成的,以便于携带。

⑥背包、行囊。要有一个背着舒适而且结实的背包或者行囊,以便携带衣物和必要装备。背包、行囊应有结实而舒适的腰带,这样可以将大部分重量分担在臀部上,以减少肩膀和背部的负担。制作背包的材料一定要选用结实而且防水的织物。

⑦食品。应带易熟的食品,盐要放在适宜的容器里。遇到严寒天气,要多带一些高脂食品和糖类。各种食物的比例可按照自己的口味确定,但一定要保证各类营养物之间的良好平衡。这些营养物包括蛋白质、脂类、碳水化合物、维生素和微量元素等。

⑧通讯设备。现代信息社会,通信手段已经非常先进,个人或小团体行动,只要带上手机就可以解决通信问题。如果是有组织的远程探险等集体行动,最好备有无线电通讯设备,并有熟练操纵这些设备进行联络的工作人员。必须注意的是,由于身处荒野,远离人类文明,没有外接电源,所以,出发之前,所有电子设备应充足电能,并带有备用电源。使用时,应尽量控制待机和通话时间。可以采取手机接发信息的方法来节省电能消耗,以延长使用时间。

(2)医疗卫生盒

内装常用药和卫生用品,主要有:

①镇痛类药。这类药可缓解疼痛、减轻痛苦,常用的有去痛片、强痛定、罗通定等。

②肠道镇定剂。这类药用于治疗急性或慢性腹泻,常用的有神奇止泻丸,黄连素,654–II 片、保济丸等。

③抗生素。用于治疗常见细菌感染,常用的有阿莫西林、氟哌酸、乙酰螺旋霉素等。

④抗感冒药。常用的有扑感敏,Vc 银翘片,力克舒等。

⑤防中暑和抗过敏药类。如藿香正气水、仁丹、扑尔敏等。

⑥防毒蛇咬(蚊虫叮)伤药。用于治疗各类蚊虫叮咬和毒蛇(虫)咬(螫刺)伤等,常用的有蛇药片、白花油、风油精等。

⑦抗疟疾类药品。在疟疾流行区,这类药品是必备的,常用的有防疟 1 号片等。

⑧跌打损伤药,如扶他林、三七片、云南白药等。

⑨膏药类,类型多样,使用前应保证将伤口弄清洁。常用的有创可贴、风湿止痛膏、正骨水、红药水、冻疮膏、蓝烃油膏等。

⑩急救包、绷带等,用来固定受伤部位,促使伤口愈合。

此外,还应备有高锰酸钾和漂白粉之类的消毒、灭菌药物。所有药品都应标明用法、用量和有效期。

上述各类医药卫生用品可根据个人的习惯,以及执行任务区域的流行病特点,灵活选择搭配。

(3)百宝盒

在紧急情况下,有些平时并不起眼的小器具却能帮你增加幸存的机会。把这些小器具集中放在小盒里,以便随身携带,这就是中国人常说的"百宝盒",外国人则叫"救生宝盒"。盒中通常应装有:

①生火用的火柴、蜡烛、打火石和放大镜。火柴最好带防水的,普通火柴易燃,装盒时要用熔化的蜡烛油包住火柴头。

②针和线。针要有大小几种型号,线要选择坚韧耐磨的,并将其绕在针上。

③鱼钩和鱼线。鱼钩应挑选小号钩,鱼线尽可能多带一些。还可以根据需要再装其他小件物品。要定期检查盒里的各类小东西,一旦发觉哪个不能用了,应及时更换。

(4)工具包

①指南针。最好是刻度清晰、纽扣大小的指南针。

②绳索。最好带细而结实的尼龙绳索。

③手电筒。

④饭盒。最好是铝制饭盒,既轻便耐用,又是很好的炊具,还能盛放各类救生物品。

⑤救生袋。严寒季节外出,带一只长 200 cm、宽 60 cm 的聚乙烯薄膜大袋子,意外情况下钻到里面,可以减少热量散发,达到保暖救命的效果。

⑥刀具。在野外紧急求生时,刀既是工具,也是武器,可以说是无价之宝。然而刀也是危险物品,如果乘机旅行,应该按照规定,把携带的刀具交给机组人员集中保管。

为了便于使用和保管,可以把上述几项必备工具集中装在饭盒内,也可以分开装在背包或行囊的边袋内。

2.携装

携装也叫着装或装载。行装的装载程序应根据先用后装,后用先装,常用的物品装在最上面(或边袋)的顺序进行。为了方便,最好把所有东西分门别类地放在各种聚乙烯透明袋里。每件物品应有相对固定的存放位置,每次使用完后都必须放回原来的位置。

3.意外情况下搜集和制造装备

受困于荒野之中,面临恶劣的气候和时常出没的野兽,没有必要的工具和武器是非常危险的。因此,要设法寻找或制作最基本的工具和武器,装备自己,以战胜恶劣的环境,求得生存。

(1)搜集出事地点的可用之物:当乘坐舰船、飞机、汽车等各种交通工具远行,不幸发生意外事故受困荒野、孤岛时,不要匆忙离开出事地点,在确实判明不会发生进一步的危险时,应该留在出事地点及其附近地区,一方面采取自救互救措施,一方面等待救援;当出事地点远离人烟,短时间内难以得到救援时,应就地搜集一切可用之物,改造成求生的工具和武器,装备自己。然后依据客观情况,决定下一步的求生行动。

(2)制作工具和武器:大自然提供了各种各样的材料,可以用来制作各种各样的工具和武器,重要的是要学会就地取材,根据需要进行加工制作,使之成为适用的工具和武器。

①制作石器。石头是大自然中最容易获取的材料,几乎遍地皆是。石头通过凿、磨、锯和敲打,可以制作成斧头、匕首、锯子或其他有用的工具。各种形状的石头与木棒捆扎在一起,可以制作成狩猎和防身的武器。

②制作竹、木器具。如果身处竹、木林地,竹、木资源可以给求生解决很多问题。大口径的空心竹节可以制作成盛水和做饭的器具,可以制作成竹碗、竹杯等生活用具;竹片或小口径的竹子,经过烟熏火烤增强硬度后,可以制作成弓和箭;竹篾可以制作成竹绳。木材用处也很多,一根粗细适宜的硬木棍就是武器,用竹竿或木头捆扎在一起,就是很好的渡河工具。总之,竹、木都是软质材料,只要善于利用和制作,很容易根据不同的需要制成

不同的武器和工具。

③其他材料的利用。海岛求生,大的海螺和蛤类贝壳可以用来制作刀具、容器等器具;身处草原、林区,动物的骨头、犄角等可以用来制作武器。

总之,要善于寻找和利用各种自然资源,加工制作成各种器具,为野外求生创造有利条件。

(二)精神准备

生存是维持生命的艺术。这个艺术是在一定的物质基础上,由个人的生存知识和强烈的渴求生存意识创造的。在人类生存的历史上,无论是男人还是女人,都曾经并一直在证明一条真理,要在极其恶劣的环境下生存下来,关键在于要有活下去的勇气。没有这个勇气,一切生存知识和技巧都变得毫无意义。因此,野外生存的第一要素,是强烈的求生欲望和战胜恶劣环境的意志和勇气。

1.生还的难关

身处野外求生的境遇中,无论生理上还是心理上都得承受很大的压力。面临的境遇不同,身处困境的时间长短差异,所受的压力也不一样。一般而论,每一个求生者都可能不得不面对以下某些或全部难关:

(1)恐惧与焦虑心理:身陷险境,恐惧与焦虑是第一个本能的反应,尤其是初涉险境者,或意志品质缺少锻炼者,更是如此。恐惧会使人降低甚至丧失对危机的反应和处置能力;焦虑会干扰理智的思维,对所处环境做出不正确,甚至徒劳、有害的反应,使人过多消耗体力甚至丧失生命。

(2)伤病与疼痛折磨:如果不幸生病或受伤,雪上加霜,会使遇险者求生的信心和意志下降,会消耗遇险者的体能和体力,甚至丧失生命。

(3)恶劣的气候环境:严寒、酷暑、风雨雷电、大漠风沙等恶劣的气象条件会极大地增添野外生存的困难。

(4)饥渴与劳累:当食物耗尽,找不到水源的时候,阵阵饥渴会使你难以忍受。饥渴会摧垮人的求生欲望和意志,饥渴会使人丧失体液,耗尽体能直至生命。劳累会消耗人的体力和体能。为了获取食物和水源,你必须付出劳累,但为了生存,你又不能过度消耗体力和体能,掌握好二者之间的平衡,是求生的一种技巧。

(5)剥夺睡眠:较长时间身处困境,或者环境恶劣使你无法入睡,或者危机四伏,使你不敢入睡,这会极大地影响求生者的休息、睡眠和体力的恢复。长时间被剥夺睡眠,会使人情绪低落,烦躁不安。

(6)厌倦与烦躁:这是伴随着受困荒野险境时间的延长而俱增的危险情绪。这种情绪的累积、增强,会使人的思维能力下降,造成对客观环境的误判,以致做出错误的抉择;会极大地动摇求生者的信心,摧垮求生者战胜困难以求生还的意志。

(7)隔绝与孤独:孤身临绝境,又得不到及时的救助,甚至与文明社会失去联系,必然产生与世隔绝、孤独无助之感。这也是一种危险的情绪,一旦信心和意志战胜不了这种情绪,就可能丧失生还的机会。

2.成功的关键

对于上述难关,或者是你战胜它们,从而把握住生还的机会,成为英雄的凯旋者;或者是为其所击溃,从而与生还的机会失之交臂,铸成永远的遗恨。成败之间,关键在信心和毅力。

首先,要有正视灾难的勇气,敢于求生。骤然面对灾难,身陷困境,重要的是必须正视现实,稳定情绪,思考对策。恐惧慌乱,束手无策,只能是坐以待毙;焦虑烦躁,坐立不安,盲目行动,只能无谓地消耗体力,浪费宝贵的生命资源;自暴自弃,怨天尤人,只能增添烦恼和焦躁,不但于事无补,反而会浪费时间,错失自救和被救的良机。正确的做法是,既来之,则安之,先冷静下来,分析所面临的困境,筹划求生的计划。一是判定自己所在的位置,危机的成因,危险的因素,主要威胁来自何方;二是要设法与周围的生存者取得联系,判定自己是孤军奋战,还是有同伴可以互为依靠,如有同伴,则应尽快联络,商量对策;三是设法与外界取得联系,以寻求帮助和救援;四是盘点一下自己生存必需品的存量,判断获取基本的维持生命的食物和水源的难易程度,计算在当前困境中,在获得救助之前能维持多长时间;五是精细地筹划求生的计划,并勇敢地付诸实施。

其次,要有生还的坚定信心,积极求生。信心能帮助你战胜恐惧、厌倦、绝望和孤独,信心越坚定,生还的机率就越高。信心来源于良好的心理素质、健康的体魄、良好的训练和丰富的知识等诸多因素。这些大多跟平时的训练和知识的积累有关,所谓艺高人胆大,就是这个道理。所以,平时多注意学习和训练,掌握一些基本的生存技能是非常重要的。当身处困境之时,则应时刻提醒自己保持坚定的求生信念,积极想办法自救和求救。即使环境十分恶劣,自救无力,也决不轻易放弃生还的一线希望,要用坚定的生还信念支撑生命的活力,保存体力,等待救援。当然,积极求生绝不是盲目行动,一切求生的动作都会带来体力和体能的消耗,无效的行动会浪费宝贵的体力和体能,这也是野外求生之大忌。因此,既要有积极的态度,又要有精确的行动计划,每一个行动都要有明确的目的,切忌盲目乱闯。

第三,要有生存的坚韧毅力,顽强求生。胜利常常存在于再坚持一下的努力之中,在最困难的时刻,也往往是获救机会即将出现的时候。此时,一念之差,也可能就是生死之别。那些身遇险境而生还者,也往往是那些具有坚强意志、坚韧毅力,百折不挠,永不言败的斗士。因此,求生者必须有战胜一切艰难险阻的勇气和毅力,不管遇到什么样的困难、危机和病痛,都要想办法战胜它们,要有排除万难的决心和一息尚存就要抗争到底的毅力,顽强地生存下去。顽强的毅力来源于平时的磨练、正视灾难的勇气和坚定的求生信心。所以,勇气、信心和毅力是互为依托的统一体,是野外生存的重要的精神支撑。

二、生存的基本需要及其获取

生存的基本需要是水、火、食品和庇护所,它们各自的重要程度取决于你所处的环境。沙漠地区水是最首要的问题,在极地圈中避寒场所是最首要的。在求生的一切努力中,第一个行动就是要确定自己当前的首要需求是什么。然后,按照需求的轻重缓急,逐一想办法解决。

(一)水

水是人体的最基本需求,离开它人就无法生存。现代医学实验结果表明:人体的75%是水。脱水1%时会感到口渴,2%时感到不适,4%时恶心,6%时头晕,8%时呼吸困难,10%时意识模糊,12%时虚脱。水在人体内起稳定器作用,身体消耗的水分要是得不到及时补充,健康和工作效率就无从谈起。一旦缺水时间较长,就可能出现脱水现象,甚至危及生命。因此,保持体液和补充水分,是野外生存必须优先考虑的因素。一方面,要注意保留珍贵的应急储备水,并尽最大的努力去寻找水源;另一方面,一旦出现缺水,当务之急是最大限度地缓解身体脱水状况,以维持体液平衡,然后再想办法找水补充。如果受困于沙漠,在短时间内难以找到水源,则必须保持平静,不要乱动,以减少体液消耗,争取时间,等待和寻求救援。

1.维持体液平衡

体内脱水的速率通常是由体内现有的存水量,当地的气温,阳光的照射情况,烟、酒控制程度,心理情绪,进食情况等因素决定的。因此,要维持体液平衡,重点应从以下几个方面入手。

(1)在水源充足的情况下,应尽量多饮水,以保持体内有较多的存水量。这样,一旦出现断水的困境,可以赢得延长维持生命的时间。

(2)在高温季节,求生行动应尽量利用早晚和夜间较凉爽的时间进行,避开中午高温时段,以减少体内水分的消耗。

(3)避免太阳光直射:活动和休息应尽量在阴凉的场所进行,以减少水分的蒸发。

(4)控制烟、酒:吸烟和喝酒都会使器官消耗水分,尤其是喝酒,要消耗大量的水分。因此,在断水的情况下,烟、酒必须严加控制,以减少体液的消耗。

(5)稳定情绪:心理稳定,镇定自若可以减少器官水分的消耗。相反,紧张和烦躁则会增加水分消耗。因此,要注意调整自己的心理状态,稳定情绪。同时注意休息,尽量将活动量减至最低程度。

(6)合理进食:如果身体得不到水分补充,体液会从要害器官转移以便消化食物,这样会加速脱水。脂肪很难消化,需要大量水分。因此,在不得不将饮水量限制在每天 1 L 以下的情况下,要尽量避免食用肉食、干粮、高淀粉的食品或味道过浓过重的食品。多吃碳水化合物含量高的食品,以水果为最佳。

2.寻找水源

野外生存,首先必须解决的问题就是要找到维持生命的饮用水。寻找水源的方法主要从以下几个方面入手:

(1)重点注意低洼地:水往低处流,这是自然规律,因此,寻找水源首选之地是山谷底部地区。

(2)注意分析绿色植物的分布情况:一般而论,哪里有水,哪里就有绿色植被。尤其是在绿色植物分布均匀的地区,突然出现一小块长得特别茂密的植被,从那个地方往下挖,最容易找到水源。

(3)利用动物作为寻找水源的向导:绝大多数哺乳动物定期补水,草食性动物通常不会离水源太远,因为它们早晚都需要饮水,留意跟踪动物的足迹经常会找到水源;以种籽和谷类为食的鸟类,也早晚饮水,当它们径直低飞时,可能就是喝水去的,因此,密切留意它们的飞行方向,可能会找到水;青蛙是两栖类动物,听到它的鸣叫声,就等于找到了水。

(4)留心特殊的含水地质结构。在干涸的河床或沟渠下面很可能会发现泉眼,尤其是在沙石地带;在岩石的断层间可能会发现湿地或泉眼,悬崖底部一般都会渗出水流;在海岸边,应在最高水线以上挖坑,尤其是在沙丘地带,很可能会有一层厚约5cm的沉滤淡水,浮在密度较大的海水层上;在悬崖入海处应注意生长茂密的植物,在那里很可能找到水。

3.取水的方法

(1)露水的采集:在日夜温差较大的地区或季节,清晨会有很多露水。采集的办法是,用吸水性强的衣服或布料做成布团,在草地上来回拖动,以吸收叶片上的露水,待布团吸足露水之后,再将其拧在容器里或者直接吮吸。也可采集挂在树枝上的水滴和汲取岩石上的积水。

从植物或岩石上采集下来的露水,有可能受到病毒或昆虫的污染,因此,最好是烧开后再饮用。

(2)雨水的收集:雨水一般是野外最安全的水源。下雨时,尽可能选取大面积的集水区,利用各种可能的容器收集。可选择在比较低洼的地面上挖坑,铺上防渗的塑料片、帆布材料或雨衣,以有效地收集雨水。采集到的雨水,要注意防止污染,最好烧开后再饮用。

(3)冰雪化水:一般而论,能熔冰则不化雪。因为熔冰比熔雪消耗的热能少,可以更快更多地化出水来。但这也不是绝对的,如果周围到处是雪,既干净又容易获得,又何乐而不为呢。化雪时,应先熔化小块的雪,待罐子里雪化成水后,再逐渐加雪,这样有利于热传导和保护化雪容器。

(4)采集凝结水:就是利用植物根部从地下吸收水分和叶面的蒸腾作用采集饮水。方法是,挑选枝叶浓密的嫩枝条,在嫩枝叶上套一只塑料袋,袋口朝上,袋的一角靠下,以便收集凝结水。这样,当温度升高时,叶面蒸腾作用产生的水汽上升与薄膜接触时遇冷,就会在袋内产生凝结水。操作时,尽量不要让树叶触动薄膜,否则会碰掉凝结的水珠。当凝结水珠顺着薄膜内壁流入底部时,可在其下方放置容器接水。

(5)植物中取水:某些树的汁液是可以饮用的,例如椰子树、枫树、仙人掌等。早晨时节,可以从这类富含水分的树上汲取汁液。竹子的竹节间常存有水,摇动它们,如果能听到咕嘟声响,肯定有水。采水的方法是,把竹枝弯曲绑住,将头部切断,在切口处用容器接住滴下的水;或在每一节的顶部剖开一"V"型槽口,将竹竿倾斜就可倒出水来。

从植物中取水,首先必须判明该植物的液汁是否有毒,以及性味如何。有毒的不能直接饮用,性味特异的要注意掌握适度。例如,椰子汁富含水分,但成熟椰子中的果汁有很明显的轻泻功能,饮用过多会引起腹泻,饮用时,要注意掌握好恰当的度。

(6)蒸馏取水:有些水(如树汁、海水、受污染的水)是不能直接饮用的,但通过蒸馏,则可以得到洁净的可饮用水。蒸馏的方法,先找一些能替代实验室里曲颈瓶一类的用具,例如容器、软管等。将软管一端插入一只盛满水的密闭容器顶部,另一端插进一封闭的冷却器皿中,给盛水的容器加温,水沸腾产生的蒸汽经管子散发到冷却器皿中遇冷凝结成洁净的水。

警告:无论何时也不要饮用海水和尿液!但是,通过蒸馏,两者都可用来产生可饮用水——水的残余物同时还能提供人体必需的盐分。

对泉水和江河、湖泊以及水坑、水洼、水塘中的水,取水固然比较方便,只要有盛水的容器就行,但这些水源,一般都容易受到污染,因此,饮用前一定要加以净化。

4.净化饮用水

野外生存最重要的是保持良好的身体状态,而一点点的污染水就能使人致病,最常见的病就是腹泻。在困境中,腹泻能够致人于死命。它可使人脱水,从而难以保持生理卫生,并进一步加重可能已有的感染和在精神上摧毁你求生的欲望。所以,净化饮用水以保证安全卫生是非常重要的。野外条件下,净化饮用水的方法主要有以下几种。

(1)过滤:制作过滤器的基本材料,可以用裤子、沙子和木炭。所以,生火时所留下的木炭不要轻易丢弃,它可是制作临时过滤器的好材料。制作过滤器最简单的方法是用裤子制作。将裤子翻过来,再将一只裤腿塞进另一只裤腿里,捆扎起底部就行了。把裤子浸湿,吊在三角架上,里面装上沙子和木炭后,就可以注水过滤了。第一遍过滤出来的水,如果还不够干净,可以多过滤几遍(图10-1)。

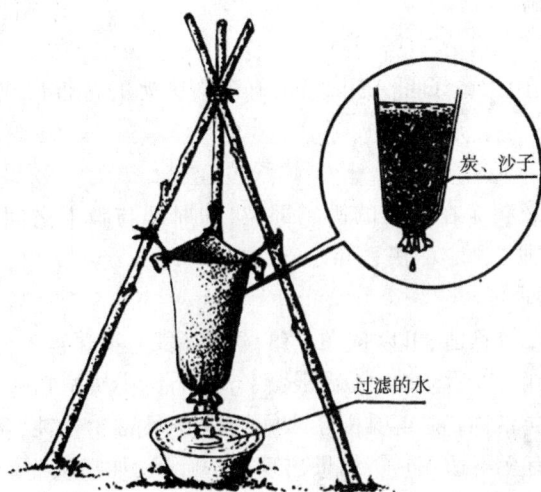

炭、沙子

过滤的水

图 10-1 过滤

(2)沉淀、消毒:过滤出来的水要经过一定时间的沉淀,然后倒出上层的清水,就可以烧开饮用了。如果带有漂白粉或净水药片,就再好不过了,只要按照使用说明的要求,取出一定量的漂白粉或净水药片,加到过滤出来的水中,搅拌、沉淀后,上层的清水就是洁净水了。

(3)烧开或蒸馏:经过过滤、沉淀、消毒出来的水,只要用火烧开,就可以放心直接饮用;如果找到的是严重受污染的水源或者是海水、咸水等,则必须通过蒸馏,才能饮用。蒸馏的方法参照"蒸馏取水"办法。

(二)食物

食物是为人体提供热能和营养,以维持生命的基本物质。因此,受困荒野,要战胜危机,生存下去,重要的是要想办法获取食物。

1.植物类食物

植物含有人类必需的维生素和矿物质,而且富含蛋白质和碳水化合物。所有植物都含有纤维素,有些植物还含有脂肪。世界各地,无论环境多么恶劣,极少有寸草不生的地区,总会有诸如灌木、藤本、蔓生类、草本或苔藓类的植物。这些植物都能食用,并提供营养。野外生存,关键是要学会寻找到可以充饥的植物,并掌握辨别有无毒性的技巧。

(1)辨别植物类食物的方法:当找到某种具有潜在食用价值的植物时,如果是自己所不认识,未曾尝试过的植物,在食用之前必须先尝试其性味,鉴别是否有毒,可否食用。尝试时,一人一次只能尝试一种。在尝试过程中,如果出现疑惑,就不要试下去,应尽快设法把它呕吐出来。木炭灰是可用的催吐剂。少量木炭灰吞下肚就会诱使呕吐,此外它还能吸附毒素。

尝试植物的程序如下。

步骤一:检查

先察看是否有毒。如果植物叶或枝茎上附着许多害虫或者病菌,这种植物不能入口。有些植物在衰老过程中会合成或者通过分解代谢产生一些有毒的化学物质,因此,枯黄衰败的植物也不要采摘。

步骤二:嗅闻

切下植物一小部分,用鼻子闻一闻,如果有令人厌恶的苦杏仁或桃树皮气味,可能有毒,应立即舍弃。

步骤三:刺激反应

稍稍挤榨一些汁液滴涂在体表的敏感部位,如肘部与腋下之间的前上臂,如果感觉有所不适,起疹或者肿胀,也应尽快丢弃。

步骤四:唇触口嚼舌尝

如果皮肤感觉无任何不适,可以按顺序继续采取以下步骤:

①唇触;②口角接触;③舌尖尝;④舌根尝;⑤咀嚼一小块植物。

在进行上述5项尝试时,前4项相互之间至少要间隔3分钟,第5项"咀嚼"必须持续15分钟,以便观察有无不适反应。如果出现不适症状,如喉咙痛痒,有很强的烧灼感或刺激性疼痛等等,应尽快丢弃。

步骤五:吞咽

吞咽一小块植物,耐心等待8小时。期间不要饮食任何其他食物。

步骤六:食用

在依次进行完上述步骤后,如果没有发生诸如口部痛痒、不停打嗝、恶心、发虚、胃痛、下腹绞痛以及任何不适症状,可以认为这种植物是安全可食的。

注意:植物的每个部分都要经过试吃才行,因为有些植物可能某部分可以食用,另外部分则不能食用。

(2)采集可食用植物:植物被挤破弄烂后会很快变质,不再适于食用。因此,采集时应注意排放有序,避免挤压和混合,以保持所采植物的鲜度。

①叶与茎。主要采摘柔嫩的幼枝。为保持其养分,要注意轻拿轻放,确保以新鲜嫩绿的叶片下锅。

②球根与块茎。可食用植物的球根和块茎富含淀粉,最好煮熟再食用。采挖时,先松动根部的土壤,以减少球根被扯断的可能,然后用工具或木棍将它撬上来。

③野果。野果除了生吃之外,还可以做成热浆汁或是甜味饮料。在我国南北方的灌木丛林中,都生长着许许多多各种各样的可食野果。如山葡萄、沙棘、余甘子等等。采摘时,

最好挑选已经熟透或接近成熟的先摘,成熟的野果比较没有苦涩味。

④坚果。坚果蛋白质含量高,甚至还可熬出食用油。落在树下的坚果表明已经熟透,如果树木较小,可以用力摇晃,成熟的坚果会自动掉下来,也可用长棍把它们敲打下来。有些水果的外壳既坚硬又粗糙苦涩,要学会剥开它们,掏取里面的可食用部分。

⑤种子和谷类。采摘植物种子时,要特别注意尝试,要严格鉴别是否含有致命的毒素,取食那些经过检验可以食用的种子和谷类。

⑥菌类。菌类指的是各种蘑菇类植物。菌类食品的营养价值很高,它内含宝贵的脂肪、碳水化合物以及蛋白质,其蛋白质的含量介于肉类和蔬菜之间。蘑菇虽然味美,但有少数种类的毒蘑菇,一旦误食,即可能致人死命。因此,采摘前,必须先学会鉴别的方法。一是不要采食长有白色菌褶,茎干基部有菌托(杯状附着圈,见图10-2)以及带菌环茎干的菌类;二是不要采食腐败的菌类。

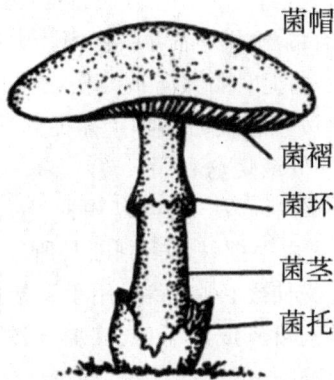

图10-2 菌类的各部名称

⑦树皮。很多树的树皮是可以食用的,尤其是北方地区的桦树、柳树、白杨和三角叶杨树的树皮。树皮的纤维比较粗,应煮烂一点再食用。

⑧花朵。可食植物的花朵也是可以吃的,但由于花朵容易受到昆虫的污染,所以最好采摘尚未开放的,并且必须煮熟了才能食用。

(3)我国常见的可食野生植物

①山葡萄。生长在北方的山地,9月间成熟,其果实可生食,嫩条可解渴。

②茅莓,有的地方也叫刺莓。生长在山坡灌木丛中或路旁,7-8月成熟,果实和嫩叶均可生食。广布于全国各地。

③沙棘。在我国分布较广,生长在河岸旁的沙地或沙滩上,9-10月成熟,味微酸而甜,营养价值高。

④苦菜。全国各地都有,生长于山野和路边,3-8月可采嫩茎叶生食。

⑤蒲公英。分布于全国各地,生长于田野、路旁,易于采集。3-5月可采嫩叶生食。

⑥荠菜。全国各地均有,生于田野、路边、沟旁,易于采集。嫩苗可食,3-4月采全草,炒食、作汤均可。

⑦野苋菜。主要产于南方各地,生于田野、路边草地中,春季食其嫩叶。

此外,还有诸如车前草、仙人掌和竹子之类的陆地植物,以及沿海地区的海藻和紫菜等海洋植物。

2.动物类食物

捕捉一切能够食用的小动物,是野外求生时解决食物来源的有效方法。比较容易捕捉的小动物主要有蛇、蛙、龟、蜥蜴、鱼、虾等。

(1)蛇类:蛇肉既鲜美,又富有营养。野外求生,能捕捉到蛇,就可以享受一餐美食。但不要轻易动手,首先必须保证自身安全。

捕蛇的工具,最好选取带有叉子的长木棍。打蛇要打头部七寸,下手要快、要准。可先用叉子叉住蛇的颈部,用另一木棍或重物猛击头部。对付树上栖息的蛇可先用棍棒将它们击落到地上,以防万一。有的蛇即使身首异处仍能咬入,有的蛇还会假死。因此,不要轻易用手去捡拾,或者过分靠近它们。砍下的头最好就地埋掉。总之,捕蛇既要胆大,又要心细,要谨防被毒蛇咬伤。

蛇的宰杀,可以剥皮,也可以不剥皮。烹饪方法,可以红烧、清炖,也可以烧烤。

(2)蜥蜴:蜥蜴各地均有,所有的蜥蜴肉都可以食用。大多数蜥蜴生性胆怯,但有些大蜥蜴和巨蜥受到攻击时会咬人。捕捉时要谨防被咬伤或被其利爪抓伤。捕捉时尽可能抓住蜥蜴的尾巴,捕捉大蜥蜴需要设置适当的陷阱。捕捉到这类动物后,先砍头剁脚,然后剥皮、剖腹去除内脏,即可下锅烹饪或烧烤食用。

(3)两栖动物:所有青蛙类的肉都可食用,但有些种类(如蟾酥)皮下有毒腺,烹煮之前必须剥皮。青蛙喜欢夜间活动,可以根据蛙鸣声判断其所处的方位,一般总是在水边或水稻田里。捕捉时,可用强手电筒光使之目眩,然后用手直接按住头部将其捕捉,或者先用叉子叉住,然后将其捕捉。青蛙肉可煮成清汤,或红烧、爆炒,无论采用哪种烹饪方法,都必须煮熟煮透,以杀死寄生虫。

(4)鳖龟类:龟、鳖类爬行动物肉味鲜美,营养丰富,是求生者难得的美食。这类动物大部分时间生活在海水或淡水湖中,产卵时会上岸。也有生活在陆地的,但为数不多。捕捉的方法,在水中的,可用渔网或钓钩捕捉。对爬上岸的,个头不大的按住背部即可捕获,个头大的也只需把它掀翻,使之背部朝下,但要随时阻止它们翻身,也要防止被它们的利齿咬伤。宰杀时,可先重击其头部,将其杀死,然后沿腹部剖开,去除内脏,切除头部,即可根据需要切块下锅烹煮。注意,鳖肉必须煮熟方可食用,鳖血营养丰富,不要浪费了。

(5)鱼类:在江、河、湖、海、池塘等各类水系,垂钓或捕捉鱼、虾,也是获取食物的重要手段。对捕捉到的鱼,食用前,必须辨别是否有毒。通常在热带浅海中,没有鱼鳞而有刺、尖棘或硬毛,形状比较怪异的,可能是毒鱼,不可食用。在我国,含有毒素的鱼类约有20种,如河豚、刺鱼、鳞豚、六斑刺豚、角箱豚等,其中最常见的有河豚鱼。如果不慎误食毒鱼,应马上用高锰酸钾液洗胃,或服用催吐药、泻药将已食进的鱼毒排出。

(6)昆虫类:昆虫也是野外求生者能获取的动物性食物资源。最有利用价值的是白蚁、蚱蜢、蝗虫、蟋蟀、蜜蜂等。特别是蜜蜂,不但蛹、幼虫和成年蜂都可以吃,而且在蜂房里还可以找到蜂蜜。蜂蜜富有营养且易为人体所吸收,是求生者理想的食物。昆虫最好经过烹烧之后食用,这样既美味又安全。食用前,对诸如蝗虫、蚱蜢、蟋蟀之类的大型昆虫,要先去掉小腿及翅膀。因为腿毛会刺激消化道,某些种类幼虫的纤毛会引起皮疹。

(三)火

对于野外求生者来说,火有着特殊的重要意义。它不仅能使你保持体温,减少体内热卡散失(体内热卡就是生命的能源),而且,它还可以烤干衣服、煮饭烧水、熏烤食品、吓跑野兽、驱走害虫、锻造金属器具等。总之,火可能给你带来生机和活力。但是,用火不慎,引发火灾,也可能危及生命,破坏自然生态,造成不可挽回的损失。所以,野外求生者,不仅要懂得如何生火、用火,而且要懂得控制火焰燃烧,安全用火。

1.选择生火点和构筑火炉

(1)选择生火点:根据所处环境的地形特点,确定生火的地点。最好选择在靠近宿营处,既能保证用火安全,又便于火焰燃烧和散烟的地点。

①身处林区。生火、用火必须优先考虑的首要问题是严防引发森林火灾。所以,生火点最好选在林中空地,林缘边,高大的树下,通过林区河流的岸上,小溪旁最高水位线上背风的地方。尽量避开易燃的针叶树林。

②身处草原。生火点最好选在靠近水源的地方,如河流、水塘的旁边,也可选在背风的坡地上,但四周一定要开出 2m 以上的防火安全隔离带。用火过程必须全程有人值守,做到人走火灭。

③身处山地、丘陵地,可寻找山洞,背风石崖旁,向阳背风的山坡上,或河床边、溪流旁的最高水位线以上的地方,但雨季要谨防山洪暴发。山地生火,要依据植被情况,做好安全防火工作。

(2)构筑火炉:为了保证用火安全,提高热效能,求生者应当在选定的生火点上,根据用途、地形特点和可能获取的材料,采用垒、挖、架等办法,构造合适的火炉。有条件时,也可以利用就便器材改造成火炉。

①垒。就是利用石头或土块垒成一个圆形或半圆形的火炉。垒筑火炉的石头应选择质地坚硬的,避免使用潮湿和带有孔隙的石头,以防石头加热膨胀崩裂或爆裂而引发伤害事故。

②挖。就是在土地上挖灶。选择一处高低适当的土坎或斜坡,如果是斜坡,则先将其改造成土坎。在距离土坎边沿 20~30cm 处挖一个竖井式的圆洞,再在土坎上与竖洞底部同一水平的位置挖一个灶门与之相通,然后在竖洞的顶部四周挖几道散烟小斜沟,盖上草皮即成散烟洞。这样,土灶即挖成了。为了使土灶里的燃料更容易燃烧,洞口最好朝着上风的方向,同时在炉灶的底部架几根钢筋或粗铁丝,以利于通风助燃。如果在平地上挖灶,也可以先挖一段壕沟,再在壕沟的崖壁上参照上述办法构筑炉灶。也可挖一个约30cm 宽、90cm 长、30cm 深的简便壕沟,在底部垫上一层鹅卵石,即可在石头上生火。

③挖、垒结合。方法是,在简便壕沟的基础上,在壕沟的中间横放一块大石头构成灶门,以灶门和半边壕沟的长度为直径,用石头或土块垒起一个圆形火炉。在炉顶上放置烧水壶或做饭炒菜的锅,从灶门添加燃料。灶门外的另一半壕沟,可逐次加深、加宽,也可改造成外八字形开口,以便于添加燃料和烤火。

④架。如果地面潮湿松软或积雪深厚,则需要架起一个高出地面的炉台。方法是,在地面上直立竖起 4 根木桩,2 根稍长,2 根稍短,在 4 根木桩的同一水平点上(最好有叉子)横担着木棍,在上面再排列一层圆木辊,然后覆盖 10cm 土层,或土层加石头,这样就可以在上面生火了。最后,在成对角线的两根最长的木桩上横担一根木棍,用以悬挂锅等器皿

或烤制食物(图 10-3)。

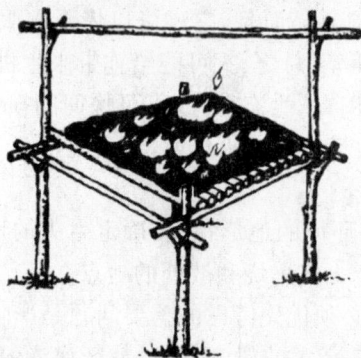

图 10-3　简易炉台

⑤利用就便器材改造。最常见的就是利用废油桶、水桶改造。方法是,在油桶顶端开一个洞,洞孔的大小与所使用的炊具及器皿相适应;在桶侧壁的上端开一个圆圈,作为出气孔;在桶侧壁的下端开一个长方形的洞,用以添加燃料;在桶的下端四周侧壁打一些小孔,以利通风,这样炉子就做成了。如果用水桶改造,可将水桶倒扣过来,在桶底挖洞,用以放置炊具和器皿,其余参照改造油桶的方法进行。这种利用就便器材改造的炉子,既能做饭也可取暖,而且不会像篝火那样火星四溅。

2.搜集燃料

(1)主燃料:主燃料,是让火焰不停地燃烧的主要物质。最好选择燃烧持续时间长、热效能好、不发烟或发烟少的燃烧物。野外生存,可选择的燃烧物主要有以下几种:

①枯木。当身处林木之中,枯木朽枝就是最容易获取的燃料。可以在地面上寻找,也可以把树上枯死的树枝折下来,还可以把枯死的树皮剥下来当柴火。

②干燥的动物粪便。当身处草原牧区,干燥的动物粪便就是非常好的燃料。它容易燃烧,燃烧持续时间长,且几乎不冒烟。

③废弃汽车。当身处大漠戈壁,能碰上一辆废弃的汽车就等于找到很好的燃料。它除了钢铁部件之外,几乎每处都能燃烧。可以将机油或柴油与沙土混合起来放入坑内点燃,可以把座椅和其他装饰物撕碎砸烂当作柴火烧,液压油和防冻液都是很好的燃料,废弃轮胎也可以燃烧。用废弃汽车做燃料,燃烧时会产生有毒气体,人要注意站在上风方向,以防止被烟熏呛。飞机与汽车一样,大部分部件都可以当燃料用。

(2)引火物:引火物,也是一种燃料,是燃起火焰的易燃物,是星星之火与熊熊大火之间的引燃材料。其功能是把火种进出的火星转化为火苗,进而点燃燃料。因此,引火物最好是易燃物质。枯草、枯死的细小树枝、针叶松的落叶等是最好的引火材料;也可以把大树枝折断,劈开成小块的引火柴;还可以用纸张、布条以及从衣袋裤兜和衣缝上搜罗下来的棉绒做引火材料。

3.点火

在进行了上述准备工作之后,下面就是如何使用火种,发出引火的火星,点燃引火物,进而引燃主燃料,生起熊熊火焰的时候了。下面介绍几种常见的点火方法,每一个求生者在实践中还会创造出多种多样的点火方法。

(1)火柴点火:火柴(打火机)是最便利的点火工具。因此,求生包里一定要备有火柴或打火机。用火柴(打火机)点火时,最好先点燃一支蜡烛,再用蜡烛点燃火堆,待火势燃烧起来后即把蜡烛熄灭。这样可以节省火柴。

(2)凸镜生火:强烈的阳光通过凸镜的聚焦作用,可以产生足够的热能点燃火种。因此,在阳光直射的情况下,可利用随身携带的放大镜、望远镜和照相机的凸镜将太阳光聚焦于引火物之上,将其点燃。操作时,注意把火种放置在避风处,将太阳光聚焦后形成的最小最亮的光点直接照射在火种上,并保持不动。当火种开始冒烟时,用口吹气助燃。

(3)火刀击打火石:火刀打火石,是远古时代常用的点火方法,至今仍然管用。可作为打火石的石头在许多地方都能找到。操作方法,左手食指和拇指捏住火石,食指和中指之间夹住引火物(通常是带有余灰的引火纸卷),并使火石靠近引火物,右手握住打火刀(没有火刀用其他刀具的背部也行),按照划火柴的动作,用力击打火石,使之迸出火花,点燃引火物。

(4)钻木取火:这也是一种古老的生火方法。用一根干燥坚硬的纺锤状木棒在一块干燥的软木底座上摩擦钻孔,靠钻孔摩擦发热点燃引火物。

(5)电池生火:电池放电产生的电火花可用来点火。在野外生存的环境中,可以利用的电池主要有:汽车电池、手电筒电池、收音机和通信工具的电池等。生火的方法是,找两根导线分别接在电池的正负极上,然后将两根导线裸露的末端慢慢接触,使之迸出火花,并注意使火花落在预先准备好的引火物上。一小块沾了点汽油的布就是最好的引火物,只要在这块布上方爆出火花,就能燃起火苗。

4.用火

(1)合理安排工作,注意节省燃料:火焰燃烧起来后,顿时会使人产生暖融融的亲切感,激起生命的活力。此时,求生者应当根据自己的需要,充分利用热能。要分清轻重缓急,统筹安排工作顺序,合理利用燃料燃烧产生的热能。例如,当你浑身湿透,又饿又冷的时候,要解决的问题是烤干衣服,烤暖身体,煮熟食物。表面上看起来,烤和煮的工作是矛盾的,但是它们又是可以平行展开同时进行的。所以,合理的安排应该是,先烧水,在等待水烧开的过程中,同时烤衣服和烤暖身体;在水烧开时,先冲上一杯热饮料,然后放上食物煮饭;在等待饭煮熟的过程中,可以边喝饮料边烤衣服和身体。既不浪费能源,也不浪费时间。总之,要合理安排用火时间,以免浪费有限的燃料。

(2)掌握燃烧技巧,保证持续用火:野外生火非常不容易,所以,必须注意保存火种。为了使火焰持续燃烧,必须备有较多的燃料,并学会控制燃烧的技巧。搜集燃料时,最好是各种各样的燃料都有一些,比如木柴,干的、湿的、易燃的软质木柴、非易燃的硬质木柴,等等。总之,各种各样不同的木柴都要。当需要用火时,可添加诸如干燥的松木等树脂含量高、容易燃烧的软质木柴;当暂时不用火,但又必须保持火种时,则添加不易燃烧的湿柴火、硬质木柴,并把炉子的进、排气孔封住或只留一个小孔,以减少空气流通,达到控制燃烧的目的;当必须烧火过夜,以供夜间取暖时,可以采取软、硬木柴搭配,干、湿木柴混用的方法,以延缓燃烧速度,达到持续供热,保证安全过夜的目的。添加湿柴火时,最好先放在火堆旁边或炉灶门口烘烤,待烤干后再推到中间燃烧。如果急于求成,一下子就把湿木柴压到火堆上烧,少不了得品尝烟熏之苦。

（3）保留备用火种，以防火焰熄灭：看着熊熊燃烧的火焰，必须检查手头上还有哪些储备的火种，是否安全适用。对受潮的火种，应该抓紧时间烘干，以确保在下一个生火点上能顺利点火。同时要准备一些备用的引火物，以便在火要熄灭时立即救急。

（4）注意用火安全，防止引发火灾：野外生火，最重要的是安全用火。尤其是在林区、草原等容易发生火灾的地区，更要特别注意。一旦引发火灾，不仅会马上危及自己的生命，而且还会造成自然环境灾难性的破坏，造成不可挽回的损失。因此必须注意：

①在选择生火地点时，要尽量避开易燃的植被；

②生火前，生火点四周要有足够的防火隔离带，如果没有自然形成的隔离带，必须人工开辟 2m 以上的防火隔离带；

③要有灭火应急措施，在生火点的旁边，必须备有沙土堆或水，或者备有灭火工具，一旦火势失控，马上扑灭；

④从点火到撤离的整个用火过程，火堆、火炉边都必须有人值守。如果是单人行动，至少必须与火堆保持目视联系，时时注意观察火势，发现燃烧有可能失控时，立即进行处理；

⑤撤离生火地点时，必须把火彻底扑灭，并用沙土覆盖，以防死灰复燃，引发火灾。

（四）露营地与庇护所

野外求生，在短时间内难以得到救助，不得不在荒野之中生活较长时间的情况下，庇护所是满足生存需要的一个非常重要的场所。因为，在正常情况下，睡眠和休息本身就是人的基本生理需求。没有一个合适的栖身之所，得不到很好的睡眠和休息，会使求生者情绪低落，精神沮丧，体质下降，生存几率也随之而下降。尤其是在严寒或者风雨交加的情况下，如果没有一个可以抵御风寒和雨淋的栖身之所，在瑟瑟寒风、潇潇大雨之中，求生者体温、体能会急剧下降，意志将被摧垮，并很快危及生命。所以，合适的露营地和庇护所是野外生存中不可缺少的。

1.选择露营地

露营地的选择应当注意：尽量选在可以防风、防雨，山洪冲不到，不会受到落石或雪崩威胁，比较平坦的地方，因为宽阔的空间有助于发送求救信号，易于被救援者发现；尽量选在离水源较近，附近有充足可利用的林木的地方，但不要把帐篷搭建在与水源过分靠近的地方，因为太靠近水，一旦上游山洪暴发，就有被冲走的危险，而且蚊虫较多，易受叮咬，流水声响也会妨碍睡眠；尽可能选择有自然地形地物可以利用的地方，这样可以为构筑庇护所打下良好的基础。利用自然地形地物构筑庇护所，不但可以节省材料和体力，而且可以提高庇护所的稳固性。

尽量避开独立的高大乔木，因为它可能成为雷击的目标；尽量避开下一次暴风雨中可能倒下的死树，因为它常常会引起间接伤害；尽量避开野兽出没的地方，或野兽的饮水路线，因为这些地方容易遭到野兽的攻击。

2.寻找和构筑庇护所

野外露营的方式分为利用制式器材露营和利用就便器材露营。利用制式器材露营，通常是在预先有准备的情况下，利用帐篷、装配工事等制式器材进行的露营。利用就便器材露营，通常是利用诸如篷布、雨衣、大树、竹子、草木等随身携带和就地可以获取的器材、材料,搭建栖身之所进行露营。

庇护所也有自然形成的。例如,山洞、石崖、大块岩石等,这些自然地物,有的直接可以利用,有的则要加以改造。寻找自然形成的地物,再加以必要的改造,使之成为理想的庇护所,可以取得既省力又坚固实用的效果。野外求生者所遇到的绝大多数情况是利用就便器材露营,或利用自然地形地物加就便器材露营两种情况,因此,必须重点学习。

(1)利用洞穴:洞穴,即使又窄又浅,也可以成为很好的庇护所。位于山谷较高处的山洞比较干燥,洞内气候受外界影响不大,是比较理想的栖息之所。位于谷底和深不可测的山洞,相当潮湿,不适宜居住,应当慎用。对所要利用的山洞,进洞前要注意观察,看是否有野兽。若一时难以判定时,可在洞口生起篝火,并往洞里扇风,使烟火往洞里灌,用烟熏火燎的方法,吓跑野兽,驱赶蚊虫。对山洞的改造利用并不复杂,通常要做的工作是,整理进出通道,制作洞门屏障,以防野兽侵扰。洞门屏障,若洞口较小,可制作一片篱笆,夜间休息时,用绳索从里面拉住;若洞口较大时,可用圆木横拦在洞口作为屏障。

(2)架设帐篷:预先有计划的野外作业,一般都携带有制式帐篷或轻便的旅行者帐篷。轻便帐篷在各种商场大多能买到,而且款式多种多样,有单人用的,有二人合用的,甚至还有三四人合用的帐篷。无论哪一种款式均有防水功能,有的甚至还有纱窗。轻便帐篷携带方便,而且可以当雨衣使用,是野外生存不可缺少的物品。制式帐篷或轻便帐篷的架设,应当根据说明书的要求,按照帐篷架设、撤收的操作程序和方法进行。

遭遇突发事件而身处荒野时,携带轻便帐篷的即使有也是少数,更多的是必须搭建简易帐篷。可搭建简易帐篷的材料有:雨衣、塑料薄膜、盖布等覆盖面料,以及竹竿、木棍等骨架材料。帐篷的样式:可搭建成屋顶型、半屋顶形、圆锥形、拱形等简易帐篷。其大小和形状可根据地形特征,以及器材数量和露营人数灵活确定。

(3)搭建棚屋(竹、木、草):求生者还可根据所处环境和地形特征,充分利用自然条件,就地取材,搭建各种竹棚、木棚或草棚,以作为栖身之所。棚屋的形状,可结合地形地物,灵活设计成屋顶形、半屋顶形、单面斜坡形、圆锥形等各种形状。要尽可能利用自然的地形地物,这样既可节省材料和工作量,又可增加牢固程度。例如,利用一处背风的高土坎或断崖,就可搭建半屋顶形或单面斜坡形的棚屋;利用大树,就可搭建圆锥形的棚屋。搭建的方法,利用竹子作为主要材料时,主要支架可采用圆竹,四周围墙可用竹片编成篱笆捆扎牢固即可。屋顶的结构比较复杂,可用对半劈开的半圆形竹片搭建,其构造是,将竹竿竖直劈成对半,打通竹节,先凹槽向上整齐地安放在棚顶上,然后在每两根向上凹槽之间的连接缝,倒扣一根凹槽向下的半圆竹片,这样阴阳相扣,相互锁定,既牢固又不漏雨,雨天还可以收集雨水(图10-4)。利用树木、蒿草搭建棚屋时,可用圆木做支架,用较细的木棍和树枝制作篱笆,扎成围墙,屋顶可用蒿草或大型叶片铺盖。在冬季,为了防风和保持室内温度,棚屋的四周和顶盖应当采用雨衣、篷布、柴草等覆盖,把漏风的孔隙堵实,但通风口要保持通畅,以防一氧化碳聚集,对身体造成危害。

图 10-4 利用竹子搭建棚屋

(4)简易庇护所:通常是寻找就近可利用的地形地物,加以改造和补充搭盖,构成的临时栖息所。其好处是,有利于求生者保存和恢复体力。其主要形式有以下几种:

①利用天然凹坑。凹坑有部分挡风效果,在凹坑的顶部再加上遮盖,就是很好的简易栖息所。凹坑最好选在斜坡上,以利排水,如果是平地上的凹坑,四周要挖好排水沟。改造的方法是,先在凹坑的中部搭上一根结实的圆木,作为基本支撑,然后把木棍、树枝分两边整齐地搭在圆木上,上面再覆盖塑料薄膜、大型叶片或草皮等覆盖物即可。

②利用倒地的树干。如果身处林地,有些被风刮倒的大树,其树干就可以用来改造成庇护所。利用时,最好选择与风向垂直的树干,这样可以取得较好的防风效果。改造的方法是,在树干的背风处挖一个凹坑,利用树干为支撑点,在凹坑的上方搭建棚顶即可。

③利用石块。上述两种栖身所空间太小,只能躺着,不太舒服。如果在坑的四周垒起石块以增加棚高,就可以增大栖身所的空间,这样,就不仅能够躺着,而且可以坐着,甚至站着活动,可以大大改善野外生活的质量。

3.露营地的管理

在露营地共同生活的人,一般有两种情况,一是原来就是一个有组织的集体,有领导和被领导的明确分工,有严密的组织结构;二是由于发生意外事故,使得一些原来素不相识的人聚集到一起,构成了一个比较松散的临时集合体。第一种情况,组织能力和求生能力都比较强;第二种情况,组织结构比较松散,求生能力也相对较弱,而这种情况又恰恰是野外求生最常见的情况。因此,为了提高营地的生活质量,最大限度地争取获救的机会,就必须对生活在营地的人进行科学合理的分工,进行有效的管理。

(1)制定管理规定,进行科学分工:首先,应成立组织。可以采取自愿报名、群众推荐或投票选举的办法,推举营地负责人,以统一管理、指挥和协调营地的生活秩序和救援工作。

其次,要建立花名册,进行组织分工。营地负责人应当根据名册对生活在营地的全体求生者进行调查,以充分发掘每一个人的专业特长,并根据其专长,进行科学合理的分工,做到人尽其才,才尽其用。对于营地的日常琐碎事务,如收集木柴、草料、取水、做饭、捕猎、建厕所和值勤等,都要安排落实到人。每一个求生者,不管年龄大小,性别、身体状况如何,只要有能力,都应当积极承担一些必要的事务,做到尽职尽责,努力做好分内之事。对那些有专长的人,应当鼓励他们各尽所能,勇敢承担起他们最擅长的工作,努力为大家服务。对身体有病或受伤的人,可以安排他们做一些力所能及的工作,直到完全康复。

第三,努力使营地始终保持高昂的士气。高昂的士气能够坚定求生者的信心,增添战胜困难的勇气,提高生存获救的概率。因此,营地的负责人要十分关注大家的情绪,努力鼓舞大家的信心和勇气。尤其是每当夜晚来临的时候,更是如此。因为对于处在荒野困境之中的求生者,夜晚不仅带来黑暗,而且也会增添恐惧和悲哀的气氛,会使人感到烦躁、厌倦,因而也是最难熬的时光。这个时候,如果能在营地周围点燃一堆篝火,组织大家开展一些诸如唱歌、跳舞、猜字谜、智力测验、讲故事等娱乐活动,将有助于创建一种轻松的气氛,培育出一种井然有序、一切正常的感觉,也使大家有机会讨论白天的事务,制订第二天的计划,谋划新的求生策略,使大家能够始终保持高昂的士气。

(2)搞好营区卫生,预防疾病传播:对于野外求生者来说,保持身体健康十分重要,一旦生病,将大大降低生存的概率。因此,应始终严格遵守所有的卫生要求,搞好营区卫生,加强营地管理,预防疾病传播。

首先,营地布置要符合卫生要求。营地的日常活动场所要选择好位置,分区布置,使其不会相互影响,要确保生活或厨房等区域不会受到污染。

其次,要严防水源污染。由于大多数常见疾病是通过水源传染的,所以饮用水应极力避免污染。如果有河流或小溪流经营地,则日常的各类取水用水位置必须严格区分,并固定不变。通常把汲取饮用水的地点固定在上游,中游用于个人的日常卫生,如洗脸、刷牙、洗澡、洗衣等,下游则可用来清洗各种用具或宰杀各种猎获的动物。

第三,要严格管好粪便和生活垃圾。不得随地大小便或乱倒垃圾。垃圾和厕所应该远离营地,以减少苍蝇的干扰。厕所应建在营地的下坡(下风)方向,远离水源,以保证粪便不会渗出而形成污染。厕所的粪坑必须挖深,撤离营地时必须覆盖土层加以掩埋。食物残渣和垃圾要用火焚毁或掩埋。

(3)制定营地生活纪律:为了保证营地的全体人员能够齐心协力,按照统一的计划行动,最大限度地争取求生行动获得成功,必须制定营地生活纪律。制定的纪律通常要包括以下内容:

①值班规定。营地中应始终有人值班、留守,要明确规定值班、留守人员的职责,各种联络信(记)号,以及发放信(记)号的操作规则等。

②用火规定。要求烧火时必须时刻有人严加照看。

③用水规定。要明确规定取水和洗刷的位置区分和要求。

④内务及卫生规定。要规定营地内各类人员的职责和要求,各种物品的存放位置和要求以及作息时间、互助措施以及卫生要求等。

⑤离开营地的规定。对离开营地和返回营地都要有具体的要求,特别要明确规定,离开营地时,不要孤身一人,以免发生危险。

⑥营地负责人认为需要规定的事项。

三、野外自救互救

野外自救互救是遭遇意外险境的求生者相互间进行的救护行动。主要有人工呼吸、止血、包扎、固定、搬运等五个方面,以及对野外生存常见病的预防和急救措施。

(一)人工呼吸

呼吸受阻是危及生命的重要原因,如果一个人缺氧时间达 4min,他的大脑将受到永久性损伤。因此,必须使伤员尽快恢复呼吸。方法之一是立即实施人工呼吸。

1.口对口式人工呼吸法

这是最有效、最迅速的人工呼吸方法,操作步骤是:

(1)使伤员仰面躺在地上,检查伤员的口和喉咙有无阻塞物,如果伤员的呼吸道不通畅,应立即清除,并保持通畅。

(2)救护人员站在伤员头部一侧,一手扳开伤员的下颌使其头向后仰(但要防止舌头后滑压住呼吸通道),用另一只手捏住伤员的鼻孔,然后深吸一口气,用自己的嘴对着伤员的嘴吹气,使伤员的胸部扩张隆起;接着,救护人员的嘴离开伤员的嘴,将捏住伤员鼻孔的手放开,并用手按压伤员的胸部,以帮助其呼气。

(3)以每分钟 12-14 次的速度,反复进行吹气和呼气,直至病人恢复呼吸。

救护人员吹气力量的大小,依伤员的具体情况而定。一般以吹进气后,伤员的胸廓稍微隆起为最合适。对于小孩和婴儿,吹气的动作要注意轻柔,因为强迫式猛吹很可能会伤害小孩和婴儿柔嫩的肺脏。

2.口对鼻式人工呼吸法

操作步骤是:将病人嘴部封住,用口对鼻进行人工呼吸,对于婴儿可以用嘴同时封住他的口和鼻。其他步骤按口对口式人工呼吸的方法进行。

3.俯卧压背式人工呼吸法

这种人工呼吸法的优点是,由于伤员俯卧,舌头能略向外坠出,不会堵塞呼吸道。但对于胸、背部受伤的伤员,不宜采用此法。操作步骤是:

(1)伤员俯卧,两臂前伸过头,一臂微屈,脸偏向一边,头部枕在弯曲的手臂上。

(2)救护人两腿跨在伤员身体的两侧跪下,面向伤员头部,两手平放在伤员的背部左右两侧(肋骨部位),大拇指靠近脊椎,其余四指稍开,稍弯。

(3)俯身向前,慢慢用力向前压缩,然后放松压力,使胸廓扩张,两手回到原来的位置。如此反复进行,每分钟约 12-14 次。

4.仰卧压胸式人工呼吸法

这种方法便于观察伤员的表情,而且气体交换量也接近于正常的呼吸量。但伤员的舌头由于仰卧而后坠,阻碍空气的出入,所以采用此法时一定要将舌头拉出(对胸部受伤或肋骨骨折的伤员不宜使用这种方法)。操作步骤是:

(1)伤员仰卧,两臂平放,背部加垫,使胸部凸出。

(2)救护人员两腿分开,跨在伤员的两侧跪下,面对伤员头部,张开两手,放在伤员两侧乳房下面,大拇指向内,靠近胸骨的下端,其他四指放在胸廓上,稍弯。

(3)其他动作与俯卧压背法完全相同。

5.人工呼吸应注意的事项

(1)把伤员移到空气新鲜的地方。

(2)解开伤员的腰带、衣服和领扣。

(3)检查伤员有没有肋骨、脊椎、手臂等部位的骨折和胸部创伤等情况,根据伤情,选用适宜的人工呼吸法。

(4)做人工呼吸要有耐心,必须连续地做,持续地进行。无论采用何种方式,起初的 5 分钟最为关键。如果伤员仍未恢复呼吸,应当坚持做下去,至少持续 1 小时以上,直至伤员恢复自主呼吸为止。团队成员可以替换进行。

(5)在做人工呼吸时,要注意检查心跳是否正常。如果感觉不到伤员的脉搏,而且在做了 10-12 次人工呼吸后伤员状况仍无明显改善,应开始进行心跳起搏术。

(二)胸外心脏按压

当发现伤员失去知觉时,要立即检查其心脏是否跳动。用手指在喉结两侧接触颈动脉,看有无搏动。如无搏动应紧急采取胸外心脏按压法抢救。

具体方法是:先使伤员仰卧在地上或硬板床上,找准按压部位(图 10-5),将左手掌根放在伤员胸骨下 1/3 外,右手掌压在左手背上,然后用力向下按压,使胸骨下陷 3~4 厘米,再放开。如此反复进行,每分钟 60~80 次。进行胸外按压的同时,必须进行人工呼吸(图10-6)。

如急救时只有一人,可先向伤员口中呼 4 大口气,然后每按压 15 次,迅速吹气 2 大口。如此反复进行。

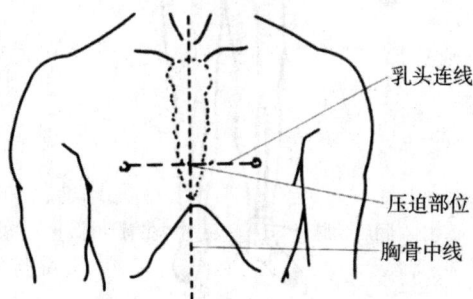

图 10-5　胸外按压部位及方法

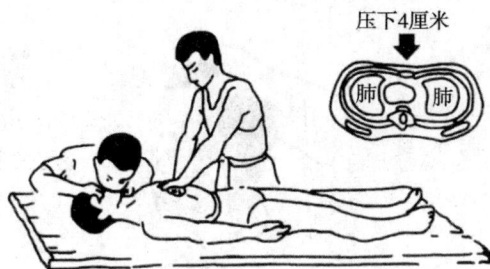

图 10-6　胸外按压和人工呼吸

(三)止血

成年人平均每人有 6.25L 血液参与血液循环。失血 0.5L 会引起轻微头晕,失血 1L 会引起虚脱,失血 1.5L 就会倒下,失血超过 2.24L 会引起死亡。因此,抢救伤员时,最重要的步骤是,立即采取果断措施进行止血。

1.出血的种类及判断

准确判断出血种类是进行有效止血的第一步。动脉出血颜色鲜红,呈喷射状,有搏动,出血速度快,量多。静脉出血颜色暗红,呈滴出状或徐徐外流,出血量也多,速度不及动脉出血快。毛细血管出血颜色鲜红,从伤口向外渗出,出血点不易判明。

2.止血的方法

(1)指压止血法:较大的动脉出血,临时用手指或手掌压迫伤口近心端的动脉,将动脉压向深部的骨头上阻断血液的流通,可达临时止血目的。其要领是:熟悉血行线,牢记压迫点(图10-7);手压近心处,压力向骨面;迅速把它摸,千万莫迟延。

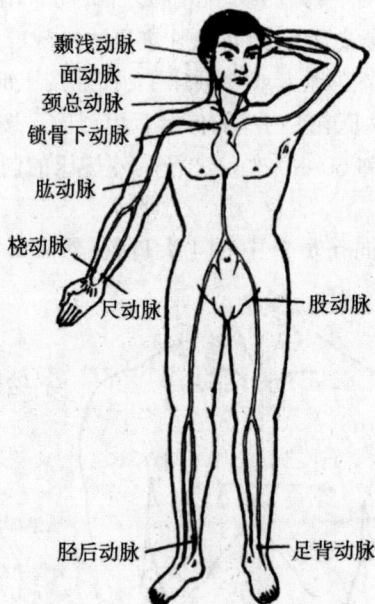

图10-7 止血的压迫点

①头顶部出血。一侧顶部出血,用食指或拇指压迫同侧耳前方的颞浅动脉止血。(图10-8)

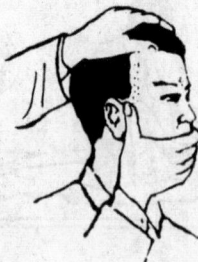

图10-8 头顶部止血方法

②颜面部出血。一侧颜面部出血。可用食指或拇指压迫同侧下颌骨下缘、下颌角前方约3cm处的面动脉止血。(图10-9)

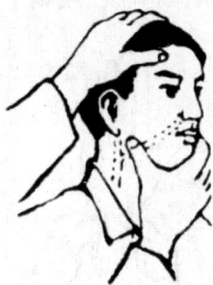

图 10-9　颜面部止血方法

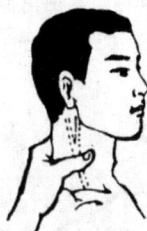

图 10-10　头面部止血方法

③头面部出血。一侧头面部大出血,可用拇指或其他四指压迫同侧气管外侧与胸锁乳突肌前缘中点之间的颈总动脉,将血管压向颈椎止血。(图 10-10)

④肩腋部出血。可用拇指压迫同侧锁骨上窝中部的锁骨下动脉,将动脉压向深处的第一肋骨止血。(图 10-11)

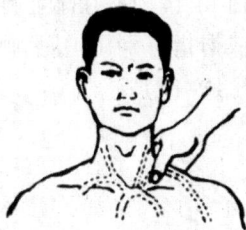

图 10-11　肩腋部止血方法

⑤前臂出血。可用拇指或其他四指压迫上臂内侧肱二头肌与肱骨之间的肱动脉止血(图 10-12)。

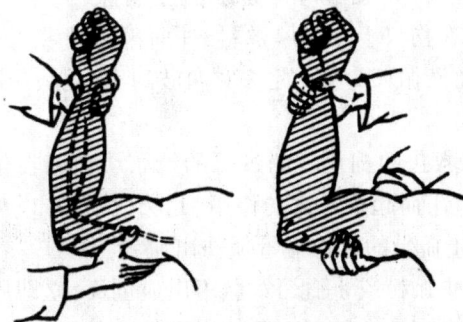

图 10-12　前臂出血止血法

⑥手部出血。可用两手拇指分别压迫腕横纹稍上处内外侧尺、桡动脉止血。(图10-13)

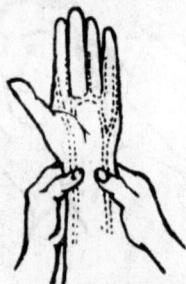

图10-13 手部出血止血法

⑦大腿以下出血。自救时可用双手拇指重叠用力压迫大腿上端腹股沟中点稍下方的股动脉止血(图10-14)。

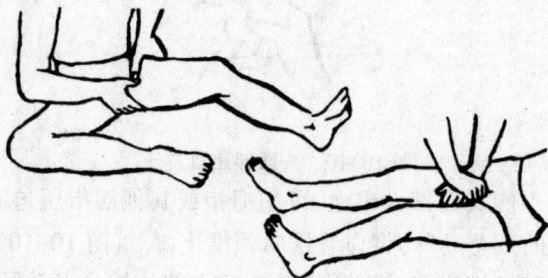

图10-14 腿部出血止血法

⑧足部出血。可用两手食指或拇指分别压迫足背中部近脚腕的胫前动脉和足跟内侧与内踝之间的胫后动脉止血。(图10-15)

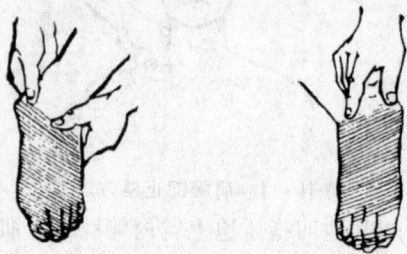

图10-15 足部出血止血法

(2)加压包扎止血法:在伤口上垫以厚敷料,外面再用绷带或三角巾等加压包扎,松紧度以既能止血又不影响血液循环为宜。此法对四肢的小动脉、静脉、毛细血管出血尤为适用。

(3)填塞止血法:用急救包的棉垫或消过毒的纱布块填塞在伤口内,再加敷料进行包扎,把伤口的血管挤压闭合,而起到止血的作用。此法适于伤口较深(如腋部、肩部、腹股沟等)不便于加压包扎或用止血带的部位血管损伤出血者。

(4)止血粉止血法:将止血粉或止血药水撒于出血创面,立即用干纱布加压包扎。

(5)止血带止血法:止血带是一种制止肢体出血的急救用品。常用的止血带是一条1m

长的粗橡皮管。另外还有橡皮带、布带等。在四肢大动脉出血用其他方法止血无效时,一般采用止血带止血。使用方法:用止血带环勒并扎紧伤口的近心端,扎的要领可归纳为如下口诀:橡皮带左手拿,后头5寸要留下,右手拉紧环体扎,前头交左手,中、食二指夹,顺着肢体向下拉,前头环中插,保证不松垮(图10-16)。

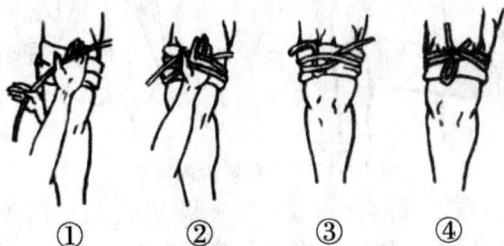

① ② ③ ④

图 10-16 止血带止血法

3.使用止血带注意事项

(1)止血带与皮肤之间要加垫敷料,不能直接扎在皮肤上。

(2)注明扎止血带的时间。

(3)止血带每隔1小时(冬季0.5小时)松开一次,每次放开2~3分钟,以暂时改善血液循环。松开时要逐渐放松,如有出血,应再上止血带;若不再出血,可改用三角巾压迫包扎伤口。

(四)骨折临时固定

骨折临时固定,使骨折端不能随便移动,可以避免锐利的骨折端刺伤皮肤、周围组织、神经、大血管等,减轻疼痛,有利于预防休克和感染,便于后续的医疗救助。

1.判断骨折

骨折时,局部有以下症状:

(1)疼痛:用手指轻轻按摸受伤部位时疼痛加剧,有时可以摸到骨折断端;搬运时伤员疼痛更加剧烈。

(2)畸形:受伤部位或伤肢变形,如伤肢比健肢短,明显弯曲,或手、脚转向异常方向。

(3)肿胀:由于出血和渗出液所致,骨折的错位和重叠,在外表形成局部肿胀。

(4)功能受限:肢体失去自由活动能力。

为了及时正确地抢救伤员,凡是骨折和可疑骨折,都要果断地依照骨折处理。

2.骨折固定材料

骨折固定材料一般采用制式夹板,有时也可用临时夹板代替。野外抢救骨折伤员时大多采用临时夹板。常用的有木板、木棍、树枝、竹片、高粱秆、铁皮、纸板、军用铁锹等。用于骨折固定的敷料有两种:一种是垫在夹板上和夹板与皮肤之间的,有棉花、衣物、纱巾、毛巾等;另一种是绑夹板用的,如三角巾、绷带、腰带、绳索等。

3.骨折临时固定的方法

(1)前臂骨折固定法:把两块夹板分别放在前臂掌侧和背侧,垫好后用绷带或三角巾固定,再用三角巾将前臂悬吊胸前。(图10-17)

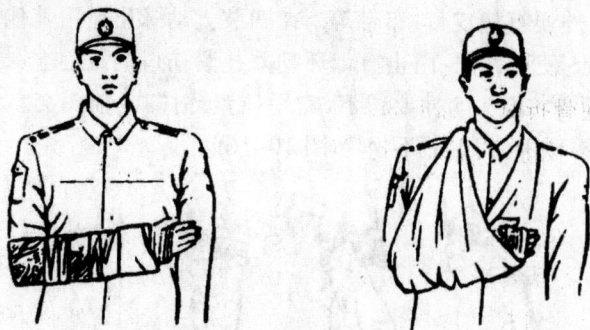

图 10-17　前臂骨折固定法

(2)上臂骨折固定法:在上臂的外侧放一块夹板,垫好后用两条布带将骨折上下端固定,再将前臂吊于胸前,然后用一块三角巾将上臂固定于左肋或右肋。(图 10-18)

图 10-18　上臂骨折固定法

(3)小腿骨折固定法:将夹板(长度等于自大腿中部到脚跟)放于小腿外侧,垫好后用布带分段固定;在脚部应用"8"字形绷带固定,使脚与小腿呈直角。(图 10-19)

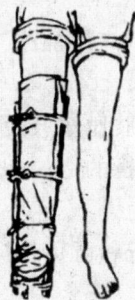

图 10-19　小腿骨折固定法

(4)大腿骨折固定法:把夹板或木板、扁担(长度等于腋下到脚跟)放在伤肢外侧,关节及空隙部位加垫,用三角巾、绷带等分段固定,脚部用"8"字形绷带固定,使脚与小腿呈直角。(图 10-20)

图 10-20　大腿骨折固定法

4.骨折固定的注意事项

(1)伤口有出血时,应先止血后包扎,然后再做骨折固定。固定时动作要轻巧。

(2)大腿和脊柱骨折时,一般应就地固定。

(3)固定要牢固,松紧要适宜,不但要固定骨折上下端,还要固定骨折部位的上下两个关节。

(4)四肢骨折时,应先固定骨折的上端,然后固定骨折的下端,并要露出指(趾),以便观察血液流通情况。冬季要注意保温,如出现指(趾)苍白或青紫现象时,应松开重新固定。

(5)固定器材不应直接接触皮肤,尤其是骨突出部和固定器材上下两端,应垫以适量的棉花、衣物等,防止压迫皮肤引起损伤;有间隙处亦应填塞,防止松动。

(6)离体断肢有再植可能的(断端较整齐、污染较轻、时间较短),应包好断肢随伤员迅速送到就近的医院。

(五)包扎

1.包扎的目的和要求

包扎伤口可以压迫止血,保护伤部,防止污染,有利于伤口尽早愈合。包扎时应做到:动作要轻巧,伤口要全包,打结避伤口,包扎要牢靠,松紧要正好。

2.包扎的材料

包扎的材料主要有三角巾、绷带、四头带,并配有敷料(用以清洁或保护伤口的纱布、纱布条、棉花球和棉垫等统称敷料,经消毒灭菌后密封在急救包内)。

3.包扎的方法

把急救包沿箭头指向撕开,将敷料盖在伤口上,然后进行包扎。

(1)头面部伤的包扎:头面部伤是比较严重和多见的损伤。

①风帽式包扎法。在三角巾顶角和底边中部各打一结,形成风帽,顶角结放在额前,底边结放于枕后,包住全头,两底角向下拉紧,底边向外反折成带状包绕下颌,拉到枕后打结固定(图10-21)。

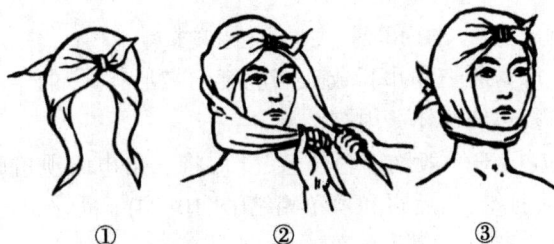

① ② ③

图10-21 风帽式包扎法

②下颌包扎法。将三角巾由顶角折至底边呈三、四横指宽,取三分之一处放在下颌前方,长端经耳前拉到头顶部,绕至对侧耳前与另一端交叉,两端分别经额部与枕部,在另一侧打结。

③面部包扎法。三角巾顶角打一结,兜住下颌,盖住面部,然后拉紧两底角,在枕后交叉,绕至额前打结。包好后,在眼、口、鼻的地方剪小洞,露出眼、口、鼻。

(2)四肢伤的包扎:四肢伤的主要包扎方法有:

①三角巾包扎上肢。将三角巾一底角打结后套在伤侧手上,结之余头留长些备用;另一底角沿手臂后侧拉至对侧肩上;顶角包裹伤肢,前臂曲至胸部,拉紧两底角打结。

②三角巾包扎手。将手放在三角巾中央,手指指向顶角;拉顶角盖住手背,两底角左右交叉压住顶角绕手腕打结(图10-22)。

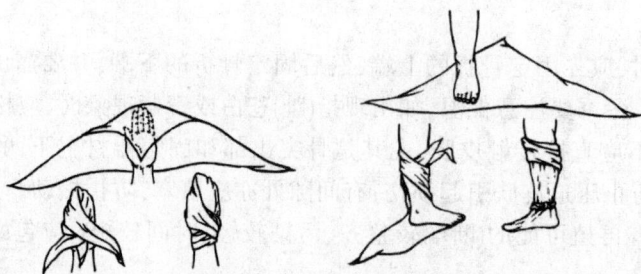

图 10-22　三角巾包扎手部

③三角巾包扎脚部与包扎手相同。

④三角巾包扎小腿和脚(图10-23)。脚趾朝向三角巾底边,把脚放近一底角底边的一侧,提起顶角与较长一侧的底角交叉包裹小腿打结,再将脚下底角折到脚背,绕脚腕与底边打扭结。

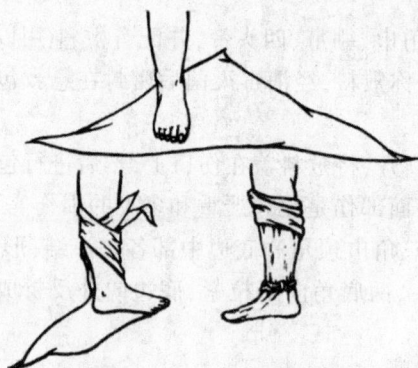

图 10-23　三角巾包扎腿和脚

⑤三角巾包扎肘、膝。将三角巾折成适当宽度的带形,将带的中段斜放于伤部,取带两端分别压住上下两边,包绕肢体一周打结。

(3)胸(背)部伤的包扎:对一般胸部轻伤包扎时,将三角巾的顶角放在伤侧胸部肩上,把左右两底角拉到背后打结,然后再和顶角相结(图10-24)。此法也适用于背部包扎。

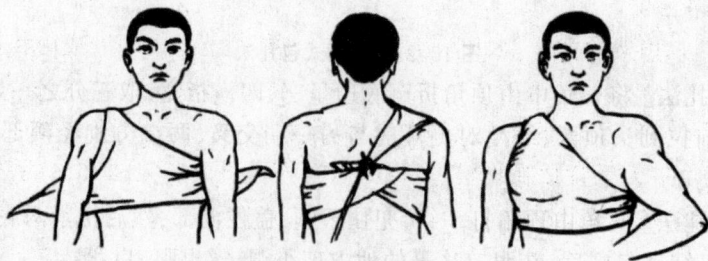

图 10-24　三角巾胸部包扎

(4)腹(腰)部伤的包扎:腹部包扎的方法是:把三角巾顶角朝下,放在一侧大腿根稍下方,用一底角包绕大腿与顶角打结,另一底角提起围腰与底边打纽扣结(图10-25)。腰部包扎方法见图9-26。

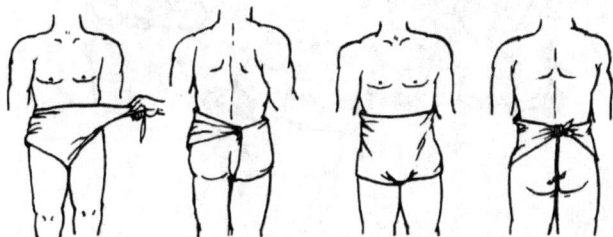

图10-25　三角巾腹部包扎

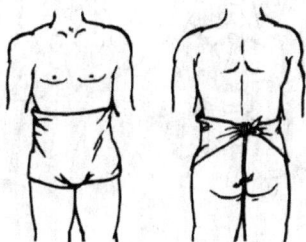

图10-26　腰部兜式包扎

(六)搬运伤员

搬运伤员就是把伤员转移到安全的地方,或转移到可对其实施先期救助的地点,以等待救援人员将伤员及时送往医院治疗。

搬运伤员的主要方法有:

1.担架搬运

转移脊椎和下肢受伤的病人最好使用担架。

(1)担架的制作:在野外求生的环境中,用来搬运伤员的担架一般要临时制作。制作临时担架的材料:两根2m多长的比较结实的木棍或竹竿,两根1m左右的木棍或竹竿,诸如毛毯、大衣、雨衣、背包、衣服、绳索(或野生的藤蔓)之类用具。制作的方法:先把两长两短4根木棍或竹竿捆扎成矩形框架,然后在框架内横竖交叉拉上几条绳索,再铺上毛毯、大衣、雨衣、衣服等垫背的衣物即可。担架扎好后,在放伤员前,应先找一个与伤员体形相当的人躺上试试。

(2)将伤员移入担架的方法:如果病人在毛毯上,则将毛毯边缘卷成筒状握牢,将其移入担架;如果三人抬时,将担架置于病人头部,由一人抬动病人膝盖,另两人对面站在病人两侧,在病人的肩部及臀部双手互相握紧,将其移入担架;如果两人抬时,则两人跨过病人分开站立,由一人手臂放在伤员肩膀处,另一人一手放在大腿下,一手放在膝盖处,两人向前将病人移入担架。

2.徒手搬运

若没有方便材料制作担架,则需徒手搬运伤员。(图10-27、图10-28)

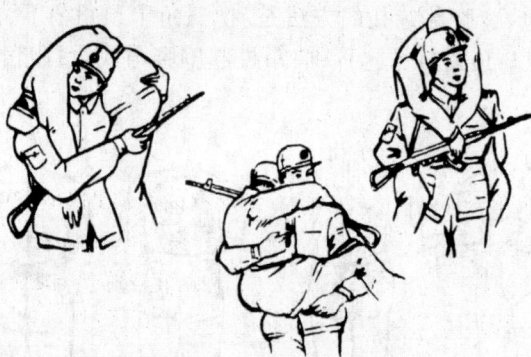

图 10-27　单人肩、背、抱法

图 10-28　双人徒手搬运法

（1）肩扛：抱住伤员，让伤员靠在你的膝盖上，托住伤员的腋下，将他扶起，并使其保持平衡。然后，抓住伤员的右臂，把你的头埋在伤员的胸前，以左手抓住其右膝，将伤员举至你的肩部。

（2）抬：如果病人能够将双手放在救生员的肩膀，两个救生员可用双手搭一个座位，即：用右手握牢自己左手腕部，而将左手抓住他人右手腕部，两人手臂交叉紧握对方手腕，让伤员坐在救生员双手交叉搭成的座位上。这是短距离搬运腿部或脚部伤员的最佳方式。

（3）背：救护者先蹲伏，让伤员将手臂绕过自己颈部，将身体趴在施救者的背上，然后站起，背着伤员转移。此法简单易行，但伤员必须清醒，其伤痛不影响抱紧你的肩和颈部。最好有 1 人扶住伤员，并帮助将伤员扛上后背。

（4）扶：此法主要施用于可自己行走的伤员。

（七）各部伤的急救注意事项

抢救伤员时，不得用手和脏物触摸伤口，不得用水冲洗伤口（化学伤除外），不得轻易取出伤口内异物，不得送回脱出体腔的内脏，不得用消毒剂或消炎粉敷上伤口。

1.头面部伤

头面部受伤时，应保证呼吸道畅通，清除口内异物，将伤员衣领解开，采取侧卧或俯卧姿势，防止吸入呕吐物，并妥善包扎和止血。如有脑膨出，不要塞进伤口去，应立即用消毒纱布做保护圈，或用干净小碗扣住，然后包扎。包扎时不可用力压迫，以免组织坏死，如果出血，可用垫加压包扎。

2.胸（背）部伤

胸部伤往往伴有多根肋骨骨折,除用敷料包扎外,还应用绷带环绕胸部包扎固定。

胸部受伤,空气由伤口出入,压迫肺脏,引起伤员呼吸极度困难,叫开放性气胸。遇此类伤员,要立即严密包扎,可用厚纱布垫贴盖伤口,或用干净毛巾、衣服、布块折叠垫厚,盖在胸壁伤口上,外用三角巾或绷带紧密包扎起来,做到封闭良好不漏气。

3.腹(腰)部伤

腹壁伤要立即用大块敷料和三角巾包扎。伴有内脏伤时,不能喝水、吃东西、吃药,应尽快后送。抬送时,应让伤员仰卧,屈膝,在膝下用衣物等垫起来,使腹部松弛。

腹部内脏脱出时,不要送回腹腔。可先用大块纱布盖好,再用饭碗(或宽腰带、纱布卷、毛巾卷做保护圈)扣上,碗边不要压着内脏,然后用三角巾包扎。

4.四肢伤

除了手指或脚趾伤必须包扎外,包扎其他四肢伤时,要把手指或脚趾露出,以便随时观察血液循环情况,采取相应措施。

(八)野外生存常见伤病的救护与预防

1.中暑的救护与预防

(1)中暑的原因:人体的正常体温保持在37℃左右。这是由中枢神经系统对人体产热和散热调节和控制平衡的结果。人体主要是靠辐射和传导对流方式散热的。当周围气温增高接近于体表温度时,热的辐射、对流就难以进行,身体产生的热量散不出去,产热与散热失去平衡,体温调节和其他生理机能发生障碍,就会引起中暑。此外,劳动量过大,缺少适当休息,水盐补充不足,衣服不通气等也均会导致中暑。

(2)中暑的症状:

①前驱期。大量出汗,皮肤充血,心跳、呼吸加快,疲乏无力,头晕、头痛、口渴、恶心等。

②代偿不全期。体温升高至38℃以上,心跳、呼吸更快速,血压下降,烦躁不安,反射亢进,大量出汗,呕吐,体内盐分减少,甚至产生四肢肌肉疼痛,严重肌痉挛(以小腿腓肠肌痉挛为常见)。

③代偿衰竭期。体温升到40~41℃,这时出汗反而减少,尿闭,意识模糊不清,狂躁不安,惊厥,甚至昏迷、休克,血压下降,脉细弱而频,瞳孔对光反射迟钝,膝反射减退或消失,如不及时抢救,可致心衰及呼吸衰竭死亡。

(3)中暑的急救及治疗:把病人抬到通风阴凉地方,解开衣扣,使其平卧,用冷毛巾敷头部,喂饮淡盐水或凉茶(饮料)补液降渴;轻症者可服人丹或十滴水,也可针刺大椎、人中、会谷、曲池或施以刮痧疗法。较重者可服用藿香正气水。对出现高热、昏迷、休克的重症病者要及早送医院采取急救措施。

(4)中暑的预防:在正常情况下,成人每天进入体内和排出体外的水量大致相等,约2.5L左右,每天摄取盐水10~20g。如在高温下训练,每小时出汗量可达0.6~1.2L,而汗液中0.3%-0.5%的盐分和多种溶液性维生素也随汗液排出。如果训练时间长了,会造成体内水、盐、维生素大量损失,如果不及时补充,可导致机体水盐代谢平衡发生紊乱。如只补充水而不补充盐,会造成细胞外体液中的盐减少。因此,首先要补充含盐饮料,一般以白开水或茶水含盐2%-3%为宜,也可用绿豆500g,水5kg,食盐适量,煮沸冷却食用。

2.体温过低

体温过低指人体内部产生的热量小于身体散发的热量,体温降到正常值以下。体温过低也会导致死亡。

(1)体温过低的原因:在风中、雨中及低温的环境中,因人困体乏,穿衣过少,住所条件差,食物摄入不足,都可能导致体温过低。尤其是在寒冷地带、极地区域,在猛烈的寒潮袭击下,处在荒野之中的求生者,更容易发生体温过低导致死亡。因此,处在冬季寒冷地带的求生者,应特别注意防护。

(2)体温过低患者的症状:患体温过低病症者通常会出现行为烦躁,一阵好动后接着嗜睡,反应迟钝,突然出现难以控制的战栗,行动不协调,走路跌跌绊绊以致摔倒,头痛,视觉模糊,腹痛,瘫倒,昏迷,失去知觉等症状。

(3)体温过低病人的护理方法:基本原则是防止病人身体热量进一步散发。将病人移至保暖、避风的室内,脱去潮湿的衣服,换上干燥保暖的衣服;马上对病人采取积极的保暖措施,如用身体或温热岩石、热水袋(可用军用水壶装热水)等暖和病人;病人清醒时,让其饮用热饮料,食用含糖食品。当病人体温过低加重,身体无力自我加热时,必须采取从体内加热的方法。其措施是,将热体放在以下部位:腰背部、胃窝、腋窝、后颈、腕部、裆部,这些部位血流接近体表,可以携带热量进入体内。病人体温刚恢复正常时,体内加热还必须继续进行,直到病人恢复自身供热能力为止。

注意事项:不要服用酒精,因为酒精会使体表血管张开,加快体内热量的散失速度。

(4)预防措施:预防措施主要有:搭建庇护所,保持室内温度,保持身体干燥,防止过度劳累。求生者互相结成"对子",彼此间仔细观察,以尽早发现症状。一旦发现有人得了此病,必须逐一检查,同时采取护理和保暖等防范措施。

3.冻伤

当气温降到0℃以下时,在体表裸露部位和远离心脏区域的皮肤和肌肉就可能会发生冻伤。例如,手、脚、鼻、耳、脸等裸露部位,都极可能发生冻伤。

(1)冻伤的症状:皮肤冻伤时,首先感到刺痛,皮肤出现苍白的斑点,感到麻木,接着出现卵石似的硬块并伴有疼痛、肿胀、发红、起疱,最后减弱,消失;严重冻伤者,冻伤部位的肌体组织可能变灰,变黑,死去,最终剥落。

(2)冻伤的护理方法:对仅伤及皮肤的初步冻伤者,可将受冻部位放到温暖处。如将手夹在腋窝部,将脚抵住同伴的腹部。

对深度冻伤者,要防止冻伤部位进一步恶化,注意不要用雪揉擦或放在火上烘烤。最好的方法是将冻伤部放在28~28.5℃左右的温水中缓慢解冻。对严重冻伤者,注意不要挑破水疱和摩擦伤处,要防止感染,并力争尽快送医院治疗。

4.毒蛇咬伤的处理

夏秋两季是蛇类四处觅食、活动最频繁的季节。野外求生者身处山野草林地带,在捕猎和采摘食物,以及一切野外活动中,都可能遭到毒蛇攻击,发生被毒蛇咬伤事故。因此,夏秋季节,在进行有计划的野外作业时,应当备有蛇药。当被毒蛇咬伤时,应当尽快(不能超过1小时)采取急救措施。首先,马上缚住伤处靠近心脏一端,以减少毒液上流。然后在被毒蛇咬伤处,用刀子浅浅地划一个十字口,挤出毒液,以减轻中毒症状。也可用口吸出毒液,随吸随吐,但口舌生疮或口腔黏膜溃疡的人不能口吸,以免中毒。口吸需进行20~30分钟。伤口上可用1%~3%的高锰酸钾溶液湿敷,或用大蒜汁、雄黄、甘草等配合涂敷。为确保安全,进行上述处理后,在可能的情况下,还需马上注射抗毒血清或用蛇药外敷和口服。有些像眼镜蛇之类的毒蛇,不仅会咬人,而且会喷射毒液,一旦遇到这种情况,应立即用水冲洗被喷射到的皮肤表面。

主要参考文献

[1]江泽民.论党的建设[M].北京:中央文献出版社,2001

[2]江泽民.论"三个代表"[M].北京:中央文献出版社,2001

[3]江泽民.论科学技术[M].北京:中央文献出版社,2001

[4]人民解放军战史简编[M].北京:解放军出版社,1983

[5]宋时轮.中国大百科全书[M].北京:中国大百科全书出版社,1989

[6]宋时轮等.中国军事百科全书[M].北京:军事科学出版社,1997

[7]总政治部.基层军官理论学习读本[M].北京:解放军出版社,1995

[8]总政治部.军队高中级干部理论学习读本[M].北京:解放军出版社,1997

[9]郑文翰.军事科学概论[M].北京:军事科学出版社,1994

[10]毛泽东军事文选[M].北京:中国人民解放军战士出版社,1981

[11]三中全会以来重要文献选编[M].北京:人民出版社,1982

[12]毛泽东选集[M].人民出版社,1967

[13]邓小平文选[M].北京:人民出版社,1993

[14]朱梅生.军事思想概论[M].北京:国防大学出版社,1997

[15]胡绳.中国共产党的七十年[M].北京:中共党史出版社,1991

[16]许忠贤.现代军事技术知识手册[M].北京:军事科学出版社,1995

[17]总参军训部.军事高技术知识教材[M].北京:解放军出版社,1995

[18]宋尽贤.军事学教程[M].北京:高等教育出版社,1995

[19]李德银等.定向越野指导[M].北京:测绘出版社,1989 北京:测绘出版社,1989

[20]王保存.世界新军事变革新论[M].解放军出版社.2003

[21]傅慧军等.国防政策[M].国防大学出版社.2006

[22]李少东.按照信息化战争要求加强国防后备力量建设[J].国防.2005(10)

[23]中国军事百科全书编委会.中国军事百科全书[M].军事科学出版社.2002

[24]军事科学院战略研究部.军事战略基本理论问题[M].北京:军事科学出版社.1990.12

[25]张召忠.打赢信息化战争[M].世界知识出版社,2004

[26]陈勇.面向信息化战争的军事理论创新[M].北京:解放军出版社,2004

[27]汤晶阳等.世界主要国家军事战略[M].北京:国防工业出版社.2005

[28]彭光谦.中国军事战略问题研究[M].北京:解放军出版社.2006

[29]王淑梅.四场战争与美国新军事战略[M].北京:军事科学出版社.2007

[30]蔡仁照.信息化战争论[M].国防大学出版社,2007

[31]刘兴堂.信息化战争与高技术兵器[M].国防工业出版社,2009

[32]牛力.军事战略与军事信息化研究[M].北京:解放军出版社.2010

[33]解放军报社论.坚定不移地高举旗帜听党指挥履行使命[N].解放军报 2012.7.2

[34]习近平.中央军委扩大会议并发表重要讲话[N].解放军报.2012.11.18

[35]习近平.共同创造亚洲和世界的美好未来[N].解放军报.2013.4.8

[36]解放军总参谋部.牢记能打仗打胜仗是强军之要[J].求是.2013.3

[37]解放军总参谋部.紧紧围绕能打仗打胜仗推进军事工作[J].求是.2013.3

[38]解放军总政治部.牢记坚决听党指挥是强军之魂[J].求是.2013.3

[40]柯大文.加快推进国防和军队现代化的行动纲领[N].解放军报 2013.2.3

图书在版编目(CIP)数据

军事学教程/黄月胜 主编.—长沙:国防科技大学出版社,2011.2
ISBN 978-7-81099-629-7

Ⅰ.①军… Ⅱ.①黄… Ⅲ.①军事科学—高等学校—教材 Ⅳ.①E

中国版本图书馆CIP数据核字(2011)第001113号

国防科技大学出版社出版发行

电话:(0731)84572640　邮政编码:410073

http://www.gfkdobs.com

责任编辑:曹　红

新华书店总店北京发行所经销

嘉欣印务有限公司印刷

*

开本:787×1092　1/16　印张:18.5　字数:427千

2013年7月第1版　2017年7月第5次印刷

ISBN 978-7-81099-629-7

定价:32.80元